浙江省普通本科高校"十四五"重点立项建设教材

数智时代下的供应链管理：理论与实践

主　编　包　兴　肖　迪

副主编　许方佩　夏欣跃

参　编（按姓氏拼音排序）

段玉兰　凤　超　李晓超　卢团团

曲艳伟　沈金方　孙　琦　吴　军

闫　强　周可文　周学广

机械工业出版社

本书深入浅出地介绍了数智时代下的供应链管理理论和实践，先后阐述了供应链管理的基本概念与理论，供应链管理的焦点与核心理念，供应链的运营战略，数字、信息与供应链管理，供应链的外包与集成，供应链的采购管理，供应链经典的生产计划，供应链的大规模定制理念，供应链的需求预测，供应链的库存管理模型，供应链绩效评估，供应链金融等内容。

为给读者呈现一本"可以翻来覆去看的供应链教科书"，本书集结了学术界和企业界的编者团队，围绕"数智时代下的供应链管理"这个主题设计了七篇十二章内容，并精心挑选了150多个实践案例，用以增强理论和实践的呼应。本书特别强调可读性、趣味性和思辨性，在写作过程中融合了大量的政治、经济、历史、文化、科技、心理学、管理和金融等诸多领域的知识，目的是为读者展现一个广阔的知识视野，提高读者的深度学习能力和商业运作的领悟力。

本书适用于高等院校工商管理、供应链管理、物流管理、电子商务、国际商务和市场营销等专业的本科生，工商管理硕士（MBA），企业管理、系统工程等专业的研究生，也可供从事企业决策的管理人员、供应链管理咨询人士和创业管理人士学习和参考。

图书在版编目（CIP）数据

数智时代下的供应链管理：理论与实践／包兴，肖迪主编. -- 北京 ：机械工业出版社，2025. 4. --（浙江省普通本科高校"十四五"重点立项建设教材）. -- ISBN 978 -7-111-78115-8

Ⅰ. F252.1

中国国家版本馆 CIP 数据核字第 20255114CZ 号

机械工业出版社（北京市百万庄大街 22 号　邮政编码 100037）
策划编辑：曹俊玲　　　　　　责任编辑：曹俊玲　赵晓峰
责任校对：韩佳欣　陈越　　　封面设计：张　静
责任印制：邓　博
河北鑫兆源印刷有限公司印刷
2025 年 6 月第 1 版第 1 次印刷
184mm×260mm · 21.25 印张 · 575 千字
标准书号：ISBN 978-7-111-78115-8
定价：69.00 元

电话服务　　　　　　　　　网络服务
客服电话：010-88361066　　机 工 官 网：www.cmpbook.com
　　　　　010-88379833　　机 工 官 博：weibo.com/cmp1952
　　　　　010-68326294　　金 书 网：www.golden-book.com
封底无防伪标均为盗版　机工教育服务网：www.cmpedu.com

起于 20 世纪下半叶的全球化浪潮和数字科技革命，已经深刻地改变了世界的商业环境、市场态势和企业管理模式。托马斯·弗里德曼在《世界是平的》一书中的预言——供应链和数字技术正在以前所未有的速度和力量铲平这个世界——正在逐渐成为现实，全球商业活动和经济交流异常活跃。然而，这个世界并非总是欣欣向荣的。在过去的几年，全球疫情、区域战争、政治冲突和自然灾害等事件时有发生，整个世界面临着诸多不可预测的威胁和挑战，以往运作有效的供应链体系正在变得脆弱。只要其中某个环节飞出一只"黑天鹅"，供应链的韧性和安全就会遭受巨大冲击——轻则扰动供应链节奏、降低企业运作效率和效益，重则使供应链直接瘫痪、危及企业生存。

供应链管理无疑是 21 世纪最重要的商业实践之一。早在 1997 年，当华为还处在成长期时，任正非就敏锐地指出：供应链做好了，华为的管理问题也就解决了。这绝非企业家一时的兴起和夸张的叙事。许多企业的研发创新、生产制造、销售交付、资金结算、信息交换都依赖企业内部与外部各类流程和要素的组合，在这个环环相扣的体系中，企业的内外运作越来越呈现出链式或网式的协同态势。毫不夸张地说，华为、阿里巴巴、京东和比亚迪等之所以成为我国最优秀的企业，苹果公司、特斯拉、台积电等之所以成为全球的商业明星，都是它们对其供应链结构、运作方式和理念不断优化和创新的结果。

供应链管理领域经常会爆发出令人惊叹的创新和创业力量。轻资产运作、快速响应、外包集成、协调控制和多方共赢等供应链思维，正在不断重构中小微企业和创业者的商业理念和商业模式。加上数字技术和数字平台的赋能，各类供应链运作实践层出不穷，"低成本、高服务、强柔性"的目标逐渐成为现实，企业成长速度之快、发展空间之大令人兴奋与惊叹！十年之间，小米就可以从一个名不见经传的小公司成长为我国高科技制造业的巨头；五年之间，希音就可以从南京一家只有十几个人的小公司快速成为北美快时尚的头号玩家；三年之间，叮咚买菜的市场份额增长了数倍……这些都是数智时代下供应链管理思维和实践的奇迹。

尽管供应链一词经常出现在各类媒体中，但是通过调研我们发现，很多企业和读者对其印象仍然停留在"词表"阶段，对供应链管理的核心思维、理念、逻辑和运作模式仍然存在诸多模糊之处。供应链管理这门学科已经发展了二十多年，但要讲清楚什么是供应链管理并非一件容易的事情，因为这涉及政治、经济、文化、科技、运营、金融、博弈论、数学优化和计算机科学等多方面的知识。编者团队本硕博（包括 MBA、EMBA）的教学经验告诉我们，"逻辑性"和"可读性"是一本优秀教科书的重要方面，因为"讲清楚、读明白"对于提升读者的商业悟性极为重要。因此，我们对本书内容进行了诸多精心安排，在吸收系统性框架的写作思路基础上重点突出专题性的写作风格。读者可以发现，本书各篇、各章之间既能自成体系又可以前后联系，而这些所有的工作都是为了实现我们编写此书的初衷：为读者呈现一本可以翻来覆去看的供应链管理教科书。

本书从战略性、整体性的视角来审视供应链管理，可作为高等院校本科生和 MBA 供应链管理课程的教材，也可作为企业管理者或者供应链爱好者的入门级读物，同时非常适合作为供应链管理咨询顾问的工具书。本书具有如下三个鲜明的特色。

特色一：理论框架完备、严谨，极具数智时代特色。在本书撰写过程中，编者翻阅了大量国内外供应链管理的精品教材、著作和相关科研文献，在此基础上结合编者十多年来的企业调研、实践和教学经验，通过七篇——供应链基础篇、供应链数字化战略篇、供应链外包集成和采购篇、供应链生产计划篇、供应链需求和库存篇、供应链绩效评估篇和供应链金融篇——对供应链管理理论框架重新组织和布局。各篇的内容既可独立成体系又可前后关联，这样的布局不仅符合读者循序渐进的学习需求，也有助于读者从更宏观的视角去理解供应链。

特色二：更具趣味性和可读性，更突出中国特色。在讲清楚供应链管理理论的同时，本书强调通过多学科知识的融会贯通与类比推理来增强趣味性。例如，用海豚捕食沙丁鱼的案例来讲解为什么供应链要协作，用如何打造一个盆景来讲解供应链外包和集成的关系，用工业发展史来讲解供应链中的大规模定制……为增强理论和实践的关联度，编者搜集整理了150多个案例，其中70%的案例为我国企业的实践。通过这些本土案例，读者可以发现我国企业的供应链管理实践已经走在世界的前沿。编者提供和绘制了200多个阅读小贴士和图表，它们对开拓读者视野、培养商业智慧、推动研究等方面做出了重要贡献。最后，流畅度是本书非常强调的一个特色，读者在阅读过程中会发现编者在文字描述和流畅度上极具用心，因为我们认为：**任何一本教科书都应该让读者享受阅读的丝滑和快乐**。

特色三：更丰富的教学资源和新商科教学特色。本书将"学"置于首位，将"可以翻来覆去读"的撰写理念贯穿整本教科书。针对重要理论、案例和数据，我们给出了详细的参考资料，这可增强读者的"跟踪式"学习和研究能力。为了践行新商科和数字化教学理念，除了提供教案、作业和问题讨论等传统教学资源之外，本书还为每章提供了视频、音频和教学资料，扫描书中二维码，学生可以通过"可见、可听、可读"等多种方式来进行学习，教师可依据自身的教学安排和教学场景来选择不同的教学资源。当然，限于编者的知识范围和能力，本书提供的教学资源仍然有限。为加深对理论和实践的理解，我们建议读者能够以更广阔的视角去检索更多的互联网学术资源，非常欢迎读者将这些知识分享给我们（邮箱是goldbxing@ zufe. edu. cn）。

参与本书编写的主要有：包兴（第一章第一、三节，第二章第一、二节，第三章第二、三节，第四章至第六章，第八章，第十章，第十一章第一、二节，第十二章第二、三节），肖迪（第七章，第九章，第十二章第一、二节），许方佩（第一章第二节，第二章第二、三节，第三章第一、二节），夏欣跃（第十一章第二、三节）。周学广、吴军、闫强、孙琦、段玉兰、凤超、曲艳伟、沈金方、周可文、李晓超、卢团团参与了本书框架逻辑讨论并提供了相应的案例资料。包兴负责全书结构的策划和最后统稿。在写作本书过程中参考了很多资料，作者已经详细地在参考文献中列出，在此对这些专家学者表示深深的谢意。可能有些资料被参考了但因疏忽没有列出资料的出处，未尽之处，在此表示万分歉意。

感谢学术界的各位朋友对本书提出的宝贵建议，正是因为有你们，本书的理论架构和逻辑安排得以不断优化。他们是天津大学刘伟华教授，华中科技大学马士华教授，华南理工大学牛保庄教授，南京大学李娟教授，上海交通大学季建华、邵晓峰和骆建文教授，杭州电子科技大学周青和蔡建湖教授，杭州师范大学朱传波副教授，浙江工商大学李进和鲁其辉教授，南京农业大学江亿平教授，南京理工大学江文奇教授，台州学院楼胆群书记和商学院段文奇教授，山东科技大学李美燕教授，上海海事大学周鑫副教授，美国匹兹堡大学 Jennifer Shang 和 Prakash Mirchandani 教授，瑞典林雪平大学唐讴和刘阳教授，加拿大劳瑞尔大学施春明教授。

感谢企业界的各位朋友对本书提供诸多的真实案例和宝贵建议，正是因为你们的帮助，本书才变得更加鲜活。他们是北京商越网络科技有限公司张意舒涵女士，衣邦人杭州贝嘟科技有限公司董事长方琴女士，浙江供应链协会原副秘书长倪闻华先生，浙江省鼎源控股集团董事长夏日东先生，杭州源牌科技股份有限公司董事长叶水泉先生，中国邮政储蓄银行杭州市分行行长姚恒先生和副行长虞晗华女士，浙江省交通投资集团副总经理袁迎捷先生、教授级工程师梅敬松先生、王任勇先生、陈乐平先生、吕柱梁先生、王丽健先生和胡根生先生，舟山市普陀区政府办公室主任周挺先生，舟山商贸集团副总经理施波先生，蔚来汽车助理副总裁李隽先生，麦肯锡公司副董事合伙人王凯先生。

感谢浙江财经大学副校长董进才教授、工商管理学院院长王建明教授、戴维奇教授和张雷教授，市场营销系主任陈颖教授、供应链系主任田家欣副教授和马祖军教授、人力资源系主任旷开源副教授和学院党委书记黄卫华副教授和副书记吴玻老师在本书编写过程中给予的大力支持，感谢你们不厌其烦、一次次与我们讨论书稿内容。

感谢我的学生金涵、盛恩品、梁晨琳、彭静玥、申屠宇婷、陈品节、楼一嘉、徐侗、曹天依、刘嘉怡、蔡春燕、林媛等为本书提供了许多有价值的资料。在本书编写的过程中，我见证了你们的热情和高质量成长，非常高兴且享受与你们一起学习和工作的时光。

感谢机械工业出版社曹俊玲编辑一路以来对本书的支持，你从方案策划到内容斟酌都给予了我们宝贵的意见和建议。感谢浙江省普通本科高校"十四五"重点教材对本书的资助。

由于作者水平有限和时间仓促，对供应链管理的认识和研究都还不够深入，因此在本书叙述中难免出现疏忽和纰漏。真心希望广大读者提出批评意见并及时反馈给我们（goldbxing@zufe.edu.cn）。

包兴

2024 年夏于杭州

CONTENTS

目　录

第五篇　供应链需求和库存篇

第一篇

供应链基础篇

第一章

理解供应链管理

第一章配套课件视频

本章引言

万物皆有供应链！从清晨的一杯咖啡到夜晚的阅读灯，从手机里的应用程序到汽车中的每一个零部件，它们背后都隐藏着一条条精心设计的供应链。这些链条将世界紧密相连！世界商业的进化史本质上就是一部由商流、物流、信息流和资金流交织而成的供应链演化史。从全球化到逆全球化，从传统工业流水线生产到智慧化商业运作，这其中到处体现着供应链管理的思维——协调整合、影响控制和全局优化。供应链管理是一个充满魅力和前景的领域。

学习目标

- 理解供应链的概念及其演化史
- 掌握供应链管理及其四大核心流程
- 了解供应链管理的三个思维

第一节　这是供应链的时代

一、一颗咖啡豆的旅程

你坐在杭州西湖边的一家咖啡馆内，周围弥漫着新鲜的研磨咖啡豆的香气。在享受片刻宁静的同时，你的目光被吧台后面忙碌的咖啡师所吸引。从倒入咖啡豆、研磨到精准的手冲，咖啡师熟练的动作唤起了你的好奇心：这些咖啡豆究竟经历了怎样的旅程，才能成为手中的这杯拿铁咖啡？

三个月前，这些咖啡豆诞生在哥伦比亚高山区的埃斯特班咖啡种植园。每当收获的季节来临，埃斯特班就会和工人们一起手工采摘成熟的咖啡樱桃，并送往当地的加工厂。采摘后的咖啡樱桃经过水洗处理、去除果肉，再经过晾晒、去皮、分级等一系列精细的工艺流程，最终成为可供烘焙的生豆。

这些生豆随后被运往当地最有名的烘焙工厂。这家工厂已经有五十多年的历史，拥有非常强大的烘焙生产线和经验丰富的烘焙师，会根据客户的要求和豆子的特性精心调整烘焙曲线，让咖啡豆释放出其独特的风味。

烘焙后的咖啡豆被迅速冷却、装箱，从波哥大的物流中心出发，踏上了前往我国的旅程。在途中，物流公司利用先进的追踪系统，确保货物安全、准时到达，同时严格控制集装箱内的温度和湿度，以维护咖啡豆的品质。

经过数周的航行，装载这些咖啡豆的货轮抵达了我国最大的港口——上海洋山深水港。经过海关检查和清关后，这些咖啡豆被送往我国最大的咖啡豆进口商的仓库中。进口商根据不同区域分销商的需求，再次对咖啡豆进行分拣、包装，由物流公司用大卡车将其送往指定城市的仓库，然后通过城市物流配送到各个咖啡店。

作为消费者的你点单之后，咖啡师启动了制作过程。三分钟之后，一杯香气浓郁的咖啡就送到了你的手中。

二、什么是供应链

上面这个案例中的种植园、烘焙工厂、港口、物流公司、仓库、分销商和门店就是一条简单的供应链（Supply Chain），但这条咖啡供应链的参与者不止于此。从种植园到洋山深水港码头之间的信息是如何传递的？这个过程中的跨国资金是如何结算的？咖啡是如何销售出去的？这些问题会指向另外一些问题——这条供应链是由谁来驱动的？供应链中的这些企业是如何来协同运作的？这些问题可以用图 1-1 中的供应链结构进行解答。

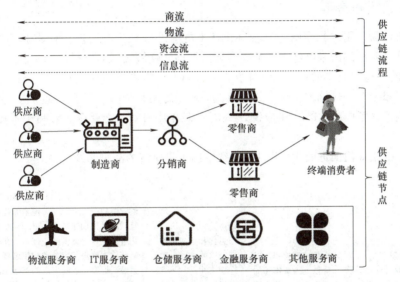

图 1-1　一个典型的供应链结构

综合学术界和企业界的观点并结合图 1-1，本书给出了供应链的定义：供应链是一个围绕客户需求，由核心企业构建的包括供应商、制造商、服务商、分销商、零售商的功能网链结构。

> ### 阅读小贴士
>
> #### 供应链的各种定义
>
> 1. 我国国家标准《物流术语》（GB/T 18354—2021）：生产及流通过程中，围绕核心企业的核心产品或服务，由所涉及的原材料供应商、零售商直到最终用户等形成的网络结构。
>
> 2. 美国国家标准协会：供应链是涉及原材料的获取、生产，以及将最终产品或服务交付给最终用户的一系列活动。
>
> 3. 麻省理工学院：供应链是一系列企业活动，包括采购、制造、库存管理、物流、分销和销售，这些活动共同工作以满足客户需求。
>
> 4.《哈佛商业评论》：供应链是一系列相互连接的组织和活动，它们共同工作以生产和交付产品或服务。

由图 1-1 可以看出，**供应链是一个典型的企业集合体，**它有如下特征。

（1）共同的运作目标：向客户交付产品或服务。产品或服务的类型会影响供应链的结构。例如，实物产品可能需要通过分销商、零售商交付到消费者手中，而数字产品可以直接由供应商交付给消费者。

（2）清晰的角色定位：核心企业是链主，其他企业是成员。链主是依据其对客户的影响程度来进行判断的。如果制造商对下游客户影响巨大，则其为链主；如果销售商对下游客户影响巨大，则其为链主。

（3）明确的分工协作：企业以其自身的核心能力参与供应链运作。例如，供应商负责供应原材料和零部件，制造企业负责生产产品，分销商负责区域销售，零售商负责终端销售，服务商负责提供服务。每个企业依照核心能力强弱分配供应链利益，即便不是链主，拥有强大核心能力的成员企业也可能获得最多的供应链利益。

三、供应链的演进

一些观点认为，用"供需网"来描述图 1-1 更为准确和形象，但为何将其称为"供应链"呢？事实上这一叫法的由来已经无法准确考证。根据能够检索到的资料，"供应链"一词最早出现在 1982 年的一篇商业文章中，大致背景如下：因上游零部件供应出现问题，汽车制造企业的生产线发生严重中断。这就像自行车的链条，一旦上游的某个供应环节出现问题，整个生产链条都会受到影响。文章中提出的"供应链"一词令人耳目一新，之后企业界和学术界便一直沿用了这一术语。

那么供应链是如何演进的呢？图 1-2 大致给出了供应链的演进路线。

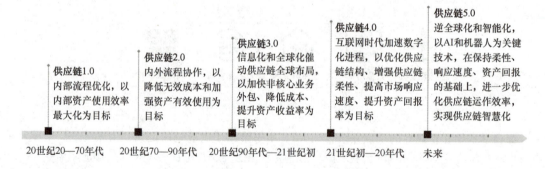

图 1-2　供应链的演进路线

1. 供应链 1.0 时代——内部流程优化

这无疑是制造业的春天。总体来看，这个时代物质的匮乏让消费者没有太多的选择，供应链权力的天平是倒向制造企业的。福特汽车是这个时代最典型的企业代表，**优化内部流程、最大化资产使用效率、低成本获得市场份额是这个时代最佳的供应链运作战略。**显然，大规模制造是企业当时最优的选择。为确保产品的低价，福特选择了"只生产一种颜色的汽车"的产品策略——只生产黑色的 T 型车；为确保生产稳定和高效，福特将供应链所有环节都控制在自己手里——从上游零部件生产环节，到中游生产制造环节，再到下游销售环节都由福特来完成。这种模式在 20 世纪 20—60 年代是有效的，但随着时间的推移，福特出现了"大企业病"——企业越来越臃肿，也越来越傲慢，丧失了对市场的敏感性。20 世纪 70 年代，当通用推出雪佛兰品牌来迎合逐渐年轻的美国消费者时，福特的危机就出现了。除了用多元终端产品策略之外，通用和福特供应链的基本框架并没有太大差异——"供应链环节内部化"仍然是这个时代供应链的特点。

2. 供应链 2.0 时代——内外流程协作

福特、通用和克莱斯勒三大汽车巨头曾经缔造了世界上最著名的汽车之城——底特律，日本在 20 世纪 70 年代之前一直将其作为现代化的榜样。从 20 世纪 60 年代开始，日本派出了大量工程师去学习美国汽车工业的先进经验。在学习的过程中，日本丰田汽车的工程师大野耐一发现了美国汽车工业的弊端：生产过程浪费严重，产品质量参差不齐。在日本的传统文化中，"浪费"是不能被容忍的。因此，为降低无效生产，丰田开始对传统汽车的生产方式做出大量改进——在精益生产的理念下引入准时制（Just in Time，JIT）生产方式。JIT 生产方式要求丰田比福特具有更强的供应链控制力。事实上，当时的日本汽车工业并不强大，丰田既无足够的资本又无足够的技术来达成这种强控制。因此，丰田只能通过加强"关系"管理——与上游供应商建立长期稳固的伙伴关系，在减少资本和技术投入的同时确保其供应链稳定。丰田生产模式的实质是将外部供应商作为内部流程的延伸，通过协作来达成供应链的低成本和高效率。可以说，丰田汽车启蒙了供应链协作的思想。

3. 供应链 3.0 时代——信息化和全球化

20 世纪八九十年代，日本汽车以其低廉的价格和高质量的产品横扫了全球市场，美国汽车工业陷入了危机。为了和日本汽车竞争，美国汽车急需找到进一步降低生产成本的方式。此时，我国丰富且低成本的生产要素、巨大的市场规模和发展经济的热情深深吸引了全球的目光。"Go to China"成为当时美国汽车工业界的一句口头禅。但这意味着美国汽车原有的集成度很高的供应链将被破坏，供应、生产和销售环节将在时空上分离。幸运的是，全球计算机和通信产业在这个时代迅猛发展，诸如电子数据交换（Electronic Data Interchange，EDI）和物资需求计划（Material Requirement Planning，MRP）等信息系统软件被快速应用到美国企业的管理实践中，企业惊奇地发现：只要供应链上下游使用相同的管理协议规范，企业内外的流程就可以高效率协同；只要计划和管理得当，即便是分布在全球各地，供应链也可以低成本、高效率地运转下去。供应链的纪元由此开始。全球化供应链运作的思想迅速蔓延到其他行业，例如沃尔玛（Walmart）在 20 世纪 90 年代初期就开始使用卫星网络连接其全球的分销中心和供应商，实现了库存和订单信息的实时共享。这种网络化供应链使得沃尔玛能够精确地预测销售趋势，及时补货并减少库存积压，极大地提高了沃尔玛的运营效率和市场竞争力。可以说，供应链的信息化和全球化创造了沃尔玛的奇迹。

4. 供应链 4.0 时代——互联网时代

破裂于千禧年的"互联网泡沫"开启了"地球村"的时代，信息以前所未有的速度蔓延到全球的各个角落；2007 年苹果公司携着第一代 iPhone 让世界步入了移动互联时代，几乎将世界万物都纳入了一张网络之中。随着智能手机的普及和通信成本的持续下降，海量的数据给企业带来了前所未有的机遇和挑战。成立于 1994 年的亚马逊，从一家专注于在线图书销售的小公司迅速成长为一个覆盖全品类商品的电子商务巨头。2000 年至 2010 年间，以淘宝和京东为代表的电子商务企业在短短十多年间改变了整个中国的商业生态，创造了"中国奇迹"。2010 年至 2020 年间，随着移动支付、移动营销和社交媒体的兴起，抖音、拼多多、小红书、希音等一系列新兴企业凭借大数据技术和供应链整合能力，开启了数字化供应链的时代。互联网时代信息和数据以前所未见的速度、广度和深度在交换，消费者的观念和需求也随之快速变化，对供应链不断造成冲击。更优的结构、更强的柔性、更快的反应速度成为这个时代供应链的特点。

5. 供应链 5.0 时代——逆全球化和智能化

从 20 世纪 80 年代开始至今，全球化已经过四五十年的发展，经济从增量时代开始步入存量时代，共同发展主题开始切换到摩擦和冲突，逆全球化趋势初现端倪。逆全球化并不意味着全球化的终结，而是另一种全球化形态的开启。如果把时间尺度拉长，从商业进化史角度来看，供应链从来没有停止演进，只是供应链结构、运作模式和所使用的技术手段发生了变化而已。我国是一个庞大的国家，人口众多、地理空间辽阔、地域发展差异大、文化和政治向心力强大……即便在逆全球化的时代，供应链在我国仍然具有足够的演化空间。2022 年，ChatGPT 的出现标志着全球从数字化时代开始迈向智能化时代，供应链的演化将会进入一个全新的时代。虽然无法预测未来，但可以预知的是，**随着 AI 技术不断进步，供应链各个环节的智能化一定会增强**。正如，智能让人类跃升到食物链顶端，拥有强大智能的供应链环节一定会改变供应链的结构。

第二节 供应链管理的基本概念

一、什么是供应链管理

供应链并不会自动实现价值。想要持续满足客户需求、不断优化从原材料采购到产品/服务销售的全部活动、使每个企业达成价值增值，就要对供应链进行管理。综合各方观点，本书给出了供应链管理（Supply Chain Management，SCM）的定义：**供应链管理是以满足客户需求和有效利用企业资源为目的，以核心企业为主导，对采购、生产、销售网链中的商流、物流、资金流和信息流进行统一计划、组织、协调和控制的活动和过程。**

> 📋 **阅读小贴士**
>
> ### 供应链管理的各种定义
>
> 1. 我国国家标准《物流术语》（GB/T 18354—2021）：从供应链整体目标出发，对供应链中采购、生产、销售各环节的商流、物流、信息流及资金流进行统一计划、组织、协调、控制的活动和过程。
>
> 2. 美国供应链管理专业协会：供应链管理涵盖从原材料到最终用户的整个流程，包括规划和执行供应链活动，以满足用户的需求，同时有效利用企业资源。
>
> 3. 国际供应链理事会：供应链管理是指协调和管理所有企业活动，以实现客户价值和企业利润最大化，同时通过有效的供应链设计、管理以及提升供应链流程来实现这个目标。
>
> 4. 欧洲供应链协会：供应链管理是组织和协调产品或服务从原材料到最终用户的整个流程的一系列活动，以确保价值的最大化和成本的最小化。

供应链管理的实质是对价值链的精益塑造，其主要特征体现在以下几个方面。

（1）价值导向：在供应链管理的框架内，首要宗旨是确保客户需求得到充分满足，这是供应链价值的基石。在此基础上，持续优化供应链资源配置，追求更高质量、更高效率及成本效益的最大化。

（2）流程导向：供应链管理的效能体现在对图 1-1 中的"四流"——商流、物流、信息流与资金流的高效整合与管理上。这四个流程运作是否顺畅、协调是否高效、效能是否优秀，将直接决定供应链管理的水平[⊖]。

（3）核心导向：供应链的效能在很大程度上由核心企业决定。核心企业的管理哲学、创新思维及其采用的技术手段对整条供应链的效能、运行效率及经济效益提升具有举足轻重的影响。

⊖ 请阅读第二章第三节：优秀供应链的特质。

供应链的价值创造能力基本等同于核心企业对"四流"的管理能力，如图1-3所示。核心企业采用何种技术手段、组织架构及运营模式对"四流"进行管理，决定了其商业模式与差异化竞争策略。可以肯定地说，管理好上述任何一个或者多个方面都可以成为强大的企业；反之，没有管理好这四个方面中的任何一个，都可以让企业陷入经营困境。

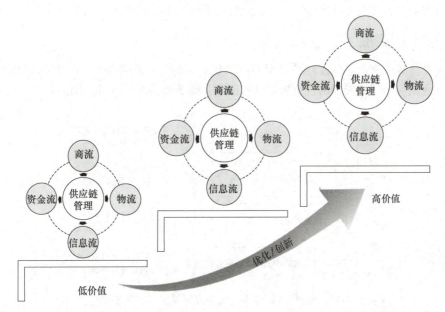

图1-3　供应链管理是对"四流"进行优化创新并实现价值的过程

（1）**商流是买卖交易活动及商情信息活动**。商流包含客户获取、订单获取、合同签订、退换货和客户服务等多个活动。在数字化时代，商品交易既可以依托线上渠道也可通过线下渠道开展，还可以混合使用两种渠道——这取决于企业的运营成本和客户触达性。例如，小米公司在成立初期为削减营销开支，选择将线上销售作为其主要渠道。然而，随着品牌日渐成熟，客户体验要求不断提升，小米于2017年开始建设"小米之家"线下实体店。微信、新浪微博、抖音及拼多多等互联网巨擘虽然不直接介入商品买卖，但其强大的商流获取和管理能力让这些平台成为商界的超级明星。

（2）**物流是产品在供应链中的流动方式**。物流既涉及从供应商到消费者的顺向流动，也包括退货、回收等逆向过程，在每个过程中都存在运输、仓储、配送及信息处理等多个环节。以更低的成本、更快的速度实现产品交付，将成为企业赢得市场竞争的核心要素。例如，比亚迪购置滚装船以确保汽车的准时交付；顺丰凭借庞大的运输车队巩固其市场地位；京东物流为京东电商业务的飞速发展铺设了坚实的物流基石；菜鸟网络则借助信息技术，迅速跻身为我国物流领域的佼佼者。

（3）**资金流是供应链中各个环节的资金往来活动**。资金流包括采购支付、销售收入、税费缴纳及利润分配等关键活动。然而，资金流经常在时空上发生错配，尤其在销售至回款周期中，不同企业的财务政策与结算方式常使供应链中的资金流发生梗阻。资金流的控制权力通常被核心企业掌握，核心企业有责任优化和平衡供应链中的资金流，这对维护供应链稳定、降低财务风险至关重要。在这一点上，苹果公司可谓典范，它把供应商的资金安全纳入其供应链管理体系之中，供应商不需要担心苹果公司拖欠资金，苹果公司甚至会对其关键供应商提供资金支持。当然，供应链的资金流经常出现梗阻却给银行等金融机构带来了新的业务机会，本书将在第十二章介绍银行如何通过供应链金融获得业务增长机会。

（4）信息流是供应链各环节中流动的信息。 信息流是供应链的"神经系统"，涉及订单、库存、物流状态、市场需求等多维度数据。在大数据时代，高效管理信息流已跃升为企业战略的核心。信息的透明与共享能助力供应链各节点精准决策，减少库存浪费与缺货风险，加速市场响应速度，同时通过流程优化减少错误并降低成本。可以说，供应链管理者日常工作的大部分内容是围绕信息流展开的，对其进行高效率和高质量管理已经成为企业的核心竞争能力。

二、为什么要进行供应链管理

当今商业世界的变化速度已经超过很多人的想象，新的市场竞争给企业带来了以下四个方面的挑战，而供应链管理能帮助企业应对这些挑战并提升市场竞争力（见图1-4）。

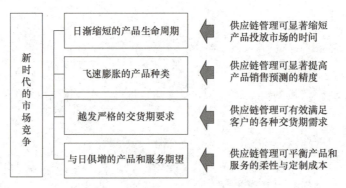

图1-4　新时代市场竞争四大挑战与供应链管理的作用

1. 日渐缩短的产品生命周期

福特以一款 T 型汽车在市场上畅销数十年的时代一去不复返了。20 世纪 70 年代，一款汽车的平均市场生命周期为 12 年，80 年代降至 4 年，90 年代缩短至 18 个月，2004 年特斯拉开启电动车时代后，该数据已经缩短到 12 月以内。美国 FDA 药物评价和研究中心的报告显示：新药研发和上市的速度也在加快，2023 年美国共批准了 55 种创新疗法，相较于 2022 年，新药批准数量增长了近 50%。即便是在对产品使用期要求较长的大型机械行业，其市场生命周期也已经从 10 年缩短至 3 年。在时尚和消费电子领域，大量产品的生命周期不足 6 个月……日益缩短的产品生命周期给企业的运营管理带来了极大压力：企业已经很难通过数据和经验来预测消费者需要什么样的产品。新产品开发和产品迭代的压力越来越大，一旦决策出现失误，企业的市场份额就会快速下降，甚至可能永久退出竞争舞台。通过供应链的高效协同，可有效缩短产品投放市场的时间。例如，2017 年，宝洁和天猫尝试了联合创新模式——天猫提供消费者洞察，宝洁开展产品概念甄选和预制，结果是，一款全新洗发乳上市周期从以往的 18 个月缩短至 9 个月；特斯拉通过其内部联合研发系统，将数百家供应商集合到新产品研发之中，其新款汽车从研发改进到生产制造的时间已经缩短到了 3 个月。当然，产品生命周期缩短也给一些创新型的企业带来了机会，小米公司凭借高效的供应链管理，在短短十年之内成为全球排名前五位的手机制造商。

2. 飞速膨胀的产品种类

企业为了迎合消费者多元化需求而不断推出新产品，导致产品种类呈指数级增长。从 1975 年到 1991 年，美国日用百货品类已从 2000 个左右增加到 20000 个；2008 年，沃尔玛管理的商品品类已经超过 20 万个；2023 年，京东管理的商品品类已经超过 500 万个。飞速膨胀的产品种类给企业的运营管理造成了巨大负担。一般情况下，企业为防止产品断货会适当持有一定量的安全库存，但随着产品种类激增，这种库存策略会导致大量的库存积压，严重影响资金的周转效率。以美国的传统超市为例，其平均库存在 1985 年前后约为 13000SKU[⊖]，1991 年为 20000SKU，2006 年则攀升到 38000SKU，结果造成了大量的库存积压。与传统商超的策略不同，Costco（开市客）和山姆会员商店等仓储超市开始大幅减少商品种类，例如 2020 年 Costco 管理的商品品类为 3700 个、山姆为 4000 个。从上述数据可以看出，**供应链管理的目的之一是精准预测销售，而不是无限制扩充产品种类**。Costco 和山姆的会员制和薄利多销策略大幅减少了库存种类和数量，采购效率和库存周转速度也得到了大幅提升。据统计，Costco 存货周转率大约是 11.5 次/年，相比之下，沃尔玛约为 8.5 次/年，永辉超市约为 8.1 次/年。

3. 越发严格的交货期要求

有的客户希望企业能即时满足其需求，有的客户则希望企业能按时按地按量交付……不管哪种交货期要求，都要求企业尽快地将产品/服务交付到客户手里。尽管没有具体的统计数据，但许多案例表明，**每个行业内头部企业的供应链流程比行业内平均水平更短，数字化技术在其中做出了重要贡献**。2022 年，麦肯锡咨询公司发布的报告《供应链 4.0：下一代数字化供应链》中指出：数字化显著提高了供应链的运营效率。例如，外卖行业在其配送终端大量采用了数字技术，这些技术帮助企业完成了大规模的即时配送任务。生产制造端也在大量使用数字技术来实现敏捷制造。例如，特斯拉上海超级工厂通过"数字技术+机器人"赋能汽车制造，接到客户下达的订单最快可在一小时内启动供应链，并在一周内完成制造任务。

4. 与日俱增的产品和服务期望

在当今市场环境中，消费者需求的个性化趋势正在推动市场结构从同质化向差异化转变。消费者对标准化产品的偏好逐渐减弱，能体现个人特色与需求的定制化产品与服务正在受到青睐。因此，企业能否提供"量身定制"的产品和服务，已成为其持续保持竞争力的重要指标。供应链管理研究专家——斯坦福大学的李效良教授指出：**供应链管理的任务之一就是通过增强柔性（Flexibility）和较低的定制代价来满足客户的个性化需求**。例如，华为提供 Mate 系列和 P 系列智能手机的个性化定制服务，用户不仅能选择手机的颜色和材质，还能在特定型号上刻制个性化签名或图案。海尔智家为用户提供智能家居解决方案定制服务，用户可根据生活习惯和住宅特点，通过海尔的线上设计工具，灵活选择家电产品组合、颜色及功能配置，构建独一无二的智能生活空间。供应链中的定制思想同样发生在数字和智能领域。例如，ChatGPT 允许用户根据自己的需求来训练大语言模型，经过训练后的模型能够更快地帮助用户解决问题。

三、供应链管理的前景

1. 供应链管理职业发展潜力巨大

一位不愿具名的供应链高级经理告诉人们："三百六十行，行行都需要供应链管理。"麻省理工学院斯隆管理学院发布的《2023—2024 MBA 就业报告》指出，供应链管理已经成为招聘市场的热门专业，该专业 2023 年 MBA 毕业生的就业率位居所有专业第一，起薪排名位居前五。美国供应链管理协会的调查显示：2023 年，美国供应链管理领域的平均年薪为 12.3 万美元，供应链管理新兴从业者的平均年薪也达到了 8.1 万美元（同期美国平均年薪为 5.9 万美元），凸显了供应链管理职业的高回报性和吸引力。

同样的事情也发生在我国。2021 年，我国人力资源和社会保障部发布的《供应链管理师就业景气现状分析报告》中指出：未来五年我国供应链管理人才缺口达 600 万人。BOSS 直聘

⊖　SKU 是库存单位，为 Stock Keeping Unit 的缩写。SKU 用于唯一标识库存中的每个产品，包括产品的不同型号、颜色、尺寸、款式等。每个 SKU 都有其独特的编号，便于进行库存管理、销售跟踪和订单处理。

等招聘网站的数据统计显示：2022 年，供应链管理的平均年薪为 28.7 万元，供应链管理高级经理的平均年薪更是高达 42.6 万元。我们检索了我国排名前 100 位的商学院 MBA 专业选择和就业情况，供应链管理专业位列前茅，"具有跨学科知识和实际操作技能"是学生选择该专业的理由。

2. 供应链管理是创业创新的新蓝海

从创业管理的角度来看，供应链管理的本质要求是：通过打破企业边界，整合各家优质资源，开展深度合作来创造反应更快、成本更低、效率更高、更具创新和竞争力的商业模式。"轻资产运作"和"快鱼吃慢鱼"是供应链管理给创业者带来的两个启示。

当前商业领域将品牌、研发、管理流程、人力资源等不需要重资本投入的资产视为轻资产，而将工厂和设备等视为重资产。虽然该观点没有错，但"轻资产运作"的核心理念是：企业抓住自己的核心业务，外包非业核心业务，将外部优质资源与自身核心优势进行协调整合，一同参与到市场的各项活动之中。这背后的逻辑是，在商流、物流、信息流和资金流这四个方面的管理上做好"取舍优化"。与其做到所有科目满分，不如聚焦自身最擅长的环节，寻找其他环节的满分合作伙伴，做到"轻装上阵"。电商直播新贵的快速崛起就是轻资产理念下供应链管理的实践。

"快鱼吃慢鱼"体现的是企业快速响应市场需求的能力，同时也是企业获得或维护其市场优势地位的一种方式[⊖]。"不做资源的创造者，要做资源的整合者"，以此为理念，在竞争激烈的女装行业，跨境电商巨头希音（SheIn）通过对信息流、商流、物流和资金流的优化，背靠珠三角强大的供应链和跨境贸易政策，将新品的迭代周期缩短至 7 天内，横扫一众老牌快消时装品牌。"快鱼效应"也体现在企业的持续创新上：马斯克宣布公开特斯拉所有技术方案，他自信地认为专利并不能促进企业进步，企业进步需要持续不断地创新。

📖 **阅读小贴士**

来自我国的希音（SheIn）风靡美国

成立于 2008 年的我国跨境电商巨头希音（SheIn），早期仅从事跨境婚纱的批发和销售。其在 2014 年收购位于广州的女装品牌 Romwe 后，成为集设计、生产、销售于一体的服装企业。希音旗下的服装从设计、打板，再到生产、上架，相比快消巨头 ZARA 快约 15 天。希音借助当地完整的柔性供应链体系，将生产周期刷新至仅需 7 天，且每周都能上线约 1 万件新品。通过占领国外意见领袖的数字流量，协同我国服装行业的供应链迭代能力，希音在 2020 年年营收取得接近 100 亿美元（约合 653 亿人民币）的成绩，连续第八年营收实现超过 100% 的增长，而这背后正是我国供应链借助数字化实现供应链效率的提升。Piper Sandler 的一项调查显示，2020 年，希音是美国青少年第二喜爱的电商品牌，仅次于亚马逊。而到了 2021 年 5 月，希音直接狙击了跨国巨头亚马逊在服装类目中的霸主地位，取代亚马逊成为美国安装量最大的购物应用。

---

3. 这是供应链竞合时代

早在 2000 年，罗杰·布莱克威尔提出了一个极有洞见的观点：企业不再是孤立的个体，而是通过整合供应链上的批发商、制造商和供应商等多方资源，形成强大的联合体来争夺市场优

⊖ 美国思科公司前 CEO 约翰·钱伯斯在 1999 年提出"快鱼法则"：当今市场竞争不是大鱼吃小鱼，而是快鱼吃慢鱼。该法则为很多创新性公司快速进入市场提供了方向，同时也为很多巨型公司改变管理和经营模式提供了思路。

势地位。实际上，竞争的舞台已经从单个企业拓展到了供应链层面的较量⊖。

QCFDI——质量（Quality）、成本（Cost）、柔性（Flexibility）、交付（Delivery）和创新（Innovation）是实现客户价值的五根重要支柱。但是，即便强大如苹果公司也无法在这五个方面同时做到优秀，它需要强大的供应链支撑：苹果公司擅长设计、品牌研发，但高通的基带芯片性能更好，三星的显示屏性价比更高，富士康的生产组装能力更强、出货更稳定……当我们仔细审视阿里巴巴、京东、拼多多、苹果、特斯拉、亚马逊等供应链巨无霸企业的成长路径，不难发现，这些强大的企业都是供应链管理的"大师"，它们出色的供应链管理能力在很大程度上决定了企业的强大。

第三节　供应链管理的思维

当前几乎企业管理的所有领域都在极力倡导实施"数字化和智能化"战略，但需要清醒地认识到，这些都是思维转变后的结果。没有思维的突破，也就没有技术和手段的创新。在走访诸多企业和翻阅大量资料之后，我们认为形成供应链思维至少需要三个转变，如图 1-5 所示。

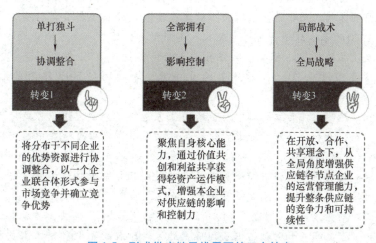

图 1-5　形成供应链思维需要的三个转变

一、从单打独斗转向协调整合

除了最大化利益，单打独斗的"不确定性"（Uncertainty）是企业选择供应链协作最重要的原因之一。没有一家企业喜欢"不确定性"：不确定的市场、技术、流程和合作伙伴……而将供应链所有环节都掌控在自己手中，确实能给企业带来不少安全感。例如，1990 年之前的苹果公司包揽了计算机硬件设计、系统开发、应用程序、市场营销等几乎所有环节。"单打独斗"的运营模式在初期给苹果公司带来了极高的效率，但是当 IBM、惠普和微软联合起来的时候，苹果公司陷入了危机：1996 年，市场占有率由鼎盛时期的 16% 跌到 4%，股价一路下滑，苹果公司处于无经营利润和濒临破产的困境，直至 1997 年乔布斯重新定义了产品战略，库克大刀阔斧重塑了苹果公司的供应链之后，苹果公司才重新变得强大。

越来越多的企业回归其优势核心领域，通过供应链协作参与市场竞争。从哲学角度来看，协

⊖　布莱克威尔. 重构新千年零售业供应链［M］. 季建华，任建立，赵平，等译. 上海：上海远东出版社，2000.

作是缓解（但不是消除）不确定性的一种相对不差的方法。例如，在面临海豚攻击的时候，沙丁鱼的做法是群体性防卫和对抗。自然界中强壮如老虎的物种并不多，但即便是老虎，它的狩猎成功率也低于群狼的协同。类似地，尽管强大如当年的苹果公司，它也无法独自在市场上保持持续竞争力。

如今，已经很少有管理者仍将自己的企业视为独立的单元，协同、网络、生态等概念已经让供应链思维深入人心。在这个范围更广、运作更精密、协调更复杂的企业网络结构中，每个企业都可以获得利益。加入供应链后，弱小企业获得了抵御风险的能力，产能得到了充分利用，经营业绩得到了保障；而大型企业通过运转供应链，通过外包和整合，实现了组织结构和业务运作的"瘦身"，不仅降低了成本、提升了财务绩效，还增强了企业在复杂多变环境中的适应力和控制力，提升了企业的核心竞争力。

📖 **阅读小贴士**

可口可乐的"瘦身"之路

2017年5月，詹姆斯·昆西上任可口可乐CEO，标志着"分销得越充分，品牌就越成功"这条曾让可口可乐在全球大获成功的黄金定律被抛弃了，取而代之的是昆西的增长理念：可口可乐首先要确保利润而非销量的增长，从卖可乐向全品类饮料公司转型。这一决策转向的背景如下：近20年来全球消费者可支配收入不断增加，饮料市场逐渐走向"高端化"，可乐被贴上非健康饮品的标签。可口可乐公司的可乐销售量自2012年以来连年下滑，营收从480.17亿美元逐年下滑至2017年的354.10亿美元，净利润在2017年更是出现跳水式的下滑。

为改变现状，昆西上任后立刻对中国市场的业务进行了分割重组：可口可乐公司负责产品研发和营销，而生产和分销则交给太古饮料和中粮集团（可口可乐在中国市场的两大装瓶商）。可口可乐（中国）在给《第一财经周刊》的邮件回复中描述双方的分工："可口可乐将聚焦于公司的核心优势，即提供浓缩液和建设品牌，以领导全球特许经营系统。而装瓶厂则负责连接可口可乐公司和客户，主要负责生产、装瓶，并将产品推向全球。"

从供应链管理的角度来看，首先，可口可乐的"瘦身"源自其供应链成本的构成。从毛利率构成上来说，产品研发和营销占据了60%，远远大于装瓶的15%，抓住成本主要构成部分，对其提升利润率更为有利。其次，饮料供应链是一门复杂的生意，涉及环节、供应商和合作者数量很多，可口可乐的"瘦身"让其转型成为一个品牌创新者和营销商，不仅没有对其品牌产生负面影响，反而从复杂的供应链运营中成功抽出了身。

二、从全部拥有转向影响控制

全部拥有是一种所有权占有思维。福特汽车用惨痛的教训告诉人们，全部拥有只是在特定情境下的短暂选择，从长远来看，该想法既不科学也不现实。首先，21世纪技术创新的速度不断加快，几乎所有产品的生命周期都极大缩短了，一旦新进入者带来了全新的产品/服务/模式，就会对行动缓慢的企业造成致命威胁。其次，全部拥有意味着企业要在所有环节上都有竞争优势，这意味着要参与全面的市场竞争，这对任何企业来说都是不可能完成的任务。最后，全部拥有会极大增加管理的复杂度，各种内耗会逐渐耗尽企业的活力。即便强大如谷歌和阿里巴巴，仍无法避免管理效能越来越低的难题。在这个快速变化的世界，管理者的思维需要发生改变：影响力和控制力比所有权更重要，影响控制的核心思维是协调整合。

在协调整合思维下，企业的主要工作对象是供应链的"四流"。专精于其中任何一个或多个方面，都可以成为供应链中的核心企业和供应链管理大师，对整条供应链（甚至整个行业）都会拥有强大的影响力和控制力。但影响力和控制力的内涵并不相同，影响力是比控制力更高级的一种形态，影响力能够赋能控制力，但没有控制力，影响力就是空谈。例如，特斯拉公开了电池管理技术、自动驾驶技术、电控系统技术等专利技术，任何竞争对手如比亚迪、宝马、蔚来等都可以使用这些专利。但如果没有超强的持续研发和持续降本能力，特斯拉在电动汽车行业中的影响力也无从谈起。

"以什么目标控制供应链"是核心企业必须首先明确的问题。是自我利益优先还是与供应链中企业利益共享？是携手供应链中合作伙伴一同成长，还是采取公事公办的合作方式？"构建生态、共享价值"是很多有雄心壮志的企业的口号，但生态建成之后是否会共享利益，或者生态恶化之后如何进行风险分担，这是十分考验人性的问题。我们不得不面临一个残酷的商业事实：利益在供应链中的分配是不平等的，主导供应链的核心企业通常获利更多，只有少数核心企业愿意与弱小的合作伙伴分享利益[⊖]。

尽管每个管理者都认为"构建长期、稳定、健康的供应链"极为重要，即便是核心企业也能做到利益分享，但是能否做到在任何情境下都与合作伙伴分享利益？事实上，当环境发生变化时，受伤的大多是供应链中实力较弱的一方；哪怕环境没有发生变化，核心企业也会采取一些竞争手段来弱化供应链伙伴的谈判和议价能力，例如采取双源或多源采购策略——向两个甚至多个供应商采购相同的零部件。表 1-1 显示了苹果公司部分手机零部件的供应商。从苹果公司的角度来看，多源采购策略能够确保供应链的安全，同时通过优胜劣汰保持苹果公司的竞争力。从供应商的角度来看，这种采购策略的实质是苹果公司引入的竞争机制，目的之一是降低其采购成本，同时这种策略还带有胁迫机制，强制供应商在各方面都必须符合苹果公司的利益。

立场、观点和目标不同，核心企业控制供应链的方式和手段也会不同。尽管每个人都希望核心企业用"令人心潮澎湃的价值观、令人心悦诚服的价值观或道德观"来实现对供应链的影响控制，但这种希望是虚幻的。核心企业的研发设计创新、资本财务运作、管理流程管控能力是供应链控制力的基础。从这个角度来看，前面讲到苹果公司的多源采购策略只是一种控制工具，本质上是无善恶之分的，但控制目标却有善恶之分。可惜的是，现实中经常出现核心企业利用控制力损害供应链中其他企业的案例。例如，十多年来，供应链中小企业融资难、融资贵已经成为我国供应链健康、稳定和可持续发展的障碍之一[⊖]。"大企业能否及时支付账单"已经是我国不少中小企业判断核心企业道德高低的标准，这不免令人唏嘘。

表 1-1　苹果公司 iPhone14 Pro Max 部分零部件的供应商

零部件	供应商
内存/闪存	三星、SanDisk
屏幕	三星、京东方、LG
摄像头	索尼、LG

⊖ 供应链中如果有多个核心企业（例如芯片供应链中的光刻机供应商 ASML 和生产 M 系列芯片的苹果公司），各方会借助各自实力通过合同博弈来均衡获得供应链的利益。参见：ZHENG Z L, BAO X. The investment strategy and capacity portfolio optimization in the supply chain with spillover effect based on artificial fish swarm algorithm [J]. Advances in Production Engineering & Management, 2019, 14（2）：239-250.

⊖ 在 2021 中国物流与供应链金融年会上，中国物流与采购联合会会长指出，新时期产业发展离不开金融助力，但是中小企业仍存在融资难、融资贵和金融脱实向虚问题，规范与创新的界限仍待明确，"外热内冷""确权难""核心企业意愿不高"等一些重点问题，制约着供应链金融的健康发展。

（续）

零部件	供应商
射频芯片	高通、博通、Qorvo、Skyworks
电源管理芯片	德州仪器、Dialog、高通、意法半导体、英飞凌、恩智浦等
WiFi、蓝牙	博通、环旭电子
IC 驱动	德州仪器、亚诺德、恩智浦
音频芯片	苹果、Cirrus Logic

提高核心企业的控制力仍符合整条供应链的利益。 供应链节点中各企业的所有权归属不同、利益取向不同、地域文化和管理风格不同，即便有合同约束，遵守"平等、合作和共赢"原则，也并不确保能够整合出一条协同运作的供应链。事实上，强大的核心企业能够从多方面保证和提升供应链的整体利益。

第一，有助于引领并壮大产业链。 核心企业之所以能成为供应链的核心，除了强大的"四流"控制能力之外，还因为拥有对所在行业当前与未来发展的深刻洞见、高效的管理和执行能力……优秀的核心企业是市场的稀缺要素，它的战略选择在很大程度上会影响一个产业的发展。例如，阿里巴巴对我国电商行业做出的贡献可载入史册。没有阿里巴巴的强力推动，我国的电子商务（商流）、互联网支付（资金流）、全国性的物流网络（物流）以及云计算和云存储（信息流）的发展速度可能不会这么快，对我国经济的影响也不会这么深远。

第二，有助于稳定供应链的经济利益。 核心企业通常具有强大的利益辐射能力。"赋能"一词经常被核心企业用于构建生态圈/链，这不仅仅是商业口号，还是真实的商业实践。例如，2022 年，3943 亿美元营收和 998 亿美元利润是苹果公司保证其供应链上 200 多家供应商利益的前提和基础。成为苹果公司供应商是全球很多精密制造工厂的梦想之一，因为苹果公司的订单意味着营收和利润。2020 年美国《商业周刊》曾写道："苹果公司是出了名的难伺候……但厂商们还是愿意为苹果工作。"腾讯（Tencent）、阿里巴巴（Alibaba）和京东（JD）平台对中小商家的技术支持和商业导流也确保了这些商家的商业利益，读者不妨寻找一些资料尝试分析一下这些商家是如何稳定供应链利益的。

第三，能够带给供应链更多额外价值。 核心企业通常是"供应链大师"或"链主"，它会通过各种方式监督供应链各个环节、监视供应链风险、为合作伙伴提供资金和技术帮扶等。例如，苹果公司对生产工艺要求很高，甚至会超过行业标准。一旦决定与某家供应商合作，苹果公司会派出专门驻场工程师指导其改善生产工艺流程和产品质量，甚至会购买先进的生产设备送给供应商。苹果公司还会强制性要求供应商使用特定的操作系统和软件，以便实时监控供应商的生产线，一旦产品质量出现问题，苹果公司会要求供应商在 12 个小时内找到原因并给出解决方案。尽管苹果公司的这些做法看上去很强势，但对于供应商而言，苹果公司更像是一位严师。在苹果公司的要求下，他们不仅掌握了一套生产高质量产品的方法，而且还将管理理念和工作行为内化到每一位工程师和产线工人心中，从客观上提升了供应商的运营能力和市场竞争力。

三、从局部战术转向全局战略

"要从全局优化的角度去看问题！"想必很多人听过这句话，但未必了解这背后的原因到底是什么。下面用数学模型来证明这句话，然后解释为什么供应链管理者需要从局部战术转向全局战略。

先来看一条最简单的供应链，该供应链由一个制造商（M）和一个零售商（R）组成。制造商是核心企业（不妨将其看成苹果公司或华为公司），其生产一种创新性产品，零售商从制造商处进货并负责向市场销售。假设该产品的市场需求函数为 $x = D - bp$，其中 D 为总需求，p 为零售商的产品零售定价，b 为产品的价格需求弹性系数（不妨设 $b = 1$），$D > p > 0$。可以看到，如果零售价格定得过高，那么产品的市场需求会下降。

首先，假设制造商和零售商同属于一个公司，那么市场信息在供应链中是透明的。这种供应链在学术上被称为**集中供应链**[⊖]。通过进行零售定价确保公司销售额最大化的计算公式如下：

$$\max_p \Pi^C = p(D - p) \tag{1-1}$$

式中，Π^C 是整体的决策目标，p 是零售价，是决策变量。

可以求得最优的零售价 $p^{C*} = D/2$，零售商能够卖出的产品和制造商的最优产量均为 $x^{C*} = D/2$。

接着，假设制造商和零售商分属两家公司，零售商知道市场信息但不分享给制造商，制造商只生产零售商下达的订货量，两者各自分散决策。这种供应链在学术上被称为**离散供应链**[⊖]。假设制造商单个产品的制造成本是 c，批发价为 w，并且 $c < w < p$，零售商的订货量为 x，并且 $x \leqslant D$，制造商需要决策批发价 w 为多少时能够使其利润最大化，即

$$\max_w \Pi_M^D = (w - c)x \tag{1-2}$$

零售商需要决策零售价 p 和订货量 x，使其利润最大化，即

$$\max_{p,x} \Pi_R^D = (p - w)x \tag{1-3}$$

这是一个典型的斯塔伯格博弈模型[⊜]。零售商的最优定价 $p^{D*} = (3D - c)/4$，制造商的批发价 $w^{D*} = (D - c)/2$，零售商最优订货量和制造商最优生产量均为 $x^{D*} = (D + c)/4$。

与集中供应链相比，离散供应链有如下特征：①终端产品的零售价更高（$p^{D*} > p^{C*}$），零售商的销售量和制造商的产量更低（$x^{C*} > x^{D*}$），对产品的市场竞争不利；②零售商和制造商两者的利润总量更低（$\Pi^C > \Pi_M^D + \Pi_R^D$），对双方的经营绩效不利。这就是**离散供应链引发的"双重边际现象"**[⊗]。由于在离散供应链中，制造商和零售商都以各自（局部）利益最大化做决策，因此牺牲了供应链的整体利益。

接下来，作为核心企业的制造商要想改变这个现状，它不希望因零售商的个体利益最大化造成产品销量下降（因为这对市场占有率不利），但是它也不想并购零售商使其成为企业的一部分（因为这会产生重资产运作）。于是制造商跟零售商商量：能否给批发价打折，折扣为 α（$0 < \alpha < 1$），零售商确保订货量为 x^{C*}（零售价为 p^{C*}）？对零售商而言，只要确保其利润不降低就没有理由拒绝制造商的提议，即满足

$$\Pi_R^D(p^{C*}, x^{C*}, \alpha w^{D*}) \geqslant \Pi_R^D(p^{D*}, x^{D*}, w^{D*}) \tag{1-4}$$

此时，$\alpha \leqslant (3D + c)/(4D)$（或者 $\alpha \leqslant 0.75 + 0.25c/D$）即可确保式（1-4）成立。我们来做一个数值模拟，设 $D = 100$，$c = 1$，那么制造商给零售商的批发价打 75 折（即 $\alpha = 0.75$）就可以激励零售商卖出更多的产品。那么制造商吃亏了么？不妨将数据代入 Π_M^D，可得：打折前后制造商的利

⊖ 集中供应链又称为集成供应链。现实中存在这种供应链形式，例如苹果、华为和小米是强势的制造商，它们同时拥有线上官网销售渠道，或者线下的直营门店。集中供应链模式的好处是对了解市场一线信息有帮助，坏处是自建零售部门需要耗费更多的物力和财力。

⊖ 现实中大量供应链采用离散供应链模式。这种模式的好处是不需要对零售渠道进行管理和投资，坏处是缺乏对市场的了解和对零售商的控制。

⊜ 斯塔伯格博弈模型的推导过程为：首先可求得零售商的最优定价 $p^{D*}(w) = (D + w)/2$ 和最优订货量 $x^{D*}(w) = (D - w)/2$，将 x^{D*} 代入制造商利润函数可得 $(w - c)(D - w)/2$，制造商利润最大化的最优批发价 $w^{D*} = (D - c)/2$，将 w^{D*} 代入 $P^{D*}(w)$ 和 $x^{D*}(w)$ 可求得 $x^{D*} = (D + c)/4$，$p^{D*} = (3D - c)/4$。

⊗ "双重边际现象"是指供应链成员为了谋求各自利益最大化，在独立决策的过程中使得产品价格高于其生产边际成本的现象，最后使得整条产业链经历了两次加价。这也意味着供应链成员在决策时只考虑各自的边际效益，而没有考虑其他成员的边际效益，导致每方的获利都减少。

润分别是 1224.6 和 1818.8。批发价打折并没有让制造商吃亏，零售商和制造商获得了双赢。

看了前面的数学推导，有供应链管理经验的读者可能会有这样的感悟：集中供应链其实是一种理想状态（所有企业通过协同运作来使全链利益最大化），离散供应链代表现实情况（链上企业所有权、控制权和决策权分散）。批发价折扣只是一种协调控制方式，只要供应链成员认同这种协调方式并严格落实，那么核心企业就可以将所有权、控制权和决策权都分离的企业整合在一起，使其逼近或实现集成状态。

读者必须明白，迷恋局部战术而忘记了全局，或者空谈全局却没有局部战术，都是不正确的思维。局部和全局其实是一个相互耦合和支撑的哲学命题。在走访诸多企业和查阅诸多文献之后，我们非常愿意与读者分享以下四个发现，这些发现或许可以为供应链管理者提供借鉴。

1. 局部战术充满诱惑，工具和手段容易代替全局思维

前面的数学模型为"供应链外包"战术提供了理论证明：核心企业可以通过利益共享的方式，让离散供应链也能具有集中供应链的效果。在财务层面通过商业合同或投资协议来协调供应链各节点的利益，在技术层面通过信息系统和物流技术来协调整个供应链的运作流程，以此在短时间内实现核心企业的业务瘦身，让企业表现出轻资产运作和财务绩效好转的"成功"。2017 年可口可乐公司生产灌装环节的瘦身以及 2019 年达芙妮的营销瘦身策略，本质上都是通过外包和集成来达成局部优化⊖。媒体和大众只会追逐"成功的光环"，但作为供应链的管理者要有全局思考的意识。如果把短暂、局部的成功比作海妖塞壬的歌声，那么供应链管理者就是船长。现金流和财务报表的短期成功很容易让船长忘记供应链管理的本质，反而去追逐"如何设计商业合同、如何推进供应链数字化"等局部战术问题。能否抵制住诱惑取决于船长的全局思考意识，但能够在迷雾中识别海妖歌声的船长又有多少呢？

📖 阅读小贴士

达芙妮的瘦身战术

达芙妮作为我国传统服饰行业的巨头公司之一，近十年来受到电商的极大冲击，出现市场反应力不足、产品库存积压、营收和利润双双下降、财务上出现严重亏损等问题。面对这样的窘境，达芙妮在 2019 年开始对其供应链的销售环节进行激进的调整，在这一年，达芙妮核心品牌业务净关闭 2288 个销售点；在 2020 年继续进行销售渠道网络调整，净关闭 183 个销售点，店铺网络规模由 2020 年年初的 425 家进一步缩减至 2020 年年底的 242 家。随着门店的不断关闭，达芙妮收益不断减少。数据显示，截至 2020 年年底，达芙妮收益减少 17.63 亿港元至 3.64 亿港元。

在关闭门店的同时，达芙妮开启品牌授权模式。凭借强大的品牌价值以及在女鞋行业的丰富经验，其授权在线和线下的加盟商和授权商以"达芙妮"品牌经营，并为它们提供可靠的供应链资源，而加盟商和授权商可以直接在供应链系统下订单。

2021 年达芙妮发布了财报：经过一系列供应链销售端的瘦身，达芙妮实现扭亏为盈，实现净利润 5270 万港元。尽管达芙妮的转型前景仍然迷雾重重，但瘦身战术带来的轻资产和财务改善为其实现企业战略目标奠定了一定的基础。

（资料来源：张君花. 轻资产模式：达芙妮的救命解药？[N]. 北京商报，2022-04-13. 经编者修改整理。）

⊖ 更多内容请参见本书第五章供应链的外包与集成。

2. 局部战术要服务于核心企业持续保持供应链控制力

任何数学模型都有适用的情境和范围，这意味着模型本身可能存在缺陷。例如，前面的数学模型没有交代制造商用折扣合约来协调零售商的前提条件——制造商对零售商存在控制。如果制造商无法控制零售商，那么制造商为何要外包销售环节？事实上，苹果公司就反其道行之，它不仅在全球建立了数以万家的线下直营体验店，还自建了线上销售渠道。苹果公司这样做的理由是，营销一直是苹果的核心优势之一（另外两个是研发和设计），这对实时掌握市场信息、维持品牌形象和控制价格体系都有重要帮助。因此，如果不把营销发展为自身的核心竞争力，或作为供应链的控制力之一，那么将零售外包就是全局思维下的局部战术；反之，就不应该外包，或者短期外包而长期自建。类似的分析也可用于供应链上游环节，例如零部件自制和采购决策，有兴趣的读者不妨寻找一些案例自行分析一下。

3. 局部战术要服务于核心企业持续提升供应链影响力

前面的数学模型为协调离散供应链提供了启发，但该模型并不能说明核心企业一定是供应链中强有力的影响者，哪怕当前它是行业领导者。为此，首先要明白什么是影响力。罗伯特·西奥迪尼对影响力的定义如下：用一种别人乐于接受的方法去改变他人的思想和行动的能力，这种能力包括战略影响力、印象管理、表现力、目标说服力以及合作的影响力[⊖]。正如我们反复强调的观点：供应链影响力需要一个个局部战术的成功来实现。2003年成立的特斯拉在很长一段时间内都无法解决量产问题，其在2015年被华尔街做空，一度陷入破产危机。借助我国电动汽车供应链体系和上海市政府的优惠政策，2020年特斯拉不仅量产了Model系列电动汽车，还获得了不断降低成本的能力。重要的是，在突破量产制造这个局部环节之后，全世界已经没有人质疑特斯拉实现其战略蓝图的能力。

4. 局部战术要服务于核心企业持续提升供应链生命力

全局思维是一个动态的思维框架，管理者必须考虑局部战术对供应链生命力的影响。不必讳言，任何一条供应链都逃不开死亡的宿命，物理学用"熵增"来描述这个不可逆的过程，但马斯克用"第一性原理"为供应链延续生命提供了底层思考逻辑[⊖]。通过外包业务摆脱重资产可以让核心企业延续财务生命，但这种局部战术并不意味着重获新生。如果核心企业的战略、经营和管理理念得不到同步改变或升级，推诿扯皮、官僚现象和山头主义依然会弱化供应链的影响力和生命力。要想真正改变，需要管理者具有企业家精神。但事实上，有远见、有勇气、有担当、有方法的企业家是市场最稀缺的资源。为理解本部分内容，来看一个案例。2007年1月，乔布斯发布了第一款iPhone，同年5月中国移动推出我国第一个链接固网和移动网的产品——飞信。但令人遗憾的是，这款令市场惊叹的跨时代产品却在4年后完败给腾讯微信。飞信的结局令人唏嘘，但问题的根源在于思维：信道思维战胜了流量思维，固网思维战胜了移动思维，保值增值的思维战胜了全局思维。中国移动坐拥巨量的客户和强大的基础设施，却因为某些原因而放弃了暂时没有营利贡献的飞信。由此可见，即使局部战术暂时失败，也应该从全局去承受这些失败，一味强调保值增值，其结果既不能保值也不能增值。

最后，需要客观且严肃地指出：理解局部和全局的关系并不难，难的是从内心接纳这种思维，更难的是将其落实到执行层面，尤其在面临变幻和艰难困苦的环境时更应坚守全局。事实

⊖ 西奥迪尼. 影响力 [M]. 闫佳，译. 北京：北京联合出版公司，2021.

⊖ 里夫金，霍华德. 熵：一种新的世界观 [M]. 上海：上海译文出版社，1987. 作者基于热力学第二定律（又称熵定律）认为任何事物和组织的发展过程中会不断增加熵值，最终到达"热寂"状态（也就是毁灭状态）。
第一性原理源自古希腊哲学家亚里士多德的一个哲学观点："每个系统都存在一个最基本的命题，它不能被违背或删除。"该原理倡导回归事物最基本的条件，将其拆分成各要素进行结构分析，从而找到实现目标的最优路径和方法。

上，无论是局部还是全局都充满了迷雾、诱惑和人性的对抗。

本 章 小 结

首先，本章从一杯咖啡开始，向读者展示了什么是供应链。尽管可以采用更简单的叙述方式，但为了让读者能够深刻理解供应链的基本概念，我们仍然用较多篇幅介绍了供应链的演化史，这无疑有利于读者理解供应链的来龙去脉。其次，本章详述了供应链管理的概念及其作用，理解它们有助于读者了解供应链管理和商业运作之间的逻辑联系，以及该领域的光明前景。最后，本章详述了供应链管理的三大思维，这对读者开展供应链管理的研究和实践极具启发意义。虽然本章尽可能全面地介绍有关供应链管理的实践现状和发展趋势，但毕竟时代在飞速发展，供应链管理的创新仍不断涌现，本章中提及的内容难免挂一漏万，供应链的许多理念仍有待读者开发和实践。

思考与练习

1. 请你选择一款熟悉的产品，画出其供应链，并尝试将其写成一个供应链小故事。

2. 有观点认为，"汽车供应链的复杂性和多样性可以作为其他产业供应链的缩影"，请你尝试使用人工智能去寻找相关案例，探索如何将其中某个环节应用到其他行业。

3. 有人说，"人工智能技术必将改变供应链管理"，请你展开想象力，描绘人工智能会如何改变供应链的四个流程，并尝试分析人工智能会给供应链带来何种商业变化。

本章案例

华为的供应链升级之路

一、背景介绍

1987年，任正非在深圳创立了以生产和销售通信设备为主业的华为公司，几十年间，华为从最初的销售代理公司逐步成长为民营科技巨头，掌握包括5G、芯片研发、自主鸿蒙系统在内的多项世界领先科技。2013年华为超越爱立信，成为位居全球第一的通信设备供应商。同时，华为通过与IBM公司合作，建立了一流的供应链项目——集成供应链（Integrated Supply Chain，ISC），奠定了它在全球科技企业中举足轻重的地位。

二、华为的萌芽

在实现大幅营收之前，华为面临的是混乱无序的生产供应状况。

在创立初期，由于资金以及技术的欠缺，华为只是一家生产电话交换机（PBX）的香港公司的销售代理。

1989年，积累足够资金后，华为开始自主开发PBX。但由于成立不久，能力有限，因此华为仅仅坚持单一产品的持续开发与生产。

1992年，华为开始研发并推出农村数字交换解决方案。当年华为的销售额首次突破1亿人民币，员工数相比前一年的20人翻了10倍，达到了200人。组织结构开始从直线制转变为直线参谋制。除了业务流程部门，华为有了支撑流程部门。

而后华为的发展如同开了加速器一般，销售额不断上涨，公司规模也日益扩大。但在这背后也蕴藏着巨大危机。

1999年之前，由于业务发展速度快、订单的质量不高，一旦大量订单发生更改，将导致整个订单交付不及时，生产的产能和采购难以匹配。为了解决供应链建设中存在的诸多问题，提升企业的发展效能，华为和 IBM 联合开展了咨询项目，1999 年，集成供应链变革项目随之开始。

三、华为的供应链变革

传统思维认为供应链就是物流。但实际上，供应链连接了不同的功能、部门、流程等，它更像一个网络，而不是单独的某项功能。集成供应链是指把传统与前沿的管理理论和 IT 技术结合起来。而集成供应链强调对三条端对端链条的控制，即控制实物流、信息流、资金流，主张行业领导者集合供应商、分销商等，建立自己的主导型供应链。

2003 年，华为完成了整个集成供应链的业务建设，2004 年整个供应链业务指标有了很大改善。

基于国内业务，华为公司的供应链建设是成功的。但是当时华为的供应链是以深圳为生产基地的单一的供应网络，没有覆盖海外市场，甚至没有完善的供应链组织。如何开展与海外市场大的运营商的业务合作？如何保障及时交付产品？这些海外市场的问题该如何解决？为了推动华为走向世界，扩展海外业务，2005 年全球供应链项目（GSC）应运而生，主要侧重于建立海外供应链，并提高业务指标。

在全球供应链项目里，首先要做的是全球网络设计，包括均衡全球供应链的运作，以及平衡不同地区产品的需求。华为深刻认识到销售预测与运作计划是一体的，只有将两者集成起来才能更好地运营。通过销售部门、生产部门、采购部门的月度会议，发现很多地区需求和供货能力之间存在差距，并采取措施弥补差距，进而满足客户需求，完善采购计划、发货计划和生产计划。

同时，全球统一的订单和物流管理也是重点。为了解决供应链发展中的跨境物流问题，华为与国际上知名的物流公司成为合作伙伴，保证了从深圳工厂到非洲的整个供应链的物流供应。同时，与当地的部分小的物流公司合作，负责从当地的海关到一些基站的站点运输，保障全局的产品供应。

经过三年左右的时间，至 2008 年，华为在全球形成了良好的网络化供应链，并在全球建立了五个供应中心，即中国、墨西哥、印度、巴西、匈牙利供应中心，除此以外，还设立了多个全球采购中心，全球供应链初见成效。

四、华为的辉煌

2010 年，华为超越了诺基亚、西门子和阿尔卡特朗讯，成为仅次于爱立信的全球第二大通信设备制造商。同年，在《财富》杂志公布的世界 500 强企业排名中，华为首次入围。继联想集团之后，华为成为闯入世界 500 强的第二家中国民营科技企业，也是 500 强中唯一一家未上市公司。

华为日益发展壮大，但核心技术仍依赖国外技术的支持。敏锐的任正非意识到，要想让企业持久发展下去，必须自己掌握核心技术，打造供应链最强竞争力，降低受到外来因素压制的风险。

任正非曾经指出，由于网络的发明，市场和制造相分离，这个世界上最重要的是市场，而不是制造，这就是知识产权（Intellectual Property Rights，IPR）之争。只有靠高科技 IPR，才能带来大量利润。但要想获得领先的技术和巨大的利润，不付出巨大的成本是不行的。

实际上，早在 2004 年，华为就决定投资 2 亿美元用以大力研发海思芯片，但在接下来的 5 年间并没有取得太大进展。直到 2009 年，海思推出了 GSM 低端智能手机解决方案（也就是 2G 低端芯片），其中的基带处理器是华为自己研发的。至此，海思第一代芯片正式亮相。作为第一代芯片，依旧存在许多不足且与世界平均水平仍有较大差距。

2014 年年初，海思研发出第一款真正意义上的芯片：麒麟 910。这款芯片不仅集成了华为的自研基带巴龙 710，还可以用 LTE 网络（4G），并且理论最大下行速度达到了 112mbps（最大下载 14M/s)。同时它还首次将四核处理器整合成完整的 SoC，使得麒麟 910 成了全球第一个四核手机 SoC。这可谓华为在自主研发道路上迈出的巨大一步。

而后的几年间，华为先后推出了多款中高端型芯片，麒麟芯片从 920 型号延伸至 935 型号，其质量也实现了质的飞跃。

到 2014 年，华为在全球 9 个国家建立了 5G 创新研究中心，全球研发中心总数达到 16 个，联合创新中心达到 28 个，成为全球掌握 5G 专利技术最多的企业。

五、华为的危机

在芯片业初露头角的同时，华为受到了来自欧美国家的无情打压。这是因为华为负责研发的厂商虽然大多为国内厂商，但这些环节所需的工业软件、原材料、生产设备等大部分来自美国、日本等大型 ICT 企业，成品芯片的供应商主要是美国的高通和中国台湾的联发科。在欧美国家的联合打击下，所有厂商均拒绝向华为提供任何技术性援助及原料供应，这无疑给了华为芯片供应链致命一击。

同时，美国通过三阶段禁令全面阻断了华为移动处理器芯片的获得途径（图 1-6）。第一阶段：限制高通等美国 ICT 企业对华为 5G 芯片的成品供应。第二阶段：限制台积电、中芯国际为华为海思设计的芯片代工制造；具体来看，台积电在美国第二阶段禁令下被迫中断和华为的合作，并在 2020 年第二季度业绩会上发出声明，9 月 15 日之后停止替华为生产麒麟芯片。第三阶段：阻断了我国向三星等非美国 ICT 企业购置成品芯片的途径。这三方面的打压可谓封掉了华为的全部后路。

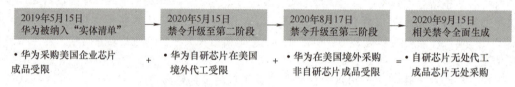

图 1-6　美国对华为的打压

即便拥有世界上最先进的供应链管理体系，建立了最完善的供货系统与物流中心，可一旦没有产品作为供应基础，一切都将化作幻影。

多年的研发让华为在面临来自国外的打击时积蓄了力量。尽管华为受到了影响，但不至于溃不成军，这让华为更加深刻地意识到，加强自我研发能力对维持供应链稳定与实现自我发展的重要性。

六、华为的新生与未来

2021 年，在销售毛利降低的情况下，华为仍然增加了研发投入（1426 亿元），研发投入占总收入比重高达 22.4%。对应到人才数量上，华为 2021 年研发人员比 2020 年增加 2000 人，而非研发人员则减少 4000 人。

在谈到研发时，孟晚舟表示，华为最大的财富不在财务报表上。华为最大的财富是人才存储、思想存储、理论存储、工程存储和方法存储，以及华为内部流程管理的高效有序存储，这些才是华为财报背后真正的价值。只有人才和科技，才是华为的未来。

在 2022 年创新和知识产权论坛上，华为发布"十大发明"成果，包括全新的加法神经网络、多目标博弈算法、光虹膜等在内的十项全球顶尖科技成果，这些成果将应用于其他实体产业的数字化进程。以汽车行业为例，华为先后与几十家新能源造车势力达成合作，包括北汽、小康、奔驰、沃尔沃等车企。在 2021 年 12 月 23 日的华为冬季旗舰新品发布会上，问界 M5 重磅登场，搭载了 HUAWEI DriveONE 纯电驱增程平台和 HarmonyOS 智能座舱，能够与华为智能设备高度互通，实现了不同产业之间供应链相互配合的大好局面。

　　过去 5 年间，已有超过 20 亿台智能手机获得了华为 4G/5G 专利许可。目前，每年还有约 800 万辆网联车获得华为 4G/5G 专利许可。华为还通过主流专利池等组织为业界提供"一站式"许可，方便行业参与者使用技术和创新成果。尽管建设道路有重重阻碍，华为依旧致力于加强技术开发，打造最强竞争力，稳固供应链发展，融合多方产业，实现信息共享与结果互惠，致力于在全球化的背景下打造最强供应链。

案例思考：

　　在逆全球化时代，我国企业面临的最大的挑战就是供应链的重构，快速且有效地构建适应这个时代的供应链，已经成为企业生死存亡的关键。请你找一个熟悉的企业，画出它的供应链重构之路，并尝试分析这个过程中的成败教训。

第二章

供应链管理的焦点与核心理念

 本章引言

第二章配套课件视频

　　在现实的企业管理中，纷繁复杂的流程运营经常让试图改变的管理者无所适从。然而，如果按照"以终为始"的思路，我们可以发现"成本低、服务好、柔性强"几乎是每条供应链管理的关键词。围绕这三个关键词，我们可以发现，库存和信息是其中两个最重要的焦点。供应链强调全局思维，管理者需要思考的不仅仅是企业内部的协同，还包括强化供应链内企业间的配合。通过大量企业的实践观察，我们发现供应链的协调通常需要经历三个阶段：建立协调机制、选择协同模式、应用协作技术。若要达成全局最优，这三个阶段缺一不可。优秀的供应链应该同时具备向上突破和可持续发展两大特质，前者对应市场进攻，后者对应防御，偏废任何一项都无法成为卓越的供应链。

学习目标

- 理解供应链管理的三个关键词和两个焦点
- 掌握供应链管理的核心运作理念
- 了解优秀供应链的 4A2S 特质

第一节　供应链管理的两大焦点

　　来自工业界的实践者一致认为，优秀的供应链应有三个关键词——成本低、服务好和柔性强[○]。成本低代表供应链运作高效，服务好代表客户的满意度高，柔性强代表供应链应对不确定性的能力强。想要做到这三个关键方面，库存和信息是其中两个极其重要的焦点，如图 2-1 所示。

一、焦点 1——库存

$$利润 = 收入 - 成本$$

　　对于企业而言，更高的利润意味着收入更高、成本更低。因此，所有供应链都在追求一个完美的运营场景：以最低的价格购买原材料，以最高的价格出售产品，拥有平稳且完美的生产计划，所有原材料都能恰到好处地在生产线上流转，仓库里没有任何积压，任意数量的商品都能以最高的效率、最低的成本交付给客户，且没有任何货损

图 2-1　供应链管理的两个焦点和三个关键

　　[○] 本章第三节全面介绍了优秀供应链的 4A2S 特质。

22

出现……然而，这些只是幻想而已，现实情况往往大相径庭。一位资深的供应链管理经理曾说："**库存是一个即便你发烧到 39.5℃ 都不能忘记的单词。**"事实上，管理中的大多数错误决策最终都会体现在库存上，因此业界有"库存乃万恶之源"的说法[⊖]。

（一）库存会蚕食企业的利润

供应链中库存无处不在，在供应商、制造商、分销商、零售商等各个环节中都有库存，如图 2-2 所示。运营管理研究发现，制造型供应链的库存占据了 80% 以上的运营成本，即便是服务型供应链，其库存成本也高达 40%。因此，从价值链（Value Chain）的角度来看，不管是在采购环节、半成品环节、在途运输环节，还是在门店待售环节，只要这些库存不产生价值，它们就会成为库存成本。

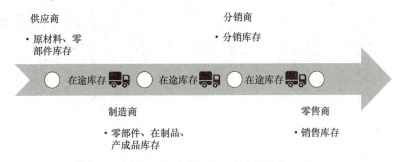

图 2-2 供应链各个环节中的库存

库存周转天数和库存营收占比是衡量库存效率的两个指标。通常来说，这两个指标值越低，说明库存管理水平越高，企业成本管控的绩效越好，产品的市场竞争力就越强。

库存周转天数是指产品从入库到销售出去所占用的时间。其计算公式如下：

$$库存周转天数 = \frac{（最高日库存金额+最低日库存金额）/2×天数}{期间总销售额}$$

该指标值越高，说明产品在企业内滞留的时间越长，库存管理效率就越低。2019 年，日本经济新闻一项针对美、日、欧 3900 家主要企业的调查发现，除部分企业，全球各地库存周转天数均发生了恶化：北美企业的平均库存周转天数为 52 天、欧洲为 55 天、日本为 57 天。该调查在 2021 年又进行了一次，结果显示：2021 年全球库存周转天数进一步恶化。

库存营收占比是指未能销售出去的产品占营收的比例。其计算公式如下：

$$库存营收占比 = \frac{（期初库存金额+期末库存金额）/2}{期间总销售额}$$

该指标值越高，说明企业库存积压越严重，库存吞噬成本就越严重。2022 年，世界银行行长戴维·马尔帕斯曾说，全球企业营收在下滑的同时，库存积压不断恶化，企业的利润表出现恶化趋势。国家统计局数据显示：2022 年，我国全行业产成品存货价值超过 6 万亿元，占当年营收 4.4%（图 2-3）。其中电子通信、电气机械、化工制造、汽车制造和专用设备 5 个行业的存货价值占 39.8%，前十个行业的存货价值占 64%。如果我国的无效库存降低一半，那么 2022 年我国经济效率至少会提高 2.2%。

库存管理不善会让企业陷入经营困难的泥沼。库存对成本的影响，除了其本身会产生损耗外，更重要的原因在于供应链的牛鞭效应，即供应链在传递订单需求时容易放大真实需求，从而推高供应链中的库存水平，一旦发生突发事件，库存将严重吞噬企业的利润，甚至会影响企业的存亡。

⊖ 本书第十章全面介绍了供应链库存，请读者参阅。

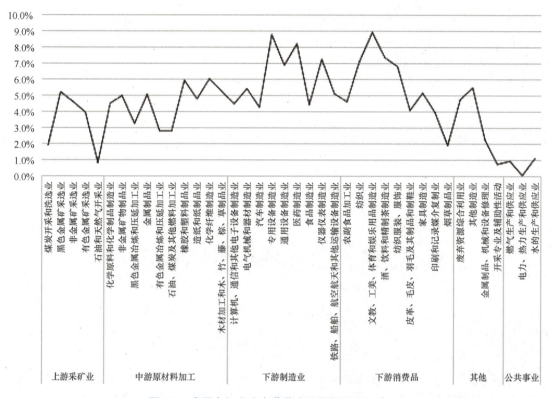

图 2-3　我国全行业库存营收占比数据（2022 年）

（资料来源：国家统计局 http://www.stats.gov.cn/）

例如，2020 年新冠疫情对运动产品销售造成了严重的冲击，即便是全球运动品牌头部企业——阿迪达斯也遭遇了库存积压问题。当然，我国的服装企业库存积压问题也并不乐观。Wind 数据显示，2021 年上半年，43 家纺织服装上市公司中有 39 家库存金额超过 1 亿元，8 家库存超过 10 亿元，其中一家服装企业的存货金额为 165.75 亿元，占其总资产比例约 19.67%。这样的案例不仅仅局限于服装企业，即便是 IBM、三星、小米这些优秀企业的供应链也发生过严重的库存积压问题。因此，**库存可谓商家死生之地，不得不察！**

📖 **阅读小贴士**

2020 年阿迪达斯遭遇的库存灾难

阿迪达斯创办于 1949 年，以其创办人阿道夫·阿迪·达斯勒（Adolf Adi Dassler）的名字命名。《财富》杂志公布的 2019 年世界 500 强中，阿迪达斯排名第 481 名。然而，2020 年新冠疫情对该全球知名运动品牌企业造成了严重的冲击。阿迪达斯发布的 2020 财年第一季度财报显示，其一季度净销售额比上年同期下降了 19%，降至 47.53 亿欧元；而降至 6500 万欧元的营业利润和高昂的运营成本使公司净收入比上年同期大降 96%，降至 2600 万欧元，全球超过 70% 门店处于关闭状态。除了关闭欧洲和北美洲门店造成短期销售损失以外，这家德国运动巨头还面临更严重的库存危机。金融机构瑞士瑞信银行（Credit Suisse）发布的一份面向投资者的报告预警显示：相比于正常的产品库存水平，目前，阿迪达斯自营及其经销商的库存过剩幅度大约达到 16 亿欧元（约合 17.4 亿美元），资产和利润率受到明显挤压。分析师认为，阿迪达斯可能需要长达一年的时间来清理过剩的库存积压。报告指出，该品牌分销系统明显滞后，使其在疫情危机面前缺乏市场灵活性。截至 2022 年，阿迪达斯仍然有相当一部分服装库存面临积压问题，阿迪达斯不得不以更大的降价幅度进行促销。

（二）库存提高服务水平

消灭供应链中的所有库存是一个不切实际的幻想，库存的存在有其经济价值。更准确地说，库存的价值体现于空间和时间之上。

由于供应链上每个节点的企业在空间上都存在距离，因此各节点企业之间的物流交换存在失衡的可能。如果上游原材料、零部件供应不上，而制造商又没有库存，那么生产线就会停止。一些重要的生产线一旦因物料供应不足而停机，其损失将会十分巨大。例如，2008 年冬天我国南方遭遇了严重冰雪天气，造成燃煤无法运出，结果电厂燃煤很快耗尽，由此引发了更大范围的电力中断，而电力中断又进一步导致燃煤无法通过电力驱动的火车运出，最终使电网发生了很多问题，造成了严重的经济和社会损失。如果电厂燃煤库存充足，这样的问题就不会发生。因此，几乎所有的供应链都会在关键节点上储备足够的安全库存，目的是确保将供应链运作维持在一定的服务水平上。

供应链运作流程在时间上也会发生错配，库存则能够有效"熨平"生产和消费之间的错配。例如，很多农产品的生产具有较强的季节性，但需求呈现出相对稳定性；为降低成本，一些产品需要大批量生产，而需求则是小批量的；有的消费需求无明确时间，而产品配送是有明确计划的……这时候就需要用库存来及时满足下游需求。通常来说，下游客户越快拿到产品，就意味着供应链的响应速度越快、客户服务水平越高。因此，"库存设在哪里、库存设置多少"决定了很多企业的市场竞争模式。例如，前置仓模式就是一个典型的案例。

📖 阅读小贴士

我国电商的前置仓模式

速度是电商的竞争焦点。阿里、京东等大型电商投资了大量的物流科技及基础设施，目的是不断提升终端的配送效率。经过十多年的持续改进，我国很多地区消费者的网上购物配送时长已经从原来的一周缩短至如今的两三天，甚至部分商品品类能做到当日达、小时达。而这一切得以实现都依赖在核心节点地区设置了前置仓，即商家根据平台的需求预测，提前将商品放在距离客户更近的前置仓，当客户下单后，便能以更短的时间交付到客户手中。

随着我国电商行业的进一步发展，国内企业正在将这种模式应用在跨境电商上。相较于传统跨国物流至少 1 个月的物流周期，阿里旗下的菜鸟物流平台在亚洲、欧洲、美洲 30 多个国家和地区布置了近 100 个跨境仓，利用大数据对需求进行精准预测，指导商家提前将商品运输至前置跨境仓。通过和当地物流公司合作，可实现跟国内类似的网购体验。例如通过菜鸟在欧洲设立的 14 个官方前置仓，当欧洲客户在全球速卖通（AliExpress）下单中国制造的商品后，已经能实现所在国 3 日达、部分城市次日达了。

（三）库存提高供应链柔性

供应链柔性（Flexibility）是供应链管理的一个重要话题，也是一个牵涉面很广的概念。1987 年，英国奈杰尔·斯莱克教授提出，供应链柔性是指供应链对客户需求做出反应的能力。然而，商业世界充满着各种不确定性，小到因为天气造成的产品交付延迟，大到全球性瘟疫引发的物流严重中断，这些不确定性是管理者必须考虑的问题。为减少不确定性可能引发的客户服务水平降低问题，备有一定量的库存显然能够提高供应链柔性。因此，**供应链柔性是指快速而经济地处理生产经营活动中环境或由环境引起的各种不确定性的能力。**

供应链柔性也体现在对不同客户需求的响应能力上。当前，客户需求越来越多样化并且变化越来越快，产品生命周期越来越短，这是供应链管理者最讨厌但不得不面对的事情。近20年来，机器人、智能生产等技术变革推动了供应链的大规模定制，其中一个重要的任务是采用"乐高思维"将产成品分解为标准零部件，然后通过个性化组装来满足终端消费者的多样性需求⊖。通过对生产侧标准化、通用化的改造，以及对客户侧个性化需求的拆解，最终实现以尽可能少的库存种类和库存量应对变化的环境和动态的客户需求，这就是一种柔性。

综上所述，虽然维持一定量的库存会增加企业的成本，但同时也能提高客户满意度，并强化对客户及环境的应变能力。因此，对于供应链管理者而言，库存是一把双刃剑。**库存管理需要结合成本、服务、柔性等多方面进行分析和管理，**这样才能实现优秀的供应链管理和企业的竞争战略目标。

📖 阅读小贴士

供应链的乐高思维

始创于1935年丹麦的乐高公司曾在2015年被评为"世界上最强大的品牌"，它最核心的产品仍是那6块矩形方块。就是这样的六个基本型，通过不同的组合，就能变幻出多达102981500种拼法。随着玩具市场的变化，乐高的零件曾一度达到14900个，但从2005年开始，乐高通过设计优化将零部件缩减至7000个标准通用组件，并鼓励设计师采用这些通用组件进行设计创新。产品零件数量的缩减降低了库存压力，同时优化了产品质量和生产成本。乐高产品的毛利率从2005年的58%增加到2006年的65%，并从2009年开始基本稳定在70%。

特斯拉的Model Y车型约75%的零部件与Model 3共享，这为提高生产柔性、降低生产成本提供了有力支撑。在同一产业联盟内，即使是不同的汽车品牌，也可以通过共用统一平台，有效减少差异化的工序流程，并减少材料库存。例如，吉利汽车历时4年研发，于2020年9月发布的SEA浩瀚架构，不仅适用于吉利自身旗下的新能源汽车，同时也可为奔驰Smart品牌提供电动化全套解决方案。

二、焦点2——信息

赫伯特·西蒙有如下观点：管理的本质是决策，驱动决策的是信息。互联网和数字技术的发展让管理者拥有了更强大的信息获取、分析和管理的工具，并且对处于不同时空上的供应链起了巨大的降本增效作用。仅关注信息工具是不够的，管理者还需回溯事物的本源，即**所有供应链运作都是信息驱动的结果。**这意味着供应链中的很多成本、服务和柔性均可用信息来替代、驱动或增效。

（一）将成本信息化

绝大多数情况下，信息的成本要低于实物库存。既然库存是信息驱动的结果，那么用信息代替部分实物库存在时空上是存在的。当前各种电子商务模式的本质就是利用便宜的信息来代替库存。例如，美国亚马逊在创业初期利用信息来代替图书库存，几十台服务器即可覆盖整个美国

⊖　参见本书第八章供应链的新生产理念——大规模定制。

的图书信息，同时不需要向客户提供样品图书。2020年暴发的新冠疫情让很多公司发现，只要信息沟通顺畅，即便工作地点在家也不会影响公司的运转。这意味着，信息可以取代昂贵的办公空间。

信息不仅成本低，还跑得快。借助数字和通信技术，信息在供应链各节点之间在以光速进行交换。如果透明化的信息在供应链中有统一的解析和传递渠道，那么供应链各节点企业之间的沟通理解偏差将大大减小，沟通效率将大幅提升，供应链运作效率和效益均可以大幅提升。例如，2000年诺基亚和爱立信的上游芯片供应商发生火灾之后，诺基亚采购部门与全球各地的生产线、销售商和供应商快速进行沟通，立即启动应急预案，大大减少了该事件带来的负面影响；而爱立信对此反应极为缓慢，供应链之间信息交换不充分，其结果导致爱立信宣布退出手机市场。

信息可取代库存来消除一部分不确定性。在实践中，企业往往认为预测未来的市场需求和销量充满了极大的不确定性和随机性。但从数理统计的角度，将企业的历史销量进行分类统计，往往能找到一定的趋势和规律，几乎从每个显著波动的异常点都能找到对应的行业事件或者业务动作。虽然无法做到绝对的高准确率，但借助已有数据和成熟的模型工具对未来进行预测，会相比依靠人工经验判断的准确率更高一些。例如，京东和淘宝会根据消费者浏览网页的记录，利用统计分析来推断产品的销售概率，如果该产品的销售概率达到一定的阈值，那么平台就会启动智能调度算法向消费者所在区域进行物流调拨。

（二）将服务信息化

随着数字技术的发展，**无论是生产自动化程度较高的制造业还是劳动力密集型的服务企业，都可以通过信息化手段来降本增效。**

（1）制造业服务化中信息的作用。从微笑曲线来看，制造业的附加价值相对较低，为提高该环节的附加值，越来越多的企业开始向服务端延伸。例如，浙江源牌科技股份有限公司是一个低碳建筑能源方案提供商，该公司除了提供蓄冷设备和安装服务之外，还利用物联网对设备的日常运行进行实时监控，一旦发现异常则主动向客户提供备件更换服务。仅通过在售后环节增加一个小小的信息化产品，源牌科技就将其供应链延伸到终端客户。

（2）服务行业的信息化。我国在线旅游行业巨头携程，从2003年创立以来一直致力于将所有客户服务流程节点化。该公司提出了一系列可量化的评价体系，对各节点的服务价值进行换算，并通过六西格玛管理中的DMAIC（Define, Measure, Analyze, Improve and Control, 即定义、测量、分析、改进和控制）来持续改善服务流程。正是因为在服务信息化上坚持不懈地投入，携程获得了良好的口碑和客户信任，为其后续收购艺龙和去哪儿提供了强大的信息基础。

（三）信息助力柔性

不仅库存能够增加供应链的柔性，信息也能做到，并且由于信息处于一切决策的前端，这意味着信息能够给供应链柔性带来更多的助力。在此之前，有必要对"为什么要供应链柔性"这个问题进行溯源。根据前述内容，供应链柔性的目标之一就是解决由供应链的不确定性带来的问题，供应链的不确定性主要表现在供应、生产、配送和需求的不确定性，而这些不确定性又可以追溯到需求预测的能力、决策依赖的信息量和管理者的决策质量这三个源头，如图2-4所示。

（1）**需求预测的能力**。需求预测是供应链运作的第一步，如果这一步出现偏差，那么后续运作的偏差会逐级放大。事实上，很多企业都曾在这一步犯过错误。动态的市场环境、数据不足或质量差，均会影响需求预测的精度。

（2）**决策依赖的信息量**。供应链的高效运转依赖于充足且正确的信息。然而在现实中，供应链参与方出于各自利益，往往只愿意分享部分数据，甚至隐含核心数据，导致决策很难开展。

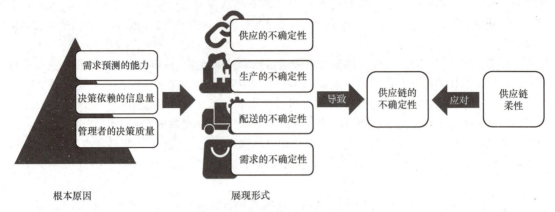

图 2-4　供应链中的不确定性和柔性

（3）**管理者的决策质量**。任何人的知识都存在偏差，依照以往成功经验进行信息筛选和决策并不意味着在未来仍然奏效。心理学研究已经充分证明：人在决策过程中是有限理性的。在一些突发事件和"世俗惯例"的影响下，管理者往往会做出一些非理性的决策，这会恶化决策的质量。

上述三个源头的问题会投射到供应链之中，并在供应、生产、配送、需求这四个环节上展现出不确定性。至此，读者可以发现，如果信息能够被快速发现、锁定，以及解决衔接和运作中的不确定性问题，那么供应链的柔性就会大幅提升。前面讲到的案例均可视为信息助力供应链柔性，但在实践中，信息之于供应链有着更广泛的意义。关于这方面的内容，读者可参见本书第四章。

2022 年年底 ChatGPT 大语言模型横空出世，该模型让机器第一次拥有了"智能"。人类引以为傲的独有经验和直觉判断在大模型算法面前并非独家绝学。随着 ChatGPT 模型不断进化，当一个兼具数据理性和情绪识别，以及能实时掌握大量网络在线行为的助手工具出现时，相较于知识、理性有限的生物——人而言，ChatGPT 给出的决策方案可能更加丰富，但也可能让供应链面临更大的挑战。

第二节　供应链管理的核心理念

供应链必须依托于行业而存在。虽然各行各业存在较大差异，其最佳的供应链管理范式也各有特色，但**核心理念存在一定的共性**，它们的逻辑框架主要涉及协调机制、协同模式和协作技术三个层面，分别对应供应链的共创共享、构建方式和运作效率问题，目的是最大化供应链的整体价值，如图 2-5 所示。

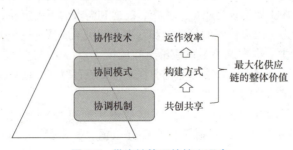

图 2-5　供应链管理的核心理念

一、协调机制——供应链的共创共享

协调是供应链管理的本质要求之一，企业价值共创、风险共担和利益共享是供应链整体价值最大化的前提。 但是具备这个前提并不容易，链中企业产权分离、运作分散和利益独立等现实情况，很容易让合作陷入囚徒困境⊖——合作者的纳什均衡（Nash equilibrium）策略就是"都不合作"。

囚徒困境模型下的制造商和供应商博弈均衡如表 2-1 所示。该模型中，供应链由一个制造商（他）和一个供应商（她）组成，他们拥有"合作"与"不合作"两种策略，一方依据另一方的策略选择使自己利益最大化的策略，不同策略组合对应的收益矩阵如表 2-1 所示。假设当前博弈方是制造商：如果他选择"合作"，供应商以利益最大化为目标的决策是选择"不合作"（$d>a$），此时他的收益仅为 b，且低于"不合作"时的收益 c（$b<c$），所以制造商的博弈策略是"不合作"。同样，供应商也预料到了制造商的选择，她的博弈策略也是"不合作"。最后，该博弈的均衡如下：双方均选择不合作，此时他们的收益矩阵为（c, c）。

表 2-1　囚徒困境模型下的制造商和供应商博弈均衡

制造商	供应商	
	合作	不合作
合作	(a, a)	(b, d)
不合作	(d, b)	(c, c)

注：a 为双方合作时的收益；b 为一方合作另一方不合作时合作方的收益；d 为不合作方的收益；c 为双方均不合作时的各自收益。其中，$d>a>c>b$。当然，该模型中的博弈双方也可以是制造商和零售商。

尽管表 2-1 模拟的是单次博弈，但只要双方博弈次数（设为 n 次）是有限的，只要有一方在第 n 次时选择不合作，另一方就会在第 1 次就不合作，结果是双方在第 1 次就会选择"都不合作"。如何摆脱囚徒困境，让制造商和供应商都选择"合作"？纳什博弈模型告诉我们，有以下两种方法。

方法一：引入惩罚机制。 仍然以制造商为例：他选择合作时，如果供应商不合作，那么供应商就要被惩罚，支付惩罚金 x（此时，她的收益为 $d-x$），只要 $d-x<a$，供应商就会选择"合作"。在一个 n 次博弈的过程中，如果供应商在前 $n-1$ 次都选择了"不合作"而没有被制造商发现，则她的收益为 $(n-1)d$；只要她在第 n 次被发现，制造商就会选择不合作，供应商就要支付惩罚金 x；只要供应商在 n 次的总收益小于双方均不合作时的总收益，即 $(n-1)d+c-x<nc$，供应商就会选择"合作"，此时只需要供应商支付所有"不合作"带来的超额收益即可。

方法二：将单次博弈变为无穷次。 假设双方达成了长期战略合作关系，博弈次数 n 趋于 ∞。如果制造商选择合作，那么供应商选择合作时的总收益为 $a(1+\theta+\theta^2+\cdots)=a/(1-\theta)$，$\theta$ 为折现因子（$\theta<1$）。如果供应商第 1 次选择不合作，制造商选择合作，但从第 2 次开始供应商、制造商均选择不合作，那么供应商只能获得一次收益 d，以后每次只能获得收益 c，总收益为 $d+c(1+\theta+\theta^2+\cdots)=d+c/(1-\theta)$。若 $a/(1-\theta)>d+c/(1-\theta)$ 时，即 $\theta>1-(a-c)/d$ 时，供应商最合理的选择是合作。这意味着，双方事先需要制定一个合理的收益分配机制，让对方认识到从一开始就合作带来的利益更大。

⊖ 囚徒困境是指两个共谋犯罪的人被关入监狱，不能互相沟通的情况。如果两个人都不揭发对方，则由于证据不确定，每个人都坐牢 1 年；若一人揭发，而另一人沉默，则揭发者因为立功而立即获释，沉默者因不合作而入狱 10 年；若互相揭发，则因证据确凿，二者都判刑 8 年。由于囚徒无法信任对方，因此倾向于互相揭发，而不是同守沉默。

纳什博弈和重复博弈从理论上证明：使用"胡萝卜+大棒"策略可让供应链摆脱囚徒困境，促成供应链合作。"胡萝卜"策略是指供应链在创造价值的同时需要分享价值，任何一方长久侵占另一方的结果就是企业均选择"不合作"，供应链随时面临解体的风险。"大棒"策略是指为确保合作，仍然需要惩罚约束（通常以合同形式规定），否则供应链很难做到协调。此外，上述算例揭示了营商环境的重要性。如果一方违约却得不到法律惩罚，那么所有的"大棒"策略均会失效，供应链的合作也无从谈起，这也是 2023 年以来我国政府不断强调"营商环境"重要性的根本原因。

二、协同模式——供应链的构建方式

供应链的协同模式也称为供应链构建方式。对于供应链来说，协同的本质是控制。如果协同模式无法确保企业对供应链的控制力，就无法确保供应链运作的稳定和高效，更不用说增强企业的影响力了。在大多数情况下，供应链协同掌握在少数核心企业手中。如果供应链中企业的实力差距不大，那么供应链协同模式则更多表现为协商模式。图 2-6 给出了三种主要的供应链协同模式。

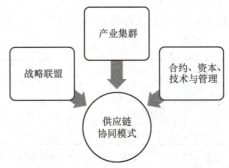

图 2-6　供应链的协同模式

（一）战略联盟

供应链战略联盟主要有纵向和横向两种形式。纵向联盟主要面向供应链上游，目的是确保供应的稳定性，如关键原材料供应、核心研发技术和生产制造能力等；横向联盟主要面向供应链下游，目的是获得更多的客户与市场份额，如线上线下渠道商、品牌和物流服务商等。

战略联盟能高效协调供应链中的各种要素，参与其中的企业都能获得更多的利益。但战略联盟依然无法解决供应链中企业"产权分离、利益独立"的问题，企业享受利益的同时也会存在风险。战略联盟通常具有以下两个特征，这两个特征既是企业应该努力达到的目标，同时也是应该努力规避的风险。

1. 战略联盟存在主导权

"关键少数"法则不仅适用于人类社会，同样也适用于供应链。并不是每家企业都有强大的战略和创新能力，加入由核心企业组建的供应链，就等同于搭了核心企业的便车，小企业拥有了数量更大、利润更高的订单，核心企业的品牌辐射和管理输出也能提高小企业的竞争力。然而，在获得利益的同时，小企业也交出了供应链的主导权。从某种角度来看，战略联盟在供应链利益分享方面可能做到了平等，但在供应链控制权方面却很难做到平等。获得主导权的企业通常会获利更多；反之，丧失主导权的企业会面临更多的风险。

案例：在苹果公司的供应链中，苹果公司显然是核心企业，它在选择合作伙伴方面有业界最严苛的评审标准，成功加入"果链"的企业能获得大额的订单和丰厚的利润。与此同时，风险也不能忽视。出于保密和品质控制目的，苹果公司要求与供应商深度绑定，包括为其专门配置生产线。一旦被移出"果链"，小企业将遭受巨大损失。例如，手机镜头模组制造商欧菲光加入"果链"后，其产品出货量一度问鼎行业第一，其营收中来自苹果公司的贡献也从 2018 年的 19.3% 提升至 2020 年的 30%。但在 2020 年，因中美贸易摩擦，欧菲光被移出"果链"名单，其净利润从 2019 年的盈利 5.1 亿元转为亏损 19.45 亿元。

2. 战略联盟的底色是竞合

竞争是战略联盟的根本属性，合作是为了更好地竞争。首先，战略联盟虽然带来了长期合作，但其在本质上仍然是动态的竞争。技术革命、市场变化并不能确保供应链联盟是稳定的，实际上恰恰相反，任何供应链都存在解体的风险。例如，在诺基亚倒下后的一年内，全球有上千家关联企业破产。其次，联盟企业之间的合作并非总是深度绑定和全方位的，它们可能在某些领域合作，而在另一些领域竞争，也可能一边合作一边竞争。

案例：富士康是"果链"中最大的组装制造公司，60%~70%的 iPhone 手机由其代工。苹果公司曾于 2012 年在美国加利福尼亚州秘密组建了一支专业的机器人和自动化专家团队用来测试"替代富士康"的想法，但是 2018 年苹果公司解散了这支团队，宣布从技术、效率和成本上都无法赢过富士康。富士康因其强大的组装制造能力，赢得了"果链"中的控制力。另外，即便是面向消费者的品牌制造商，在销售过程中也会刻意分散某个强势的经销商。例如，在我国新晋彩妆品牌——杭州花西子的崛起路上，某人做出了巨大的贡献，但是过度依赖某"大 V"会给花西子带来巨大的市场风险，分散销售渠道仍是必要的手段。

（二）产业集群

如果说战略联盟主要是合作关系的选择问题，那么产业集群则是将合作落实到地理空间上。经济学上的产业集群是一种区域经济组织形式——在一个狭小的地理空间内，各类企业、机构和组织围绕某特定产业，通过各种经济要素的共享、协同和创新，形成一个极具特色的区域经济生态系统。**从供应链角度来看，产业集群的本质是"以空间换效率"**——企业空间距离缩短，供应链内各种要素流动更加高效，协作更加充分，结果是创新速度更快、成本更低、市场反应力更快、竞争力更强。

经过二三十年的演化，现在我国产业集群更多以特色小镇的形式出现。从行业角度去理解特色小镇极易陷入一个宏大的情境[⊖]，但从供应链角度去理解就简单很多。根据小镇中企业的规模，可将其划分为三类：一类是以巨型企业为核心的供应链网络，不妨称之为"狮子型"特色小镇；一类是由一群规模差别不大的企业组成的供应链网络，不妨称之为"狼群型"特色小镇；还有一类是由核心企业技术和人才外溢形成的创新型企业网络，不妨称之为"孵化型"特色小镇。

1. "狮子型"特色小镇

在该类小镇中，一家强大如狮子的巨无霸型企业主导了该类小镇的产业，区域内几乎所有的企业都为其提供配套服务。汽车工业园就是一个典型案例。例如，丰田汽车公司约 80% 的零部件是由分包协作企业生产供应的，这些企业大都坐落在丰田汽车的所在地——爱知县的丰田市。丰田市的市区东西宽 22km，南北长 24km，除了银行和几家商店以外，其余的一切都与丰田汽车公司有关。丰田市拥有分属于 144 家公司的 160 家工厂，其中 86 家公司的 104 家工厂是生产汽车及零件的。这些工厂以丰田汽车总厂为中心呈环形分布，形成了一个直径 10km，面积 80km² 的丰田工业区。区内公路纵横交错，很便利地将丰田汽车总装配厂与零部件的工厂连接起来，零部件在很短的时间内即可运抵装配线，因此可以实现在规定的时间和数量生产规定的产品。细心的读者可能发现，美国底特律、德国斯图加特、上海安亭的汽车工业园几乎都采用了和丰田汽车公司类似的供应链结构，如图 2-7 所示。

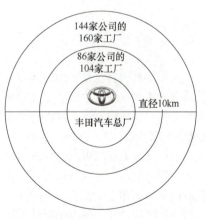

图 2-7　丰田汽车公司供应链结构

2. "狼群型"特色小镇

该类小镇的特色是数量众多的中小规模企业围绕某个特色产业进行分工协作。虽然看上去这类小镇的科技含量和生产方式都不够现代，但是该区域内企业之间协作分工的效率并不低，产品的市场竞争力仍然非常强劲。"狼群型"特色小镇通常有一个产品交易集散中心，周边分布着一大批原材料、零部件和组装制造企业。例如，号称"中国眼镜之都"的江苏丹阳县年产镜架超过 1 亿副、镜片 4 亿副，镜片占全国总生产量的 75%，世界总量的 40%。经过 60 多年的发展，丹阳在镜片生产材料、精密加工、镜片镀膜等关键技术上突破了国外垄断，实现了全产业链的自主可控，产品生产成本大幅降低。细心的读者可能发现，我国存在大量这样的特色小镇，例如温州的低压电器小镇、湖州的家具小镇、曹县的汉服小镇等，它们都有类似的供应链网状结构。江苏丹阳县的眼镜供应链网状结构如图 2-8 所示。

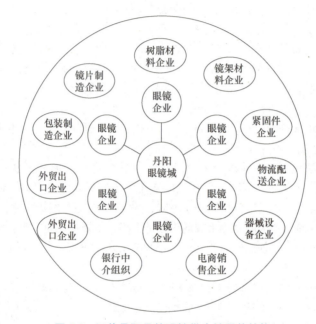

图 2-8　江苏丹阳县的眼镜供应链网状结构

3. "孵化型"特色小镇

该类小镇的特色是在周边存在一个或数个技术研发实力超强的企业，它们拥有数量众多的高质量人才，这些人才脱离母公司后会在周边开办创业公司，这些创业公司通常是风险投资追逐的对象，当地政府也会提供诸多税收和财政政策，因此"孵化型"特色小镇通常聚焦于技术创新、新产品研发。杭州余杭区的梦想小镇就是一个典型案例。2014 年阿里巴巴上市之后，杭州余杭区政府在阿里巴巴附近专门划拨出一片土地，用各种政策吸引从阿里出来创业的各类人才，阿里集团和一些孵化器也非常乐意成为这些初创公司的投资者，杭州余杭区梦想小镇的供应链网络如图 2-9 所示。"孵化型"特色小镇中的信息流、资金流和人才流是面向供应链创新的，一旦孵化成功，便会带来巨大的财富效应，区域经济将会更加繁荣，所有参与者均会获得巨大的利益。美国硅谷也属于该类小镇，该小镇由旧金山半岛、奥克兰和圣荷西三个小城市构成，周边的美国斯坦福大学以及苹果公司、谷歌、英特尔等一大批高科技公司改变了整个世界。据统计，仅在硅谷就有超过 100 万名来自世界各国的科技人员，在硅谷任职的美国科学院院士有近千人，诺贝尔奖获得者有 30 多人。从区域经济发展史来看，"孵化型"特色小镇越来越成为新经济驱动的引擎，其动力源是大批高质量的人才。

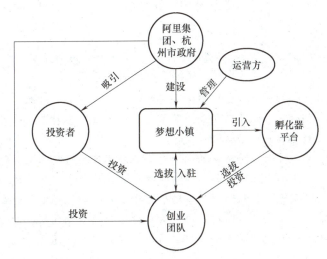

图 2-9　杭州余杭区梦想小镇的供应链网络

（三）合约、资本、技术与管理

如果说战略联盟和产业集群分别对应顶层的协调框架和地理协议，那么真正让协调落到实处的则是合约、资本、技术与管理。

1. 合约控制

合约是指供应链合作双方为达成某种一致而签署的各类合同与协议。合约规定了双方在后续合作中的责任、权利和义务，失信的一方需要承担违约责任。通常强势企业是合约的主导方，它们控制着供应链中的各类要素，掌控商流、信息流、物流和资金流等各个环节；弱势企业更多通过合约来约定其中的部分利益，例如更多的市场接入、更稳定的订单价格和更好的资金结算方式等。尽管合约主导权会有不同，但是所有合约都基于各自都能接受的利益——利益博弈在均衡时达成的契约。

> 📖 **阅读小贴士**
>
> **京东自营供应商资质管理规则**
>
> 　　京东是国内最大的综合性电商平台之一，截至 2022 年，京东平台上入驻的供应商已接近 100 万个。由于供应商太多，且供应商的供货质量和效率参差不齐，如果管理不当就会给京东造成较大的信誉损失。对此，京东出台了一系列策略，其中一个便是京东自营店服务，即京东自己负责商品采购、销售和售后服务。该策略不仅让京东对商品质量和物流有了更好的控制力，同时供应商也能大幅降低成本，取得更高的收益。然而京东自营店关乎京东整体的品牌形象，京东对供应商制定了严格的合同，比如合同规定京东拥有对自营店的资质审查权、对产品的生产监督权等。如果商家违反合同，京东就会停止对自营店服务；反之，自营店能够获得更多的流量和更多的服务等。通过严格的供应商资质管理合同，京东始终能够掌握供应链的主动权，确保京东在电商行业中的影响力，遵守合约的供应商也能从京东平台上获得更大的竞争优势。

2. 资本控制

在激烈的市场竞争环境中，供应链合作的稳定性越来越重要。为确保长期合作关系，越来越多的企业开始对供应链的合作伙伴进行战略投资或提供融资服务，通过资本强化彼此对供应链合作关系的承诺和保证。可口可乐与瓶装商的斗争与合作就是一个典型案例。

📒 **阅读小贴士**

可口可乐与瓶装商的斗争与合作

直到 20 世纪 80 年代初，可口可乐仍然采用特许合同的方式管理供应链，供应链由浓缩液制造商、瓶装商、经销商和零售商组成，形成一个由可口可乐控制、浓缩液制造、其他供应链节点企业根据市场调控的供应链管理策略。

随着竞争加剧，以百事可乐为代表的竞争对手正在不断蚕食可口可乐的市场。然而，囿于现有供应链的特点，可口可乐能做的只有向瓶装商施压，要求其加快现代化生产方式的投入。但瓶装商出于自己的利益，认为饮料市场已趋于饱和，现在是回收资金而不是增加投资的时候。由于瓶装商有长期合同做后盾，控制着可口可乐的营销网络，同时锁定了原材料进货成本，因此他们对任何改变现状的举措要么否决，要么怀疑而不积极配合。就这样，可口可乐的战略意图受到了重挫。

为改变局面，可口可乐选择在股权上对瓶装商施压。可口可乐利用特许回购、购买控股、提供中介和融资的策略，对瓶装商的经营活动施加影响，使其接受可口可乐的管理理念和供应链管理战略。那些不愿意接受条件的瓶装商因得不到可口可乐的融资支持而慢慢被淘汰出局。通过金融手段，可口可乐实现了对主要瓶装商的绝对控股，建立了长期的伙伴关系，供应链的生产力和附加价值都得以提高。例如，可口可乐在研发高糖玉米浓缩液这款新品时，与瓶装商进行了利益分享。如果新品能够顺利替代原有浓缩液，瓶装商会节约 20% 的生产成本，但瓶装商需要与可口可乐分享利益，即通过在部分条款上让步来换取与可口可乐的合作。

3. 技术与管理控制

企业通过技术与管理来加强对供应链控制的案例屡见不鲜。这是由于供应链内企业的技术与管理水平参差不齐，仅靠合约与控股并不能完全确保供应链各项流程衔接流畅，因此需要核心企业对小企业进行帮扶。这种帮扶通常由优势企业向合作伙伴输出技术与管理来实现，例如派驻工程师、技术研发和管理顾问等，从产品设计、生产、检验、包装等各个环节的技术和质量方面对小企业进行指导、规范、核实与监督，确保供应链各环节不存在瓶颈。通过技术与管理输出，供应链合作关系和稳定性进一步提高。

📒 **阅读小贴士**

上海汽车与德国大众的技术与管理合作

1984 年，上海汽车（简称"上汽"）与德国大众签署协议，成立上海大众汽车，在我国制造和销售桑塔纳汽车。彼时我国现代化汽车工业刚刚起步，制造一台桑塔纳汽车并不是一件容易的事。上海大众用了大量人力，几乎用手工"敲出"了一条汽车组装线，桑塔纳的国产化道路走得非常艰辛。

德国大众发现，即便转让全套生产技术，以当时上汽的管理能力也未必能发挥作用。为提高桑塔纳生产的效率与质量，德国大众向上汽派出了许多技术和管理顾问，在上海大众的组织管理和生产技术的现代化进程中发挥了很大作用。在德国顾问的指导和上汽的努力下，桑塔纳的生产效率和零部件的国产化率直线上升。到了 1994 年，桑塔纳国产化率已经接近 100%，年产将近 4 万量。

最重要的是，在这段时间，我国汽车的生产技术和管理水平得到了快速提升，加上我国汽车市场的快速蓬勃发展，我国的汽车供应链在短短三四十年中得到了全面的发展，汽车制造出现了比亚迪、吉利、蔚来、小鹏和理想等一系列品牌，在全球汽车制造领域展现出了极强的竞争力。

三、协作技术——供应链的数智化

供应链协作的基础是信息，然而信息天生具有维数灾难[⊖]、不对称和不完美特点，这些会造成供应链协作的低效。由于供应链中各企业利益、观念和能力不同，对于同样的信息会出现不同的理解，进而决策也会不同，因此各种低效运作的现象屡见不鲜。2000 年以来，大数据、云计算、物联网、区块链和人工智能等一系列数字技术给供应链协作带来了强大的技术基础，这些技术正在从根本上改变供应链的协作方式。**供应链数智化协作一般需要经历三个阶段：业务对象数字化、流程可视化和同步化、运作决策智能化**，如图 2-10 所示。

图 2-10　供应链数智化的三个阶段

1. 业务对象数字化

业务对象数字化是供应链数智化的第一步。这看似简单的一步，在实践中却容易遇到重重阻碍，其中重要阻碍便是"异构数据"——如何将不同系统、不同定义、不同质量的业务数据进行统一和规范。例如，浙江省交通投资集团是世界 500 强榜单中拥有完整综合交通产业链的巨型企业，该集团从 2018 年开始采用"数字交投"战略，历经 2 年多时间才初步完成其企业内部业务对象的数字化，这些业务对象涉及该集团公司的交通、物流、工程等各个业务板块，同时涉及财务、人力、资产管理等各个职能模块，其中数字化基础设施的投资就耗费了 10 多亿元。

2. 流程可视化和同步化

流程可视化和同步化是供应链数智化的第二步，只有将业务对象嵌入到特定的流程中才能发挥效用。事实上，数字技术在这一步能起的作用是有限的，管理理念和模式的转变才是关键。供应链内外的管理方式需要由"接力式"转变为"同步式"——所有信息在供应链内外是透明的且可同步获得的；管理对象由"物理实体"的单一对象转变为"物理实体"和"数字模型"双重对象；工作方式由"各自为战"转变为"多部门协同"。这是供应链数智化中最艰难的一步，因为这不仅涉及供应链中企业间的利益冲突，也涉及单个企业内部不同部门之间的利益协调问题。2022 年一篇新闻报道显示，尽管经过了 4 年多的数字化，浙江省交通投资集团认为，"如何利用数字化提升流程效率"还需进一步探索。类似的案例也发生在淘宝和京东身上，这两家电商巨无霸同样认为其供应链流程的可视化和同步化还在路上。

3. 运作决策智能化

运作决策智能化是供应链协作的第三个阶段。经过前两个阶段，供应链的数字化和流程衔

⊖　维数灾难通常是指在涉及向量计算的问题中，随着维数的增加，计算量呈指数级增长的一种现象。维数灾难最后会导致计算资源耗费陷入灾难状态，却又无法得到令人满意的结果。维数灾难经常出现在组合数学、模式识别和统计分析中。

接已经有了较好的基础，在运作决策智能化阶段将重点解决供应链全流程运作的效率、成本和个性化问题。需求预测、智能采购、动态生产制造和敏捷交付等所有环节都会利用数学模型和智能算法来生成更优的决策方案，尽可能减少人的"有限理性"的干扰。不同企业有着不同的做法——宝洁采用机器人自动决策系统，而浙江省交通投资集团则在2023年成立了浙江省之江智能交通科技有限公司来统筹该集团的决策智能化战略。但殊途同归的是，**决策智能化都需要更强大的数学建模和分析能力**。

📒 阅读小贴士

宝洁的数智化供应链之路

宝洁（P&G）是全球最大的日化产品制造商，旗下品牌家喻户晓，2021年全球收入规模超过760亿美元，员工人数超过10万人。但是自2012财年创下761.18亿美元的净销售额后，宝洁便出现疲态：从2013年开始，市场的变化特别是电商的发展使得宝洁连续5年业绩整体呈现持续下滑趋势。为了扭转颓势，从2018年开始，宝洁开始了艰难的数字化转型，其中的重要一环便是业务流程的数字化。

在业务流程的变革中，宝洁认为要分三步走：第一步是流程的数字化，公司将线下许多不在系统中的流程，或者与系统割裂的流程搬到线上，实现了系统的整合和全部业务的数字化打通。第二步是流程优化，这一步不只是优化已有的数字化流程，更重要的是用人工智能来优化流程的决策。第三步是流程的自动化，当人工智能变得越来越成熟之后，机器人自动决策系统便可以布局上线了。

以宝洁的广告投放计划来举例，需要考虑品牌、地域、人群、广告平台和形式等多种维度，月度的投放计划可以出现近千万种不同的投放组合。过去依靠人工经验来制订计划，只能考虑投放预算和曝光量等维度很少的过程指标，并不能最大化投入产出。现在基于大数据和人工智能的媒介策划能力，一线决策者可以从千万种组合中找出最优的组合，显著提升了媒体广告的品牌触达和转化效果。在宝洁的工厂中，宝洁的系统可以让工人用iPad下载最新的生产线数据，并传输到整合数据的地方。肩负着保洁数字化革命的首席执行官罗伯特·麦克唐纳希望的是，"未来的系统能够使我在手提电脑上，在任一时刻，看到任一工厂的任一条生产线上生产的任一产品。我还希望同时看到该产品的成本数据。这很困难，因为当今公司的财务系统不是为运营设计的，财务通常针对过去。但是我们正在将运营系统和财务系统整合起来，朝未来的方向迈进。"

如今，数字技术和领先分析应用涵盖了宝洁运营活动的所有方面：从在实验室创造分子的方法，到维护零售商的关系，到生产产品、品牌建设以及与客户互动。供应链数智化给宝洁带来的效果包括创新力增强、生产力提高、成本缩减以及市场营收的快速增长。

第三节　优秀供应链的特质

一味只追求高效率、低成本的供应链，并不能给企业带来真正的竞争力，反而会影响长期发展。如图2-11所示，一条优秀的供应链除了应具备"4A"特质，即敏捷力（Agility）、适应力（Adaptability）、协同力（Alignment）和构建价值（Architecting Value）外，还须具备"2S"特质，即安全性（Safety）和可持续性（Sustainability）。打个比方，**"4A"像是进攻，目的是打造竞争优势；"2S"像是防御，目的是确保安全和可持续发展。**

一、敏捷力

敏捷力是指供应链能够对终端需求做出快速响应的能力。当前几乎所有行业都面临着相同的问题，即客户的耐心越来越少。大到飞机制造、小到时尚服装，终端客户的需求变化越来越快，能够对变化快速响应的供应链就会在市场上拥有竞争优势。"天下武功唯快不破"是很多管理者努力追求的状态。实践和理论表明，一条敏捷的供应链应该具备以下几个能力。

图 2-11　优秀供应链的"4A""2S"特质

（1）**快速的数据协同。**供应链上下游企业应能够持续不断地向合作伙伴传输供应和需求变化的数据，使合作伙伴能够迅速做出反应。

（2）**良好的供应链合作关系。**企业应与供应商和客户保持融洽的合作关系和信任基础，能够协同供应链上企业合作开发或设计产品/服务、调整/重新设计流程、协同制订应急方案等。

（3）**大规模定制的能力。**在供应链下游，企业应能够根据客户的多样性需求进行延迟制造，在实现产品多样化的同时降低生产成本[⊖]；在供应链上游，企业应能够以通用、廉价的零部件建立低成本的缓冲库存。

（4）**可靠、快速的物流配送体系。**企业应建立一个可靠的物流配送体系或与第三方物流供应商建立合作关系，在终端配送过程中具备快速交付能力，同时不断减少配送过程中的质量缺陷（如库存管理不善、配送货损率高等）。

（5）**出色的危机管理能力。**追求响应速度的供应链难免会出现危机，如供应中断、生产质量差和交付延迟等问题。企业协同上下游组建一个危机联合管理团队，对危机进行主动监控、预防和消减，这对维持品牌和市场声誉非常重要。

📒 阅读小贴士

SheIn 的敏捷供应链

2015 年之前，欧美快时尚供应链的典型代表是 H&M 和 ZARA，但 2015 年后，该行业的标杆慢慢变成了我国的电商企业希音（SheIn）。2014 年初创于南京的 SheIn 凭借低成本、快速交付的供应链在欧美市场快速崛起，连续 8 年营收超过 100% 增长，至 2021 年占据了美国中低档位服装市场 28% 的份额，接近 H&M 和 ZARA 的总和。帮助 SheIn 取得成功的便是其敏捷的供应链模式——小单快反（见图 2-12）。

SheIn 从打样到生产最快只需要 7 天，而 ZARA 需要 12 天左右。SheIn 之所以这么敏捷，背后是其强大的数字化供应链和我国强大的服装制造工业。在下游，SheIn 通过电子商务平台、社交媒体等多种渠道获得美国消费者需求等市场信息；在上游，SheIn 与长三角和珠三角 6000 多家加工厂建立了合作关系，通过数字化将这些服装制造工厂连接在一起，通过我国发达的物流体系向美国市场配送产品。在这个供应链体系中，SheIn 前台发挥了强大的数字化

⊖　有关延迟制造技术，请参阅本书第八章"大规模定制"。

能力，后端则发挥了我国强大的制造优势。在欧美，"十件起批"是一个奇迹，但在我国并不是。SheIn走的其实是一条数字化赋能成熟产业运营的道路，通过欧美市场端用户购买数据实现回传分析，精准实现用户洞察，然后借助我国制造产能实现了高频和大量的产品上新，以消费者直达制造商模式（Customer to Manufacturer，C2M）对欧美消费者需求进行低成本、快速的反应。

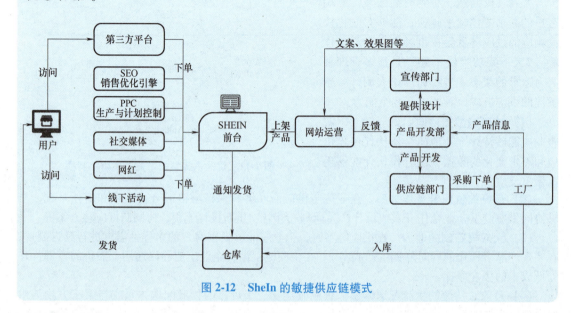

图 2-12　SheIn 的敏捷供应链模式

二、适应力

适应力是指供应链随市场环境和结构变化对其运作模式、策略进行调整的能力。"适者生存"的法则同样适用于供应链。在这个"黑天鹅"事件频发的时代，供应链的外部市场会随着政治、经济和社会形势发生巨大改变，环境适应能力差的供应链会面临巨大的生存挑战。诸多实践经验表明，构造供应链的适应力至少应该关注以下几个方面。

（1）时刻关注政治、经济和社会环境。国际和国内政治、经济和社会舆论形势会严重影响供应链的运营和发展。管理者需要敏锐地关注政治、社会舆论和经济发展态势，及时调整供应来源和市场结构，避免出现无法克服的重力型事件对供应链造成毁灭性冲击[○]。

（2）警惕虚假的即时性需求。高度警惕即时性的消费者需求，因为这类需求很容易造成"虚假繁荣"的景象。虚假的需求非常容易在短时间内消散，而供应链投资和运作却是长时间的，投资虚假需求会导致供应链的断裂。从商业逻辑上来看，应该关注的是"基础"消费者，而非"即时"消费者。

（3）尽量使供应来源多元化。在确保或者少部分牺牲成本和效率优势的情况下，针对关键原材料、零部件和服务，应该积极寻找和开发新的供应商，使其供应来源多元化，要避免"将所有鸡蛋都放在同一个篮子里"。

（4）合理规划技术和产品生命周期。任何技术都存在过时的风险，不同产品有不同的生命周期，特别需要关注颠覆性产品（如电动汽车）对现有供应链体系的摧毁。为此，管理者需要正确评估技术发展方向，提前做好技术储备，进行多样化产品设计和开发。

○　重力型事件是指战争、金融危机、地震、瘟疫等非人力可控的事件。

麦当劳和肯德基在我国市场的适应力

在全球市场，截至2023年，麦当劳门店数量为38695家，比肯德基多14591家，但在我国市场，肯德基拥有6534家门店，比麦当劳多4134家。肯德基能在我国市场打败麦当劳，与其适应我国消费者饮食习惯的本土化经营息息相关。

麦当劳主打的是牛肉产品，其全球市场战略始终追求"一个世界，一个味道"。但是在我国，鸡肉是更受欢迎的肉类，麦当劳的强势产品——牛肉汉堡处于"叫好不叫座"的状态。而1990年进入我国的麦当劳，在10多年内都没有根据国人的口味做出本土化开发。直至2017年，中信资本入主麦当劳中国后，麦当劳才开始发力将菜单本土化。

与麦当劳相反，肯德基自1987年进入我国后就聚焦于鸡肉产品。现在，一提到炸鸡，消费者的第一反应就是肯德基。此外，肯德基进入我国之后，逐渐将团队本土化、供应链本土化、加盟政策本土化，甚至对菜品进行本土化——每年约推出30~40款新品中至少有一半以上具有中国特色。此外，肯德基还根据我国不同省份人们的喜好推出不同的产品，比如推出北京鸡肉卷来复刻老北京风味。

三、协同力

协同力是指供应链内所有成员信息充分交换、运作衔接流畅、风险共担和利益共享的能力。协同力体现在供应链管理的各个方面，大到价值观、企业文化，小到部门和企业之间的日常业务往来，一旦出现部门与部门、企业与企业之间的利益分歧，并且处理不妥当，则极有可能带来毁灭性的灾难。通常，供应链可从以下几方面来增强协同力。

（1）信息协同。与供应链上下游的合作伙伴充分交换正确且及时的信息，这些信息将用来协同销售、生产、配送和库存计划与策略。

（2）管理协同。用管理制度方式明确供应链上下游合作伙伴的角色、工作和职责，确保供应链运作的同步化。

（3）利益协同。公平地分担合作风险和成本，同时公平地分享供应链的收益。可采取利益协同的方式，包括收益共享、订货优先权、批量订单、合作开发等。

京东与美的供应链大数据共享和协同计划

2015年之前，京东与美的的沟通方式多为邮件、电话等，信息共享效率始终不高，京东关注采购，而美的关注生产，结果销售部门经常出现供货不足的情况。2015年，京东和美的联合开展协同型计划、预测及补货（Collaborative，Planning，Forecasting and Replenishment，CPFR）项目（见图2-13），目标是打造供应链深度协同，实现京东和美的在销售计划、订单预测、物流补货等方面的数据共享，建立协同供应链。基于EDI（Electronic data interchange）技术，双方实现了数据及时共享，构建了计划、预测及补货流程的全面协同。

（1）协同销售计划。京东提前一个月向美的提报备货计划，美的接收并反馈供货计划，双方以供货计划作为下个月的采购及供货依据。然后美的根据供货计划制订每周排产计划并共享给京东。

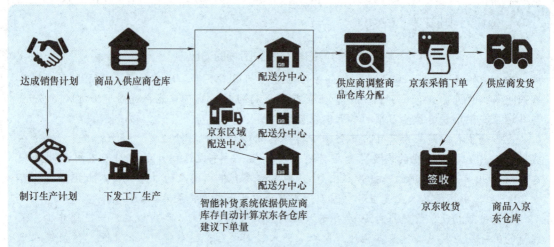

图 2-13　京东和美的联合开发的 CPFR 项目

（2）协同订单预测。美的排产完成且商品入库后，将库存数据同步给京东。京东应用自动补货系统，以仓到仓支援关系及供应商库存等为限制因素，计算出各仓补货建议，并将补货建议共享美的，美的根据发货要求进行调整并反馈给京东。

（3）协同订单补货。京东根据美的评审后的补货建议自动形成京东采购单，美的接收系统自动发起仓库入库预约，收到预约号后进行发货，并反馈京东发货单，京东仓库收到货物后回传给美的并收货确认。

CPFR 项目实施以来，已经实现了京东与美的将近 50 个品类的对接，共享销量库存数据与补货建议均达到数千万条，商品评价数据数万条。随着双方合作的日趋深入，该项目的价值也越发凸显，它对京东和美的的业务均产生了显著推动。

四、构建价值

构建价值是指从设计、制造、库存、物流和销售等各个环节中为供应链增加价值。供应链合作的本质在于所有合作伙伴都能以最佳的状态为供应链整体目标贡献各自的价值。从商业合作的角度来看，不存在长久"搭便车"的合作关系，上下游之间建构价值的方式主要有以下几种。

（1）产品/服务联合设计开发。做出前瞻性的新产品/服务联合研发以满足未来市场需求，共同建设技术储备和产品/服务矩阵，提高现有供应链的市场竞争力，同时面向未来新战略打造供应链生命联合体。

（2）使制造环节更具柔性和规模效应。优化生产技术、工艺和运作模式，压缩制造流程与时间，对市场需求做出快速响应，同时不断降低生产成本，如节省人工、减少在制品库存等。

（3）使全链库存更具效率和更精益。全面优化销售端到供应端各个环节的库存，前置库存满足下游交付速度，同时降低原材料、在制品和销售成品各环节的无效库存水平。

（4）使物流更稳定快速和更具成本效益。利用数字赋能物流环节，让信息跑在物流之前，做到干线运输更具成本优势、支线运输更具弹性、终端配送更具速度优势，同时不断降低物流配送环节的货损率，提高配送质量和客户满意度。

（5）使销售信息更加精准。在全链内共享销售信息，上下游之间协同生产计划、销售预测和库存补货，减少上游无效生产与采购，在销售终端快速补货的同时降低无效库存或退货率。

阅读小贴士

比亚迪——不断创造供应链价值

　　成立于1995年的比亚迪，原先只是一个电池制造公司，最初的主营业务仅是为台湾一家名为大霸的无绳电话制造商提供电池。经过几年耕耘，比亚迪在2000年和2002年分别成了摩托罗拉和诺基亚手机的电池供应商，由此比亚迪的电池制造技术有了进一步提高。与此同时，比亚迪董事长王传福敏锐地察觉到了新能源汽车的未来发展趋势，于是2002年开始进入汽车制造行业。王传福造车的战略可以简单概括为"两条腿"战略。第一条腿是指收购国内过剩的汽车制造产能，利用低成本中国制造打造一个完整的传统汽油汽车供应链。第一条腿战略的成绩是，打造了比亚迪F3这款具有里程碑意义的民营汽车产品。第二条腿是指联合多家电池材料供应商研发电动车动力电池——磷酸铁锂电池，将传统的电子设备电池技术进行一次彻底升级。凭借第一条腿战略积累的汽车供应链，比亚迪成功转型成为引领我国新能源汽车的品牌。

　　比亚迪的供应链是一个具备不断构建价值能力的典型案例。至2022年，比亚迪拥有了电动车全链技术研发、制造和销售能力。即便面对特斯拉，比亚迪仍然具有不可小觑的竞争力，面对不同市场拥有完整的竞争产品：低端市场拥有海豚和秦，中端市场拥有海豹、汉、唐，高端市场拥有腾势、仰望。至2022年年底，比亚迪成为我国新能源汽车销量第一的品牌，同期销售量超过特斯拉（见图2-14）。

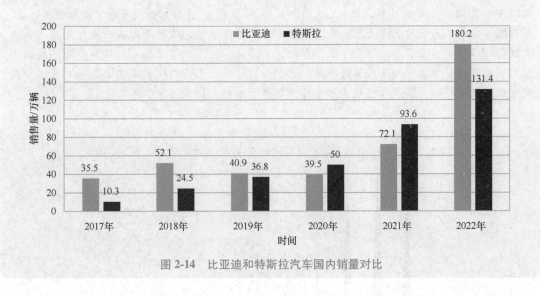

图 2-14　比亚迪和特斯拉汽车国内销量对比

五、安全性

　　安全性是指当关键原材料、制造、物流配送和销售环节因突发事件发生中断后，供应链能够具备可持续运营、恢复供应的能力。这种能力又被称为供应链的韧性。在当今世界"逆全球化"趋势不断加剧的大背景下，全球制造业的战略布局发生了巨大改变，国际供应链体系越来越重视供应链的安全性。在这样的大背景下，我国供应链更需要注意提高安全性，增强各种风险冲击下的运营韧性。以下一些策略可供借鉴。

　　（1）建立全方位、全天候的供应链安全机制。这套机制需要同时对供应链的外部环境

（政治、经济和社会环境）和内部环境（各成员企业和各流程）的运行状态进行监控、评估、预测，同时给出相应的应急对策和方案，确保供应链运作不会因为突发事件而发生严重的中断事故。

（2）加强核心技术研发，提高供应链价值。对产品核心部件、高端部件、关键原材料方面的关键技术进行政校企联合攻关，由中国制造转向中国智造，不断提升供应链的本土和国际市场竞争附加值。尽管需要较长时间，但攀爬科技树、攻克卡脖子技术、提升价值链地位是我国发展经济必须经历的。

（3）推行国内国际双循环，增强供应链话语权。供应链安全并不是封闭的和自我导向的，而是在开放中获得的。积极参与国际产业标准、技术标准、产品标准和监管标准等贸易规则，不断提高我国供应链的国内国外两个市场的形象，从根本上增强我国供应链的竞争力。

> 📑 **阅读小贴士**
>
> ### 中国光伏——在制裁中不断成长
>
> 2011 年，美国对我国光伏产业发起了反倾销和反补贴的双反调查，加征了最高达 249% 的关税，欧盟也紧随其后。当时我国光伏产业的特点是"两头在外"——上游原料供应链，下游销售市场都在国外，我国企业只占领了中间的组装环节，光伏产业的命脉被掌握在发达国家手中，供应链毫无安全性可言。
>
> 从 2011 年开始，我国光伏企业开始自救并得到了国家的支持，多晶硅等核心部件的科研与生产开始突飞猛进。2011 年—2013 年，多晶硅的生产成本从 250 元/kg 迅速降低到 150 元/kg；2013 年—2018 年，产能从 9.3 万 t 迅速增加到了 24.5 万 t，并在相关技术的突破上成果显著。国内基本形成了完整的多晶硅产业链，彻底告别了进口依赖。彼时美国第一光伏企业海姆洛克（Hemlok）却从世界第一掉到了世界第九，生产成本远高于其他国家，且只能满足美国本土需求的 30%，但由于双反政策的存在，消费者不得不以更高的价格从东南亚等中间市场购买我国的光伏产品。2019 年光伏产业全球市场份额如图 2-15 所示。

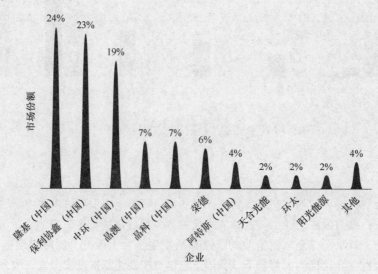

图 2-15　2019 年光伏产业全球市场份额

六、可持续性

可持续性是指供应链不仅关注财务业绩，还将减少碳排放、减少环境污染、履行社会责任等纳入供应链发展战略。 这意味着供应链上所有环节不可能仅关注自我，而是需要综合考虑 ESG 三个维度——环境（Environment）、社会责任（Society）、企业治理（Governance）的综合价值最大化。可持续性是近年来供应链领域一个较新的研究话题，苹果、华为、特斯拉等一系列企业已经将 ESG 纳入其供应链运作体系，并在以下几个方面取得全球共识。

（1）提高透明度。加快供应链数字化，建设更完善的供应链上下游协同机制，建立贯穿生产到销售环节的数据记录，提高供应链各个环节的透明度，减少采购、库存和运输环节的材料和资金浪费，促进降本增效。

（2）减少碳排放。评估供应链各个环节的碳排放水平，并制订方案减少其碳排放量，使用更多环境友好型的生产方式（如再制造技术），提高供应链运作的环保合规程度。

（3）承担社会责任。以更加负责任的态度将更多利益相关者（如劳动者、供应商、消费者、政府和社会组织）纳入供应链的建设体系，从供应链整体利益出发，减少控制权的滥用现象，推进供应链组织中的反腐工作。

📖 阅读小贴士

梅赛德斯-奔驰的汽车再制造

德国梅赛德斯-奔驰汽车拆解中心坐落在斯图加特郊区的古里耶夫斯克，拥有 21000m² 的拆解场地，每年拆解数千辆报废汽车并销售拆解后的零部件。资料显示，早在 2004 年，该中心的回用处理率就达到了报废汽车总重量的 84%，其中 30% 的零部件被二次利用，经济、社会和环保效益非常明显。

在梅赛德斯-奔驰汽车拆解中心，一辆报废汽车的循环再利用需要经历六个环节。

（1）状况及性能检测。在拆解报废汽车前利用专业检测设备，对发动机、变速器、车轴、传动轴等 100 多个部件进行检测。通过规范化的测试方法，确定各部件的质量水平，梅塞德斯-奔驰汽车拆解中心为报废汽车制定了 ABC 三类质量级别，根据不同质量级别提出具体的拆解建议。

（2）脱干处理。检测完毕后，报废汽车进入脱干处理环节，即抽走车内动力油、冷却液、机油、制冷剂等液体及各类油脂。在这之前首先应拆除轮胎。脱干处理过程始终保持在一个密闭的系统内完成，防止对周围环境造成污染。

（3）拆解。被拆解的汽车分为两类：第一类是报废汽车和发生过车祸的汽车，第二类是用于测试的本品牌新车型和新流水线的产品。第一类汽车将需要的部件拆除用于销售，其他部件拆除后进行处理或者回收再利用；第二类汽车将所有部件全部拆除。报废汽车根据检测提供的拆解方案，按发动机、底盘、车身、电气系统等利用电动和手动工具进行拆解。

（4）无害化处置。对可用作原材料的部件和可修复或再制造用于对外销售的零部件中的含毒部件、催化剂等进行无害化处置。比如尾气处理器、蓄电池和轮胎，这些配件虽然可以直接使用，但必须进行无害化处置方可销售；车载电器等部件按照电子产品安全的相关法律，送由专业人员来处理；对一些只存在物理反应的部件，如安全带拉紧器和安全气囊可送交事先签约的生产企业进行无害化处理。各类危险废物的处置必须送由签约的废物回收利用企业进行无害化处理后再利用。如被分类收集的液体和油类必须进行特殊的无害化处理，将它直接送到签约的专业废油处理公司。

（5）分类管理。首先本着回收利用的目的，对所有的部件进行分类收集，同时进行必要的测试，检测合格或经修理合格的零部件直接注册登记，相关信息录入零部件销售管理系统后存入仓库。报废汽车的数据信息和零部件信息分别被输入两个管理程序，经过授权以后工作人员可以通过管理程序软件对报废汽车拆解的各个环节进行监督和观测，并对零部件的库存和销售情况进行查询和统计。

（6）压扁。最后一步是将废旧车身机械压扁成件，作为废铁、废钢回收利用。钢铁等金属在汽车制造材料中所占比例达80%左右，主要包括钢板、结构钢、铸铁、铝及其合金、铜及其合金、锌、铅等。

本 章 小 结

本章是供应链管理中最核心的内容，尽管对于供应链的入门学习者而言，阅读本部分内容可能有难度，但读者会发现本章内容是值得反复回味和认真揣摩的，而且会受益匪浅。本章从供应链目标出发，详细介绍了库存和信息这两个管理者必须高度重视的内容，列举了许多真实的企业案例来让读者更加深刻地理解上述内容。接下来，本章详细介绍了供应链管理中的核心理念：协调机制、协同模式和数智化。最后，本章介绍了优秀供应链应该具备的"4A""2S"特质，掌握这些内容将有助于管理者打造一条极富市场竞争力的供应链。

思考与练习

1. 供应链中库存是一个非常重要的内容，任何管理者都不可轻视库存，请你就最近发生的商业案例进行思考，库存在其中到底起了什么作用？

2. 信息是供应链管理中另一个重要的内容，虽然信息技术让管理者能够很方便地得到信息，但你是否认为这足以保证供应链中的信息通畅？请列举一些成功的和失败的案例。

3. 请就供应链管理中的三个运作理念和优秀供应链应该具有的特质，仔细思考你所在的企业做到了吗？如果没有，那么请你给出相关改进建议。

本章案例

京东成功的秘密

一、背景介绍

在最初成立时，京东主营业务是代理销售光磁产品，但是由于2003年受到非典疫情的影响，实体店不断歇业倒闭，京东转向了网络销售业务。在2004年，京东正式进军电子商务行业，逐步建立了京东商城，这个时期京东采用的是第三方物流。在此期间出现了许多问题：70%以上的投诉意见来源于物流问题（包括物流速度慢、包裹破损、物流服务人员态度差）。以上种种问题促使京东开创了自己的物流体系，成为自营物流企业。京东为自己的B端、C端客户提供物流实时状态查询，帮助B端客户管理商品，同时提升了消费者体验。京东自营物流企业在面对大幅度的订单量时，能够做到快速准确地应对，有效解决快递存放问题，基于自身的物流服务，京东也能够扩展到其他行业。

目前，京东物流是全球唯一一家拥有中小件、大件、冷链、B2B、跨境和众包六大物流网络的企业，凭借这六大网络在全球范围内的覆盖以及大数据、云计算、智能设备的应用，京东物流打造了一个从产品销量分析预测到入库、出库，再到运输配送各个环节无所不包、综合效率最优、算法最科学的智能供应链服务系统。

京东物流在全国运营超过700个仓库，25座大型智能化物流中心"亚洲一号"，投用了全国首个5G智能物流园区。包含云仓在内，京东物流运营管理的仓储总面积约为1690万 m^2。京东物流大件和中小件网络已实现大陆行政区县几乎100%覆盖，自营配送服务覆盖了全国99%的人口，90%以上的自营订单可以在24h内送达，90%区县可以实现24h达。

以上种种成绩实际上依靠的是京东自身打造的庞大供应链系统，围绕"短链、智能、共生"，京东物流坚持"体验为本、效率制胜、技术驱动"，携手社会各界共建全球智能供应链基础网络，打造供应链产业平台，为客户提供全供应链服务和技术解决方案，为消费者提供"有速度更有温度"的高品质物流服务。

二、"小单快反"模式下的快速反应需求能力

京东京造是京东自主推出的生活方式品牌，紧扣消费者实际生活需求，提供产品生产、销售、配送及售后等一站式购物体验。京东京造在服装开发过程中所体现的柔性供应链最为明显。

此前，服装产业链大多执行订单模式，即在品牌商、成衣工厂、染厂、面料厂、纱厂等各个环节中，均为上一环节向下一环节下订单生产，而且订单量越大越有可能拿到更优供货价。这一模式导致用户对服装的需求和偏好信息都被掌握在品牌方手中，供应商不会直接接触消费市场，难以把握消费趋势并及时响应变化。针对这个痛点，京东京造依托京东供应链来推动服装产业链升级。京东京造采用"柔性供应链+小单快反"的模式，与当地优质上游工厂协同打造柔性供应链，快速反应市场需求；同时建立云仓库共享机制，使工厂可以在后台及时了解前台的消费数据，根据真实的产品销售情况，有针对性地调整生产计划或优化产品销售策略，减少无效库存，降低交付周期，实现降本增效；采用C2M产品定制模式，根据消费者的真实反馈有效、快速地改进产品，促进产品销售，从而降低牛鞭效应带来的负面影响，助力当地服装产业的数字化能力和供应链快反能力转型升级。

当京东京造服装新款投入试用时，首批生产量只占预计销售量的10%~15%。当产品上线时，它将根据销售数据快速翻单。在7~15天内货物就可以上线，大大缩短了产品到客户手中的时间。

三、高效的配送、分拣体系

京东物流基于仓网布局能力，针对服饰行业形成成熟的一体化供应链解决方案，帮助服饰企业在成本和时效之间达到最优平衡，并实现最优仓网布局。例如某家国际头部运动品牌曾采用品类分仓模式，全国有总仓，也有区域仓，但都是就近入仓，出现了很多跨区域履约订单。在使用了京东物流之后，对客户的商品进行了分类管理，将销量稳定的商品仓库布局靠近销售地，提升配送时效；对于销量较小或滞销商品采用总仓发全国的模式。以此优化仓网规划后，跨区域订单占比下降到三到四成，履约时效提升至2天。

区别于其他消费品，服装行业换季时期有大量商品退货入库，退货SKU很散，理货难度大，需要大量人力。基于退货率极高的痛点，京东引入了一套京东物流自研的智能分拨墙硬件设备，可以替代部分人工的清点和分类工作，采用立体的分拣模式，有效降低了作业面积，同时帮助客户提升了效率。基于全国仓网布局，京东物流为服饰行业形成一套标准化的逆向处置网络，品牌方能够就近退货、快速上架、二次售卖。

四、与合作伙伴共赢

京东的全渠道货网（即京东全时段、全渠道、全场景的商品交易网络）在为消费者提供多快好省的消费体验的同时，也让商品得以更加高效地运转，助力品牌、商家、线下门店等众多合作伙伴实现高质量发展。例如，卜蜂莲花通过与京东即时零售业务京东小时购以及京东到家的

合作，带来了业绩的新增。京东为卜蜂莲花提供流量、营销、履约保障以及海博系统数字化中台的支持，区域的运营团队提供本地化支持，让卜蜂莲花更好把握了销售机遇，获得了线上订单和到店客流的双向增长。

2022 年，面对外部各种不确定性，供应链的价值被更广泛、更深入地认知。数实融合正处在高速发展的红利期，供应链融入了产业升级。京东在数实融合上与合作伙伴做到了共赢，京东的链网融合保障了京东自身供应链的稳定性与可靠性，提高了京东内部的运营效率，在不断催化着产业链上下游生态企业数字化转型。京东在助力合作伙伴数字化升级的过程中，一个重要的工具就是数智化社会供应链。例如京东不仅把货网的能力提供给大量实体零售门店，还把数智供应链预测、决策的云网能力全面开放给数字化能力欠缺的中小门店。

五、京东物流打通预制菜行业全链路

新冠疫情期间，预制菜成了市场上最火爆的方便食品之一，促使许多企业涌入了生鲜行业。而线上生鲜行业的电商化仅不到 3.4%，这说明未来生鲜行业将有巨大的市场机会。在这样的大背景下，京东从 2017 年开始组建专门的运营团队操盘预制菜，经过 6 年发展，京东不仅在规模上形成了行业优势，并且已经开始与行业龙头企业、相关协会及研究机构共建预制菜的管理标准，以保障预制菜企业在行业中的良性发展。

预制菜源于 B 端，兴于 C 端，京东物流依托其强劲的全链路能力，高效打通预制菜从 B 端到 C 端的全链路，快速帮助预制菜企业抢占万亿市场。京东物流拥有遍布全国的强大冷链物流体系，充分发挥干线、仓储、配送、包装、科技五大能力优势，提供从商品打包、分拣到配送的全程冷链解决方案，确保预制菜在直达消费者餐桌前的每个环节均可实现 24h 监控全程无异常。温度可控、品质可控的京东生鲜预制菜品可全方位保证消费者的食用口感。

（资料来源：见参考文献［9-11］，经编者修改。）

💡 案例思考：

1. 无论是京东这样的巨无霸，还是一般的小企业，都采用了"小单快反"供应链模式，似乎采用该模式就可以获得供应链竞争胜利的密码。请问对此你有什么不同的看法吗？

2. 京东这样的电子商务平台改变了我国的商业业态，但当前仍然有诸多消费者体验问题无法解决。然而一旦涉及消费者体验，就会涉及各种无法标准化的流程，供应链速度、成本和柔性就会降低。请问，对此你有什么好的建议吗？

第二篇
供应链数字化战略篇

第三章
供应链的运营战略

本章引言

杰克·特劳特（Jack Trout）在其著作《定位》中提到：商业世界中，企业的命运从其战略选择的一开始就决定了。一旦做出战略决策，企业将动员一切资源和能力来迎接市场的各种挑战。供应链也是如此。

第三章配套课件视频

不洞察时代发展趋势、不探究商业底层逻辑、盲目模仿成功者的经验和模式，就像种地不观天象、走路不看四方，其结果就是运营战略模糊不清、运作模式混乱，整条供应链陷入困境。世界正在以前所未有的速度数字化，"三十年河东、三十年河西"已经无法描述当前经济发展、社会价值和技术体系的进化速度。"变化跟不上形势"不能成为不研究供应链运营战略的借口。在这个"黑天鹅"事件频发的时代，管理者更应该从多个维度去审视供应链的战略逻辑和供应链的驱动力量，由此选择更恰当的供应链运作模式、创新方式和数字化方向。

学习目标

- 了解供应链的战略逻辑
- 了解面向终端消费者和面向产业客户的供应链战略
- 理解供应链的推拉运作模式
- 理解供应链与产品匹配战略
- 了解供应链的数字化战略

第一节　供应链的战略逻辑

一、供应链战略的底层逻辑

供应链无疑是商业世界中最重要的运营理念和工具之一，很多企业的成功都可以归结于选择了正确的供应链战略和战术。成功者的光环效应是如此强烈且有吸引力，以至于人们都在努力学习榜样的经验，甚至复制其路径。从东方管理学来看，供应链战略和战术都属于"术"的层面，为何这样做才是"道"⊖。

几乎所有企业都认同"应该寻道"，因为**"道"是商业的本质，代表商业运转的底层逻辑**。然而，为何现实中很多企业都热衷于"逐术轻道"？因为"道"是理论层面上的思维抽象，很难理解且不具有操作性；"术"则是实践层面上的具象方法，易理解且具有可操作性。

⊖　胡祖光. 东方管理学［M］. 杭州：浙江工商大学出版社，2019.

此外，还有两个理由也会让管理者迷恋"术"：①商业竞争如此残酷、形势变化如此快速，很多管理者已经很难静下心来思考"道"的问题，"实用至上"已成为很多企业的底层思维；②现实商业并不排斥"术优先"，因为在某些情境下，"优术"反而能够帮助企业快速站稳脚跟、解决生死问题。尽管如此，企业要认识到"优术"的危害——"术"的诱惑完全可能抵消企业家的战略定力和判断力。因为**能够持之以恒地"优术"，并真正践行"术至尽则道矣"的企业少之又少**。

为寻找更好的"术"与"道"，读者不妨依照图 3-1 所示的供应链战略的设计逻辑依次提问：①客户价值是什么？②什么样的供应链战略可以帮助企业实现客户价值和商业利益？③与之匹配的竞争要素要达到什么水平？④为增强竞争要素的竞争力，是否需要对理念、技术和模式进行创新？⑤这些要素是否能更好地实现甚至引领客户价值？是否会引发供应链战略的调整？

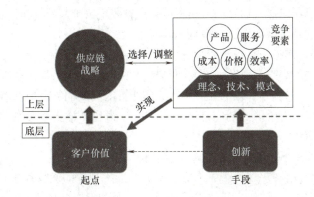

图 3-1 供应链战略的设计逻辑

接下来，我们重新审视供应链战略的两个底层逻辑——客户价值与创新。

客户价值是供应链战略底层逻辑的起点。客户价值是供应链价值的基础，这关系供应链存在的价值、意义和合法性问题。管理学大师彼得·德鲁克（Peter Drucker）对此有精辟的论述："客户购买和消费的绝不是具体的产品和服务，而是它们带来的价值，是客户定义了企业，而非相反。"这个高度概括和浓缩的论断也是全球商业领袖的共同观点：客户不会向一件对他没有任何价值的商品支付费用。了解客户的价值需求、预判客户的价值走向，是设计供应链战略之前的必修课；对客户价值的忽视或一知半解，将使供应链走入歧途。

📋 阅读小贴士

什么是商业的本质

福特汽车创始人亨利·福特：商业的核心是交换价值。

前通用公司总裁杰克·韦尔奇：顾客是商业的中心，一切业务都应该围绕他们展开。商业的本质是为客户、员工、股东和社会创造价值。

亚马逊创始人杰夫·贝索斯：我经常被问到一个问题："未来十年会有什么变化？"但很少被问到"未来十年，什么是不变的？"我认为第二个问题比第一个更重要，因为你需要将你的战略建立在不变的事物上。

特斯拉 CEO 埃隆·马斯克：无论你做什么，都要尽可能地创造价值，在这个基础上获得回报。

阿里巴巴创始人马云：在阿里的价值观中，"客户第一"永远不会变。

华为的任正非和余承东：把客户放在第一位才能成为伟大的公司。

创新是供应链战略的底层逻辑手段。正如前面所述，"客户价值"的概念过于抽象和宏大，对于制定运作战略的指导意义并不大。对此，刘强东的观点是关注**产品、服务、成本、价格和效率**。客户需要"更适用的产品和服务"，并且需要用"更适用的成本、价格和效率"去实现。从实战层面来看，刘强东的观点更有助于设计实操性的供应链战略，例如差异化产品战略、服务增强型战略、低成本战略、低价格战略、快速响应战略等。但是应注意，刘强东提炼的这五个要素并不是供应链战略的底层逻辑，而是供应链竞争要素。

供应链本身并不会创新，创新的是供应链中的企业家。苹果公司的创始人史蒂夫·乔布斯曾说："创新区分了领袖和追随者。"企业家通过创新将理念、技术和模式融入五个要素之中，优化、改变、打破和重构供应链价值体系。如何创新是所有企业家面临的难题。1997年，哈佛商学院的克莱顿·克里斯坦森（Clayton Christensen）教授提出了两种创新模式——**维持性创新和颠覆性创新**。这两种创新对供应链的影响是不同的。

1）维持性创新通常是指在客户价值没有发生巨大变化的情况下，企业对自身运作体系进行的局部创新。此时，供应链并不会发生重大的结构性变动，仅对其中效率不高的环节进行优化，目的仍然是利用当前供应链体系和技术方案来达成商业目的（利润、市场份额等）。例如，拼多多所采用的拼购模式仅仅拓展了消费端的订单收集方式，强化了低价竞争战略，本质上并没有改变电子商务的供应链结构，因此这属于维持性创新。另外，当前许多行业通过推行数字化战略来提质增效也属于维持性创新，因为其行业供应链结构几乎没有改变。

2）颠覆性创新则是指客户评价企业价值体系的标准、企业的运营理念、模式或技术体系发生了巨大的变化。新理念、新技术、新模式催生的新产品和新服务将使现有的产品和服务变得无利可图，旧的供应链体系不再适应新的竞争形势，重构供应链成为急需之事。例如，阿里巴巴推动的电子商务是对我国传统供应链体系的一次颠覆，苹果公司创造的移动智能终端是对功能机的一次颠覆，SpaceX的火箭回收技术是对原有的宇航工业的一次颠覆，特斯拉使用的超级工厂是对传统汽车供应链的一次颠覆。

企业家的英文单词"Entrepreneur"的原意是指冒险家和野心家。每个企业家内心都想颠覆其所在行业，推出划时代、革命性和现象级的创新产品或服务。虽然破坏性创新会给先行者带来巨大利益和竞争优势，但这种创新需要耗费巨大的成本和投入，也会面临巨大的商业风险。想要成为商业偶像的想法固然很好，但真正敢于进行破坏式创新的企业家是极为稀少的。**"局部优化"和"小步慢跑"的维持性创新更适用于绝大多数企业家**。对现有的供应链体系是进行局部优化还是颠覆？关于这个问题，不妨看看克里斯坦森关于颠覆性创新的五个思想。

📖 **阅读小贴士**

克里斯坦森关于颠覆性创新的五个思想

思想一：企业分配给创新活动的资源取决于客户和投资者。在客户产生相关需求和投资热度产生之前，为破坏性技术投入足够的资源是有风险的。

思想二：小市场上颠覆式创新的成功不能适用于大企业的增长需求。真正的破坏性创新必须拥有孕育超大规模企业的能力。小市场不能解决大企业的增长需求；为了保持增长率，大企业需要专注于大市场。处在大市场中的成熟企业在试图进入更新、更小的市场时会越来越难，而这些小市场未来却可能成为大市场。

思想三：企业无法对尚不存在的市场进行分析。要求获得市场数据，并根据财务预测做出判断的惯性思维可以在维持性创新中处于领先地位，但在破坏性创新中，不论是市场数据还是收入、成本等财务预测，实际上都不存在。利用管理维持性技术时发展的规划和市场营销手段来应对完全不同于维持性技术的破坏性技术，无异于痴人说梦。

思想四：机构的能力决定了它的局限性。企业/组织的能力是破坏式创新的短板。组织的能力不仅体现为企业的资源和运营流程——将人、财、物转换为更高价值的方法，组织的价值观——管理者和员工做决策时遵从的原则也能影响颠覆式创新。

思想五：技术供应可能并不等于市场需求。尽管破坏性技术最初只能应用于远离主流市场的小型市场，但它们具备破坏性的原因在于，它们日后将逐渐进入主流市场，且性能将足以与主流市场的成熟产品一争高下。

（资料来源：克里斯坦森. 创新者的窘境［M］. 胡建桥，译. 北京，中信出版社. 编者修改整理。）

二、面向终端消费者的供应链战略

面向终端消费者的供应链战略被称为 B2C（Business to Customer）战略，那么谁是供应链的客户（客户特征），这些客户在哪里（客户区域）是必须考虑的两个问题。本部分将从我国不同世代的消费者画像和不同城市区域的消费者画像两个视角来探讨这两个问题。

（一）不同世代的消费者画像

每个消费者都会处在一个特定的世代。每个世代的价值观念和经济基础构成的消费者画像是供应链战略的思考原点，因为前者定义了客户的价值体系和消费动力，后者则决定了客户的消费能力。波士顿咨询公司根据我国 2020 年第七次全国人口普查数据将我国消费者划分为婴儿潮、X、Y、Z 和 α 世代，如表 3-1 所示。不同世代的价值观念是不同的，供应链战略也应有所不同。

表 3-1　我国消费者的世代划分

世代	人口占比	收入占比	价值观念	经济能力	需求关键词
婴儿潮世代 （1950 年—1964 年）	18%	22%	坚韧奉献、吃苦耐劳、节俭、储蓄	中低	健康、养老、价格
X 世代 （1965 年—1980 年）	23%	34%	努力奋斗、传统与现代、投资大于消费	高	品质、档次、耐用、舒适
Y 世代 （1981 年—1995 年）	22%	28%	注重自我、竞争、消费大于储蓄	中高	专业、效率、精致
Z 世代 （1996 年—2010 年）	17%	16%	注重精神世界、圈层化、个性、娱乐、感性	中低	创新、个性、互动、责任
α 世代 （2011 年之后）	12%	—	—	低	—

（资料来源：波士顿咨询公司. 2023 中国未来消费者研究报告：世代篇［R］. 上海，2023.）

婴儿潮世代是坚韧奉献的一代，社会阅历丰富、吃苦耐劳是这个世代的典型画像。经过大半辈子的奋斗，这个世代的经济能力并不低，而且他们大多已迈入老年生活，如何健康生活和养老是他们的需求关键词。但是，这个世代的勤俭节约、财富传承等传统观念根深蒂固，他们高度关注产品/服务的价格，但对交付要求较低。因此，针对这个世代，如何提供更具性价比的健康产品和养老服务是相关供应链战略的要点。

X世代是财富积累的一代，是整个社会中职业地位最高、最具消费能力的一代。与Z世代不同，X世代更加追求传统意义上的成功，更乐意通过产品/服务品质享受财富带来的舒适感，或通过特定品牌来彰显社交身份属性。根据《中国未来消费者调研2022》，X世代在高端产品/服务（如休闲旅游、奢侈品、汽车和高端餐饮）和平价享受型消费（如外出就餐，大小家电、家具、家居）的支出远高于其他世代。X世代虽然平均收入最高，但与其他几个世代相比，这个世代的阶层分化更加严重，他们对产品/服务品质和价格的分歧更大。因此，在提供产品/服务时，高端供应链应该考虑更强的品牌影响力和更好的品质，而大众型供应链则需要考虑高性价比（但非低价）。

Y世代是一个关注自我发展的世代。Y世代是我国的第一代独生子女，相对于父辈，他们获得的资源和关注度更高、接触的世界更广、受教育水平和自我意识更高。同时这个世代遇上了互联网时代的大浪潮，他们在财富积累数量和速度方面并不亚于其父辈，并且他们还处在职业上升期，因此未来还会释放更大的消费潜力。这个世代的信息获取能力远远强于其父辈，他们对产品/服务品质有着更加专业的判断；他们的竞争意识较强，愿意为"效率"买单。如果追寻小米公司和美团外卖的成长路径，"为发烧友而生""更高性价比""更便捷的生活"恰好迎合了这个世代的价值观和经济基础。因此，质量、成本、价格和效率是供应链战略针对这个世代必须考虑的问题。

Z世代是一个精神扩容的世代。与前几个世代相比，Z世代有着非常鲜明的五个特征：数字化、圈层化、全球化、灵活性和视觉系。他们是数字时代的原生居民，以兴趣爱好、价值观和理念为纽带的圈层结构让Z世代的消费变得更加感性。Z世代的"圈层"会极大降低品牌忠诚度，他们更忠于自己的"圈子"而非具体品牌，"小而精"等定制化程度高、创新速度快的供应链将获得机会；Z世代视觉系特点让视频等多媒体成为触达客户的主要方式，数字化原住民的特点要求供应链必须拥有全渠道的投放和管理能力。尽管Z世代的经济基础较低，但他们的价值取向和行为习惯将深深影响未来的供应链，因此这个世代也是所有企业重点追逐的对象。如何在产品/服务个性化和多元化的背景下，平衡成本、价格和效率是针对Z世代需要考虑的问题。

（二）不同城市区域的消费者画像

城市化进程是我国过去40年间最大的主题。世界银行统计数据显示，1978年我国城市化率仅为17.9%，此后该数值以每年1%的速度持续增长。根据国家统计局数据，2022年我国城市化率已达65.2%，同期美国为83.1%，这意味着，在未来10多年，我国的城市化进程仍然不会停歇。

我国城市化给供应链带来了红利——有着巨大消费能力的消费者，但也给供应链带来了巨大的挑战——如何适应消费者，以更合适的成本、价格和效率将产品/服务交付给他们。品类丰富、性价比更高的产品/服务是我国城市化进程背景下消费者的主要特征，这要求供应链具有更强的产品/服务研发能力、更具成本效率的供应链运作模式。

📖 **阅读小贴士**

苏泊尔的性价比供应链战略

20世纪80年代，退伍军人苏增福回到浙江省玉环县，从供销社的普通职员一路被提拔至玉环县压力锅配件厂厂长。彼时，国内高压锅行业"杂牌"横行，"双喜"牌占据了大部分市场份额。1988年，苏增福与"双喜"谈成合作，每年缴纳500万元品牌使用费便可以贴牌生产并销售压力锅。然后，他贷款从国外引入高压锅生产设备，并特意在"双喜"品牌前加上"玉环"两字。凭借过硬的质量，其产量超过沈阳双喜原厂一倍多。而在1994年，意识到代工模式发展空间有限，我国城镇化会催生大量品牌化高质量压力锅的需求，苏增福果断创立"苏泊尔"品牌，凭借过硬的产品质量，"安全到家"的口号，以及超高的性价比，很快占据了全国 40% 的市场份额，并在 1996 年成为"中国炊具之王"。此后，随着我国城市化进程快速发展，在激烈竞争的厨具领域，苏泊尔始终坚持产品创新和性价比战略，保持着厨房行业头部地位——2022 年，苏泊尔仍以 30.9% 的市场份额保持着厨房小家电的头把交椅。

　　城市化带来的人口迁徙效应在不同级别的城市之间是不同的，供应链战略也应有所不同。我国人口仍然在向一、二线城市迁移，三、四线城市人口处于净流出状态。国家统计局数据显示，截至 2020 年，一、二线城市汇集了 30.3% 的人口（见图 3-2）。人口向一、二线城市聚集是全球城市化的一个特点。例如，美国东西两大城市群汇聚了 20% 左右的人口，日本东京都市圈汇集了 30% 左右的人口。我国一线城市主要为北京、上海、广州和深圳，二线城市主要为省会城市/直辖市、长三角、珠三角和成渝地区。**一、二线城市能够给人们提供更多的高质量就业机会，但工作、生活节奏更快，这要求供应链具备更高的效率**。以美团和大众点评为例，这两家平台每年约 60% 的销售额来自一、二线城市，将产品/服务快速交到消费者手中是其关键的竞争策略之一，影响该策略成功的重要战略是供应链选址和库存布局——上游生产更具柔性，下游交付更贴近用户。

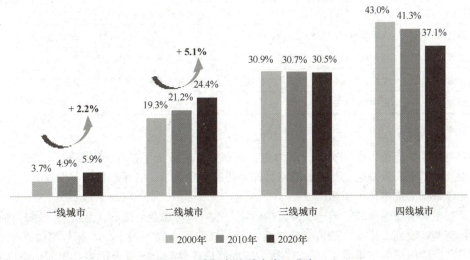

图 3-2　我国各线城市人口分布

（资料来源：国家统计局. http://www.stats.gov.cn/）

　　图 3-2 中的数据显示，我国三、四线城市人口比例有所下降，又因为其消费能力总体上低于一、二线城市，所以这些城市的市场被称为下沉市场，成本优先和低价策略是供应链竞争的主要手段。2015 年崛起的拼多多就得益于广大的三、四线城市的市场，因为淘宝和京东在很长一段时间内将精力放在一、二线城市，使得拼多多"钻了空子"。但是低价竞争并不一定适用于未来，因为我国持续增长的经济会带动三、四线城市人们的收入。波士顿咨询公司 MACDatabase 人口数据库模型分析显示，至 2030 年我国会新增 8000 万以上的中产人口，其中三线城市增幅 33%、四线城市增幅 15%。**当前适用于一、二线城市的"品类丰富、性价比高"供应链战略会随着时间和区域逐渐下沉到三、四线城市。**

　　从城市人口承载量来看，我国当前一、二线城市接近美国和日本的状态，供应链的激烈竞争将会是常态。**从全球供应链迁徙史来看，供应链会向着更具性价比的地区迁移**。和西方国家不同，我国不少三、四线城市具备强大的产业基础，各自拥有特色产业，这对创业者来说是个福音——三、四线城市供应链效率并不低，而且成本相对一、二线城市要低很多。例如，义乌给创业者提供了完备的小商品供应链体系，不仅小商品品类繁多，而且基础设施、物流配套、营商环境都很好，同时我国一带一路经济带的起点——"义新欧"中欧班列的始发点就在义乌。另外，一些在一、二线城市已是"红海"的行业，在三、四线城市仍然是"蓝海"。例如，蜜雪冰城采用"农村包围城市"的发展策略，从三、四线城市起家后，再入驻一、二线城市。类似的案例在我国不胜枚举，**具有强大产业集群的三、四线城市，其供应链创业和升级潜力都非常可观**。

三、面向产业客户的供应链战略

面向产业客户的供应链战略被称为 B2B（Business to Business）战略，它主要提供原材料或半成品、加工制造、物流配送、研发和信息服务等，助力产业客户企业，并由客户企业向其下游或终端消费者提供支持。表 3-2 总结了 B2B 和 B2C 供应链战略的几个主要区别。面向产业客户的供应链主要有生产制造、信息服务和供需平台三类。

表 3-2　B2B 和 B2C 供应链战略的区别

区别点	B2B 供应链	B2C 供应链
购买对象	企业客户	终端消费者
购买目的	为生产、制造、批发等	为个人/家庭消费
采购规模	大规模采购，追求长期稳定供应	采购量小、购买灵活、价格敏感
结算方式	预付款、账期滚动结算等	以当次消费当次结算为主
信息交换	生产、配送、库存信息交换频繁	主要以配送和售后信息交换为主
运作方式	强调与客户的协同运作	关注价格、交付方式和效率

（一）生产制造类

生产制造类供应链以提供实物产品为主，其目标是通过上下游信息的交换，与其下游企业客户在生产计划上高效协同，其核心战略目标是通过信息共享，确保原材料、半成品、完整商品各环节能以最低的成本环环相扣。

生产制造类供应链面临的第一个问题是选址。这需要考虑产业配套，劳动力、原材料和能源供给，物流基础设施、税收、政策、地缘政治……这些因素对质量、成本和效率会产生硬性影响。我国之所以能成为"世界工厂"，是因为我国制造业具有全球竞争优势：我国是全世界唯一拥有联合国产业分类中所列全部工业门类的国家，包括 41 个工业大类、207 个工业中类和 666 个工业小类。尽管当前中美贸易摩擦对我国制造业有所影响，但这种工业优势在全球仍具有不可替代性，加之市场庞大、创新潜力巨大，我国生产制造业仍然有巨大的成本优势。

📖 **阅读小贴士**

苹果公司在印度碰到的供应链麻烦

苹果公司从 2017 年开始在印度建厂，其目的是分散过于依赖中国制造的风险。但是 6 年过去，2023 年印度工厂仍然无法达到苹果公司当初的设想——良品率不足 50%。这引发了苹果公司 CEO 蒂姆·库克的震怒。这背后主要原因是苹果公司代工厂之一——纬创宣布退出印度市场。

2020 年，纬创将其在我国大陆的工厂全部打包卖给了立讯精密，以配合苹果公司在印度建代工厂。尽管当初印度政府为吸引苹果公司做了很多承诺，但事实上并无能力兑现。印度制造供应链配套极不完整、零部件质量低下、工人素质无法满足要求，纬创的产品不良率居高不下、产能严重不足。加之印度地方政府效能低下、营商环境差，最终导致纬创 2023 年宣布关闭并出售印度工厂。富士康也碰到了类似的问题，其印度工厂成立 3 年才拥有 1.7 万名员工，而我国内地工厂仅 2 年就提供了 30 万名员工，中国制造的高效率和印度的低效率形成了鲜明对比。2023 年，富士康不得不宣布将印度工厂的员工规模从 7 万名缩减到 5 万名。苹果公司在印度受挫之后，开始将部分 iPhone 15 Ultra 订单交给我国立讯精密，富士康决定在成都建立一个新的业务总部。

制造型供应链关注的重点是质量、成本、效率和柔性，但在工业 4.0 时代，制造型供应链战略还需要考虑其他因素，例如环保低碳、数智化、供应链韧性等。**灯塔工厂**⊖**为制造型供应链战略提供了标杆，**该概念自 2018 年提出以来就受到了全球制造业的追捧，入选灯塔工厂的都是行业领先企业。灯塔工厂中既有面向终端消费者的工厂（如美的、宝洁），又有面向企业客户的工厂（如宁德时代、施耐德电气），这些工厂在技术创新、数字化应用、生产运营全周期价值等方面值得所有制造企业学习。灯塔工厂应有的技术创新能力和具体举措如表 3-3 所示。

表 3-3　灯塔工厂应有的技术创新能力和具体举措

技术创新能力	具体举措
数字化先进技术的运用能力	通过对智能化、数字化、自动化等技术的集成、综合运用和大规模推广来提高生产效率
提高企业供应链韧性的能力	围绕整个生产网络、端到端价值链和商业模式转型三个领域，提升供应链水平，深入整合全产业链资源，联动上下游企业适应市场需求变化，采用敏捷工作方式，创新业务模式
大规模量化生产的能力	以数字化转型和组织能力转型为基础，从用户、产品、管理、效益等多维度考量，坚持快速迭代，打造制造体系，积极探索契合自身发展的数字化路径
实现绿色可持续发展的能力	在追求降本增效的同时，贯彻绿色发展理念，利用新技术应对气候变化挑战
促进劳动力参与的能力	在劳动力发展方面重点发力，将员工技能提升列为重点工作，帮助员工适应并融入工业 4.0

（资料来源：BETTI F, BOER E D. Global Lighthouse Network：Shaping the Next Chapter of the Fourth Industrial Revolution [R]. Geneva：World Economic Forum, 2023.）

（二）信息服务类

信息服务类供应链的核心交付物为技术研发、业务策划方案、专业知识等无形产品，其核心战略是通过专业知识服务，在一致的目标下提高客户企业的竞争力。该类供应链涵盖众多行业和领域，包括设计研发、信息系统、人力资源、财务法律服务、市场营销等。信息服务专业性要求高、市场变化快、管理难度大，因此越来越多的企业开始将一些不涉及数据安全的信息服务类外包给第三方企业。作为外包服务的承接方，信息服务类供应链战略主要有以下四个特征。

1）强专业性，即服务承接企业应具备提供高质量专业服务的能力。2014 年，小米公司在央

⊖ 灯塔工厂是世界经济论坛与麦肯锡咨询公司提出的一个概念。灯塔工厂是"数字化制造"和"全球化 4.0"示范者，在第四次工业革命中（主要包括数字化、自动化、高级分析和预见性分析、虚拟现实和增强现实以及工业物联网等），这些制造商在推动工厂、价值链和商业模式转型方面展示出卓越的领导力，有着超凡的业绩、运营和环保能力。截至 2022 年年底，全球入选灯塔工厂的厂商数量为 114 家，其中位于我国的灯塔工厂有 42 家，我国是世界上拥有灯塔工厂最多的国家。

视投放了 1min 广告《我们的时代》，该广告选题视角之独特、制作之用心获得了无数"米粉"的强烈共鸣，然而这条广告出自一家只有五个人的小公司——红制作。红制作深谙我国广告市场，在市场传播和建立用户认知方面具有很好的专业洞见。

2）高弹性，即服务承接企业能够快速响应客户需求并实现定制化服务，满足客户的个性化需求。例如，我国各省市每条高速公路都极具个性，这给道路运营管理公司带来了挑战。浙江财经大学高速公路智慧运营研究中心（Highway Smart Operation Research Center，HiSORC）依托大学强大的研发能力，发布了极具拓展性的高速公路财务与运作参考模型（Highway Finance and Operation Reference Model，HiFORM）⊖，使其能以快速灵活和高弹性的方式向客户提供高速公路运营管理咨询、计算和系统开发服务。

3）高度信息化，即能够采用信息技术来提高服务质量，实现服务过程的可视化和数字化，提高服务效率和客户满意度。例如，近年来在线办公在全球逐渐流行，钉钉、腾讯、飞书等信息服务商向客户提供了多种办公模块，目的是帮助客户提高在线办公效率。

4）明确的定位，即服务企业需要有明确的服务定位和差异化竞争策略，从而为客户提供独特且有价值的服务。以直播带货主播为例，有定位于大众型消费品的，有定位于美妆产品的，有定位于特色食品的，有定位于知识产品的。

（三）供需平台类

供需平台类供应链通过建立平台来连接供需双方，通过整合商流和优化信息流来优化平台上其他供应链的运作。因此，其核心战略目标是通过数字技术建立万物互联，建立持续自发迭代的进化系统，持续朝着成本更低、服务更好和效率更快的目标发展。**供需平台具有明显的"双边市场效应"——某个群体使用者的效用会受另一个群体使用者的影响。**供需平台类供应链的主要竞争力是流量，用户和供应商的数量越多，交易次数越频繁，平台供应链的竞争力就越强。典型的供需类平台主要有以下几类。

1. 垂类供需平台

这类平台通常由行业内的大型企业所主导，既服务于终端消费者，又服务于上游供应商或同类品牌合作者。例如，宜家自建的家具销售平台除了销售自己生产的各式家具外，还会和各个厨卫电器等品牌合作，提供面向终端消费者的一站式家装采购平台；此外，该平台是采购管理平台，宜家通过与供应商分享销售和预测数据来指导上游供应商的生产计划和补货策略。海尔的 COSMOPlat 工业互联网平台、钢铁等行业平台也属于这样的垂类供需平台。

📖 **阅读小贴士**

海尔的 COSMOPlat 工业互联网平台

2017 年，海尔的 COSMOPlat 作为国内首个自主研发、自主创新的工业互联网平台发布，并对外提供社会化服务，2018 年被评为全国首家国家级工业互联网示范平台。该平台以用户驱动来实现大规模定制，它将全社会一流的资源纳入平台中，能够有效连接人、机、物，不同类型的企业可以快速匹配智能制造解决方案。该平台强调用户全流程参与、零距离互联互通、打造开放共赢的新生态等三大特性，用户可以全流程参与产品交互、设计、采购、制造、物流、体验和迭代升级等环节，形成用户、企业、资源三位一体、开放共赢的有机全生态。COSMOPlat 是我国典型的工业互联网平台，它试图最大限度地满足不同制造能力的企业的差异化需求，让这些企业能以最快的速度融入智能制造体系。

⊖ HiFORM 模型是我国第一个将高速公路进行抽象的理论模型，其意义与本书第十一章的 SCOR 模型类似。

2. 横向供需平台

这类平台通常为上游企业提供终端消费者接入服务。它们一般拥有巨大的消费者流量，平台交易量非常活跃，拥有极强的大数据资源。这类供需平台是供应链"链主"，它们对上游企业存在强大的控制力和影响力。除了为上游企业提供一手的市场信息之外，这类平台还通过整合多种商业管理软件、基础设施来赋能上游企业。淘宝、京东是典型的横向供需平台，它们利用数字技术塑造了全新的商业模式，对我国商业世界的影响极大。横向供需平台的巨大收益也引来了众多的竞争者，例如以新闻、媒体和游戏见长的网易，以信息内容和短视频多媒体见长的字节跳动公司，甚至从事教培领域的新东方也开始以各种方式进入横向供需平台。横向供需平台是创业者的天堂，这类平台为个人创业者提供了更多流量接入，借助自媒体、短视频、VR/AR 和 ChatGPT 等技术，个人创业的门槛将大幅降低，能够占据消费者心智能力的个人 IP 将会有更多的创业机会和空间。

> ### 阅读小贴士
>
> #### 东方甄选：不仅是"买买买"
>
> 微视频和网络直播出现后，其极具冲击力的现场感和氛围感给互联网销售带来了巨大影响，吸引了很多人加入直播带货这个行业。然而，当大量网红和个人 IP 进入时，也带来了内容提供、场景构建的同质化和劣质化。"买买买""上车就上车"等千篇一律的销售话术和美颜滤镜已经让消费者出现了逆向选择情绪。
>
> 越来越多的企业认识到了差异化策略的重要性，但如何打造差异化却是一个难题。2021年成立的东方甄选给直播带货界带来了完全不一样的感受——这是一家免费讲解知识、顺带卖货的公司。如果深入分析，东方甄选的战略有三大优势：①俞敏洪强大的个人影响力，其对新时代消费者心智的精准把握和巧妙的媒体引导能力；②新东方强大的师资在知识内容生产方面有极大优势，原有企业的战略优势在新领域转化能力强大；③新东方对供应链全方面的把控能力，从选品、销售到配送方面的全环节控制能力强。

第二节　供应链的运作模式

无论是轻资产运作、C2M、小单快反还是数字化，这些都是供应链运作的不同呈现形式，即供应链运作模式⊖。驱动供应链的动力来自哪里？供应链交付的产品/服务都有哪些特征？这些是管理者选择供应链运作模式之前必须考虑的问题。

一、从动力源看供应链运作模式

推动商业活动的力量总是在客户（下游）和企业（上游）之间摇摆。如果上游企业力量占优，那么驱动供应链的动力源是企业，此时供应链运作模式将倾向于"推式"；如果下游客户力量占优，此时供应链将倾向于"拉式"；如果上游和下游两者力量对等或此消彼长，那么供应链将呈现"推拉结合"的运作模式。

⊖　轻资产运作的核心思想是外包和集成，具体内容见本书第一章和第五章；C2M 即 Customer to Manufacturer，称为消费者直连制造商，是指供应链没有中间零售和批发环节；小单快反是指小批量订单、快速反应，其核心思想是大规模定制，具体内容见本书第八章。

（一）推式供应链

推式供应链（Push Supply Chain）是指在商业活动中，供应链拥有绝对的力量优势，供应链围绕核心企业（如制造商）运作，核心企业依据对市场的长期预测以及产品库存水平，有计划、按顺序地将最终产品推向终端客户。

驱动推式供应链的动力源是需求预测和库存。图 3-3 是一个典型的推式供应链运作模式。在这条供应链中制造商是核心企业，具有强大的技术研发、生产、品牌和市场优势，终端客户并无太多选择权。例如，饮料、石油、日化、烟草等传统产品的供应链大多采用这种模式，当然诸如苹果公司这样强大的手机制造商也会采用推式供应链。

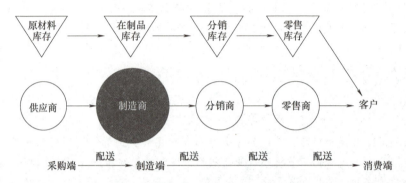

图 3-3　典型的推式供应链运作模式

推式供应链的驱动源不一定局限于制造商，链中其他强大的企业，如上游供应商也可以成为重要的推力。例如，兴起于 2022 年的 AI 热潮让英伟达 H100 高性能显卡出现了巨大的市场缺口。根据 GPU Utils 预测，2023 年 H100 显卡的供给缺口达到 43 万张。事实上，英伟达自 2006 年布局 CUDA 平台以来，已经从一个显卡供应商发展成为全球 AI 算力供应链的核心企业，为提高产品供应能力，英伟达采用了推式供应链的运作模式。

图 3-4 描述了典型的推式供应链的运作流程。该流程始于供应链上游对下游客户需求的主动预测，然后根据预测结果制订高效率的供应链采购/制造计划，接着以强大的推力将产品推向下游，最后由供应链最下游的零售商完成客户需求。

图 3-4　典型的推式供应链的运作流程

从图 3-4 可以看到，**推式供应链具有强大的规模经济（成本低）和效率优势（交期短）**。供应链上每个企业都可以依据预测进行决策：上游生产计划完全掌握在制造商手中，只要需求预测是正确的，那么供应链可以保证生产节拍稳定、产能使用充分，成本可以大幅度降低；下游分销零售计划通过主动掌控订货批量来降低成本，同时以更精确的库存策略来快速响应客户需求。

当然，推式供应链具有的优势取决于两个前提：①下游客户的需求可以精确预测；②上下游需求信息透明且可以相互分享。前者几乎是一个不可能完成的任务，后者则需要核心企业强大到可以控制供应链所有环节（事实上也很难达成）。这两个"不可能完成的任务"导致供应链中的各个企业分别进行预测和决策。然而**一旦预测出现偏差，库存将出现逐级积压或不足——供应链"牛鞭效应"便会非常明显**，整条供应链将会因为分散决策而变得低效，运作成本也增加了。

> 📖 **阅读小贴士**
>
> ### 猪肉的推式供应链
>
> 　　我国是全球最大的生猪生产国，我国生猪产量约占全球产量的 45%。2015 年—2017 年，我国猪肉的消费量和生产量相对稳定，这给生猪养殖企业带来了一个很好的生产环境，生猪需求预测相对较为准确，因此这个阶段我国猪肉价格比较平稳。但在 2018 年，全国各地暴发了非洲猪瘟疫情，在国家环保政策限制下关停了大量不达标的生猪养殖场，结果生猪产量减少 21%，猪肉供应不足带动价格大幅上涨，在 2019 年春节达到每斤 20 元的历史高位。
>
> 　　猪肉的高价格刺激了生猪养殖企业的产能扩张。在我国，生猪养殖决策分散在各个养殖企业手中，并没有一个强大的核心企业来统一决策。结果各个生猪养殖企业并不是根据市场调研去判断该养多少头猪，而是根据自身的产能规划去扩张生产，试图用规模挤掉竞争对手。然而，生猪养殖周期需要持续 180 天左右，产能扩张速度较慢。分散决策造成 2021 年和 2022 年生猪供应量的暴涨，猪肉价格出现了过山车般的下跌，结果许多生猪养殖企业和农户陷入了破产的边缘。

尽管推式供应链具有显著的规模经济和高效率特征，但企业各自预测和分散决策容易带来以下三个风险。

（1）市场反应力不足。市场需求瞬息万变，任何预测都难以确保其准确性。2021 年 7 月在河南郑州特大暴雨期间，连年亏损的鸿星尔克依旧低调捐款，网友掀起"野性消费"的风潮。一时间在鸿星尔克直播间和线下门店，各类鞋帽服饰均被抢购售罄。被网友们调侃为"骑着共享单车赶回直播间"的鸿星尔克总裁吴荣照劝广大消费者"理性消费"，同时他或许也面临着两难抉择：是迅速扩张规模满足当下激增的需求，这可能导致未来产能过剩，还是选择保守策略——放弃当前的销售机会，以换取将来长久的稳健经营？

（2）供应链协同不足。只有极少数强大的核心企业（如苹果公司和华为）可以做到协同其他企业的计划和决策来采用推式供应链。现实中，大多数企业仍然采用各自分散决策的方式——按照各自利益最大化原则进行决策。这意味着松散的协作关系难以使整条供应链达成协同运作。此外，分散决策带来的另一个问题是供应链中的核心企业可能会滥用其力量。当发生风险时，核心企业往往利用其强势地位将风险和成本压力分散至上下游，交易的平等性会被破坏，由此供应链协同会变得更加松散，一旦发生突发事件，供应链就有可能解体。

（3）供应链创新力不足。分散决策可类比为"散兵游勇"，这种模式会钝化供应链的协同创新能力，其对市场需求变化的敏锐度和响应度都会降低。例如，采用推式供应链的麦当劳，高度标准化的汉堡生产方式让其获得了成本优势，但标准化的工序和配料却让消费者对不变的口味产生疲劳，另外若增加定制化选项，其生产流程、供应商和库存管理的难度将会指数级增加。麦当劳花了巨大代价和相当长时间改造其供应链，以适应中国本土化产品结构。

（二）拉式供应链

拉式供应链（Pull Supply Chain）是指供应链的运作最终以客户为中心，基于客户实际需求而不是依靠预测数据组织生产，要求整条供应链集成度较高，信息交换迅速，最终实现定制化服务。拉式供应链运作模式如图 3-5 所示。

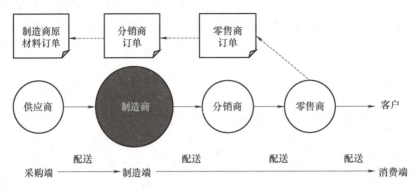

图 3-5　拉式供应链运作模式

驱动拉式供应链的是下游客户的订单和需求信息，其运作流程如图 3-6 所示。在拉式供应链中，信息扮演着至关重要的角色。拉式供应链需要所有企业将各自的需求信息和运作计划开诚布公——只有供应链中所有信息完全透明、可视，才能驱动整条供应链协同计划、生产和交付，才能确保供应链在对客户订单需求做出灵敏反应的同时降低成本（尤其是库存成本）。**拉式供应链是消费者的"天堂"、供应链的"炼狱"。** 整条供应链唯市场马首是瞻，批量制造、规模效益逐渐成为奢望。为应对消费者多变的需求，拉式供应链需要采用高柔性的生产技术和运作方式来实现多品种、小批量和快速反应，这对很多供应链来说加大了运作压力。

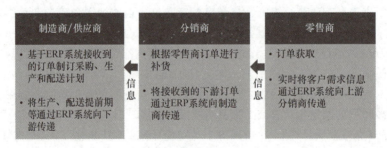

图 3-6　拉式供应链的运作流程

　　供应链运作由推式转向拉式是一个巨大的战略模式和战略思维变革，它需要供应链上下游进行信息共享，并且倾听终端消费者的声音。例如，我国每年两次的电商狂欢节——"11.11"和"6.18"就是拉式供应链的典型应用。这两次电商狂欢节并不仅是某天的活动，而是持续一个月的大促。借助淘宝和京东这两个超级电商平台的"定金预售"模式，终端消费者的需求提前显现出来了，商家可根据收集到的消费者订单，按照"以需定产"反向协调供应链上下游，减少供应链各个环节的库存、产能和管理浪费。因此，**如何精准预测和提前锁定客户订单、柔性且快速地生产和交付是拉式供应链的核心**。

　　尽管拉式供应链理论上可以做到按时交付和零库存，但这种精益生产的状态很难达到[注]。**完全的拉式供应链仅在少数行业、少数企业可以实现**（例如光刻机制造商阿斯麦公司、航空发动机公司等，这些企业在市场上拥有绝对的关键技术主导权和市场垄断地位），绝大多数企业的供

　　[注]　20 世纪 90 年代，美国麻省理工学院通过一项名为"国际汽车计划"研究项目对日本丰田企业的准时制生产（Just in Time，JIT）模式进行了深入研究后提出了精益生产理念，其典型特征是及时制造、消除浪费、零缺陷和零库存。

应链都无法实现完全拉式，因为这种模式存在以下难以克服的缺点。

（1）难以做到零库存。及时交付客户需要的产品仍然是供应链关注的焦点，链中各环节仍然需要保留安全库存。在现代数字技术的支持下，客户订单信息可以在链中快速传递，但是供应链完成原材料采购、生产工序调整、各类物料和产品配送等都需要时间。信息流与物流在传递速度上的差异容易引发供应链各环节之间的衔接不顺畅。因此，为确保供应链运作顺畅，保留安全库存是必要的。

（2）难以发挥规模效应。拉式供应链以客户需求为核心，而多变的客户需求意味着定制化程度会提高，这就要求供应链具有极高的柔性，即具备频繁改变运作流程的能力（如频繁改动模具、生产工艺和配送流程等），导致规模效应难以发挥。尽管先进的自动化技术能提高供应链柔性，但这需要企业投资昂贵的专用机器人、算法软件配套、数字化协同等，这并不是所有企业都能负担的。此外，客户需求差异化意味着订单批量小、种类多，集中采购和配送变得越来越难，规模效应也会受到负面影响。

（3）供应链断裂可能性加大。虽然精益运作理念提高了供应链效率，降低了成本，但也"绷紧"了整条供应链，造成韧性不足。一旦某个环节出现问题，那么整条供应链都会断裂。例如，2011年福岛地震引发的海啸摧毁了日本东北部的汽车生产体系，导致全球汽车供应链发生严重断裂；2020年的新冠疫情阻碍了全球物流体系，造成汽车芯片供应短缺，全球汽车工业交付能力大幅下降。因此，最近几年来工业界和学术界都在反思以往过分强调的精益生产模式，使得提高供应链韧性得到共识。

> 📋 **阅读小贴士**
>
> **Rivian 电动车的延期尴尬**
>
> 　　Rivian 是美国纯电动汽车制造商，被视为特斯拉的强大竞争者，2021年其市值一度达到了1048亿美元。然而在2022年，一些预购了R1S SUV车型的客户收到了一封电子邮件，Rivian 通知他们预期的6月或7月交付时间将被推迟几个月。有客户在 Rivian 的论坛上发帖说，交付窗口已经更新到8月—9月，最晚可到10月—12月。关于延迟原因，Rivian 表示由于受全球疫情影响，物流成本急速上升，同时，在包括半导体在内的全球零部件短缺的情况下，Rivian 无法获得足够的芯片，这也制约了车辆的生产产能。有报道指出，Rivian 无法依靠与零部件供应商的现有关系获得足够的供应，从而导致其在突发紧急事件时的交付能力急剧下降。

（三）推拉结合的供应链

没有完美且永恒不变的供应链运作模式，推式供应链和拉式供应链各有优缺点，如表3-4所示。推式供应链能够发挥企业的规模优势，但无法对最终市场需求做出及时响应；拉式供应链能够快速响应市场需求，但以牺牲规模效应为代价，同时还面临各种不确定性带来的中断风险。

表3-4　推式供应链和拉式供应链的优缺点

比较项目	推式供应链	拉式供应链
驱动力量	核心企业	客户需求
需求变化	稳定且不会有剧烈波动	大且几乎难以预测
提前预测期	长（以年、季度为单位）	短（以月、周为单位）
集成度	高（生产计划刚性）	较低（生产计划柔性）

（续）

比较项目	推式供应链	拉式供应链
缓冲库存	大（牛鞭效应明显）	低（按订单生产和交付）
响应速度	慢（很难根据需求进行调整）	快（可以根据需求进行调整）
关注对象	资源配置（规模效应明显）	快速响应（规模效应低）
数据共享	差	好且快速
服务水平	不高（不允许个性化定制）	高（允许个性化定制）
供应链风险	较低	较高（容易发生断裂）

推式和拉式是供应链运作模式的两个极端。根据最优化原理，极端解成立的前提条件是极为苛刻的[⊖]，这意味着只有极少数企业可以做到完全采用其中一种模式。**采用推拉结合的供应链是绝大多数企业的合理选择**。图 3-7 所示为一个推拉结合的供应链运作模式，其中推拉界面位于制造商——上游采用推式，下游采用拉式。

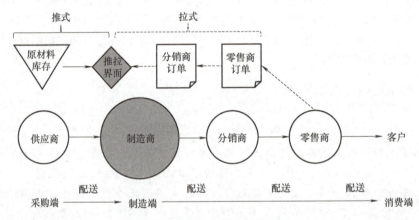

图 3-7　推拉结合的供应链运作模式

推拉界面可以位于供应链中的任何位置，既可以靠近上游，也可以靠近下游。如何确定这个界面分离点？让我们重新回顾推拉模式的关注对象——推式注重生产规模效应，拉式注重市场需求变化。因此，可以设计一个二维坐标体系——横轴为生产规模效应、纵轴为市场需求的不确定性，根据高低两个程度，可以将市场大致分为四类（见图 3-8），各类市场的推拉界面分离点也有所不同。

1. 象限①——高度变化的大众市场

这类市场的典型特征是：需求侧不确定性高、预测难，供给侧具有明显的规模效应。为快速响应客户需求，该象限中的供应链推拉分离界面最好靠近下游客户，一旦明确了客户需求，上游可立即启动推式运作模式来降低供应链的生产成本。消费电子类和服装时尚类产品是该市场的典型品类。例如，服装时尚行业的佼佼者 ZARA 先小规模生产多款服装，最新款式可在 14 天内上架全球 6000 多家门店，门店将每天销售数据汇总到西班牙总部，总部再根据真实销售情况分区域追加订单。而我国独角兽希音（SheIn）则借助移动互联网，实时监测各区域的流行趋势，

⊖　推荐阅读：PAPALAMBROS P Y, WILDE D J. Principles of Optimal Design: Modeling and Computation [M]. 3rd ed. Cambridge：Cambridge University Press, 2017.

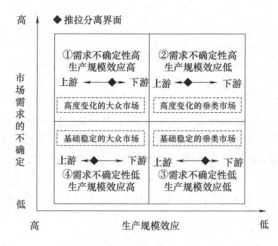

图3-8　供应链推拉界面分离点

要求生产合作方每次交付不超过 100 件产品，并在 7 天内上架销售，销售量好的再追加订单。

2. 象限②——高度变化的垂类市场[⊖]

这类市场的典型特征是：需求侧不确定性高、预测难，供给侧难以规模化量产。针对该类市场的供应链大多以拉式为主，辅以少部分推式（通常以样品形式存在）。奢侈品和创新产品（如虚拟现实头戴设备）都属于这类市场典型的产品。法国奢侈品集团爱马仕（Hermès）发布 2021 财年业绩报告时表示，其现有产能无法满足需求，占总营收一半的 Birkin、Kelly 包等重要产品依旧供应短缺。因为爱马仕的产品大多由手工制作，每个包都需要一位皮匠花费至少 15 个小时。爱马仕表示将新建工厂以提高产能，同时开办一所制革学校以培育更多工匠。

3. 象限③——基础稳定的垂类市场

这类市场的典型特征是：客户需求相对稳定，但供给侧难以规模化量产。处于这个象限的供应链通常采用拉式，即按单生产模式，供应链拥有绝对的话语权。大型设备制造（如民航客机、卫星发射），专业基础制造（如光刻机）是典型代表。这类行业大多不面向终端消费者，而是以细分的产业客户为主。以光刻机为例，其生产极为复杂——一台 EUV 光刻机重 180t，拥有超过 10 万个零部件，集合了光学、有机化学、仪器仪表、机械设备、自动化、图像识别等多个行业顶级技术，仅安装调试就要超过 1 年时间。为实现设备正常运行，需要确保光线在真空中穿过透镜不丢失、不变形，其对精度的严苛要求相当于在北京和上海间铺设一条铁轨，而铁轨的起伏不超过 1mm。因此，这种技术要求复杂程度极高的市场基本以推式供应链为主。

4. 象限④——基础稳定的大众市场

这类市场的典型特征是：需求比较稳定且产品形式变化较小，生产技术成熟且具有明显的规模效应。除了石化、电力等社会生活必需品外，可乐、矿泉水等产品供应链大多以推式为主，辅以拉式。降低成本、利用库存快速满足客户需求是供应链运作的主要目标。处在该象限的供应链虽然能够享受稳定市场需求带来的舒适感，但需要警惕终端消费者需求的转变。例如，近年来可口可乐被打上了"高糖、非健康饮品"的标签，低糖饮品如茶饮、果饮等替代性产品造成可口可乐市场份额出现严重下滑。又如电动汽车的出现会改变燃油汽车供应链的结构。因此，新技术革命的出现可能会击碎供应链。

⊖　垂类市场是指在某个行业或企业集团中，类似的产品或服务被开发出来，并使用类似的方法进行销售（并且可以向其出售商品和服务）。

📖 **阅读小贴士**

没有永恒不变的供应链结构

如果我们拉长时间周期，无论企业处于哪个市场象限，都不存在永远一成不变的供应链运作模式。例如特斯拉汽车刚出现时，以类似"奢侈品"的方式进行定位，采用了拉式供应链。当一座座"超级工厂"投入使用，实现规模化生产后，特斯拉随即采用推拉结合的供应链运作模式，推出不同车型以满足不同客户需求。而当某些车型稳定后，特斯拉又切换为推式供应链为主，极力压缩成本。2015 年 9 月特斯拉发布了 Model 3 车型之后，不断优化其汽车生产技术和供应链结构，在短短几年之内大幅降低了生产成本，伴随而来的是大幅度的降价换产量战略。仅从 2022 年至 2023 年，特斯拉 Model 3 就连续降价近 10 次，售价从 32.8 万元降到最低的 23 万元。

二、从产品特征看供应链类型

一个优秀的企业绝不会将眼光局限在某个行业。如果仔细观察华为、小米等优秀企业的版图就会发现，它们不仅仅是智能手机制造商，中国移动、中国电信也不仅仅是通信服务提供商。这些企业跨越行业、产品品类之多，超过人们的想象，因此脱离产品特征谈供应链类型无疑是缘木求鱼。

（一）产品特征

供应链管理可以看作向客户提供产品/服务过程的管理，并在过程中逐步实现客户所需的价值。因此，了解客户需求是第一步工作，勾画出客户所需的产品特征，然后设计相应的供应链运营战略。美国数理经济学家欧文·费雪（Irving Fisher）根据客户需求特征将产品分为两类：功能型产品和创新型产品。

（1）功能型产品包括大部分零售店能买到的主要商品，这些商品主要用于满足基本需求，并且这种需求较稳定且预测误差较小。虽然这类产品生命周期较长，但市场竞争往往比较激烈且边际利润较低。

（2）创新型产品是指用于满足特定需求的产品，这类产品能为企业带来更高的利润，但市场需求变化剧烈，产品生命周期一般较短，所以产品预测往往会失效。

功能型产品和创新型产品的比较如表 3-5 所示。

表 3-5　功能型产品和创新型产品的比较

比较项目	功能型产品	创新型产品
需求特征	可预测	不可预测
产品寿命周期	>2 年	3 个月~1 年
边际贡献率	5%~20%	20%~60%
产品多样性	低（10~20 种/项）	高（>100 种/项）
平均预测失误率	≤10%	40%~100%
平均缺货率	1%~2%	10%~40%
季末降价率	0%	10%~25%
按订单生产的提前期	6 个月~1 年	小于 1 个月

（资料来源：马士华，林勇，等. 供应链管理［M］. 6 版. 北京：机械工业出版社，2020.）

功能型产品主要用于满足客户的基础需求，其市场需求较为稳定且可预测，产品生产技术相对成熟，所以市场竞争者相对较多，提供更优质的产品或更好的服务成为供应链竞争者的焦点。例如，我国空调市场整体需求相对稳定且可预测，因此价格战、营销战、质量战和技术战层出不穷，最终锤炼出海尔、格力、美的等一批优秀企业，这些企业的竞争实力强于欧洲、美国、日本、韩国等地区和国家的企业。

创新型产品最大的特点是需求不可预测，但因为竞争对手少、产品溢价能力强，高度动荡的市场在带来风险的同时也意味着可获得超额利润。例如，扫地机器人、Switch、iPhone 等产品在问世之初，企业很难预知其市场容量和规模，然而一旦客户熟悉并接受了这类产品，即市场从培育期过渡到成长期时，先行者就可以获得超额利润。例如，据媒体报道，2017 年全球智能手机利润份额中，iPhone 占据了 90%。但是随着技术成熟、创新速度下降，创新型产品会逐渐变成功能型产品，市场需求不再动荡，变得可预测，后来者开始抢占市场份额，先行者的利润会逐渐下滑。例如，2022 年 iPhone 在全球智能手机利润份额中的占比下滑到了 60%。此时供应链竞争变得更加激烈（更低的成本、更低的价格和更快的交付）。到底是维持原赛道以占据更高的市场份额，还是换一个赛道？这成为摆在企业面前的一道难题。

（二）与产品特征匹配的供应链类型

根据美国斯坦福大学李效良教授的观点：与功能型产品和创新型产品匹配的供应链类型分别是有效型供应链和响应型供应链，如表 3-6 所示。

表 3-6　与产品特征匹配的供应链类型

产品特征	供应链类型	
	有效型供应链	响应型供应链
功能型产品	匹配	不匹配
创新型产品	不匹配	匹配

有效型供应链主要体现为供应链的物料转化功能，即以最低的成本将原材料转化成零部件、半成品、产品，并完成在供应链中的运输、配送等活动。由于功能型产品的需求可以预测，因此有效型供应链运作战略的目标是最大化生产效率和最小化供应链成本（尤其是库存成本）。

响应型供应链主要体现为供应链对市场需求做出迅速响应，确保在合适的地点和时间以合适的产品来满足客户的需求。由于创新型产品的需求难以预测且市场价值衰减迅速，因此响应型供应链的运作目标是追求可以适应需求变动的柔性和交付速度，最大化产品的市场先机价值。

有效型供应链与响应型供应链的具体比较如表 3-7 所示。

表 3-7　有效型供应链与响应型供应链的具体比较

比较项目	有效型供应链	响应型供应链
主要目标	以最低的成本满足市场需求	以最快的速度响应市场需求，同时降低过期库存产品
产品设计战略	绩效最大，成本最低	模块化设计，尽量延迟产品差异化
制造过程的重点战略	充分发挥资源使用效率，追求生产的规模效应	追求生产系统的柔性能力以响应可能的市场不确定性
定价战略	以最低的价格赢得客户，边际利润低	低价不是获得客户的主要因素，快速的交付能够获得高的边际利润

（续）

比较项目	有效型供应链	响应型供应链
库存战略	供应链中产成品的库存最少	减少产成品库存，但维持一定量的零部件库存以缓冲供应链的不确定性
提前期战略	在不增加成本的前提下缩减提前期	采取主动措施缩减提前期（哪怕付出巨大成本）
供应商选择战略	选择的重点是采购成本和质量	选择的重点是交付速度、柔性、质量和创新开发能力

（资料来源：马士华，林勇，等. 供应链管理［M］. 北京：机械工业出版社，2020. 经编者修改整理。）

阅读小贴士

戴尔的快速响应型供应链

直销模式确保戴尔能够快速了解危机中客户的实际需求，获得来自客户的第一手反馈信息，并按需定制产品。直接递送让产品直接从工厂送到客户手中，由于消除了流通环节中不必要的步骤，缩短了流通时间，帮助客户及时解决了困难，减少了危机造成的损失。特殊时期，戴尔平均 4 天更新一次库存，及时把最新的相关技术传递给客户，并通过互联网和电话为客户搭起实时沟通的桥梁。虽然在此期间不少客户推迟了他们购买产品的计划，但电话咨询明显增多，这培养了不少潜在客户。所以当戴尔在制订 2022 年二季度的销售计划时，发现其供应链运作高度响应了市场需求。2022 年戴尔的全球市占率自 2021 年同期的 15.3%提升至 17.1%，出货量增长了 6.1%，营收同比增长 26%，达到 173 亿美元，其中商用业务同比增长 30%，达到 129 亿美元，以近 18%的同比增长率跑赢行业平均增长速度。戴尔的快速响应供应链让它在面对突发事件时抢得先机，有效提高了供应链反应速度。

第三节　供应链的数字化战略

严格意义上，供应链数字化并不算是一种战略，因为其主要目的是强化供应链竞争的五要素。由于使用了大量数字技术，供应链的运作模式和理念得到了巨大的创新，若从该角度来看，供应链数字化也可视为一种战略。但在推行供应链数字化之前，苹果公司 CEO 蒂姆·库克的观点值得重视：数字化不只关于技术，它关于如何重新想象业务的未来。

一、供应链数字化的战略中心

停留在理念层面的协同是苍白的，协同需要一系列的技术作为保障。近 20 多年来的企业实践证明，数字化是一个相对不错的方法。2016 年，普华永道提出了一个重要的观点：数字化供应链的核心是控制塔，它扮演了一个供应链生态系统的大脑角色，对供应链内外各个环节——客户、销售、生产和供应——都能实时可见、控制协调，以及做出智能计划与决策，如图 3-9 所示。

供应链控制塔通过计划和运作双协同来平衡柔性、效率、韧性和成本，如果没有数字技术的支撑，这个双协同几乎很难做到。因此，另一个国际知名咨询公司埃森哲认为，供应链控制塔是一套工具和技术，它允许供应链管理者主动、实时地管理供应链的每个环节，并通过数据反馈实现供应链内外各项计划和运作流程的相互协同，同时还能通过数字可视化和智能决策技术对供应链内外各环节出现的问题进行快速识别、诊断、预测、反应和管控，如图 3-10 所示。

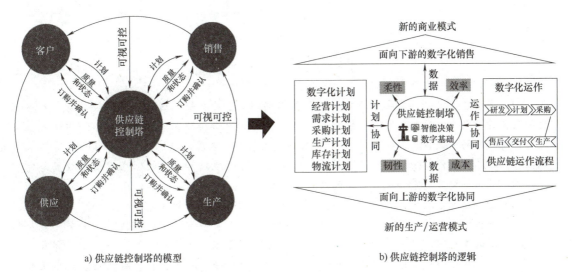

a) 供应链控制塔的模型　　　　　　　b) 供应链控制塔的逻辑

图 3-9　供应链控制塔的模型与逻辑

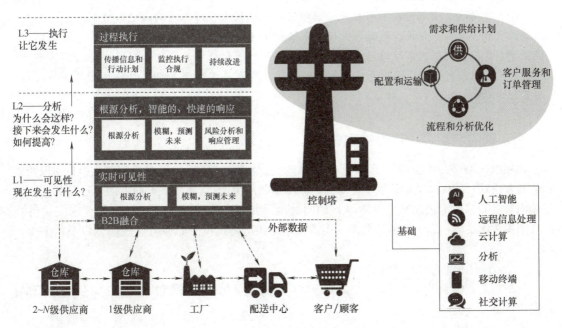

图 3-10　供应链控制塔参考框架

在埃森哲的**供应链控制塔参考框架**下，**需求和供给计划、客户服务和订单管理、流程和分析优化、配置和运输四个方面是实时关注的内容**，每个方面都需要经历以下三个层面的审视。

L1——可见性：汇总各类数据并对其展开根源性分析和预测（哪怕是模糊的），以可视化的方式告诉供应链管理者现在发生了什么？

L2——分析：在 L1 的基础上，增加风险分析和响应管理，告诉管理者为什么会这样？接下来会发生什么？如何提高？

L3——执行：将信息和行动计划传播给正确的人，推动计划的实施，同时监控执行过程的合规性，最后以持续改进的理念对每个内容重复 L1、L2 和 L3 步骤，直至整条供应链都处在最佳的运作状态。

📖 **阅读小贴士**

供应链控制塔的三个关键输入

供应链控制塔需要三个关键输入：基础数据、分析和可视化以及洞察力。

（1）基础数据。控制塔要想发挥作用必须依赖高质量的数据，这会直接影响分析、可视化和洞察的质量。这些数据可来自供应商、工厂、配送中心和销售中心，以及组织内部流程运行产生的各种关键数据，也可来自外部数据（如天气、地缘政治、风险感知等）。这些基础数据必须尽可能保持规范、完整，同时还需要具有可拓展性和安全性。搭建基础数据是建设控制塔的第一步，通常会耗费巨大的财务和时间成本。

（2）分析和可视化。一旦确定了数据源，下一个输入就是分析和可视化。如果没有正确的技术和分析，数据就没有真正的价值。传统的供应链专家经常浪费时间检查每条数据，而在数字技术的支持下，控制塔能够对供应链各个环节的数据进行实时监控，一旦发现异常即可发出警报，供应链专家随即调用相应的算法对数据进行分析和可视化，帮助供应链团队快速识别根本原因。分析和可视化依赖于对供应链各个运作流程的分析，如果没有清晰的流程定义，那么这个步骤也不会得到很好的结果。

（3）洞察力。数据分析和可视化必须推送给正确的人，以推动问题的解决和改进。每个问题的发现、警报、分析、判断和执行都依赖于特定的人，如果缺乏人的洞察力，控制塔只能流于形式且无法解决实际问题。这意味着分析和可视化分析的算法和形式应该围绕特定功能、特定人来进行设计，而这意味着控制塔技术开发人员需要深入供应链每个流程并与对应的管理者/操作者进行深入对话。

二、供应链数字化运作的对象

回顾图 3-9，**供应链数字化运作的对象可以划分为两类**：①面向下游的数字化销售，以探索新的商业模式；②面向上游的数字化协同，以探索新的生产/运营模式。前者的要点是如何在对终端消费者需求做出快速响应（效率）的同时满足其对产品/服务品类的多样性要求（柔性）。后者则需考虑更多：除了效率和柔性，还需要考虑供应链抗风险的能力（韧性）以及精益生产（成本）。

（一）面向下游的数字化销售

终端消费者位于供应链下游，与之对应的供应链数字化运作主要包含销售、库存、交付和售后四个环节。

1. 数字化销售

随时随地拿出手机、打开购物 APP 或者观看短视频直播带货下单已经成为消费者的正常购物行为。消费者购物习惯的改变要求供应链在销售渠道端也做出改变。除了少数品牌拥有极为强势的产品（如爱马仕等），大多数供应链采取了线上线下双融合的全渠道销售战略。数字化销售的好处有很多，比如：

1）可快速捕捉消费者需求，使供应链预测和运作计划更精确，产品生命周期管理更合理。

2）可探索各种销售策略，增强供应链的竞争力。例如，成立于 2006 年的小熊电器依托淘宝等线上平台，硬是在小家电这片"红海"中蹚出了一条新路，通过创新"线上授权经销"模式，2017年—2022年间营收实现了22%的复合增长。未来，随着VR/AR等虚拟现实技术、Web3.0技术的发展以及个人IP的崛起，全渠道数字化销售可能会进一步发生改变。因此，**数字化销售战略的目的应该是不断寻求新的商业模式。**

2. 数字化库存

库存管理是供应链中的经典问题，数字化库存的概念很广泛，但主要有以下几个方向。

1）利用数据代替库存，减少供应链中的无效库存成本。

2）利用数据分析库存，提高产品销售品类预测的精准性。

3）利用数据优化库存设置点和自动补货，更快响应客户需求。

数字化库存技术给很多新创供应链带来了巨大的竞争优势。例如，创立于2016年的便利蜂在开业之初使用大数据模型对所有门店的商品库存进行预测，每家便利蜂门店都可以做到库存管理的个性化——写字楼下的门店会扩充水果、沙拉、咖啡、零食等类别，普通马路沿街的门店则会将各类饮料、面包摆在显著位置。2020年便利蜂宣布在北京、上海、南京等多个区域实现盈利，相比之下，全家花了8年、罗森花了25年才实现赢利。

3. 数字化交付和售后

在产品/服务交付和售后过程中，数字化主要涉及以下三个方向。

1）利用算法提高物流环节效率，使用多种物流联运方式降低物流成本。

2）提供实时可追踪的物流信息，降低物流环节的可视化。

3）提供数字化的售后服务，提高客户服务满意度。

京东的数字化交付是供应链管理中的经典案例。京东物流从2018年就实现了90%自营订单当天到达，这背后是网络优化、分仓补货/调拨、仓储、箱型推荐和车辆路径规划等一系列智能算法。**ChatGPT的出现给数字化售后开启了新的模式，**经过算法优化的客服机器人不仅能给出问题的解决方案，还能向消费者提供人性关怀。

（二）面向上游的数字化协同

供应链上游大多为产业客户，相对于下游的终端消费者，其数字化战略更多聚焦于通过数字化协同来增强供应链的竞争要素和抗风险能力。由于供应链所在产业特点千差万别，以下仅给出数字化协同的两个原则。

1. 打通数据，实现供应链协作共赢

供应链管理的核心理念是通过协作将产权不同、决策分散的企业拧成一条高效运作的供应链，这样做的前提是供应链内各节点企业之间能够共享数据。虽然当前许多企业信息化程度并不低，但这些数据分散在企业内部，上下游的销售、制造、采购和财务数据并不相通。数据梗阻是面向上游数字化协同必须解决的问题。解决这个问题，需要一个强有力的核心企业来推动和管理，从数据标准格式设计、风险共担到收益共享都应该有一套制度、协议和合约来进行规范和约束。

打通数据不仅对一个产业有利，甚至能对整个国家经济发展产生巨大贡献。以我国快递业为例：我国快递业在发展早期普遍使用人工手写面单，虽然从2011年开始，不少物流企业已开始使用电子面单，但仅限于公司内部，行业内并未通行，结果我国快递物流效率一直得不到提升。2014年菜鸟网络启动了电子面单行业整合项目，经过几年的发展，电子面单在行业内覆盖率已接近100%，我国电子商务的物流效率得到了大幅提升，快递业务量从2011年的36.7亿件上升到了2022年的1105.8亿件。菜鸟网络以此服务于国家的一带一路战略，2020年启动了"阿波罗计划"，促进东南亚各国使用和我国一样规制的电子面单，促进了区域物流一体化。

2. 利用数据，实现供应链运作的智能化

大数据模型给供应链运作和决策带来了令人惊叹的效果，但本质上，这些模型仍然需要经验丰富的供应链专家参与决策。但 2022 年出现的 ChatGPT 标志着人工智能进入了新纪元，这意味着工业 4.0 畅想的智能决策将有望进入商业实践。当供应链数据积累足够多时，AI 大模型就可以提供比专家更为全面的商业数据分析，**供应链控制塔参考模型中的 L2 层将变得更加智能化，许多行业的供应链将迎来不可思议的智能时代**。例如，2023 年 7 月华为发布了业界首个超千亿参数的中文预训练大模型——盘古大模型 3.0，该模型是一个完全面向行业的大模型，包括 NLP 大模型、多模态大模型、视觉大模型、预测大模型和科学计算大模型，针对政务、金融、制造、矿山等行业提供了专用大模型，并可在各个垂直场景中应用。

三、供应链数字化战略的挑战

某公司高管曾说：供应链数字化战略听上去很完美，实践中会遇到各种挑战，供应链数字化并非可以一蹴而就。上海天睿物流咨询有限公司赵新阳和邱伏生的观点值得深入思考，他们认为供应链数字化战略面临四大挑战——为数字化而数字化、数字化投资回报难界定、数字治理先行不充分、组织数字能力与人才缺乏，如图 3-11 所示。这四个挑战既是现实，也是未来努力的方向。

图 3-11 供应链数字化战略的四大挑战
（资料来源：赵新阳，邱伏生. 企业供应链数字化的挑战与应对［J］. 物流技术与应用，2023，28（2）：130-134.）

（一）挑战 1：为数字化而数字化

数字化并不仅是几块数据大屏幕、几套设计美观的数字 UI 界面。尽管数字化战略口号提了很多年，也有一些灯塔工厂提供了数字化范式，但实际上很多企业还没有分清"信息化"和"数字化"的本质区别，就开展了供应链数字化转型项目。"信息化"可以比喻为给现实世界拍的一张相片，是提供给管理层的现实世界平行空间，是对管理层的赋能，用以对企业状态进行掌握；"数字化"是数字世界反过来给现实世界的影响，是对一线员工的赋能，目的是更高效、更精确地处理日常业务。前者是管理导向的，后者则是业务和生产力导向的。

为数字化而数字化，首先表现在企业内部对待数字化的态度不一。高层快马加鞭，害怕错过风口；中层各自体会，避免权力分割；一线员工云里雾里，目标和具体逻辑没有被完整传达。企业就数字化问题没有达成共识，在这样的情况下进行数字化升级，原来的问题大概率依然存在，并且会衍生新的问题。

为数字化而数字化，还表现在供应链内部企业对数字化的态度不一。核心企业希望通过数字化加强对供应链整体的控制，这需要供应链全体成员共享关键数据和核心信息；但供应链中的其他企业则担心数据透明化之后会削弱自己在供应链中的地位和权益。例如，在上汽集团 2020 年度股东大会上，有投资者问："上汽是否会考虑在自动驾驶方面，与华为等第三方公司合作？"对此，董事长陈虹的回应是："这会让上汽失去灵魂而只剩躯体，这样的结果上汽是不能接受的，上汽要把灵魂掌握在自己手中。"

供应链数字化的核心是提升供应链生产力和协同力。从链中单个企业来看，其推行数字化之前需要进行合理的顶层设计，从高管到基层员工建立统一的价值导向，选择合适的数字化战略，避免企业陷入"为了数字化而数字化"的怪圈。从供应链的角度来看，核心企业在推行数字化之前统一链内企业的价值观，设计合作共赢的利益分享机制，推行各方均可接受的管理协

同模式，这些都是供应链数字化战略需要认真思考的底层逻辑。

（二）挑战 2：数字化投资回报难界定

核算数字化投资回报会涉及数字化结果评估——哪些收益是数字化带来的结果？这些结果预期在多长时间内达成？事实上，很多管理者在思考供应链数字化项目的时候，很容易局限于项目本身而忽略了其长期价值和效益。例如，全球十大纸业公司之一的国际纸业曾在快速扩张期内在全球收购了 75 家分公司，由于系统和统计口径不同，公司总部财务部一度需要 96 名员工专做报表汇总，供应链信息孤岛问题非常突出，严重拖累了其运营效率。为此，该公司投入了至少 7000 万美元进行数字化改造，改造后的数据流完善且可追溯，公司估值比数字化前高 2 倍多，收益远远超出了 7000 万美元的投入。但这种估值的变化在数字化初期是很难做出准确评价的。

另外，一谈及数字化投资，企业领导者最先想到的是升级或开发系统。但上系统之前，首先应当理解和区分"业务对象数字化"和"业务流程数字化"的不同。现在很多大型企业的数字化水平并不低，诸如 SRM、CRM、TMS、WMS 等系统在供应链中很常见 ⊖，但很多系统的应用还处在业务对象数字化阶段，而业务流程数字化需要将各类业务对象进行"增、删、查、改"等操作和组合，将其赋能业务使用者和操作者，而这通常需要很长的时间，一般需要 10 年以上的时间。数字化耗费的漫长时间和巨大成本也会让领导者望而却步。事实上为应对这个挑战，数字技术模块化的轻量级应用由于具有小模块、小成本和部署快的特点，越来越得到许多企业的重视。

（三）挑战 3：数字治理先行不充分

数字化需要企业内部和供应链中各企业业务部门数据协同。如果数据不能被使用，那么数字化不但不会产生价值，反而会增加成本和负担。不少企业的基层管理和员工反映：数字化本质上没有提高他们的工作效率，反而增加了工作负荷——填报、调取、分析数据不仅在系统上，也在使用权限上产生障碍。这些障碍主要体现在以下三个方面。

（1）业务协同与流程贯通问题。即便是同一项业务，供应链内部不同企业的业务流程也会不同。例如同样一个采购流程，A 公司和 B 公司的处理方式存在不同，这会给数据协同带来标准不一的麻烦，造成公司之间业务数据难以贯通。此外，即便是在同一个公司的内部，也会出现标准不一带来的协同问题。比如，近年来诸多公司都希望实现业财融合——即业务和财务相互支撑，但由于不同部门的运营管控指标、统计口径并不相同，从而制约了数据对业务流程的赋能。

（2）数据质量无法满足业务协同。在实际应用中，经常出现数据质量差的问题。一方面，很多数据录入依赖人工操作，但该过程中存在诸多人为干扰，刻意调整、录入不及时、不全面等是常见的问题。另一方面，各业务部门都拥有自己独立的数据系统，而各数据系统之间缺乏充分的协同，企业内部的"数据烟囱"现象明显，加之数据安全管理理念的不同，造成跨部门数据访问难、检索难，数据只进不出的"黑洞"现象明显。单个企业内部的数据质量都存在如此多的问题，可以想象分散在供应链中其他企业的数据质量问题可能更多。

（3）重数据建设、轻数据分析。在供应链数字化过程中，大多数企业对数据库的建设非常重视，"数字是资产"的理念深入人心。有了数据并不意味着数字化，数字成为资产的一个核心标准是数字能够被应用、被分析，其结果必须能指导业务的开展和决策。然而，《2021 年制造企业供应链发展报告》的调查显示，仅不到 1/3 的企业设置了供应链数据管理岗位，数据分析能力远远跟不上数字化赋能业务发展的要求。

⊖　SRM——Supplier Relationship Management，即供应商关系管理系统。CRM——Customer Relationship Management，即客户关系管理系统。TMS——Transportation Management System，即运输管理系统。WMS——Warehouse Management System，即仓库管理系统。

　　数据治理本质上是对供应链业务对象和流程的一次全面诊断和规划，其目的是确保供应链在正确的方向上采取数字化行动，赋能所有业务部门全链路协同和发展。上一套数字系统、开发一个可视化数据驾驶舱并不意味着实施数字化，数字化需要数据治理先行，而大多数企业重技术、轻咨询的理念造成了供应链数字化的效能不足。

（四）挑战4：组织数字能力与人才缺乏

　　抛开数字技术本身，数字化在实施过程中能否成功，归根到底与企业的组织能力有关。许多公司在数字化转型推进到深水区时才发现，数字技术问题并不是最大的瓶颈和挑战，而是组织和人才问题。正如Gartner的组织能力公式：**组织能力＝思维模式＋数字化技术＋企业实践**。

　　组织架构背后是责任、权力、利益的重新分配。让员工利用数字化技术和工具，使企业整体效益最大化，不仅仅是技术问题，更是管理问题。应对这个问题比较主流的做法有两个：一是总部驱动模式，即单独成立一个科技公司负责相关的项目，好处是集中数字技术和人才优势，但是如果负责业务和负责数字化的人难以达成共识，会使得项目推进缓慢；二是团队混编，将业务团队和IT团队组成一个混编团队，共同参与业务设计，相互学习，逐步融合从而成为数字化的中坚力量，好处是成功率较高，但是也造成了人员成本过高的问题。

　　数字化对供应链领导者的认知能力也提出了要求，如果领导者无法厘清责、权、利的分配机制，数字化会很难推进。**比较成功的数字化转型都是从企业的一把手开始建立新的认知能力的。**三一重工董事长梁稳根说："数字化转型，不翻身则翻船。"对于数字化，他不仅自己深入学习，还经常和团队成员讨论，并从企业董事层面亲自带队推进整个集团的数字化进程。

　　除组织架构调整，员工治理也是重要的一环。"信息化赋能管理者，数字化赋能员工"不应该只是一句口号。这需要在人才招聘、培训方面下功夫，但这意味着公司需要为数字化培训制定预算，否则企业各层级员工会以各种方式抵制数字化改革。例如，货拉拉公司用AI导航为司机部署的路线优化工具，可以通过算法结合到达目的地的车流、成本、时间损失等为驾驶员制定最佳路线，但仍然有许多司机拒绝相信算法的规划比自己多年的行车经验更好。

本 章 小 结

　　本章讲解了供应链的运营战略，是供应链管理的核心内容之一。首先，本章从供应链的战略底层逻辑出发，从终端消费者和产业客户两方面介绍了供应链运作战略的关注要点和不同选择；然后，本章从动力源和产品特征两个角度介绍了供应链的运作模式，了解这些运作模式的本质能够让读者更加理解商业的本质；最后，本章分别从供应链数字化的战略中心、运作对象和挑战三个方面介绍了供应链的数字化战略。尽管本章涉及商业本质、创新逻辑、市场营销等诸多理论知识，同时也给出了诸多经典和最新案例，但我们仍然希望读者能够将本章内容与当前最新商业实践进行比较，这样才能对供应链运作的模式及其本质有更深刻的认识。

思考与练习

　　1. 马化腾曾说："我天天都在思考00后在想什么。"请从00后喜欢的某个产品出发，分析这些产品对应Z世代的哪些特征？与这些特征匹配的供应链战略和运作模式是什么？另外请分析这些产品供应链的生命周期会持续多久？

　　2. 请你寻找一家企业的案例，运用推拉理论，对其供应链的推拉界面分离点进行深入分析。请你仿照本书小贴士的写法，尝试写一个小案例。

　　3. 请回忆供应链数字化中的四个挑战，仔细思考你所在的企业是否也面临同样的问题？你们在解决这些问题的过程中是否有特别的成功经验和失败教训可以与大家分享？建议你创作一个案例与大家分享。

 本章案例

特斯拉的供应链战略

2021 年 10 月 26 日，特斯拉（Tesla）市值突破 1 万亿美元，成为历史上第三家市值突破 1 万亿美元的公司（第一家是苹果公司，第二家是英伟达）。为何一家成立不到 20 年的汽车公司竟然会在短时间内快速崛起并成为极具全球影响力的公司？除了硅谷钢铁侠——埃隆·马斯克的企业家光环，特斯拉的供应链战略也做出了重要的贡献。

先了解一下特斯拉的历史。

20 世纪 90 年代，一名叫艾尔·科科尼的汽车工程师在加州创建了一家名为 AC Propulsion 的电动汽车公司，该公司研制出了特斯拉基础模板车——T-zero。2003 年，硅谷工程师马丁·艾伯哈德向该公司投资了 15 万美元，并联合马克·塔彭宁成立了特斯拉汽车公司，但是他们很快发现：作为一个汽车工业界的新手，特斯拉根本玩不转复杂的汽车供应链体系。2004 年，在 AC Propulsion CEO 的引荐下，马斯克向特斯拉注资 630 万美元并出任公司董事长——特斯拉正式进入马斯克时代。

2006 年是特斯拉的战略元年，马斯克制定了特斯拉的战略步骤。

第一阶段：打造一款产量较小的车型，该车型售价昂贵。

第二阶段：用赚到的钱，开发一款产量适中、售价较低的车型。

第三阶段：用赚到的钱，打造一款产量高、售价实惠的车型。

第四阶段：提供太阳能电力……这不是开玩笑，它已经在我们网站上清清楚楚地挂了 10 年。

回头看这"四阶段"战略，全球都惊叹于马斯克的企业家精神和商业成就，因为特斯拉已经进入了战略第三阶段，同时全球开始加速进入电动汽车的时代。帮助特斯拉实现其战略目标的是对应的供应链战略。

第一阶段，大约在 2004 年—2014 年。全球汽车工业开始进入燃油时代的尾声。2010 年国际能源署的报告显示，全球汽车工业消耗了 20% 的石油。环保、低碳和可持续已经成为这个时代发展的主题，在一小批精英带领下，消费者越来越认可"为地球可持续而消费"，也就是说客户的价值趋势发生了改变。此外，在这个阶段，智能手机改变了很多年轻客户对汽车的观点，认为汽车不应该仅仅是出行工具和耐用品。因此，特斯拉提出的"纯电动、大号的电子产品而非汽车"迎合了客户的价值趋势。但是这个阶段全球的汽车供应链还处在燃油车时代，即便是马斯克也无法对抗强大且顽固的燃油汽车供应链体系。因此这个阶段特斯拉的供应链战略是依附现有供应链体系开展产品差异化战略，利用高价格和高影响力人群来树立高端电动车的形象——至 2014 年，特斯拉仅有 Model S 等三款车型，售价高达 100 万元。

第二阶段，大约在 2014 年—2020 年。在接手特斯拉没多久，马斯克就意识到燃油汽车供应链无法实现特斯拉的降本，特斯拉需要重构电动汽车供应链来完成其第二阶段的战略目标。汽车工业极其复杂，设计、研发、制造、供应体系需要高度协同，想要重构适用电动车的供应链并不是一件容易的事情。因此，即便 2014 年特斯拉宣布开放专利，任何新能源汽车都可以免费使用该专利，也无法撼动原有的燃油汽车供应链体系，无法量产仍然是特斯拉头上悬着的"达摩克利斯之剑"。2016 年华尔街甚至出现了一个做空特斯拉的"空头联盟"，一度将马斯克逼至绝境。此时我国完整、强大的汽车供应链吸引了马斯克的目光。在上海市政府的强力支持下，从 2019 年 1 月到当年 11 月，特斯拉上海超级工厂实现了从开工到投入运营。我国供应链的速度和奇迹帮助特斯拉实现了量产。在这个阶段，特斯拉的战略就是打造高效的电动车供应链体系，其方式是将供应链的战略选址定在我国。

第三阶段，大约在 2020 年—2023 年。在我国超级工厂的支持下，特斯拉快速实现了量产。摆脱了"死亡魔咒"的特斯拉开始进一步推动供应链降本，其中最重要的一个环节是使用了全新的制造技术——一体化压铸技术。2020 年 9 月 22 日，特斯拉宣布 Model Y 将采用一体化压铸生产车身后底板总成，替换掉原来的 370 个零件，最终可以将汽车总重量降低 10%，续航里程增加 14%，同时计划未来用 3 个大型压铸件拼接成整个下车体总成。采用该技术之后，特斯拉的生产效率大幅提升，每 45 秒就可以生产一辆 Model Y。2023 年特斯拉发布 4680 电池，使每千瓦电池制造成本降低了 56%。2023 年，密湖产业观察分析指出，特斯拉通过技术使单车成本降低了 3 万~4 万元，未来还有 3 万元以上的降本潜力。正是因为有如此巨大的降本潜力，特斯拉从 2022 年开始连续降价，至 2023 年 7 月，Model 3 基础版的售价已经低至 23 万元。在这个阶段，特斯拉的供应链战略是大幅提升产品销量，并且复制超级工厂，以不断提升产能，继续降低供应链成本，支持降价策略。

第四阶段，大约从 2023 年开始。2023 年 4 月 9 日，特斯拉宣布在上海新建储能超级工厂，其供应链战略是为新能源汽车提供更加清洁、稳定和便宜的电力供应。如果大胆展望一下，特斯拉储能超级工厂将会改变新能源汽车电力供应方式，未来电动车需要的基础设施建设和投资大幕将由此拉开。

（参考资料：见参考文献［21-24］，经编者修改整理。）

案例思考：

1. 在影响客户价值判断方面，马斯克的企业家光环效应发挥了巨大作用，我国电动汽车行业能够从中获得什么借鉴？

2. 特斯拉给我国电动汽车行业带来了巨大的"鲶鱼效应"，它的供应链战略对我国电动汽车制造新势力有什么影响？

3. 请就储能这个可能改变未来能源结构的行业进行分析，了解该行业供应链当前所处的状态，并尝试分析该行业供应链战略的发展趋势。

第四章

数字、信息与供应链管理

第四章配套课件视频

 本章引言

假如回到 20 年前，你能想象当前这个数字时代的生活吗？仅凭一部手机就可以处理生活、学习和工作中的各种事情，这是人类在以往任何时代都没有见过的数字文明。同样，数字和信息在过去 20 多年中重塑了供应链的运作模式——数字技术让预测变得更加精准，智能算法让生产和物流更具柔性，供应链运作效率更高了，但竞争也越发激烈了。数字化并非一句"芝麻开门"那么简单。供应链各环节充斥着各种各样海量的数据，维数灾难、信息不完美、信息不对称是管理者经常遇到的陷阱，有价值、高质量的数据和信息并不容易得到。数字在编码、传递和解译过程中的信息扭曲给供应链带来了"牛鞭效应"。虽然一些先行者享受了供应链数字化带来的巨大利益，但也曾遭遇过各种数字化失败，并且这些失败案例为后来者在供应链数字化中少走弯路贡献了宝贵的经验。

学习目标

- 了解数字和信息对于企业供应链管理的重要性
- 了解供应链中数字和信息的陷阱及产生原因
- 理解供应链牛鞭效应及其产生的原因和缓解措施
- 了解供应链数字化中的误区和问题

第一节　供应链中的数字和信息

一、数字和信息的重要性

1999 年上映的电影《黑客帝国》曾让人们陷入了沉思：我们到底是活在当下的现实世界，还是由数字所构造的幻境之中？进入数字时代后，虚拟世界和现实世界的界限越来越模糊，甚至现实世界在数字的增强下有了全新的运作逻辑。对于供应链而言，物的加工处理不再是其唯一的对象，数字和信息的重要性越来越凸显，它们对供应链的作用主要体现在图 4-1 所示的四个方面。

（一）增强供应链的协调效率

消费者只在乎所购买的商品类型、价格、质量、交付、服务和体验，但完成这个订单却需要历经供应

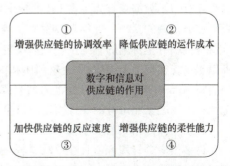

图 4-1　数字和信息对供应链的作用

链的各个环节：零售商根据消费者需求向上游订货；制造商安排生产计划和零部件采购；物流服务商完成按时交付；同时金融机构负责资金结算。在没有数字技术和信息系统的时代，供应链协调这些环节的效率是低下的——各企业的数据结构不规范、信息传递速度慢、信息不透明曾造成了严重的"信息孤岛"现象，每个企业各自为战，结果是：为完成某个订单，供应链每个环节都形成了大量冗余的库存，成本、速度和柔性都受到影响。

数字之于供应链的第一个作用是**通过现代数字技术增强供应链的协调效率**。具体方法是，将数据前置于供应链运作，以信息驱动供应链协同决策，通过数据和信息共享增强供应链的协调效率。简而言之，**让数据跑在前面，供应链各节点企业都用同样的语言去读懂和理解数据，并据此紧密配合直至完成商品交付**。

案例：英麦尔科技有限公司是面向服装行业的供应链系统服务商，它开发的数字供应链协同平台 Supply Force 集成了面辅料开发协同、供应链内部协同、生产制造协同等多个功能，贯穿了供需、采购协同管理、面辅料开发、电商平台等全部供应链环节，如图 4-2 所示。UR 是一家服装公司，它采购了英麦尔的 Supply Force。UR 将采购、选品、设计、生产流程注入 Supply Force，其供应链流程实现了透明和可视化，其效果如下：UR 的库存从 1.4 亿元降到了 9000 万元，市场反应周期从 14 天降到 5 天，手机、电脑可实时监控订单流转情况，跟单能力提高了 50%。

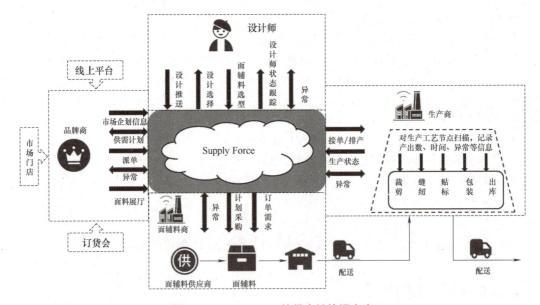

图 4-2　Supply Force 的供应链协调方案

还有一类数据没有体现在 UR 的数字化供应链中，这就是资金流数据。**健康、顺畅的资金流是供应链协调的基础**。近年来频发的"经营困难""资金链断裂""融资难融资贵"现象大多源于供应链中资金协调的不到位。仍以服装行业为例，海澜之家的资金协调值得借鉴。海澜之家借助信息系统实现了全国 3000 余家门店和供应商的资金整合：海澜之家与加盟商按 65：35 分成，门店将当天 30% 的销售额直接汇入加盟商账户，剩余 5% 在月底进行结算，这保证了加盟商的资金流；海澜之家在每月的 3 日固定向供应商结款，保障了供应商的现金流。

（二）降低供应链的运作成本

许多供应链管理者一直在寻求这样一种理想状态：既能保持客户的服务水平（保证消费者可以随时随地获得产品），又可以降低库存水平（提高资金利用效率）。将"粮草"（实物库存）

数据化是最便宜的做法，因为相较于"让库存跑"，"让数据跑"的速度更快、效率更高、代价更小。当当网管理超过 60 万种图书，这是任何一家线下实体书店不可想象的一件事。想象一下：如果一本畅销书在全国 5000 余家新华书店门店同时上架需要多少样书？样书往往以很低的折扣卖出，这又会浪费多少资金？用数据代替实体销售库存显然成本更低，更重要的是数据不需要实体门店，只要拥有仓库就可以 24h 不间断销售。

"让数据跑"不仅可以减少库存，还可以减少生产、人力和运输成本。例如：实时的销售数据可以提高需求预测的精度，由此反向指导工厂的生产资源和生产计划，充分利用工厂产能降低生产成本。通过智能设备和信息系统，员工可以将更多精力投入到战略和战术职责上，而不是重复输入数据的工作上，从而降低了人力成本。分析需要运送到不同地方的产品信息，再根据信息处理进行整车装配，可以大幅减少物流成本。

阅读小贴士

菜鸟的"菜鸟桥"

2022 年，菜鸟供应链公布了面向商家（B 端）的新应用：菜鸟桥。这是一个用于改变城配（城市内配送）资源分散局面的物流接入平台。城配是 B 端物流中的重要一环，但这个市场区域性强、集中度低，配送的商品数量多且种类分散，难以实现规模化，商家自营配送效率低，客户体验也不好。菜鸟桥在菜鸟原有城配体系上搭建了城配物流网络，其目标是帮助全国百万个夫妻店、近 6000 个连锁商超以及 TOP100 城市核心商圈的 B 端商家提升城配能力。菜鸟桥通过大数据分析，可以将不同 B 端商品进行"合并同类项"，将大量分散的同类 SKU 进行聚集，采用整车、整托的共同配送模式来降低成本。这背后体现的就是"让数据先于物流跑"，这不仅提升了配送效率，也很好地管理了库存。

（资料来源：破解城配散乱之困，菜鸟供应链"硬"碰"硬". 网易新闻. 经编者修改整理。）

（三）加快供应链的反应速度

在这个消费者越来越"喜新厌旧"的时代，很多产品做不到"一招鲜，吃遍天"。试想一下，苹果公司敢停止一年发布新品吗？答案大概率是"不敢！"因为华为、小米和三星正在对它的市场虎视眈眈。这是一个供应链竞争的时代，"快鱼吃慢鱼"案例频频发生，市场反应速度快的企业通常会拥有"先行者优势"。

数字可以提高供应链的市场反应能力。在绝大多数情况下，数据奔跑速度要远远快于设计、生产和物流的速度。例如，网络社群中关于产品的负面或者推荐信息总是传播得很快，但供应链对其响应相对慢一拍。在 5G 移动互联时代，快速捕捉和传递信息并不是难事，因为在社交 APP 的帮助下，构建客户社群比以往任何时候都更加便捷。应当快速挖掘客户需求，并将其转译成供应链各个环节都可以明白的语言——数字就是这个通用的语言。如果研发、生产、物流、销售和客户关系管理都可以在数字平台上进行交流沟通，当然有助于加快整条供应链的反应速度。

例如，宝洁曾与天猫合作生产海飞丝香氛洗发乳，如果按照传统的产品研发方式，这款产品上市大概需要 18 个月，但在数据驱动下，该产品上市仅用了 9 个月的时间，并且上市 1 个月就成为宝洁官方旗舰店销售量前三名。从表 4-1 中可以看出，数字技术帮助宝洁在市场洞察、概念甄选、潜力预估和生产制造方面节省了大量的时间，如果其生产制造环节能够进一步优化（如采用智能工厂），那么该产品上市所需时间可进一步缩短。

表 4-1　传统和数字供应链的反应时间——以海飞丝香氛洗发乳为例

比较项目	市场洞察	概念甄选	潜力预估	生产制造
传统供应链反应时间	4 个月	3 个月	3 个月	8 个月
数字供应链反应时间	7 天	10 天	8 天	8 个月

我们可以通过另一个案例来深入了解数字化供应链是如何提升市场反应速度的。勤拓集团是 Calvin Klein、Tommy Hilfiger 等服装品牌的供应商。

数字化改造前，针对不同客户的需求，勤拓的业务人员往往需要用 1 周时间来制作 PPT 产品图册，将图册邮寄给客户需要 3 天时间，客户需求响应速度慢、流程漫长。

数字化改造后，勤拓业务人员和客户可以通过一个名为 Treelab 的系统进行实时协作办公：①业务人员通过 Treelab，无须重复输入即可快速从数据库中提取记录客户个性化需求的数据表，该数据表可以通过网页链接或者二维码的方式一键分享给客户，数据表中产品每个款式的详细信息都清晰直观。②客户可以在 Treelab 中针对每行记录发表评论、提出反馈，客户需求响应速度大大加快。即使不在办公室，业务人员也可以在 Treelab 中与客户实时沟通，客户需求响应速度大大提升。③客户确认订单中的每款衣服的备料规格、用量、时间，这些都可通过公式自动计算，订单处理效率大大提升。

（四）增强供应链的柔性能力

越来越多的供应链正在积极布局数字化赋能转型，除了不断优化供应链运作效率和降低成本之外，增强供应链的柔性能力也是重要目标。尽管供应链柔性的内涵较广⊖，但主要集中在两个方面：一是更高效响应客户的多样性需求；二是更好应对供应链中的突发事件。

在响应客户需求方面，数字化比实物有太多的优势，这些优势主要体现在时间和空间两个维度上：①时间上，利用数字化可以将用户需求在时间轴上合理布局。例如，采用预售制的产品在预售时已经被锁定订单，但大规模生产并没有开始，客户的需求被延迟到另一个时间上满足，好处是供应链有了更多时间去计划整条链的运作。②空间上，利用数字化可以更加及时了解不同地区间的需求差异，并在地理空间上合理布局。例如：前置仓。阿里巴巴通过分析用户的浏览行为和需求发生地，将产品库存放置在距离消费者最近的地方，当消费者下单后，物流就可从最近的实体门店或仓库出发，以最快的速度将产品交付到消费者手中。如果没有数字技术，供应链想要获得这样"多品种、小批量、快速精准"的柔性是不可想象的。

数字化让供应链应对突发事件和风险的能力更强。数字化给供应链带来的好处之一就是全流程运作的透明化——需求、生产、库存和物流各环节的波动与异常都可以通过信息系统来观察，一旦超过警戒值，就可以立即启动应急预案并开启风险管控模式。沃尔玛是最早将数字技术应用到其物流系统的公司之一，它的物流效率之高是全球零售商的楷模。2005 年美国新奥尔良遭到"卡特里娜"飓风重创，沃尔玛凭借强大的物流系统在美国联邦政府还没做出反应之前，就已经派出 1200 辆满载应急物品的卡车供应灾区。新冠疫情最严重期间，菜鸟供应链快速开发了"智慧眼"数字系统，确保了消费者在疫情期间的顺利购物。数据显示，2022 年 618 购物节期间，上海的消费类电子订单是疫情前日均单量的 10 倍、美妆日化单量为疫情前的 30 倍以上。类似的案例也发生在供应链生产端，例如在 2022 年，苹果公司在 iPhone14 生产过程中监测到后置相机镜头供应商 Genius 提供的一些镜头"存在涂层裂纹质量问题"，为避免出货出现重大延迟，苹果公司立即启动应急采购，将大约 1000 万片镜头订单转移到另一家镜头公司。

⊖　请参考第二章关于供应链柔性的介绍。

二、供应链中的数字和信息陷阱

供应链数字化并不意味着供应链效率的提升。事实上，在供应链数字化的实践中经常出现数字引发的信息陷阱，这些陷阱会严重影响供应链的运作效率和效益。

（一）陷阱一：维数灾难

在"数字就是生产力"理念下，管理者倾向于拥有更多类型、更海量的数据，似乎没有充足的数据就无法在大数据时代生存和发展。但现实是残酷的，供应链数字化引发的第一个陷阱便是"维数灾难"：数据过少无法实现供应链运作分析和优化，但数据过多会引发"无从下手"的问题，导致分析困难和"似是而非"的结果推断。

维数灾难的第一个表现：数据类型太多，关键特征提取困难，分析难度急剧增加。想象一个场景，我们想通过数字算法（模式分类算法）将不同种类的猫和狗分成猫、狗两类。模式分类算法的第一步是对猫和狗的特征进行量化，例如先根据它们的皮毛颜色进行分类。但是这个特征不足以实现完美分类，因为猫和狗的皮毛颜色可能相同。接下来，增加其他一些特征（如尾巴）来改善分类效果，但还是不能完美分类。然后继续增加特征……直到能完美区分出猫和狗两大类。上述过程是一个不断将特征信息加入到向量空间的过程（如皮毛颜色和尾巴构成的二维空间），随着向量空间维度的增加，分类精度会提高，但计算却呈指数级增长，结果耗费的计算资源呈现灾难级别。将这一原理应用到供应链管理中：在实践中，我们会收集不同供应链节点上的各类数据，要想将它们完美分类，就要设置多个特征维度，但这会让分析者陷入迷惑：需要多少个特征维度才能足以分类？其实这里面的核心问题在于：哪些才是最核心的关键特征？如果对特征维度不加区分，那么即便拥有海量数据也无法改善供应链管理。如何确定数据的关键特征，统计原理和智能分类原理中提供了诸多方法（例如主成分分析、因子旋转、Bootstrap 等），读者可参考上述领域的专业书籍。

维数灾难的第二个表现：数据量太大，过度拟合现象加剧，预测和分类结果反而更加糟糕⊖。现实中的很多问题是高度非线性的，但在数据分析过程中我们总希望能够通过一个相对确定的非线性函数，如 $y=f(x_1,\cdots,x_n)$（x_n 是第 n 个特征向量），对问题进行建模。例如，在供应链经典的"啤酒和尿不湿"案例中，啤酒销量（对应特征 x_n）和尿不湿销量（对应结果 y）同步增加的原因是购买啤酒的男性家里有婴儿，如果武断地将男性购买啤酒和尿不湿关联起来，则会造成严重的需求误判：啤酒销量增加可能仅仅是因为天气炎热，而非婴儿潮。

"数据越多越好"是一个误区，企业需要的是足够的关键数据。正如"这块矿的含金量是1%"远远比"这里有黄金"更有价值。2019 年年底，淘宝发现武汉口罩和酒精销售数量激增，仅通过收货点数据分析就得出了"武汉可能存在疫情"的判断。搜集海量且类型多样的数据，需要企业拥有大量数据分析人才去清洗出有效数据并进行建模分析，而数据分析人才成本并不低——在杭州，一个初级商务数据分析师的年薪是 20 万元。

（二）陷阱二：信息不完美

数据和信息正确、透明是供应链运作的基本要求。理想的供应链数据流就像是一片叶子：结构清晰、脉络流畅。但实际中，因为各种障碍和限制的存在，供应链中的数据流并不能达到这种理想状态。借用信息论的观点，在供应链数据传输过程中，编码、解码和信道中的信号都会存在被干扰的可能，如图 4-3 所示，从而引发供应链中的信息不完美。

⊖　过度拟合是指为了得到高精度的拟合结果而使模型变得过度复杂，导致模型参数不合理、表现力变差的现象。在数学上表现如下：将高维的分类结果投影到低维空间上时，就会出现两个平面不能完全重合的现象。

当前的互联网技术和通信技术已经大大减少了通信过程中的信号干扰问题，即信息在传递过程丢失、模糊的现象已经很少存在，信道失真现象已经十分罕见。**大量信息不完美情况发生在信息源和接收源的编码和解码环节，即发送者和接受者对同一信息的理解存在偏差。**

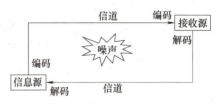

图 4-3　信息不完美产生的原因

案例：2000 年，飞利浦公司设在美国阿尔伯克基的一个芯片封装工厂遭到雷击并起火，消防救火过程中完全破坏了芯片生产所需的无尘环境，致使该工厂的产能严重损毁。芯片工厂立即将此事通知了它的两个重要客户——爱立信和诺基亚，并告知产能修复需要经过一周时间。"一周内产能恢复"并不是一个确定的信号（**信息源信号编码扭曲**），但两家公司对此的反应却截然不同。爱立信完全信任芯片工厂的信息，并且通过检查芯片库存，认为其芯片库存足以应付一周的生产；但诺基亚认为芯片供应不太可能按时恢复，所以立即启动了全球采购方案（**不同接收源对信息的不同解码**）。结果芯片工厂产能恢复足足用了一个月时间。当爱立信意识到问题的严重性后却找不到替代供应商，导致其当年的市场损失高达 23.4 亿美元，股票下跌 13.5%，更可怕的是，这场大火导致 2001 年爱立信退出手机市场，最后被索尼兼并。而在这次事件中，诺基亚因其出色的应急管理，在后来短短的两年内迅速成为世界上最大的手机制造商（**不同解译带来的结果不同**）⊖。

供应链中的信息不完美陷阱通常源于供应链参与方对相同信息的理解偏差。在大多数情况下，这种理解偏差并不是由数字化工具造成的，而是由通过数字进行信息解读的人造成的。行业知识、管理经验、当下场景和个人心态问题都会造成对信息编码和解码的扭曲。**信息不完美在供应链中几乎不可避免会发生，只能靠管理者不断加强知识积累、提高理性判断能力和增强决策质量来缓解。**

（三）陷阱三：信息不对称

在大数据时代，"数字资产"的理念已经深入人心。但凡有雄心壮志的企业，都会想方设法构建独一无二或具有强大壁垒的数据库，这说明了一个问题——**"数字是有产权的！"** 一旦涉及产权归属问题，供应链中信息不对称的问题就难以避免。信息不对称来自博弈论中的信号博弈，是指不同博弈参与方之间由于经营战略、目标定位、运作水平、市场权力甚至企业文化存在差异，信息拥有方会利用其私有信息获得竞争优势和利益。尽管信息不对称的研究最先始于金融市场，但利用信息不对称维护自身地位、谋取私有利益的现象也经常发生在供应链之中。

完美的供应链决策需要链中所有的数据透明且正确。事实上，供应链中的每个企业都有各自的私有、重要和核心数据，这些数据通常会给企业带来巨大的市场利益，或者帮助企业规避不必要的监管和风险。**当数据被视为企业的核心资产时，信息不对称的陷阱就不可避免，供应链协同效率就会下降。** 举例说明：手机经销商拥有大量一手的市场数据，但为了争夺更多市场紧俏机型，经销商经常会夸大其市场销售量，这种信息夸大行为让手机制造商头疼不已，因为这会严重影响其手机制造和采购端——一旦市场行情冷淡，就会造成大量的手机库存，从而不得不进行折价处理，进而拉低整条供应链的绩效。

事实上，信息不对称引发的问题远远不止上面所述。在当前大数据时代，数字所有权引发的数字霸权和数字伦理是信息不对称可能引发的更加恶劣的结果（请参见本章第三节）。

（四）数字和信息陷阱的产生原因

供应链中的数字和信息陷阱产生的原因大多数可归结于信息不完美和信息不对称。前者是

⊖　季建华，包兴，孙琦. 供应链突发事件扩散机理与损失评估方法研究［M］. 北京：科学出版社，2013.

因为对数字编码和解码的扭曲，而后者则是因为数据权属不同。深入供应链和企业，数字和信息陷阱主要由三个方面引起，分别是供应链结构复杂、供应链信息缺乏共享和供应链节点利益冲突，如图4-4所示。

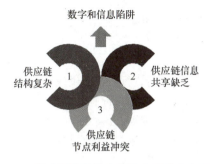

图 4-4　供应链中的数字和信息陷阱产生原因

1. 供应链结构复杂

供应链结构复杂主要体现在以下三个方面。

（1）**供应链节点企业数量多**。以吉利汽车供应链为例：汽车制造需要数万个零部件，涉及上千家分布于全球各地的供应商；国内有1000多个汽车销售网点，海外还有400多个销售服务站点；从制造端到销售端，涉及的物流公司多达上百家……这是一个极为复杂的供应链，并且需要以严格的节拍去运作。这条供应链每天产生的数据是海量的，一旦某个环节发生突发事件，那么整条汽车供应链都会受到影响。

（2）**供应链层级长**。不仅核心企业有供应商，供应商也有自己的供应商，核心企业服务的客户也有自己的客户。例如，江森是吉利汽车座椅供应商，但江森制造座椅也需要数百家供应商协同；吉利汽车的大客户中有知名的商旅公司，它们也有自己服务的客户。供应链中的企业有各自的战略定位和经营目标，一方想及时交货但不能增加成本，另一方则需要增加利润并且不被"套牢"。目标分歧造成了利益矛盾，数据障碍和信息解码分歧也由此产生。

（3）**供应链跨区广**。尽管数字工具加快了信息传递，但很多供应链的节点企业分布距离相距很远。例如在前述案例中，爱立信的总部在欧洲，但其芯片供应商飞利浦却在美国，即便飞利浦第一时间传递了突发信息，但距离太远让爱立信无法在短时间内对数据和信息进行解码。

2. 供应链信息共享缺乏

供应链信息共享缺乏主要来自以下两个方面。

（1）**数据权属阻碍了信息共享**。很多企业将数据视为其核心资产。一旦数据成为企业的资产，除了竭力保护，必然会向其他方索取资产使用报酬。供应链中各节点企业的战略和价值观并不相同，所处的发展阶段不相同，它们对数据权属的认识也不相同。例如，在2000年电子商务发展初期，电商平台竭力宣传共享共创，平台上的电商企业获得了大量高价值的数据，电商企业也因此快速发展；但经过10多年的发展，平台生态越来越丰富，平台的控制力和影响力也越来越大，平台开始借助其数据优势地位，开展诸多数据信息付费服务业务，变相挤占了电商企业的利润。

（2）**数据差异阻碍了信息共享**。供应链中的企业拥有的数据类型存在差异，各自所需的数据类型不同，数据格式也不统一。例如，零售商对市场信息处理的侧重点在于调查消费者的购买倾向，得出的数据结果是"消费者对哪些产品下订单、补货"；制造商对市场信息处理的侧重点在于需要生产哪些产品，得出的数据结果是"需要对哪些零部件下订单"。零售商和制造商两者对数据的处理是完全不同的：对于零售商来说，拥有的成品量是它的关注点；而对于制造商来说，零部件拥有量是它的关注点。双方的数据利用不具有共性，数据共享的难度会大大增加。

3. 供应链节点利益冲突

优势互补是供应链形成的基础，链中的各个企业在各自领域发挥优势，并形成合作共赢的关系。但这种关系并不牢固，因为数据所有权和控制权大多归各自所有。打个比方：核心企业希望其他企业与其结成联盟关系，但并不想承担义务；弱势企业希望从核心企业获得更多订单和利润，但又不想被"套牢"。企业间的利益博弈减弱了数据（特别是核心数据）共享的动力，隐藏部分数据、刻意扭曲数据的行为在供应链中频频发生。以电商直播为例：主播擅长市场营销但不擅长产品制造，制造商则相反。制造商为了冲销量，为头部主播提供更高的佣金；主播为获得更多利益，会采用各种营销手段刺激消费者下单甚至数据造假。结果销售季一旦结束，制造商的产品库存积压、退换货比例高企，最后整条供应链都会遭受损失。

三、供应链管理中的数据和信息

"三百六十行，行行都有供应链"，这说明供应链管理涉及的数据和信息是极为繁杂的。本部分并不是针对某特定行业供应链提出具体方案，而是给所有行业在建设、使用数据和信息时提供一些通用的准则，这些准则可以回答以下问题：有价值数据有什么特征？如何衡量供应链中的数据质量？供应链需要哪些数据？

（一）有价值数据的特征

数据可以减少供应链中的不确定性，从这个方面来看，似乎掌握的数据越多越有利于企业的决策。但事实上并非如此，掌握的数据过多，会增加数据分析的成本，形成有价值信息的时间会更长，反而会延长决策时间和降低决策效率。为了更合理、科学、有效地管理供应链，我们需要更有用的数据，这些数据必须能够生成有价值的信息。那么什么是有价值的信息呢？根据苏尼尔·乔普拉等专家的观点，有价值的信息必须包含三个特征 [注]。

（1）价值性。只有获取有用的数据才能获取有价值的信息，而只有有价值的信息才是有用的，没有价值的信息不仅不利于供应链管理，还可能导致决策偏离既定的目标。重复一下前面的案例："这块矿的含金量是1%"这个数据远比"这里有黄金"更有价值。此外，在当前"黑天鹅事件"频发的年代，财务数据也是有价值的信息，财务健康是供应链可持续运作的基础。特别强调的是：在"黑天鹅事件"频发的时代，财务状态、技术限制等对我国供应链的健康发展越来越重要。

（2）及时获取性。即使数据是正确的，但如果已经过时，由此分析得出的信息也不能成为管理者的决策依据。现在市场竞争激烈、瞬息万变，企业只有及时获得当前的数据才有可能获取有价值的信息，从而制定出正确的决策，并满足市场的需求。为此，管理者有必要建设一个行业数据库，并不断更新和监控数据，甄别危机或发现机遇。

（3）适当性。数据即使是正确的并且是及时的，但如果不是企业需要的，那么对于决策也没有帮助。例如，食盐作为一种价格需求弹性极低的产品，其制造公司制订生产计划根本不需要搜集GDP等数据，只需要根据历年的食盐销售情况就可以做出精准的预测。因此，企业应该拥有辨析数据的能力，而不是把时间、精力等浪费在无用数据的收集、分析上。当前很多第三方机构（如大学）可以帮助企业分析数据，只要付出一点"书本费"（咨询费）就能获得深度和广度都不错的数据分析结果。

（二）供应链中的数据质量

高质量的数据是确保供应链决策正确的前提，针对供应链管理中所需的信息质量，我们可以定义如下：**将正确的信息，在正确的时间和地点，以正确的数量和形式，以及正确的成本，传送给正确的合作伙伴**。供应链管理所需信息的质量特点如图4-5所示。

（1）可获得的。信息对于有正当需求的供应链管理者来说必须是可获得的，不管通过第三方信息提供者还是通过自建信息系统。幸运的是，当前很多软件服务商提供了很多价格合适的信息系统和解决方案。当然，如果涉及更专业的行业解决方案（如汽车制造行

图4-5　供应链管理所需信息的质量特点

[注] 乔普拉，迈因德尔. 供应链管理：战略、计划和运作 [M]. 5版. 北京：清华大学出版社，2014.

业），那么这些数据和信息系统是十分昂贵的。

（2）相关的。供应链管理者必须知道什么信息是自己所需要的，而且能够迅速得到那些只对自己目前状况有用的信息，这样做的目的是避免无关信息干扰决策并浪费时间。需要提醒的是，这是一个长期且艰难的工作，因为"何种信息与决策相关"需要管理者根据所在行业和市场状况进行甄别和动态调整。

（3）准确的。信息必须是确切的并描述现实的，否则做出恰当的决策是相当困难的。信息失真会导致库存不足、运输延迟、政府惩罚及客户不满意。准确的信息不仅需要一个统一的标准信息系统，同时也需要对使用信息系统的员工或管理者进行培训，确保他们传递的语言是准确的，即编码和解码要一致。

（4）及时的。信息必须是在合理的时间框架内不断更新和有效的。尽管市场上充斥着各种数据，但这些数据并不是完全及时的（比如统计年鉴或月报上的数据）。如果这些数据对管理决策很重要，那么就应该购买。但对于企业日常的供应链数据（例如生产质量数据），我们建议企业自己去获得并且及时更新。

（5）可传递的。正如将一种语言翻译成另一种语言，供应链管理者需要具备将供应链数据从一种形式转换为另一种可理解的、有用的形式的能力。但具备这种能力需要工具支持，并且需要对工具使用者进行大量和长期的培训，来确保彼此理解一致。例如，丰田花费10多年时间才通过"看板"这个管理工具实现了供应链数据传输和流程同步的问题。另外，需要确保传递渠道的畅通和安全。在紧急时刻如果无法传递数据或者发生数据泄露，对企业的影响可能是致命的。

（三）供应链需要哪些数据

供应链管理涉及从原材料的采购到产品送达消费者的全过程，数据可以说无处不在。企业不仅需要自己内部的数据，如库存数据、销售数据、生产数据等，还需要外部供应链数据，比如与企业相关的供应商、制造商、零售商、消费者等的数据；甚至还需要行业和宏观经济运行的数据。

每个企业所处的行业、规模、发展阶段和管理水平都不同，我们无法针对每条供应链给出所需的数据。本书在综合多个行业供应链管理实战经验的基础上，原则性地给出所需的数据种类，如表4-2所示。数据获得渠道包括供应链战略部门、第三方评测机构或企业自建的数据系统等。尽责调查是数据获得中一项非常重要的工作，因为一些机构提供的数据质量并不是特别高。通常来说，市场声誉越好的机构，提供的数据质量也越高。

表4-2　供应链中所需的数据种类

数据需求端	数据种类
需求端	市场需求数据、产品销售数据、产品库存数据
生产端	生产能力、产品质量控制、产品交付情况、制造商财务数据
供应端	产能数据（含交付能力）、市场力量（竞争/垄断）、供应商信誉、供应商财务情况
物流端	配送能力、配送质量（货损率、及时交付性）、库存管理能力、能否附加服务（如包装、简单装配等）
资金端	供应商的财务状况，如资产负债率、产品利润等
技术端	供应商的技术水平，以及是否受政治和专利授权等因素影响
行业数据	行业中的供应链运营情况
宏观经济和政策	全球或所在国经济发展数据，政策发展数据

（资料来源：乔普瑞，梅因德尔. 供应链管理：战略、规划与运营［M］. 北京：社会科学文献出版社，2003. 经编者修改整理。）

第二节 供应链中的牛鞭效应

一、"帮宝适"纸尿布的订单扭曲

20 世纪 90 年代，宝洁公司在分析某地区"帮宝适"婴儿尿不湿的订单分布规律时发现一个有意思的现象：该地区婴儿尿不湿的消费相当稳定，零售商下订单的波动幅度也较小；但到了经销商处，订单却出现大幅度波动；经销商订单传导到宝洁公司后，公司给原材料供应商的订单波动幅度更大。这就是供应链中经典的**牛鞭效应**⊖：**需求信息在向供应链上游传递的过程中，订单被逐级扭曲和放大**。

图 4-6 描绘了需求信息被逐级放大的现象。从中可以看出：需求量随着供应链层级的增加波动幅度更加剧烈。就像挥动鞭子（供应链需求端）时手腕稍稍用力（订单稍有波动），鞭梢（供应链上游）就会出现大幅摆动（订单大幅波动）。无独有偶，惠普、IBM 等企业发现它们的供应链也有类似的现象。

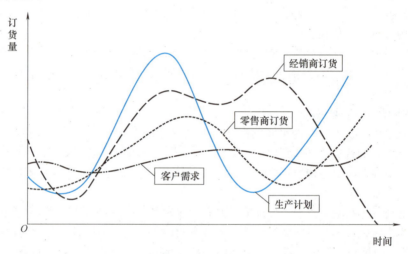

图 4-6 需求信息在供应链中被逐级放大

供应链中各节点企业都会依据下游需求量来确定自身应该向上游发出的订单数量（或者决定生产多少产品）。为了保障产品交付的及时性和连续性，上游企业往往会在下游企业需求量的基础上额外增加一部分订购量。为使读者更好地理解"牛鞭效应"的产生原因，我们用一个简单的算例对其进行说明，但在解释过程中我们希望读者能够仔细联系前述的"帮宝适"婴儿尿不湿案例。

如图 4-7 所示，假设某商品一般月销量为 1000 件，恰逢下个月零售商将进行促销活动，为了保证销售不断货，零售商会在月销量基础上再追加 A_1 件，于是零售商向其上一级批发商下的订单为 1000+ A_1 件。同样地，该批发商收到下

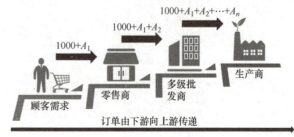

图 4-7 牛鞭效应的示意算例

⊖ 附录 B 提供了模拟牛鞭效应的"啤酒游戏"。

游零售商的订单后，为了充分保证零售商的需要又追加了 A_2 件，于是向其直接上游下了 $1000+$ A_1+A_2 件的订单。通过逐级传递，生产商最终会将订单确认为 $1000+A_1+A_2+\cdots+A_n$ 件。于是，需求量像"滚雪球"一样逐层增加，"牛鞭效应"由此充分体现，而正是这种"谨慎"造成了供应链中的库存灾难。

二、牛鞭效应产生的原因

供应链订单量逐级放大是"牛鞭效应"的表象，其根本原因是信息在供应链传递过程中发生了扭曲。 信息扭曲的外在表现是复杂多样的，它涉及供应链中各企业的生产、营销、物流等各个环节，具体来讲可以归结于需求预测偏差、订货批量决策、价格波动、短缺博弈和时间延迟等五个方面，如图 4-8 所示。

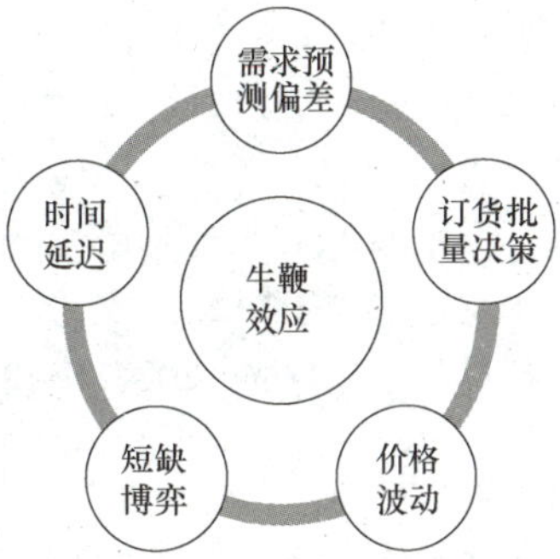

图 4-8　牛鞭效应产生的五个原因

（资料来源：LEE H L，PADMANABHAN V，WHANG S. The Bullwhip Effect in Supply Chains [J]. MIT Sloan Management Review，1997，38（3）：93-101.）

（一）需求预测偏差

供应链各节点的企业常常根据下游订单及其历史销售数据（而不是最终消费者的需求变动）来预测自身产品的需求，并据此安排生产计划和销售计划。

一方面，消费者需求会因为广告促销、价格折扣以及心理情绪等而不断发生变动。为满足消费者需求，避免缺货，零售商在向上游订货时总会存在"在需求预测的基础上放大订货量的倾向"。另一方面，消费者需求变动信息在企业之间缺乏透明度。上游企业能够确认的是来自下游企业的订单，上游企业也将对观测到的需求进行预测，同时向上一级供应商更大幅度地增加订购……这样，消费者需求在向上层各级供应链成员的传递过程中将不断被放大，因此企业确定的订货数量和库存水平将更加偏离真实需求。

这样的案例在生活中处处可见。即便是生活经验最丰富的家庭主妇，在购买每周食物的时候也会存在预测偏差。事实上，大多数家庭在绝大部分时间采购的食物都会超过家人所需。读者可以尝试回家打开储物柜、冰箱清点一下库存食品，便可发现"牛鞭效应"原来与你如此之近。

（二）订货批量决策

库存和运输占据了企业运营过程中的大量费用。为降低订货频率和成本，供应链中的企业在从上游企业订货时，往往采取周期性的批量订货策略（而这意味着增加了单次订货量）。同时，企业为尽早、足量得到货物或保证产品不缺货，往往会人为加大订货量。

此外，由于频繁的订货会增加上游企业的工作量和成本，如频繁调整生产计划和原材料采购计划，因此为获得批量生产的效益，供应商往往也会要求经销商以一定数量或一定周期订货（按时按量订货策略）。然而，订货周期越长，市场的波动就越大，对终端需求的预测就越不准确，牛鞭效应也就越明显。

📒 阅读小贴士

双 11 的"库存之痛"

某女装电商 H 品牌，在 2019 年双 11 前的一个月开启预售，即顾客缴纳订金，品牌方根据订单量下单生产。从订单到顾客拿到实物，中间最少需要 20 天的生产期，羽绒服更是高达 40 天。H 品牌负责人说："根据预售情况，我们跟原、辅料供应商、工厂下了订单，签订了合同。但是后期生产质量不过关、生产周期拉长等原因，导致货物返工、到货晚，顾客等不了这么长时间，产生大量差评、退单和退货。"这些预售订单原本可以走网店，但被某电商平台下架，因为该平台规定"在顾客拍下后的规定时间内，如果商店不发货，将会降权处理"。这是一个糟糕的处理结果，因为 H 品牌高度依赖该电商平台，产品下架让它失去了全部的销售渠道。但是，合同已经签订，订单已经在生产流水线上，品牌方只能硬着头皮生产。经历了漫长的 40 天生产期，等货物入仓时，冬装最佳销售期已经过了。再加上 30% 的退货率，H 品牌积压了高达 2000 万元的库存，其中羽绒服就积压了 1 万多件。

（资料来源：李兴佳. 双 11 的"库存之痛"：有服装企业积压两千万库存，一年过去还有七八百万［N］. 河南商报，2020-11-12.）

（三）价格波动

激烈的市场竞争促使企业经常举行各种促销活动。促销降价带来虚假的"订单繁荣"，消费者的购买行为没有真实地反映他们的实际需求，这种不真实的需求信息沿着供应链向上游逐级放大，从而产生牛鞭效应。事实上，许多供应链经理反对没有节制的价格战。

此外，一些突发事件也会造成某些关键性产品需求急剧增加，价格随之上涨，企业因此有非常强烈的动机去扩张产能。例如，2020 年新冠疫情初期，口罩、酒精等消毒防护产品需求激增，原本几毛钱一个的口罩价格最高达到二三十元，原本几元钱一瓶的酒精卖到上百元，并且仍然供不应求。很多生产厂商据此大量购买原材料，扩大生产线，但当疫情进入常态之后却发现库存大量积压，生产线大量停产，且亏损严重。

（四）短缺博弈

由于产能限制或产量的不确定使得需求大于供给时，供应商一般按照订货量比例分配现有供应量。销售商为了获得更大份额的配给量，避免潜在的缺货可能，有故意夸大其订货需求的倾向；而当需求降温时，由于销售商已经拥有较高的库存，订货突然减少使供应商无法获取准确、真实的需求信息。短缺博弈使需求信息在供应链传递中发生扭曲，最终导致了牛鞭效应。

2009 年我国对 1.6L 以下小排量汽车降低购置税的政策直接催化了汽车市场的繁荣，很多经销商由于担心无法获得足够的汽车配给量于是纷纷加大了订货量，直接导致 2010 年汽车库存量大幅上升。类似的案例也发生在房地产行业：2016 年以来我国房地产迎来了为期四年的高热度行情，全国各地都在"抢"房，即便政府出台了多项房地产新政也无法抑制老百姓的买房冲动，房价快速攀升刺激了房地产开发商大量囤地，直至 2019 年市场转冷之后，才发现我国住房库存水平已处在了历史高位。

（五）时间延迟

很多供应链经理告诉我们：时间是最大的杀手。造成供应链时间延迟最主要的两个因素是信息传递延迟和物流延迟。前述 H 品牌的库存之痛可以视为时间延迟的反面案例。

一般而言，消费者对产品的需求只有经过零售商、批发商的订单处理才能传递到制造商手中，造成了信息传递的时间延迟；制造商生产的产品一般也只有经过批发商和零售商等中间环节才能交付到消费者手中，物流配送造成了时间延迟。真实的需求信息和对应的物流在供应链中传递需要消耗大量的时间，甚至可能出现当产品到达终端时消费者需求已转移的情况。这些时间上的延迟使得供应链上的各个企业无法同步响应市场实际需求的变化，大大强化了供应链的牛鞭效应，如图 4-9 所示。

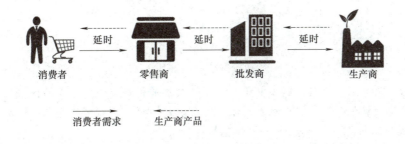

图 4-9　供应链时间延迟

三、缓解牛鞭效应的方法

理查德·梅特思（Richard Metters）研究发现，仅消除季节性牛鞭效应一项就可以给产品利润带来 10%~20% 的增幅，如果仅消除预测误差带来的牛鞭效应则可以增加 5%~10% 的产品利润，综合来看消除牛鞭效应可以带来 10%~30% 的产品利润增幅[⊖]。然而完全消除牛鞭效应是个"天方夜谭"，因为除了季节性波动和需求预测误差之外，供应链内成员企业目标利益不一致、供应链本身存在的层级和网状结构都会引发牛鞭效应，但我们可以使用供应链协调的理念来缓解牛鞭效应。

不同产品（例如服装和消费电子）的供应链运作模式存在较大差异，因此无法给出具体的缓解措施，仅给出以下六种较为笼统的方法和相关的供应链案例供读者参考，如图 4-10 所示。

注意：这六种方法可以综合运用。

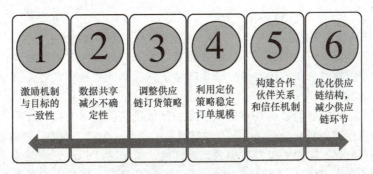

图 4-10　缓解牛鞭效应的六种方法

（一）激励机制与目标的一致性

供应链中的各成员企业及其各部门在制定自身的激励机制时，都是以自身的状况为依据，而很少考虑与供应链其他成员的关系以及供应链的整体效用水平。这种激励方式促使各成员企业或部门盲目追求自身利益最大化，从而加剧了供应链各环节之间的冲突，导致供应链失调。

通过保持激励机制和目标的一致性，企业可促使供应链的每个参与者都以供应链整体目标为各自目标来行动，以此协调供应链。比如改变对销售人员的激励，把其业绩与零售商的销售量和非零售商的购入量结合起来，有助于消除销售人员片面鼓励和诱导客户超前购买的行为，从而减弱牛鞭效应的危害。下面韩都衣舍的股权激励案例也可以给供应链激励机制设计提供一些思路。

⊖ 季节性牛鞭效应是指周期性发生的订单波动，例如冬季的服装。需求预测误差则可以发生在各个订货周期。

📝 **阅读小贴士**

韩都衣舍的股权激励

韩都衣舍是近年来新崛起的服装电商，它在激励机制和目标一致性上的做法值得供应链管理者借鉴。它的做法是：采用小组制，让"听见炮火"的人"指挥战斗"，激励一线员工，让股权激励成为公司发展"核动力"。具体包括：

（1）小组独立核算。在公司内部实行"以产品小组为核心的全程运营体系"，即三人为一组，每个小组都具有运营、选款设计、商品制作、对接生产管理订单、销售的能力，实现全员参与经营并独立核算。

（2）股权激励到基层。将激励对象指向每个员工，使每个员工的激情和创造力最大化，每个小组的动力都被激活，实现自下而上人人创新。

（3）公司所有公共资源和服务都围绕小组提供，全力支持小组的运营。对小组充分授权，每个小组都具备传统门店的所有权利。

（4）对小组高度让利。小组内实施"基本工资+提成"的模式（提成基于毛利润），将销售人员和公司利益捆绑在一起。

（5）全力支持小组。各小组提前制定目标销售额，公司财务拨款目标销售额的一半资金来帮助小组完成目标。

（6）小组自动运转。公司鼓励员工在不同小组和岗位上流动，促进自身能力的提升。

（资料来源：余金慧. 双11销售冠军韩都衣舍凭啥这么牛？互联网时代股权激励解析. 国银新媒体.）

（二）数据共享减少不确定性

数据共享能够降低供应链的总成本，给各利益方带来好处，同时提高整体供应链的有效性和绩效水平。**减少数据失真和不确定性能够显著缓解供应链的牛鞭效应，并提高供应链中各企业的集成度和整体竞争力。**

现代数字技术给供应链的数据共享提供了多种高效迅捷的技术支撑。在一个统一且高效的信息平台之中，供应链中所有企业都可以及时掌握有关供应、生产、仓储、订货、配送、销售等各个方面的供应链数据，实现供应链数据的无缝链接。例如通过 POS 系统共享销售数据，能够显著减少终端消费者需求信息在供应链中的失真，即便是处于供应链上游的企业也能够直接得到最终消费者的需求信息，从而提高供应链的协调性。

案例：宝洁在中国区的线下业务大多通过一级分销商完成，宝洁无法掌握分销商至零售店之间的供应链数据，这导致宝洁对消费者的需求洞察总是不准确的和滞后的。为了解决这一问题，宝洁与旗下的百智会进行了战略合作，帮助分销商利用百智会的仓储管理系统和运输系统与宝洁前端 ERP 对接，实现全链路的数据互通。数据共享的成效是，宝洁山东分销商的入库效率提升了 33%，拣货效率提升了 35%，车辆装载率提升了 25%，车辆周转率提升了一倍。

（三）调整供应链订货策略

以下几个订货策略可以减少需求不确定性，降低供应链的订货和运输成本，并可以缓解牛鞭效应：**缩短订货提前期、多频次和小批量订货、采用外包、规避短缺博弈行为、参考历史资料对需求预测进行减量修正。**

一般来说，订货提前期、补给供货期越短，订量越准确，需求的不确定性越小。因此，鼓励缩短订货期、补给供货期是缓解"牛鞭效应"的一个好办法。虽然小批量订购会增加额外的费用，但企业可以使用外包服务（如第三方物流）来降低成本。例如，亚马逊将其国内的配送业务委托给美国邮政和 UPS，将国际物流委托给国际海运公司。类似地，京东也将部分物流业务外包给了第三方公司（如丹鸟物流），使得京东物流系统具备"快速且有柔性"的特点。

前面提到短缺博弈会使需求数据在供应链传递中发生扭曲。为解决这个问题，供应链管理者至少可以采取以下措施：①供应不足时，供应商可以根据销售商的销售记录来进行限额供应（也就是配额制），避免销售商为了获得更多的供应量而人为地扩大订单规模。这种方式经常出现在手机供应链中——针对一些热门机型，品牌商并不会完全满足销售商的订单，会根据其销售历史数据进行减量处理。②对销售商实行订货分级管理。例如，销售商的地位和作用服从"二八定律"，即大约 20% 的关键销售商实现了 80% 的销售量。当发生供应短缺时，可优先确保关键销售商的订货要求。分级管理策略还可以帮助供应商在合适的时机剔除不合格的销售商，维护销售商的统一性和渠道管理的规范性。③使用预售制度：采取先支付定金、后补齐尾款的形式进行销售。如果销售商在销售旺季来临之前就能锁定明确的订单，上游供应商就能更好、更从容地去安排生产能力和计划，减少无效订单预测，从而降低"牛鞭效应"。前述 H 公司在制造端出现了生产质量问题，这是其预售失败、库存积压的主要原因，但预售制仍然是一个较好的供应链订货方式。例如梦洁家纺认为，预售制帮助它达成了"按需生产"的状态，使总成本至少节省了 75%。

（四）利用定价策略稳定订单规模

类似金融中"管理预期"的理念，合理的定价策略能够稳定供应链的需求，使供应链上下游之间的订单交换稳定在一定水平上。

定价策略目的之一：平抑终端消费者对价格的预期，减少"偶尔低价"造成的巨大需求波动。 沃尔玛"天天低价"价格策略的最大作用不仅增强了其自身的市场竞争力（毕竟对于日用消费品而言，"低价就是硬道理"），同时也让沃尔玛获得了稳定的市场需求，这对降低牛鞭效应作用极大。对于很多供应链管理者而言，"双 11"并不是一个好的机会，因为低价会刺激出脉冲式需求，对供应链造成强大的运作压力（如生产计划、产能适配、人力排班等），对长期绩效造成的损失更大。

定价策略目的之二：鼓励供应链下游企业采取稳定的订单购买策略。 例如，采用以销售总量而不是单个订单数量确定折扣比例，这种做法的好处是：零售商不必为了获得更低的进货价格而加大单次订货的数量，同时上游制造企业则避免了"一个大订单，然后无订单，接着又一个大订单"的情况，稳定了上游制造企业的生产计划。而另一些企业则希望通过价格折扣来集中原本分散的需求订单，目的是实现订单交付的规模化。例如，下面案例中的天猫超市会给消费者提供一定的折扣优惠，鼓励其在时间限定之前下订单，通过将更多碎片化需求汇集为一个大额的配送订单来降低终端配送成本。

📑 **阅读小贴士**

天猫超市为稳定送货频率采取的时间限定策略

天猫超市通过提供一小时达、半日达、次日达的配送方式来满足消费者的需求。但由于消费者下订单的时间过于零碎且不集中，因此天猫超市进行了下订单时间范围的限定：若消费者想要享受当天下午 5 点前送到的半日达服务，则需要在当天上午 11 点之前下订单，天猫超市后台将上午 11 点之前的订单集中起来发送给合作的线下超市卖场，进行订单的整合再配送；若想要享受晚上 9 点前送达的半日达服务，消费者需要在当天下午 2 点之前下订单，天猫超市后台将下午 2 点之前的订单集合起来发送给合作的线下超市卖场，进行订单整合再配送。天猫超市的时间锁定可以做到订单整合，可以稳定因下订单时间的零碎化造成的送货频率波动，降低需求端的牛鞭效应。

（五）构建合作伙伴关系和信任机制

供应链失调的深层原因之一是，各成员企业只追求各自利益最大化，各自为政，忽略了合作，缺乏相互之间的信任。丰田、宝洁等企业的实践表明，合作伙伴关系和信任机制可以使供应链中各成员企业实现共赢，从根本上减弱或消除导致供应链失调的因素，缓解牛鞭效应，实现供应链协调。同时，这种合作伙伴关系本身就是一种协调机制。

合作关系和信任机制一旦确立，即便像通用汽车这样拥有庞大供应链体系的企业也能做到"大象也可以跳舞"，而诸如供应商管理库存（Vendor Managed Inventory，VMI）、联合管理库存（Jointly Managed Inventory，JMI）、合理分担库存风险和责任等可以缓解牛鞭效应的供应链库存管理模式才得以顺畅运行⊖。然而合作关系和信任机制并不是一朝一夕就可以建立的，各方需要通过一套运作模式并进行长期磨合方可达成。下面案例中的家乐福和雀巢在 VMI 方面的合作就是一个例子。

> 📋 **阅读小贴士**
>
> **家乐福与雀巢的 VMI 实践**
>
> 家乐福是雀巢的一个重要客户，为此雀巢对家乐福设有专属的业务人员，帮助家乐福更好地采购雀巢的产品。两家公司的共同目标是，更好地响应市场需求，降低缺货率。经过一年的合作，它们不断完善 VMI 系统，彼此建立了深度的合作关系和信任。以下是它们的 VMI 系统：
>
> （1）每日 9:30 前家乐福将结余库存与出货资料等信息用 EDI 传送至雀巢。
>
> （2）每日 9:30—10:30 雀巢将收到的资料合并至销售数据库系统中并产生预估的补货需求，系统将预估的需求量写入后端 ERP 系统中，以实际库存量计算出可行的订货量，产生建议订单。
>
> （3）每日 10:30 前雀巢将建议订单通过 EDI 传送给家乐福。
>
> （4）每日 10:30—11:00 家乐福确认订单并进行必要的修改（量与品项）后转至雀巢。
>
> （5）每日 11:30 雀巢根据确认后的订单进行拣货与出货。
>
> （资料来源：富润德微信公众号，经编者修改整理。）

（六）优化供应链结构，减少供应链环节

戴尔计算机是减少供应链环节的典范，它采取了一系列供应链优化措施，如通过线上和线下直销模式，直接面对客户需求；将供应商的合作机制嵌入戴尔的运作流程，通过零部件的直接供应来减少供应链的流通环节；利用信息系统实现信息在供应商之间无缝交换，扁平化供应链结构。信息沟通的加快提高了戴尔整条供应链的敏捷性，同时大大缓解了牛鞭效应。

极端情况下，假设整条供应链只有一个节点，那么供应链将直接面对客户需求，需求信息的扭曲现象会减少，这就是消费者直接面对工厂（Customer to Manufacturer，C2M）的模式。举例说明：传统农产品的供应链条较长且低效，从田间地头到城市餐桌，往往需要经历农户、产地批发市场、二级批发市场和菜市场，最后才能到达消费者手中。这中间涉及的链条较长（涉及多个批发商和经销商）、产品损耗大（生鲜腐烂损失率在 30% 以上，有的甚至达到 50%），结果导致消费者购买的农产品价格翻了好多倍（山东寿光白菜出产价不到两毛钱一斤，但到了杭州农贸市场却是三元钱一斤）。假如通过"产地直发""农地云拼""农货节""苹果双 11 专场"等

⊖ 供应商管理库存的相关知识见本书第六章第二节"供应链环境下的采购模式"。

方式创新农产品供应链运作模式（互联网+农产品供应链），直接将消费者需求与田间地头对接，如图 4-11 所示。结果农业端生产效率更高，农产品流通货损率更低，消费者获得了实惠，农民获得了增收，农产品供应链更具可持续性。

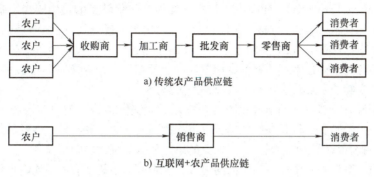

图 4-11　传统和"互联网+"农产品供应链

第三节　供应链数字化的误区和问题

一、供应链数字化的两个误区

很多企业迷恋数字技术，却忽视了供应链数字化并不仅是数字技术。打个比方：**数字技术类似于武功招数，而数字化则类似于内功心法**。供应链数字化是一个复杂的系统工程，它需要时间和耐心来不断检验。以下是我们总结的一些供应链在数字化转型过程中的误区和问题。

（一）误区一：数字化=数字技术化

没有数字技术就不可能有供应链的数字化，在优秀的供应链应用案例中，几乎可以找到当前所有的数字技术。"ABCD"是当前供应链中应用最热门的数字技术[Θ]：A——Artificial Intelligence（人工智能），B——Big Data（大数据），C——Cloud（云技术）和 D——Device（物联网，Internet of Thing：IoT）。虽然数字技术极大地提高了供应链的效率，但**供应链数字化的本质驱动力是客户的现实和未来需求**。在任何时代，商业的本质都是理解客户需求。数字技术有助于供应链理解客户需求，但却无法代替管理者对客户需求的深度理解。正如光有招式是无法成为武林高手的，内功心法更加重要。

为什么 2007 年京东要不惜代价地投资数字化的物流体系？除了进行差异化竞争之外，更重要的是京东认识到：现有的物流体系根本没办法应付日益增长的线上购物需求。当日订单量超过 200 万件时就会引发物流崩溃，消费者购物体验将急剧下降。没有物流体系的数字化，就无法在我国电子商务市场上持续满足和赢得客户。京东对此的理解是，未来客户需求的重心是极佳的购物体验，而快速、稳定的物流交付是瓶颈，解决该瓶颈需要物流数字化和智慧化。

阿里巴巴为什么要花重金建设阿里云？2009 年阿里巴巴已经意识到海量数据是其核心资产和竞争力所在。但在 2009 年之前，阿里巴巴的数据业务仍然集中于"老三样"，即 Oracle 数据库、IBM/HP 服务器、EMC 存储。它们的技术架构不仅昂贵，维护也很麻烦，更重要的是，我国庞大的用户群举世罕见，"老三样"未必能支撑起波动巨大的海量数据。此外，淘宝、支付宝存储了我国数亿人的各类信息，这些信息本身就有强大的公共属性，建设阿里云也是出于国家数

Θ　本文没有介绍这些数字技术，如果想要进一步了解这些技术，建议读者去阅读相关的技术类书籍。

据安全的必然要求。阿里巴巴对此的理解是，数字是其核心资产，也是国家安全所需，当前数据管理的技术架构无法满足未来需求，将数据控制在自己手里是必然选择，解决方式是建设有自主知识产权的阿里云。

科尔尼管理咨询公司于 2019 年在《传统行业拥抱数字化转型的正确姿势》报告中指出：仅仅堆砌大量数字化技术/工具并不能"包治百病"，成功实现提升经营业绩的数字化转型需要将合适的数字化技术/工具应用在对症的业务与产品的重塑或改善机会点上。京东和阿里巴巴的案例都指出了数字化的正确逻辑：**先理解客户需求（包括挖掘其未来需求），然后开发和使用数字化工具去服务客户需求，最终构建自身供应链的竞争力。**

市场营销领域有很多关于理解和挖掘客户需求的理论和观点，本书将不再赘述，读者可自行阅读这些知识。但是我们仍要补充一句：**理解和挖掘客户需求并不是一件容易的事情**，不仅需要供应链管理者拥有敏锐的市场观察力、抽象的思考能力、强大的知识储备，还需要管理者拥有强大的心理素质、坚韧的品质和一往无前的勇气，这是因为不是所有人都能看见价值，即便看到了价值，也不是所有人都愿意承担风险、付出代价去实现价值。

（二）误区二：数字化＝数字治理

"数字化＝数字治理"这个观点并不正确，却在现实中大量存在：很多企业在拼命搜集数据，却发现数据并没有带来多大价值。因此，需要树立一个新的观点：有了数据不一定就有了数字化，供应链数字化并不是一条坦途。在讲数字治理之前，我们先来看一个华为的供应链数字化的案例。

📖 阅读小贴士

华为的供应链数字化之路

1997 年是华为创业的第十个年头，高速发展的华为有了"成长的烦恼"。华为创始人任正非及其管理团队发现，华为正处在一个濒临失控的边缘：市场业务高歌猛进，研发流程和供应链却混乱不堪。为加强管控，任正非对全球多家超级企业进行了考察，最后选择以 IBM 作为华为的学习对象，同时重金雇用了 IBM 咨询团队对其管理系统进行全方位的升级。1999 年华为启动了数字化治理，主要提升集成产品开发（Integrated Product Development, IPD）和集成供应链（Integrated Supply Chain, ISC）等管理系统。在推行数字化的过程中，IBM 咨询团队不免会与华为管理团队产生摩擦，各部门在整合过程中也存在"山头主义"。但是任正非以"不接受就下课"的强硬姿态，要求华为上下接受 IBM 的指导。到了 2008 年，在 IBM 的全程指导下，华为实现了数字化转型和变革。这个过程耗费了 10 年时间，花费 40 亿元人民币，但效果显著，华为的研发和供应链体系完全与全球市场接轨，华为的研发和市场能力更为强大。

结合华为的实践，我们可以总结以下两个经验。

1. 数字治理是供应链数字化的核心，这是一个长期的过程

对于华为这样的高科技公司，运用数字化技术并不难，但运用数字化技术治理华为的供应链却耗费了 40 亿元人民币和近 10 年的时间。借鉴一下公共管理领域数字治理（Digital Governance）研究理念⊖，我们不妨为"供应链数字治理"下个定义：数字治理是指在数字技术的支持

⊖ 广义上的数字治理指的是在数字技术的支持下，社会治理运行和组织的数字化形式，是涉及经济和社会资源综合治理的一系列活动；从狭义上讲，数字治理指的是运用数字技术实现政府内部数字化运行及政府、企业、公众等治理主体日常互动的一种新型治理模式，可以通过治理资源的数字化整合来简化政府业务流程，提高公共服务效率和民主化程度。

下，供应链运作和组织形式的数字化，是涉及供应链中信息流、物流和资金流一切运作活动的综合治理过程，目的是通过协同供应链内外所有企业共同推动供应链绩效的提高，实现供应链的社会责任和可持续发展。综上，供应链数字化并不是一个短期过程，它需要长期治理才可以实现。

2. 供应链数字化不是简单的技术工具配置叠加，需要全链的参与协同

首先，应当承认数字技术的重要性，即"巧妇难为无米之炊"。但供应链数字化的重点绝对不是"米"（技术工具），而是能够让整条供应链舞动起来的"巧妇"（决策者）。数据治理绝对不只是数字技术部门的事情，也不是外部咨询公司的事情，正如前述案例：IBM 咨询团队的角色是"老师"，主要工作是帮助华为重新构建管理框架和经验，华为自身才是数字化变革和治理的主体。如果没有最高决策者（任正非）的坚持和强力推进，可以想象光靠数字技术部门是无法推进华为的数字化改造、升级和运营的。

其次，供应链单个节点企业的数字化并不能确保全链条的数字化。正如"木桶理论"所揭示的：木桶的盛水量（企业的经营绩效）取决于最短的那块木板。IBM 和华为花费 10 多年的时间，才将分布在全球的上百家零部件供应商、上千家经销商的数据整合到华为供应链中。在这个过程中，会涉及数据的规范使用、指令明确清晰的流程、跨组织跨部门的协调、各国法律和税收规范。如果没有供应商和经销商的协同参与，华为的全球供应链数字化是不可能完成的任务。

最后，数字化供应链不是目的，实现供应链伙伴共赢、最大化供应链绩效和供应链可持续发展才是目标。这期间会涉及不同的法律法规、企业文化、经营理念、运作方式的冲突和摩擦。例如，和 IBM 合作的 10 年也是华为国际化高速发展的 10 年，如果没有华为的利益分享和规则意识、没有华为管理体系的蝶变，信息系统只是一个摆设，并不能真正成为推动华为供应链数字化的工具和力量。

二、供应链数字化的两个问题

供应链数字化的问题既有来自供应链内的，也有来自供应链外的。这些问题有技术层面的，也有管理层面的，但更有可能是社会和哲学层面的。本部分将介绍供应链数字化中数字霸权和数字伦理这两个特别需要管理者重视的问题。

（一）问题一：数字霸权

人类创造了数字化世界，并在这个数字化世界中生存。在一些大城市，人们几乎无法适应没有手机的生活，但人们感兴趣的并不是手机本身，而是数字给人们社交、生活和工作带来的种种便利。但我们似乎忽视了一个问题：这些数据的产权归谁所有？按照 Web3.0 时代的定义，任何数据都有产权。既然有产权，数据所有者就拥有处分权和收益权。但在当前的 Web2.0 时代，仅有极少数种类的数据有明确的法律产权，其他则被数据采集能力极强的公司或个体所拥有并被视为其产权，这是数字霸权产生的原因。

不可否认，苹果、谷歌、阿里、腾讯等巨头推动了这个数字化世界的形成，数据被各种工具收集、存储、检查和分析，并具体到地理位置、联系人网络、社交言论、购买习惯、生活作息等各个方面。这些数据体量巨大、极其详尽并且实时更新。更重要的是，这些数据极具商业价值，一旦被采集，其所有权就归采集者所有，拥有者就有很强的冲动性，利用其谋利或创造价值。大多数情况下，这些强大的数据采集者都是供应链中的核心和巨无霸企业。

数字霸权可能发生在供应链中的平台型企业中。这些企业不仅存储了平台上游企业的海量运营数据，还存储了下游消费者的购物记录和行为数据，这些数据是平台企业生存、发展的基础。为此，平台型企业投入了大量的数据技术开发人员、巨型且安全的数据库、大量的市场补贴来维持用户对其数据的黏性，以及采取市场竞争策略维护其数字霸权的地位。例如，2021 年国家市场监督管理总局对阿里巴巴的"二选一"行为做出行政处罚决定，认定其构成《反垄断法》第十七条"没有正当理由，限定交易相对人只能与其进行交易"中的滥用市场支配地位行为，并对其处以 182.28 亿元的高额罚款。

（二）问题二：数字伦理

数字伦理是数字时代"万物皆数"中的一个严肃命题，这是供应链数字化中的一个哲学问题[⊖]。借助互联网、大数据、人工智能、物联网和云计算等工具，数字塑造了一个与现实世界平行的世界，这不仅改变了人们的生活方式、思维习惯和行为模式，还改变了社会发展的模式和动力。由人类对世界的认识构建的世界图景在一定意义上也取决于数据及其解析。

数字具有强烈的虚拟化和"脱域"特征：数据作为物的载体可以在无限的时空中流动，这些物的价值解释在数字世界和现实世界中可以无缝连接，并且还能够创造各种奇迹和问题。拥有强大的数字获取、处理和应用能力的企业将获得前所未有的力量，通过对统计规律的解析，它们能够从整体上认识、改造和利用虚拟和现实的世界。

遗憾的是，这个刚刚诞生的数字世界却伴随着诸多无序和混沌。在全球范围内缺乏数字法律、伦理和制度体系的背景下，拥有强大数字能力的一方总会存在侵害他方利益的冲动。例如，诸多管理者认为，使用数字工具（如各种 APP）获得、存储和使用用户行为数据可以优化供应链的运作效率，但这是否侵害用户隐私？利用低价补贴、夸张文案、扫码有奖等方式获取过多用户数据是否存在诱导欺骗的可能？利用数字进行差别待遇和"大数据杀熟"，是否存在妨碍竞争公平、侵害消费者权益的可能？利用数字能力要求嵌入其平台的商家"二选一"或变相缴纳通道费，是否存在恶意使用权力的可能？……

上面的问题都涉及数字伦理，伦理共识的形成需要时间发展和事件催化。幸运的是，当前我们还没有进入《黑客帝国》和《头号玩家》中所描述的由人工智能和机器人统治世界的时代，当前使用数据和数字技术的仍然是我们人类，数字化还处在一个蓬勃发展的时代，但数字伦理是供应链必须重视的问题。

📖 **阅读小贴士**

数字世界的失序

当前世界各国、各行各业都在推动数字化转型，借助数字技术能够更好、更方便地管理来自不同领域的数据并对其进行研究、解读和应用。网络化和数字化解构了现有的社会关系网络，并且已经深度影响了现实世界中的人和社会。数字伦理的失序是一个全球性命题，至少表现在以下两个层面。

（1）个体层面失序：①个人在数字化世界中获得了新的数字身份；②数字化世界中几乎没有私人领域，私人情感、尊严和自由受到挑战；③数据权属不明确，如果数据产生价值便可能产生价值分配冲突；④私人信息数据转为社会及公共信息以后，其作用是正面或负面未尝可知。

（2）数字化对社会的影响是多方位的：①数字化释放了巨大的生产力，数据已成为自然资源、货币资本之后的核心生产要素；②数字化对社会生活方面，包括对医疗、养老、教育和社会治理等方面都带来了巨大的改变；③数字化必然带来社会结构的改变，包括社会的就业结构、城乡结构、区域结构、组织结构、社会阶层和权力结构的改变；④对于数据驱动的

⊖ "万物皆数"来自毕达哥拉斯学派的宇宙观，该观点认为："一切可知的事物都有数字；因为，如果没有数字，任何事物都既不可能被构想，也不可能被理解。"

科学研究来说，数字化的影响更加巨大；⑤数字化为社会治理和全球治理提供了新的工具，但也可能对社会乃至国家层面带来安全问题。

（资料来源：王国豫，梅宏. 构建数字化世界的伦理秩序 [J]. 中国科学院院刊，2021，36（11）：1278-1287.）

本 章 小 结

　　数字化不仅优化了供应链的运作模式，还拓展了供应链运作的空间。本章首先从数字和信息对供应链的重要性出发，分析了数字和信息对于协调供应链和增强绩效方面的作用，同时分析了供应链中的数字和信息陷阱。其次，本章详细介绍了供应链中著名的"牛鞭效应"，分析了该效应产生的原因，并且介绍了一些缓解措施。最后，本章介绍了供应链数字化过程中常见的误区和发生的问题。通过本章的学习，我们希望读者牢记：数字只是原料，技术只是工具，原料和工具本身并不会给供应链带来绩效的提高，关键在于使用它们的人。

思考与练习

　　1. 本章大量介绍了数字对于供应链库存管理和物流管理的作用，资金流作为供应链管理的构成要素之一，信息流对资金流到底起了什么作用？请你就这个问题，寻找现实中的相关案例并进行论述。

　　2. 供应链信息共享能够有效降低信息陷阱的风险，那么哪些信息是可以在供应链伙伴间共享的？这些信息又是如何发挥作用的？

　　3. 本章详细介绍了"牛鞭效应"产生的原因，请你根据这些知识分析当前或历史上某条供应链中发生的"牛鞭效应"。

　　4. 你能综合运用本章中所涉及的知识，就某个企业的供应链数字化案例进行分析吗？当然我们更希望你能利用拓展知识去完成这个案例的分析。

本章案例

京东的数字化供应链

一、背景介绍

　　1998 年 6 月 18 日，刘强东在中关村成立了京东公司，起初该公司借助互联网从事自营式电子商贸服务。经过 20 多年的发展，京东已成为我国电子商务领域最具影响力的电子商务网站之一，在线销售家电、数码通信、计算机、家居百货、服装服饰、母婴用品、图书、食品、在线旅游等 12 大类数万个品牌百万种商品，2021 年全年全网销售额高达 9516 亿元。

二、京东供应链各环节的数字化

　　1. 订单管理

　　消费者在京东上买东西最终都会生成一个订单。这个订单是消费者与京东的一个简单合同，其内容包括：物品信息、发票、运费、时效、预约、优惠等相关内容。为确保商品交付，京东开发了一个订单履约中心（Order Fulfillment Center，OFC）。OFC 是连接客户下单和在库房生产订单的一个系统，即客户在京东选完商品并点击"提交订单"按钮的时候，客户订单就进入了OFC 系统。OFC 的工作是把大批量的订单发给每个仓库。数据进入 OFC 系统之后，数据的拆分服务、转移服务、翻译处理服务等都会采用一个并行的交互流程，使得处理时效更短、响应速度更快、客户体验更好。

2. 库存管理

京东的库存管理是在"大数据"的支撑下发展起来的，是以销售量预测为基础运作的供应链。大数据使得存货量、布局更加透明，可视化程度更高，这样使供应链的管理更加便利和高效。例如：①利用大数据指导原材料的采购、预订产能、帮助排产、帮助制订送货计划、协同供应商等；②通过大数据技术分析哪些产品出现缺货并及时进行智能补货；③利用大数据可以快速分析各仓库内的库存量，根据各仓库之间库存量的不同进行库存调整，提高库存周转率、现货率，最终客户体验更好，提高客户服务质量。

3. 需求管理

京东采用智能补货进行需求管理，通过经营地图来了解对应区域有多少消费者，把客户高度关注的服务和产品的标签进行计算、罗列、复核计算，输出对应的智能补货方案。智能补货的逻辑如下：首先进行商圈评估，根据不同的热点、标签匹配动态的业务建模，然后根据目标客户群进行门店的选址。

会员数据、行为数据和生态数据是对不同商品和消费者进行打标的基础，打标的目的是将消费者和产品标签进行关联。关联之后，连续观察消费者行为（如兴趣、购买行为等），并将该消费者的画像从单维变成多维，同时将这个多维结果推给对应门店并给出补货建议。以可乐为例：该产品的标签包括"汽水""热销""大牌"，系统将已识别的消费者与产品标签进行契合度计算，由此对前置仓和门店进行补货和补调，最终实现提升动销率、最大化利润及最优物流成本的目标。

4. 物流管理

（1）采购环节。京东依靠物联网技术对某个区域进行发散分析，目的是了解客户的区域构成、客户密度、订单密度等，根据这些数据提前对各区域产品销售情况进行预测和备库，同时决定将采购商品分配到哪些区域仓库及各仓库的分配数量。物联网技术将产品销售总量的预测细化到各个区域，根据销售前端传来的详细信息，辅助采购人员做出更合理的采购决策。从成本管理的角度来看，物联网技术提高了产品库存周转率和产品分配仓库的合理程度，节约了采购、库存和物流成本。由于销售数据直连供应商，允许供应商自行补货也降低了谈判、协调和信息成本。例如，京东3C数码产品平均库存周转率约为11.6天，京东采购人员会对相关产品进行频繁采购；同时，供应商可以在后台即时查看产品销售情况并及时补货。物联网技术减少了客户在下订单时出现的缺货现象，有利于客户更快做出购物决策，增加购物流畅感，提高了客户的消费体验。

（2）仓储环节。京东的仓储系统管理包含三大模块——入库管理模块、库存位置管理模块、出库管理模块。系统负责出入库管理扫描、更新EPC标签信息以及确定商品储存库区和货架位置等。物联网仓储管理技术的运用使京东能更高效地摆放商品，更加及时地更新库存信息，实现了仓库内商品的可视化管理，提高了仓储环节的敏捷性和精确度，促进了京东服务水平的提高，为发/退货的正确和补货的及时性提供了保障，提高了客户满意度。从成本管理的角度来看，这些技术使仓储空间效用最大化，减少了商品库存，降低了存储成本，实现了储存、出入库、盘点等环节的自动化管理，节约了劳动力成本和库存空间，大幅度减小了供应链中由于商品位置错误等事故造成的损耗。

（3）分拣环节。首先，通过ERP系统确定订单所需商品所在仓库，然后自动查询商品的仓库位置，将信息自动发送到仓库管理员随身携带的PDA上，当工作人员分拣完毕货物后，将货物放在周转箱上传到扫描台，确认无误后，打印发票清单并将货物运送到发货区域准备运输。

物联网技术实现了商品的快速分拣，有助于提高分拣效率、快速发货和减少客户等待时间。从成本管理的角度分析，这些技术的应用提高了商品分拣的自动化程度，较少的分拣人员即可高效完成工作，大幅度提高效率的同时，节约了大量的人工成本。

（4）运输配送环节。京东商城主要应用的是 GIS 技术。通过和一家地图服务商合作，京东将后台系统和公司 GPS 系统关联，实现了物流可视化。京东的包裹上和运货车辆上均装有 EPC 标签，包裹出库时将通过 RFID 技术对标签进行扫描并和运送车辆关联，货车行驶时的位置信息将通过 GPS 系统即时反馈到后台系统，并在地图上显示出来。京东 GIS 系统可以使物流管理人员在后台即时查看物流运行数据，如车辆位置信息、停驻时间、包裹分配时间、配送员和客户交接时间。通过对这些数据进行分析，管理者可以进一步优化服务区域配送人员分配，缩短配送时间，优化配送流程。另外，该系统还可以让客户即时查询商品运输信息，提高了客户对商品的实体感知程度。

三、京东的数字化供应链历程与启示

1. 供应链数字化历程的四个关键时刻

回顾京东的供应链数字化历程，有四个关键时刻：2007 年京东宣布开始自建物流；2014 年京东完整的物流体系开始成形；2016 年京东成立智能供应链 Y 业务部；2020 年开展供应链全渠道战略。

2007 年，京东宣布投入巨资自建物流，开启了与其他电商进行差异化竞争的供应链之路。从 2005 年起，京东进入快速扩张期，每年订单量增长 200% 以上，节假日和大促频繁爆仓，出现数百人在仓库货架堆里寻找包裹的场面。因为快速扩张，每年超过 40% 的仓库需要搬迁，京东服务质量和品类扩张受到影响。当时，京东测算出当每天处理订单超过 200 万个后，再投入人力不会提高效益，更大的仓库、更多的自动化设备才是最优解。之后，京东决定继续投入基础设施，升级自动化设备，建设一个距离消费者最近的分布式仓储集群，减少一切不必要的商品流通环节，直接将货物从工厂搬到距离消费者最近的地方。

2014 年京东完整的物流体系开始成形。京东计划从人工分拣向自动化分拣靠近，本质是把所有流程标准化，尽可能用机器代替人工，提高效率和降低犯错率。该计划从试验到成形耗费了五年。2014 年京东迎来了标志性的成果：京东上海亚洲一号一期建成。亚洲一号可存储 430 万件商品，自动化设备将货物送到分拣员面前，分拣员不再需要翻找，仓库每天处理超过 10 万个订单。此后，京东决定建设更多的亚洲一号。

2016 年京东对外宣布京东物流对外开放，对内成立智能供应链 Y 业务部（以下简称 Y）。京东在全国的分布仓储和配送能力也可以用来服务外部商家，对外提供履约和技术服务。

Y 的成立和当年创建亚洲一号的背景相似：利用技术来提高供应链运行的效率。Y 负责利用技术手段压缩京东的商品在每个供应链环节花费的时间。京东对 Y 的描述如下：Y 更像是神经系统，指挥调度京东的海量商品。Y 的发展有几个重要节点：2018 年京东完成了库存管理和采购自动化，2019 年京东开启周转优化目标的推进，2020 年开展供应链全渠道战略，2021 年京东周转效率领先全球，并着手升级京东全渠道供应链，进行"一盘货、一盘仓、一盘配"的全面技术改造。

2. 供应链数字化的启示

过去每件商品的采购都需要经过多个部门决策，每层人工决策都存在错误。现在京东的 Y 通过跨区域、跨部门的信息聚合，把过去采购、运营中所有的分散决策环节全部集中，利用智能算法来解决采购问题，实现端到端的智能补货。京东自营品类中大部分商品采购已经由系统自动完成，自动化率达 85%。智能算法帮助京东更好地管理库存，通过与物流搭配调整储存方式、优化网络结构和自动化采购结合，京东将库存维持在满足客户需求下的最低存货量，以降低库存成本。

全渠道给京东带来了新的可能性。从订单来源、库存供应到配送方式，"每一个环节的可能性都打开了。"过去几年中，京东围绕全渠道采取了一系列战略举措，比如增持达达股份、成立同城业务部、小时购接入超过 400 个城市。2022 年京东零售的四大必赢之战（同城业务、供应链大中台、全渠道和搜索推荐）中有三个都与线下业务相关。为此，京东高管团队在讨论整个供应链架构时表示："过去京东最强势的仓配一体架构是否要重新适应新的环境变化，我们还在考虑中。"

案例思考：

1. 面对不断更新的数据、信息，企业应如何有效地利用这些资源？请结合案例加以说明。

2. 现今越来越多的企业开始应用信息技术，从企业自身的角度思考应该关注哪些因素，以及如何使信息技术发挥更为高效的作用。

3. 请你就京东数字化供应链的某个环节绘制详细的流程图，并对这些流程图进行详细的分析。

第三篇
供应链外包集成和采购篇

第五章
供应链的外包与集成

第五章配套课件视频

本章引言

当经济从增量时代迈入存量竞争时代后，技术和知识社会化程度越来越高，专业分工体系越来越完善，对核心竞争力的理解不应该停留在以往"无所不备"的老旧观点上，"开放、共享"已经成为许多管理者的共识。外包和集成是重塑供应链核心竞争力的两种方式。在过去 20 多年中，许多大型企业通过外包将资源聚焦于核心技术、优势资源和关键流程；也有不少企业通过集成获得了更强大的供应链控制力，在降本增效的同时获得了更广阔的增值和进化空间。供应链外包和集成是外在的呈现，其内核是不断更新优化的流程。几乎所有的外包和集成手段都依托于流程，只有牵住"流程"这个牛鼻子，利用外包和集成的思想，疏通、加速供应链中的物流、信息流和资金流，才能实现利用供应链而不是单个企业去创造市场价值的目标。

学习目标

- 了解供应链核心竞争力的构成和特征
- 了解供应链外包的形式、评估和风险
- 了解供应链集成的内涵和类型
- 了解供应链集成的手段以及企业相关的具体实践

第一节　供应链核心竞争力的重塑

一、供应链的核心竞争力

丰田的一位经理曾说："丰田的核心竞争力在于汽车的研发、整装和品牌设计，至于螺丝钉，那就交给擅长的人去做好了。"世界上没有一家企业能够独自承担一款产品/服务从开始到推向市场的每个流程。对于供应链管理者，我们应该时刻问自己：到底是什么让我们获得了市场？我们的核心竞争力是什么？从丰田经理的话也可以看出，现代供应链既有外包方式（如制作螺丝钉）也有集成方式（如研发、整装和品牌设计）。**外包和集成是重塑供应链核心竞争力的两种方式**。

（一）外包和集成的辩证关系

在分析供应链的核心竞争力之前，我们先来读一个关于盆栽的案例。

日本京都的盆栽大师小林国雄有一个盆栽美术馆，馆里有一棵千年松柏的镇馆盆景。它是如何打造的？首先需要一株木本植物作为整个盆景的主干，以树干易弯曲造型、树皮斑驳富有意趣为基础；其次，需要匠人对植物进行剪枝，塑造和保持树形，逐渐增强树木的活力；然后对植物

100

重整，通过嫁接、摘插，比如在古老松树上嫁接翠绿的柏树枝叶，让一棵枯树彰显出超脱其本身的跃动感、空间感以及生命力，还能将大自然赋予的沧海桑田般的傲然风骨蕴含其中，给人无限的遐思……而这背后是数年时间和匠人不断的修剪完善和去繁存简。

如果一棵镇馆盆景是供应链管理的绩效，那么塑造盆景的一系列园艺技艺和流程则是供应链的核心竞争力。对于什么是供应链的核心竞争力，可以参考战略管理大师普拉哈拉德（C. K. Prahalad）和哈默尔（Grary Hamel）关于核心竞争力的定义：**核心竞争力是指企业能够开发独特产品、独特技术和发明独特营销手段的能力，其实质是比竞争对手以更低的成本、更快的速度去发展，使企业自身具有强大竞争力的核心能力**[⊖]。

虽然这个定义是在 20 世纪 90 年代提出的，但它仍然具有丰富的内涵，对供应链管理具有很好的指导意义。企业仅靠自己将所有业务和流程备齐，就如同从不剪枝的树木，将有限的营养（资源）输送至过于繁多的枝丫（业务）中，结果导致盆景臃肿，既无线条感也无美感。

对应于供应链，要想平衡速度、成本和柔性（对应盆栽的美），就要将非核心业务外包（对应给盆栽修剪树枝），让供应链摆脱高成本、低效率的束缚（对应给盆栽塑形），把资源输入到企业最核心的业务上并将其做强（对应给盆栽增强活力），最后通过整合外部优势资源继续强壮供应链（对应给盆栽重整、摘插）。从这个类比来看，**世间很多事情的内核哲理都具有相通之处**，在供应链中处处可以看到类似的案例。

案例：苹果公司综合利用了外包和集成两种方式从而成为世界上最知名的公司之一。苹果公司并不缺乏产品制造和软件研发的能力，但它仍把制造和应用程序开发进行外包，把公司的力量聚焦于操作系统设计、产品研发和市场营销之上。这是因为在苹果公司供应链中，产品制造并不会增强核心竞争力，反而削弱了市场的交付能力；应用程序研发恰恰需要大量的"草根"智慧，仅凭苹果公司无法胜任市场多元化需求。但苹果公司作为核心企业，始终对整个流程进行把控，通过流程联动最大限度地发挥出供应链整体优势，使供应链上所有企业都获益。所以苹果公司利用外包精简流程、利用集成强化流程，最终体现了供应链的优势——安全、稳定、柔性和快速反应。

（二）供应链核心竞争力的特征

供应链核心竞争力是通过其核心技术、优势资源和关键流程管理能力体现出来的。核心竞争力具有如图 5-1 所示的四个特征。

1. 价值性

核心竞争力应该具有极大的战略价值，这

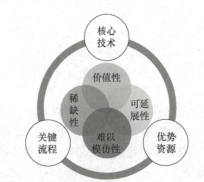

图 5-1　供应链核心竞争力的四个特征

种价值应在企业经营管理的多个方面发挥作用，比如提高企业经营管理效率，有利于创造价值和降低成本等。从顾客角度看，企业核心竞争力能为客户带来价值创新和价值增加，也能给客户提供更多的消费者剩余。只有使客户对关键性利益产生长期认同感，才能使企业形成核心竞争能力。

拥有技术并不必然带来价值性。企业核心技术的价值是通过供应链终端客户体现的。例如：首个商用鼠标来自施乐公司，但真正让鼠标发挥价值的却是乔布斯的苹果公司。**优势资源并不能永久产生价值**，优势资源如果没有不断打理，也会成为劣质资产。**关键流程本身也具有价值**，例如丰田汽车的整车制造和供应链协作体系是其核心竞争力的构成部分。

⊖　PRAHALAD C K H G. The Core Competence of Company [J]. Harvard Business Review, 1990, 5 (16)：2-15.

2. 可延展性

核心竞争力的可延展性就像一颗可以发芽、开花和结果的种子。核心技术的延展性是供应链技术进化的基础。例如苹果公司将操作系统的研发技术延伸到 APP 生态服务，向开发者提供开发界面和流程更好的软件开发工具包（Software Development Kit，SDK）和利益分享，iOS 才有如此丰富的应用生态。关键流程也能提高供应链的核心竞争力，事实上，越来越多商业模式的内核是强大、高效和低成本的供应链流程。例如，沃尔玛的崛起依赖其高效的物流配送系统，正是依赖这个关键流程，沃尔玛才得以在后续 20 年间将其核心竞争力拓展至全球供应链管理。在技术更新换代频繁的时代，优势资源的可延展性越来越差，这就是为什么越来越多的企业家谈到"不要躺在自己的优势领域中等死"。

3. 难以模仿性

专有技术（如特殊工艺、算法程序）和特定的经营管理流程是企业核心竞争力的重要组成部分。这些都是企业在长期经营过程中积累形成的，其他企业很难模仿。如果企业的"核心竞争力"很容易被对手所模仿、抄袭或经过努力很快就可建立，那它就很难给企业带来持久的竞争优势。

想要持续保持技术的领先，这意味着企业需要不断进行研发创新，但这仍不能确保技术领先，因为当前人才流动导致"技术外溢"的现象越来越频发。例如，20 世纪 90 年代末，AMD 芯片技术人才外溢，让台积电在短时间内成为芯片制造领域的巨头。优势资源更容易被模仿，例如，物流网络布局和运营曾是我国快递行业"三通一达"（申通、圆通、中通、韵达）的优势资源，但京东利用智能物流技术切入之后，它们就不再具有优势了。事实上，关键流程现在越来越被供应链重视，因为"画虎难画骨"，复制一个淘宝 APP 并不难，花费也并不多，但淘宝背后的一整套供应链流程却难以复制。

4. 稀缺性

一般来说，只有少数几家企业拥有核心竞争力。核心竞争力难以模仿的原因在于，这种能力需要经过长期的知识、技术和人才的积累才能逐渐形成，并非短时间内可以模仿。非关键技术在市场上可以买到，但是核心竞争力是用钱买不到的。许多企业成功的经验表明，形成核心竞争力一般需要 10 年左右的时间。

以台积电为例。台积电在 1987 年就开始晶圆代工，经过 30 多年的技术更新迭代，才成为全球芯片制造的头号公司（2019 年台积电晶圆代工全球占有率达 52%，排名第二的三星仅为 14%）。台积电的芯片制程工艺具有极大的稀缺性，全球只有少数几家公司能提供 7nm 以下全行业芯片的制造工艺。这种稀缺性不仅体现在核心技术的难复制性，还有不断强化的优势资源——一个晶圆厂的投资高达数十亿美元，即便是财力雄厚的企业也会望而却步。芯片制程工艺的关键流程仅有少数几家公司能够掌握。

二、供应链外包

（一）供应链外包概述

外包的英文单词"Outsourcing"是由"out"和"sourcing"两个单词组成的。顾名思义，外包是指"从外部寻找资源"。目前"Stick to What You Do Best，Outsource the Rest（坚持你所擅长的，其余的均可外包）"越来越受到企业的认可。外包的具体定义为：企业动态地配置自身和其他企业的功能和服务，并利用企业外部的资源为企业内部的生产和经营服务。

营销大师菲利普·科特勒（Philip Kotler）调研发现，2005 年全球大多数公司 60% 以上的业务将通过外包实现，少数公司完全外包。美国《财富》杂志报道：2010 年全世界年收入在 5000 万美元以上的公司都展开了业务外包。我国商务部公布的数据显示：2011 年国内企业承接服务外包的执行额仅为 324 亿美元，2020 年规模达到 1754 亿美元，是 2011 年的 5.4 倍，期间的年复合增长率达 20.6%。近年来增长率有所下降，但仍处于较高水平，保持在 10% 以上的同比增长速度。

（二）为什么要外包

在短缺经济时代（20 世纪 70 年代之前），消费者追求的是"有"，供应商技术和知识能力远不如核心企业。为确保产量和产能的连续性，企业大多选择"自己生产"。最经典的案例莫如福特。在 20 世纪 50 年代之前，福特包揽了从采矿、伐木、挖煤到炼钢、铸件、锻造零部件，再到生产皮革、玻璃、塑料、橡胶等汽车配件，最后到整车下线的全部环节。

但是到 20 世纪 70 年代之后，形势发生了变化："有"不再是消费者唯一的选择；知识和技术的外溢使得外部供应商的能力越来越强。此时，"大而全"的供应链就变得过于臃肿，很难快速响应市场变化。于是对供应链"剪枝"就变得非常重要。通过外包，供应链的成本、柔性和速度都得到了提升。外包让供应链实现了"瘦身减脂"，企业实现了轻资产运作，降低了风险，还获得了其他更多实实在在的利益（见表 5-1）。

表 5-1　外包给供应链带来的利益

项目	具体利益
降低成本	总供应链管理成本（占收入的百分比）降低大于 10%
提高生产绩效	绩优企业资产运营业绩提高 15%~20%
	中型企业的增值生产率提高超过 10%
缩短时间	中型企业的准时交货率提高 15%
	订单满足提前期缩短 25%~35%
降低库存	中型企业的库存降低 3%，绩优企业的库存降低 15%
增加资金周转率	绩优企业在现金流周转周期上比一般企业保持 40~65 天的优势

（资料来源：侯方淼. 供应链管理［M］. 北京：对外经济贸易大学出版社，2004.）

外包能够帮助供应链中的企业获得以下四个方面的好处（见图 5-2）。

图 5-2　供应链外包的四个好处

好处一：大幅改善财务状况并获得应对风险的能力。

很多时候企业外包的直接动机是控制成本、改善资产回报率等财务指标。以生产外包为例：公司能减少固定资产投资，变固定成本为可变成本，降低生产和人力等成本，在短时间内大幅改善公司的财务状况。外包的另一大优点就是可以成为企业非常有效的风险管理工具。还是以生产外包为例：企业避免了大量固定资产投资，减少了库存过时的压力，缩短了流通时间，并使某些不确定性很强的开支固定化。例如消费电子行业中产品的更新换代速度太快，库存产品很快就会过时。为了降低风险，诸如 IBM、惠普等企业，不仅将许多电路板的组装分包给一些知名电子产品公司，还进一步将组装工作外包给一些分销商，在接到零售商订单之后，分销商就能按照客户的配置要求，将相应的硬件和软件组装成整机。

好处二：减少企业管理边界的同时实现规模经济。

许多管理者都有这样的感受："企业规模变大了，运作效率反而变低了，规模反而不经济了"。任何企业在发展过程中都经历着管理边界的扩张，如产能快速膨胀、市场销售范围扩张、内部机构越来越多、行政事务越来越繁杂……这些都是管理边界扩张的表现。管理边界的扩张并非总是好事，当企业规模扩大到一定程度时，反而会造成组织失灵（如部门间推诿扯皮的现象增多）、管理成本上升等一系列问题，出现规模不经济的现象。通过业务外包，企业可以在更大范围内寻找专业型合作伙伴实施协作，降低运营成本；通过业务外包，企业资产专用性进一步加强，原先许多内部管理可以通过外包合同外部化，在保持规模经济不变的情况下，大幅降低管理成本支出。

📖 阅读小贴士

外包给苹果公司带来的好处

2018 年，苹果公司的制造外包企业富士康成功上市。很难想象，1997 年之前，苹果公司所有生产制造任务均是自行完成的，包括主板、芯片的生产以及最后的组装。众所周知，苹果公司只擅长操作系统的设计、产品研发和市场营销，所以当时生产模式的选择导致苹果公司的市场占有率被竞争对手不断蚕食，最后仅剩 5%，亏损近 10 亿美元，濒临破产。后来，苹果公司发现了自身生产模式的弊端，开始将制造外包出去。在生产 Power Macintosh G5 计算机时，苹果美国工厂与富士康工厂在制造效益上进行了对比。在同时生产的情况下，即使美国工厂投入了更多人力，但制造效率只有富士康的 80%，且不良率高出富士康一倍多。在这之后，富士康成了苹果公司的首选战略合作伙伴，从台式计算机到后来的 iPhone、iPad，苹果公司利用富士康的生产规模效应，在 2022 年 1 月 3 日成为历史上第一家市值破 3 万亿美元的公司。

好处三：增加市场反应的灵活性和敏捷性。

市场反应的灵活性和规模经济在很多方面是冲突的。从满足客户需求的角度来看，企业产品的更新速度越快越好；但是从产品制造成本的角度来看，品种越少、批量越大越好，因为更新产品会提高企业的运营成本，造成利润下降。但外包给企业带来了一种"搭积木式"的产品更新理念：通过与不同企业合作，产品更新速度加快，企业的运营成本却没有大幅提升。这种供应链的"轻资产运作"可以轻松化解产品变更带来的障碍，增强对客户需求的灵活响应。"快鱼吃慢鱼"和"唯快不破"越来越受企业的重视。战略管理理论将这样的现象归结于"速度经济"⊖，也就是说企业在竞争环境的突变中，能否迅速做出反应的能力将起到决定性作用。如果将企业看成是一个资源转换系统，**企业的经济效率不仅来自于资源的数量，还来自于资源转换时间（也就是速度）**。特别是随着产品寿命周期缩短、市场需求变化加快以及受市场容量的限制，企业仅仅依靠自身的规模经济已经难以构筑竞争优势。

好处四：更好地聚焦企业的核心竞争力。

通过将其他非价值增值环节进行外包，企业可以将稀缺的资源（资金、人员、时间）从烦琐的日常业务中解脱出来，用于发展和培育本企业的核心竞争力。例如，戴尔的核心能力在于理解消费者的需求、物流交付、零部件整合，及其他有独特价值贡献的领域。因此，戴尔仅仅在这些领域进行了大量投资，几乎 100% 的组装活动都外包给了外部代工厂。戴尔向代工厂开放自己

⊖ "速度经济"一词最早出现在 1987 年，由美国经济学家小艾尔弗雷德·D. 钱德勒在《看得见的手：美国企业的管理革命》中提出，其主旨在于阐述未来商业模式将更加注重速度。

的技术需求和生产计划，用最短的时间制造出最流行的产品。通过戴尔的供应链管理体系，这些产品甚至不需要经过戴尔的分销系统，可以直接从代工厂运到客户手中。

三、供应链集成

（一）供应链集成概述

供应链集成也叫集成供应链，最早出自 PRTM（Pittiglio Rabin Tod & Mcgrath）咨询公司在 1986 年出版的《产品及生命周期优化法》一书中提出的集成产品研发（Integrated Product Development，IPD）思想[一]。集成和流程是该思想的两个重要关键词：通过流程集成，打破传统管理的研发部门墙，让研发走出去、非研发走进来，增强产品链上各环节的协作，提升研发效率，降低研发失败率。20 世纪 90 年代初，IBM 将 IPD 的思想引入供应链中，正式提出供应链集成的方法，该方法的第一个尝鲜者就是华为。华为耗时 10 年推行集成供应链项目，取得了举世瞩目的成就。

当前企业界和学术界对供应链集成的定义如下：通过软件与技术的结合，打破原来企业运作过程中各节点的壁垒，将所有职能部门或节点运作活动整合在一起，通过信息共享，匹配供应和需求，将产品快速、灵活、准确地交付给客户，提高客户满意度；基于内部整合、供应商整合、客户整合，打通供应链内部的职能组织，使供应链高效运转，优化整体绩效。

（二）为什么要集成

如果将外包比喻成减肥，则可以把集成看成增肌。无论是减肥还是增肌，都是为了让身体更加健康，外包和集成的目的也是让供应链运作更加高效、供应链的整体市场竞争力更强。

一枚硬币总有两个面。随着知识和技术外溢，外部供应商能力越来越强，相较之下，核心企业的对应功能就越来越弱，造成企业资源内耗。但越来越强的供应商给核心企业提供了一个契机：把外部供应商整合到内部，让更专业的供应商增强核心企业供应链的能力。毕竟核心企业的目的在于赢得市场，将内部功能"外部合同化"，对于核心企业来说这是一件非常好的事情。

有经验的管理者可以思考图 5-1 中提到的核心技术、优势资源和关键流程对于一个企业来说意味着什么。突破或进化核心技术的难度越来越大、成本越来越高，想要"一招鲜吃遍天"几乎没有可能性，竞争对手攻克技术的速度越来越快，新技术可能让企业的核心能力一夜之间化为乌有。优势资源也是如此，随着时间的推移，优势会逐渐丧失。优势资源价值丧失的速度会超过管理者的想象。剩下的就只有关键流程了。事实上，一个不断更新优化的流程才是长久确保核心技术和优势资源的秘密所在。对于很多供应链来说，流程就是一种商业模式，也就是"打法"。战争中将领的作用不仅体现在方向判断上，也体现在作战过程中的"打法"上。如果去看军事史上以少胜多的战争，很多赢在了"流程管理"上。

"流程"才是供应链集成的"牛鼻子"。当前经济发展迈入了存量竞争时代，企业更应该重新审视自己原来的管理思想和方式，用开放的心态，从较高的视角去观察自己供应链的目标、价值到底是什么。是应该快速对商业环境做出反应？是不断巩固市场地位？还是为客户提供源源不断的价值？不同的视角和观念下的供应链关键流程也是不一样的。但有一点应该得到共识：必须将企业内部供应链和外部供应链连接成一个整体，利用内外两个流程强化供应链集成，使供应链中的物流、信息流和资金流畅通无阻。至于如何保持供应链高效和可持续，则需要供应链管理

[一] IPD 是一种基于产品及周期优化法理念的产品开发流程，目前世界 500 强中近 80% 的公司在推行该方法，该思想的核心理念包括：①强调新产品开发是一项投资决策；②强调新产品创新，要求研发一开始就要把事情做正确；③强调跨部门、跨系统的产品开发团队协同；④采用异步开发模式，也称为并行工程；⑤提倡产品结构的重用性；⑥主张结构化的流程。

者不断审视自己的目标和使命。

通过一整套紧密和高效配合的流程体系，集成供应链不仅可以帮助核心企业增强供应链的控制力，还可以通过流程"滋润"核心技术和优势资源。**集成供应链的理念是"流程开放"和"利益共享"**。流程开放可以帮助企业兼容内外流程，将外部优势资源引入企业内部，不仅能降本增效，还能使企业对市场做出更迅速的反应。利益共享则可以帮助供应链走得更远，利益共享和风险共担可以让链中所有企业都能得益。最终，整条供应链形成如下外在表现：产品/服务质量更高、成本更低、柔性更强、价值和创新更多。

供应链集成至少可以给企业带来两个直接好处，如图 5-3 所示。

好处一	好处二
• 利用专业化，降本增效	• 利用增值化，赋能提质

图 5-3 供应链集成的两个直接好处

好处一：利用专业化，降本增效。

供应链集成能利用专业化服务帮助供应链降本增效。PRTM 咨询公司的数据显示，集成供应链至少在以下三个方面有突出表现。

（1）降低管理成本。企业进行集成供应链管理之后，总成本将由原来占销售额的 8%～12% 下降到 4%～5%。一个年销售额 5 亿美元的企业可节省 2500 万～3000 万美元费用。

（2）加快资金回收。企业从购进原材料到回笼销售资金，假设使用集成供应链之前的资金循环周期在 100 天左右，使用之后则可缩短到 30 天左右。

（3）提升交付能力。使用集成供应链之前，假设企业提前交货与按时交货的百分比为 69%～81%，使用之后最好水平则可达到 94%。

下面通过物流集成服务的例子更好地了解集成对降本增效的作用。

在集成思想尚未成熟时，物流业务通常以独立的形态出现——企业内部的物流业务被分割成物料管理、采购、分销等各个独立的环节。外部物流服务商将其物流业务简单定位为运输和仓储等功能。在分散管理模式下，传统物流效率低、差错率高，表现为价值较低。但从集成的角度去看，物流的情况就完全不一样了。对于使用集成物流的企业来说，通过流程将内外两个物流体系进行集成，不仅降低了企业自身的资产投入，而且使企业内外各环节的物流信息变得透明，差错率大大降低，更能对客户需求做出快速响应，交付正常率大大提升。对于物流服务集成商而言，通过发挥其资产运营能力获得了更好的资产回报，拓展了其业务发展空间，产生了物流金融等增值业务。从总体来看，整条供应链的物流效率提升了，双方都在集成中获得了利益。

好处二：利用增值化，赋能提质。

为什么集成对供应链能进行赋能提质？可以类比系统整体功能倍增原理进行理解。系统整体功能倍增原理是指集成要素在形成集成体的过程中相互作用、聚合重组，集成系统整体功能得以倍增。这既反映了局部规则导致系统宏观变化的规律，也反映了"整体大于部分之和"的整体规律。简而言之，"1+1>2"是系统整体功能倍增原理的直观解释。

我们从数学角度来看集成的增值性。假设一个系统有 n 项要集成，f_i 为第 i 个要素独立发挥功能的价值，那么通过一种集成方法 $F(\cdot)$ 得到的最终系统价值要大于将各个功能简单叠加，即 $F\left(\sum_{i=1}^{n} f_i\right) > \left(\sum_{i=1}^{n}\right) f_i$。假设企业要集成物流、信息流和资金流，对应的功能价值函数分别为 f_1、f_2 和 f_3，一个好的集成方法 $F(\cdot)$ 能够大于 f_1、f_2、f_3 之和，如果 $F(\cdot) \leqslant f_1 + f_2 + f_3$，那么集成是失败的。$F(\cdot)$ 更多反映在内外两个流程的使用上，是企业集成思想、关键和运作方式上的整体表现。注意：即便是相同的流程，不同的企业文化和使用方法也会造成供应链集成结果的不同。这就是苹果公司在制造环节的集成效率不如富士康的原因。

第二节　供应链外包

一、供应链外包的形式

供应链外包可以简单分为两类：制造外包和服务外包。前者被称为"蓝领外包"，指的是将供应链产品生产端外包给能力更强的制造商；后者则被称为"白领外包"，指的是将技术开发、信息服务、人力资源等外包给其他专业公司。

（一）制造外包

据统计，在实物产品供应链中，制造环节涉及 70% 的成本⊖。为节省制造成本，将非核心的制造外包甚至将全部制造外包，已经成为过去 30 多年跨国企业的共识，甚至被视为"通向世界级制造的第四项修炼"。根据产品制造环节是否向供应链上下游延伸，可以将制造外包分为原始设备制造外包和原始设计制造外包两类。

1. 原始设备制造外包

原始设备制造（Original Equipment Manufacturing，OEM）外包也称为定牌生产或授权贴牌生产。核心企业可能受制于制造能力不足，或在战略选择上放弃附加值低的制造环节，通过合同委托其他制造商根据其需求进行生产加工，最后贴牌销售。在这个过程中，核心企业（如苹果公司）专注于"微笑曲线"上游（如研发设计和供应商整合）和下游（品牌、营销、物流和金融等）高附加值环节，至于附加值低的制造环节则外包出去。

在 OEM 外包模式下，核心企业可以免于承担生产环节的诸多成本（比如设备购置和生产管理成本），将资源更多投入在产品的设计研发和营销环节。 例如，苹果公司负责 iPhone、iPad 的研发、设计，完成之后将电路图样、外壳模具图样及软件等资料提供给富士康打样，富士康完成产品试制之后将样品送回苹果公司，苹果公司核对试制样品是否符合设计预期，如果符合就启动市场营销和渠道管理计划，计划完成之后由富士康进行大规模生产制造。

在大多数情况下，OEM 环节在供应链中的附加值是相对较低的，赚取的是劳动力密集型的利润，更多利润则被供应链上下游占有。但这并非惯例，一些 OEM 制造商的生产能力是不可忽视的，它们专注于某个领域，拥有成熟的生产能力、高昂的固定资产、先进的生产管理流程，并且它们会积极学习和吸收核心企业的技术和管理能力。专业强大的 OEM 制造商在供应链中有很高的地位，并获得了额外的附加价值，**"微笑曲线"会逐渐变成"马鞍形曲线"**，如图 5-4 所示。例如，郑州的富士康公司是苹果公司全球最大的手机生产基地，承担了全球 50% 的 iPhone 制造工作，它在苹果公司全球供应链中的地位无可替代。苹果公司为富士康提供了最先进的生产设备并帮助改善其生产流程，甚至分享长期利益。

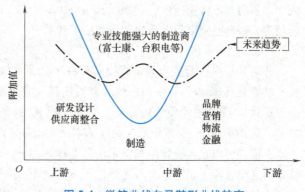

图 5-4　微笑曲线向马鞍形曲线转变

2. 原始设计制造外包

原始设计制造（Original Designing Manufacturing，ODM）外包模式可以说是 OEM 外包模式的

⊖　马风才. 运营管理［M］. 6 版. 北京：机械工业出版社，2021.

进阶版本。ODM 是在 OEM 对"微笑曲线"中端控制的基础上，向上下游高附加值环节进行拓展。尽管 OEM 制造商也能凭借强大的制造管理能力获得"马鞍形曲线"，但相对来说比较困难，"低端锁定"对于很多有雄心壮志的制造商而言是痛苦且不可持续发展的。

从某种角度来看，ODM 是 OEM 必经的升级之路。**OEM 和 ODM 的本质区别在于：ODM 除了拥有强大的专业化生产能力，还拥有核心技术和参与产品开发的能力**，如图 5-5 所示。

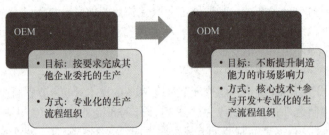

图 5-5　OEM 和 ODM 在目标、方式上的区别

事实上，核心企业并不希望它的制造合作伙伴总是处于一种低水平重复状态，也希望合作伙伴能够不断提升和成长。ODM 制造商大多拥有"核心技术"并能自行设计和开发产品，在拥有低成本制造优势的同时，也可以发挥市场影响力。通过生产赋能，ODM 制造商可以实现"生产即服务"（Manufacture as a Service，MaaS）的价值增值。最典型的案例是台积电。台积电虽然处在供应链的制造环节，但其强大的芯片制造能力为其赢得了重要的供应链地位。2022 年，台积电的 5nm 芯片正式批量生产，进一步奠定了它在芯片制造环节的地位，苹果和高通为了确保获得芯片优先供应权，甚至提前向台积电支付了数十亿美元的货款。可以毫不夸张地说，没有台积电，全球消费电子供应链前景堪忧。

ODM 外包模式大量被初创型供应链使用。很多初创企业的优势在于品牌营销和销售管理，而生产环节是弱势——没有厂房或者自己的厂房达不到规模生产的要求。这时候，初创企业就会寻找优秀的制造商合作，将产品设计方案交付给制造商，而将自己的主要精力聚焦于新产品的市场推广上。与 ODM 制造商合作，企业实现了"轻资产创业"，降低了创业失败的风险。例如 2017 年创立于杭州的花西子，在短短四年之内成为国内知名的"东方彩妆"品牌，销售额从成立之初的千万级快速增长到 2021 年的 30 多亿元。花西子将生产全权交给上海昕颜化妆品有限公司等，而自己则聚焦于品牌建设和市场营销上。

（二）服务外包

2004 年，美国夏威夷大学教授斯蒂芬·瓦戈（Stephen L. Vargo）和亚利桑那大学教授罗伯特·勒斯克（Robert Lusch）在权威科研期刊《营销杂志》上发表了一篇文章——《演变到新的主导逻辑》，其中有个重要的观点：**未来，服务主导逻辑将取代产品主导逻辑成为主导竞争范式**[⊖]。越来越多的企业意识到，企业的本质是服务，即便产品本身也是为客户需求服务的。这些年来，读者可以在各类媒体和学术期刊上看到各种"XaaS"（X as a Service）的表述[⊖]，其源头便来自这里。除了制造、采购之外，研发、设计、销售、物流和金融等均可视为服务。非核心的服务也可以外包，其中物流、信息系统和商流外包是最常见的[⊖]。

[⊖]　VARGO S L，LUSCH R F. Evolving to a New Dominant Logic for Marketing［J］. Journal of Marketing，2004，68：1-17.

[⊖]　X 有 S（soft）、P（platform）、M（manufacture）等。

[⊖]　尽管有关于资金流的外包，但大多数集中在供应链中的小微企业。大多数供应链中的大型核心企业几乎不会外包其资金流，甚至很多核心企业还加强了供应链中资金流的集成，并将其作为重要的供应链控制环节，例如本章案例中的物产中大集团。

1. 物流外包

物流是供应链运作中的一个重要环节，从开始采购到完成交付的过程中都会涉及物流。但不得不承认**物流工作非常烦琐，该工作拥有"5R"要求**——要求将正确的产品（Right Product）以正确的数量（Right Quantity）在正确的时间（Right Time）送到正确的地方（Right Place）和正确的人（Right Person）手中。而且物流涉及大量的固定资产、人力资源和信息系统的投入，属于一个"重资产、人力和技术密集型"的环节。因此，很多企业都会将物流剥离，并将其交给专业的物流企业（第三方物流企业）来完成。

第三方物流是指由供应链上的第一方（供应方）和第二方（需求方）之外的第三方（提供物流交易双方的部分或全部物流功能的物流供应商）去承担客户物流服务的运作模式。

当前，物流服务外包已经非常成熟，几乎各行各业的供应链都使用了第三方物流服务。例如，汽车制造商将烦琐的零部件库存管理和配送交给了第三方物流企业，要求其依据汽车制造商的生产计划完成对应工作[⊖]。苹果 Mac 计算机的零部件全球配送是由联邦快递完成的，生产组装是在上海保税区完成的，清关和国内物流则由顺丰物流提供服务。阿里巴巴的菜鸟物流则更进一步，它在天津、上海、杭州、金华等城市设置了八个大型仓储基地，不仅为各类企业提供全国物流服务方案，甚至为物流服务提供商（如"三通一达"等）提供服务，同时还为诸多小微企业提供物流金融服务。

> 📒 **阅读小贴士**
>
> #### 菜鸟物流的"入仓即可贷"
>
> 2018 年，菜鸟物流面向电商企业推出了"入仓即可贷"的供应链金融服务。菜鸟供应链金融服务依托阿里平台，将金融服务的范围从线上延伸到线下，从 B2C 延伸到 B2B，再逐渐覆盖与物流相关联的所有要素，全面服务品牌商上下游的中小企业，以及生态中的物流供应链企业。以天猫为例来简要说明菜鸟物流的该项服务。
>
> 熟悉天猫平台品牌方的人都知道，品牌商依托天猫平台，已经构建了一条从生产到终端消费者的完整商业闭环。但大多数人不知道的是，这些品牌商的货品，尤其是国外品牌商在我国的业务架构往往依托国内代理商打理。代理商通常需要提前支付采购资金（也就是"铺货"）。这种采购支付在前、销售资金回笼在后的模式，对国内一些小型代理商的资金周转造成了极大的压力，有些代理商因为资金周转不灵而破产。菜鸟依托天猫平台的数据，对代理商的销售、库存和资金等环节进行了全面打通。只要符合菜鸟供应链金融服务标准，代理商的货物一经入仓即可获得贷款。

2. 信息系统外包

核心企业往往并不是信息行业的巨头。例如，汽车供应链的核心企业是汽车主机厂（即汽车制造企业），这些企业并不擅长 IT 技术开发和部署，因此大多会将其信息系统外包给一些信息技术能力强的企业。再如，德国知名的信息系统服务商 SAP 公司几乎承接了将近一半的世界 500 强制造企业的信息系统，提供企业涉及的所有流程的信息管理工具，如客户关系管理，企业信息管理，绩效管理，企业资源规划，管理和遵从，人力资源管理，产品生命周期管理，服务和资产管理，供应链管理，制造管理等。

事实上，上面提到每个信息管理系统都非常复杂，如果供应链核心企业自行去开发，所耗费

⊖　本章第三节中京东物流和沃尔玛的合作，可以视为汽车行业使用第三方物流服务的一个案例。

的人力、物力和财力是极为庞大的，并且效率和效益都很低。当然，供应链并非都要选择类似 SAP 公司这种收费昂贵的 IT 外包服务，国内有很多软件供应商，如用友、金蝶等可以提供相对复杂但价格便宜的信息系统。而阿里、腾讯等互联网平台公司面向中小企业提供了一些基础的 IT 系统，并且价格更低。

> 📖 **阅读小贴士**
>
> **面向小微企业的阿里云服务**
>
> 经济实力不强、抗风险能力弱的中小企业要想完全自主建设数字化，可能在人力、物力、财力等方面存在各种各样的短板。为解决中小企业数字化困境，阿里云提供了多种信息技术发展服务与应用来助力中小企业数字化转型。
>
> 阿里云提供云服务器、云数据库、云安全、域名注册，以及大数据、人工智能服务，精准定制基于场景的行业解决方案。阿里云以技术和数据驱动，以产品和场景为载体，全面升级在线规模服务能力，满足中小企业的数字化需求。比如，乳品企业卫岗乳业原有的"天天订"平台难以支撑节假日促销的业务场景，原有的 IT 架构无法实现线上线下、物流配送端和送奶端数据互通，难以发挥新零售优势。卫岗在阿里云的助力下只用了 48h 就完成了迁移，将属于两个不同实体子公司的乳品和生鲜品集体上线"天天订"，在前端实现统一，将后端订单流转到不同的实体公司。
>
> （资料来源："阿里云科技驱动'数字化转型'，助力中小企业发展'突围'". https://developer. aliyun. com/article/782687.）

3. 商流外包

或许很多企业在制造领域有优势，但在营销上却存在短板。通过将营销环节外包给有成熟市场营销经验和销售网络的第三方，企业在削减营销成本的同时可迅速打开市场，加速现金回流，让企业有更多资源投入技术创新和新产品研发。例如，华熙生物在护肤品制造领域拥有一系列技术专利（如透明质酸微生物发酵生产技术），旗下有诸多护肤品牌。但由于营销上的短板，2000 年成立的华熙生物在很长一段时间内销售业绩平平，直到 2020 年和联网营销关键意见领袖（Key Opinion Leader，KOL）形成战略合作后，销售有了巨大的提升。近乎完全竞争的家电行业是实行营销外包的典型。例如，海尔将营销网络运营外包，专注于品牌塑造和技术研发；伊莱克斯空调将营销外包给了伊欧电器；长虹则通过营销外包实现了国际化的拓展。

当前，很多企业实行商流外包并不仅仅是为了降低营销成本，而是由于当前移动互联网的发展改变了企业原有的营销渠道和方式，给企业带来了诸多不适应。但外包商流时，企业需要认真审视该外包行为是否会给供应链带来负面影响，毕竟当前互联网营销的规范程度、服务水平和信用承诺参差不齐。**对于很多企业而言，营销环节仍然是非常重要的，如何确保供应链对营销环节的控制是管理者的必修内容**。这方面，可以参考移动互联网营销的相关专著，本文不再赘述。

二、从战略和财务角度评估是否应该外包

IBM 是研究企业业务外包选择时的一个不可不提的案例。IBM 曾因外包而快速击败了对手，却也因此给自己埋下了深深的"祸根"，导致 IBM 经历了长达 10 多年的漫长战略转型 ⊖

⊖ 郭士纳. 谁说大象不能跳舞［M］. 张秀琴，音正权，译. 北京：中信出版集团股份有限公司，2015.

以下案例简要介绍了 IBM 外包的得与失。

1981 年，当 IBM 决定要进入个人计算机（Personal Computer，PC）市场时，公司还不具备设计和生产 PC 的能力。为快速占领市场，IBM 几乎将所有主要部件都外包了：CPU 交给了英特尔，操作系统交给了一个名叫微软的小公司。IBM 通过外包实现了 PC 制造资源的整合，自己则将精力集中在设计和制造环节，结果短短 15 个月内，IBM 便将 PC 成功推向了市场。产品可靠性高的口碑让 IBM 迅速获得成功，短短三年之内，IBM 打败了苹果成为 PC 市场的"老大"，1985年 IBM 计算机占据了全球 40% 的市场份额。然而在 20 世纪 90 年代，IBM 的外包战略出现了大麻烦。当不断涌现的竞争对手进入市场时，它们同样选择将微软和英特尔作为供应商，当 IBM 试图用自己新开发的操作系统代替 Windows 操作系统时，消费者并不买单。到 1995 年年末，IBM在全球市场的份额已经下降到了 3%，而此时康柏的市场份额上升到了 10%，戴尔计算机也在此时攻城略地。从 IBM 的案例中可以发现，外包并不必然给企业带来永恒的竞争力。

在采取外包决策时，我们应该从多个维度去思考：外包是否有助于（或有害于）企业的长期发展战略？如果回答是肯定的，那么外包是否一定会提升财务绩效？显然对于一个想拥有"百年老店"的企业家而言，都不想犯 IBM 这样的失误，但外包带给企业"轻资产运作"的诱惑却是实实在在的。"轻资产运作"到底是"美酒"还是"毒药"？这是一个没有明确答案的问题。但我们可以从战略和财务两个角度去定性评价供应链核心企业是否应该将非关键业务外包。

（一）从战略角度评估外包

外包不仅仅是短期的业务操作，更应该从企业长期的发展战略来评估。因此，对于企业家而言，在进行外包之前需要仔细思考以下五个问题（见图 5-6）。

图 5-6　从战略角度评估外包的五个问题

1. 外包业务是否为企业的核心竞争力？

对于这个问题，我们需要重点评估外包业务在质量、技术含量等方面的市场竞争力。如果企业将不擅长的业务外包给专业的供应商，产品的质量就会提高，市场竞争力也会相应增强。相反，如果被外包的业务是企业的核心竞争力之一，比如企业自身在产品开发和营销方面的能力非常突出，而供应商的综合技能可能达不到企业自身的水平，外包就没有意义。例如，沃尔玛可以将运输环节外包给其他运输公司，但它绝不会外包配送中心的管理业务。丰田可以外包玻璃、车灯、轮胎等零部件的生产业务，但绝不会外包整车制造业务。因为前者是丰田的附加业务，后者却是核心竞争力。

现实中，很难评价外包业务是不是企业的核心竞争力，但是总有一些简单有效的准则可以帮助企业快速做出判断：这个业务是否很难？如果回答是"很难"，那么核心企业就要谨慎做出外包决策。相反，企业可能得投入一些资源探索该业务未来是否存在强大的"外溢"和"控制"价值。

2. 外包是否能让资源集中于企业的核心竞争力？

对于这个问题，我们需要认真评估以下两个方面。把业务外包后是否释放了企业资源（人力、物力和财力资源）？业务外包在多大程度上对企业核心竞争力的进一步发展发挥了作用？

如果业务外包促进了核心竞争力的发展，那么核心竞争力的提升幅度即为业务外包的绩效；

如果业务外包所释放的资源并没有用于核心竞争力的增强或培养，企业就不得不重新审视企业的外包决策是否合理。

3. 外包是否获取了关键技术或者规避了技术退化？

对于关键技术，很多企业未必具有，例如 IBM 并没有计算机操作系统和芯片制造的关键技术（至少在短时间内无法具备），但为将产品快速推向市场，可以考虑外包。因此，业需要评估通过业务外包从供应商处获得了多少有助于增强企业核心竞争力的关键技术资源。这可以通过计算关键性技术的数量来评估：获取的关键技术数量越多、质量越高，外包的绩效就越好。来看一个真实的案例：A 公司是在 2019 年新创立的公司，其目标是打造杭州最好的社区团购平台，但它没有 IT 技术开发人才，所以它将平台的程序开发外包给了一家 IT 公司，并且约定该公司不准向其他同类型公司提供类似代码和平台设计风格。完成平台构建之后，A 公司立即申请了软件著作专利。该案例中，A 公司通过外包 IT 开发获得了一些技术——尽管从其他 IT 公司来看这并非关键技术——但 IT 外包确实加快了它的市场运营速度。

对于技术退化，主要考虑企业自有技术在当前市场中的领先地位是否会因为外包而弱化，即主要评估业务外包后，企业因技术落后可能遭受的风险和损失程度。然而在实际情况下，技术退化问题的评估较为复杂和困难。一方面，技术变革经常会使现有技术快速退化，因此企业可以将业务外包；另一方面，企业现有技术仍然具有强大的市场竞争力，因此外包并非明智。综上，是否将业务外包（或砍掉），通常需要决策者对技术发展趋势进行前瞻性的判断，或者聘用外部专家进行评估。

4. 外包是否能形成战略伙伴？

评估这个问题，实质上是评估企业现有的管理能力是否具备优秀的"软实力"。这种软实力更多体现在对供应链流程的整合能力上，即通过与合作伙伴进行长期合作（如长期业务来往、管理模式和理念的磨合）来形成供应链整体竞争力。注意：大部分情况下应是供应链中的核心企业考虑这个问题，它们通常具有强大的资源控制能力和市场整合能力，例如汽车生产商。而链中的非核心企业（例如汽车玻璃生产商）通常应该考虑的问题是，承接核心企业的外包业务是否会加大资产套牢的风险。以下案例可以帮助读者更深入地理解外包和战略伙伴的关系。

阿斯麦尔（ASML）是世界上最大的微芯片制造晶圆步进器和晶圆扫描器（俗称光刻机）的生产商。可以毫不夸张地说，如果没有 ASML 的光刻机，全世界的芯片都得停摆。2012 年，ASML 宣布了一个名为"客户联合投资专案"的项目，目的是加速下一代 EUV 技术的开发。令人意想不到的是，英特尔和三星这两个芯片制造领域的竞争对手竟然同时向该项目投资了 44 亿美元，目的是优先获得下一代 EUV 半导体生产技术，但 ASML 坚持认为技术开发成功后其他公司也应享有同样的技术使用权。也就是说即便和 ASML 形成战略联盟，也并不能确保英特尔和三星的联盟利益。无独有偶，2012 年苹果和高通这两个芯片制造业中的"死对手"，竟然同时给台积电提供了超过 10 亿美元的投资，目的是获得台积电芯片制造的优先供货权。

5. 外包的风险如何？

对于外包的风险评估，美国麻省理工学院的供应链管理专家——大卫·利维（David Simchi-Levi）教授提出了一个"自制-外包"决策分析矩阵，从技术依赖和生产依赖两个维度进行了具体分析。我们对这个决策矩阵进行了相应的改进，根据依赖的"低、中、高"三个程度将外包的战略风险划分为九个等级，并将之称为"自制-外包决策分析九宫格"，如图 5-7 所示。需要提示的是，应用该九宫格不仅应该考量当前的战略，还应该面向未来。例如，1987 年张忠谋创立台积电时，宣称"我的公司不生产自己的产品，只为半导体设计公司制造产品"。也就是说，台积电只承接其他公司的芯片制造工作。当时，苹果、高通、英特尔等将芯片制造外包给了台积电。但结果导致 2017 年台积电市值超过英特尔，成为全球第一的半导体企业，2022 年其芯片在全球代工市场占有率高达 56%。承接外包成就了台积电，但从另一方面来看，苹果、高通却承担了芯片外包后的一些风险（当然目前来看，芯片制造外包带来的好处更大）。

以下简要对图中的风险等级进行描述：

当外包风险评估结果为 1 时，表明该项业务对技术和生产能力的依赖程度都很低。在这种情况下，如果企业在技术研发和生产能力方面均具有十分强大的优势，自制显然是最好的决策；如果市场中拥有许多类似的技术且供应充足，则外包能够有效降低成本。例如，沃尔沃直接将零部件库存和配送外包给了京东物流。

当外包风险评估结果为 5 时，表明企业和外部供应商在该项业务上的技术

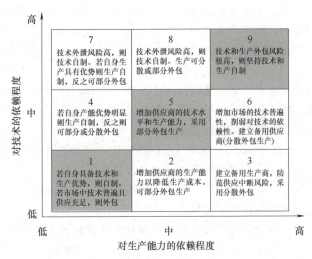

图 5-7　自制-外包决策分析九宫格

和生产能力不相上下。这时候，企业可以在风险和技术可控的情况下，对供应商进行技术和产能输出，部分外包该业务。例如，从 2014 年开始，京东逐渐向其他物流服务商开放其物流体系，让它们承担京东的部分物流配送服务。

当外包风险评估结果为 9 时，表明该项业务对技术和生产能力的依赖性都很强。如果将该项业务外包，显然会造成致命性灾难，因此企业坚持技术自制和生产自制是最好的选择。例如，英特尔绝不会外包 CPU 的设计架构和封装工艺，并且在 2022 年加大力度购买 ASML 的新一代 EUV 光刻机，用来应对三星和台积电的竞争。

当外包风险评估结果为其他数值时，企业应该重点考虑：**是否可以通过技术输出（当对技术依赖程度为中低程度时）来降低生产成本，或者通过提高技术的控制力或垄断力（当对技术依赖程度较高时）来降低生产成本。**当决定生产外包时应考虑：供应商的生产能力是否能够满足需求，如果不能，则考虑建立备用供应商，并通过在供应商之间分配产能来降低采购成本，防止零部件供应中断的风险。例如，为确保手机供应链的可持续运营，华为采用了多源供应模式，如表 5-2 所示。

表 5-2　华为手机零部件的多源供应

芯片	主力供应商	替代供应商
射频前端芯片	思佳讯，高通，Qorvo，村田，博通	联发科，紫光展锐，无锡好达，卓胜微
基带芯片	高通，三星，海思	联发科，紫光展锐
处理芯片	高通，海思	联发科
图像传感芯片	索尼，三星	安森美，豪威
存储芯片	三星，海力士，东芝	镁光，西部数据
模拟/传感/分立	意法半导体，英飞凌，德州仪器，亚德诺半导体，安森美	恩智浦，安世半导体
FPGA	赛灵思，英特尔，微芯科技，莱迪斯	紫光国微，安路信息，高云半导体，复旦微电子

（二）从财务角度评估是否应该外包

当外包决策在战略层面上通过之后，接下来应该分析外包决策是否会提高企业的财务绩效。提高利润水平和资产回报率是企业外包决策最直接的动力。从财务角度评估外包，主要回答以下两个问题。

（1）业务成本是否降低？ 这大概是企业进行业务外包最主要的动机了。评估外包带来的业务执行成本降低主要包括两个方面：①外包供应商资源引入带来的直接成本下降，包括生产成本、固定资产折旧等；②企业管理成本的下降，通常表现为管理层级的减少带来的组织运作效率的提高或管理费用的直接下降。

（2）资源使用效率是否提高？ 这主要涉及外包带来的资源使用效率的提高，主要包括外包供应商带来的额外知识、技术以及信息等资源的共享和互补。最简单的理解就是，企业将生产外包就没必要开设工厂、雇佣生产线工人了。资源使用效率可以通过企业的最终产出与企业实际付出的资源比例来衡量。

从财务角度评估业务发展前景的方法已经非常成熟，而且评估的项目有非常详细的会计科目。以下仅从市场交易费用的角度给出一个粗略的外包评估算式，当然我们需要评估的是：外包还是自营？

为得到一个可靠的评估，根据费用经济学，我们需要定义如下变量（见表 5-3），不同变量代表不同大类的成本，每个大类又可细分为几个小类的成本（如果需要更精细的评估，读者可以根据会计科目展开，本文仅是示例）。

表 5-3　成本和收益变量

变量	含义	细分变量	细分变量含义
B_i	企业组织生产的收益		
B_e	业务外包后的收益		
C_i	企业组织生产的成本		
C_e	业务外包的交易费用	C_s	调查和信息成本
		C_d	谈判决策成本
		C_c	制定和实施成本
		C_m	管理监控成本
		$\vdots$	$\vdots$
		C_x	各种可能的交易费用
$C_e = C_s + C_d + C_c + C_m + \cdots + C_x$			

如果 $B_i - C_i > B_e - C_e$，表示企业组织生产的净收益要大于业务外包的净收益，显然最优决策是企业自己组织生产。反之，如果 $B_i - C_i < B_e - C_e$，业务外包的净收益显然要大于企业自己组织生产的净收益，外包显然是较好的选择。注意：**真实的外包决策并非上述简单的会计计算，需要用动态和面向未来的方式去评估。**

第一，尽责调查是必需的。信息不对称总是存在的，外包供应商并非总会诚实地提供数据；企业和外包供应商之间的目标冲突并非在初期就能被发现。这就导致初期对 B_e 的判断可能是不准确的。

第二，企业与外包供应商在企业文化和管理方式上存在差异，外包制定和实施成本 C_c 和管理监督成本 C_m 通常需要经过一段时间的磨合才可以被有效降低。例如华为在选择供应商时采用了"三阶九步法"[⊖]。

第三，C_x 可能是外包决策中最难预估的成本，通常这些成本可能会对核心企业产生致命伤。例如下文的菲亚特案例中，菲亚特严重低估了零部件外包后的"黑盒子"问题（将一级供应商的模块整合在一起，却发现模块和系统之间不协调），这严重影响了菲亚特的产品开发和整合能力。

三、外包的风险

一名优秀的供应链管理者应该时刻关注企业内部和外部环境的变化。对于关系企业生存和发展的外包决策，尤其需要分析外包会在哪些方面对企业造成危害。本部分将简要介绍外包可能给供应链带来的六个风险，如图 5-8 所示，但具体如何控制风险，每个行业有不同的方法，本文不进行介绍。需重点提示的是：**这些风险大多源自企业内部。一条供应链是否健康、可持续，很大程度上比的是谁犯的错更少，谁能更快反省。**

图 5-8　外包可能给供应链带来的六个风险

1. 供应链财务风险

降低成本、聚焦核心能力、缩短进入市场时间、减少内部专业技术人员以及降低投资风险等是外包的主要动机。然而，无计划的外包或过度外包会给企业带来很多麻烦。**来自财务、运营和决策方面的风险因素可能导致隐含的成本大幅度增加，反而会削弱外包的优势，最终不能实现预期的收益。**例如，当前供应链数字化转型失败的比例高达 80%[⊖]。这其中的主要原因在于，供应链数字化转型需要一整套的流程改革，仅仅部署几套信息系统是不行的；没有整条供应链上下一致的磨合和协调，数字化只会徒增财务浪费。

2. 供应链断裂

外包是为了利用企业外部更加专业和高效的运营能力。但能否用好外包，则取决于企业和外包商双方之间能否良好地协作，否则外包成功的概率会很低。供应链的断裂很多源于外包失控，诸如重新更换外包商、产品质量不合格、外包双方合同的突然中断等。**很多外包失败都可归因于双方缺乏有效的沟通。**例如，1997 年加拿大航空公司将其物流信息系统外包给 IBM 之后，双方缺乏有效的沟通造成了系统崩溃，加航物流系统被迫中断 3 个多月。2018 年开始的中美经济博弈引发了我国通信行业芯片供应断裂，华为和中兴通讯等企业遭受了巨大损失，双方缺乏有效沟通也是原因之一。

3. 供应链权力转移

企业将业务外包给供应商，某种程度上就失去了部分资产的控制权，这可能导致企业丧失技术应用和更新能力，信息和数据的安全受到威胁。除此之外，经过几次合作，随着供应商对外

⊖　三阶是指供应商选择和认证、采购执行、供应商绩效考核和评估这三个阶段。九步是指在采购流程中确定的九个关键步骤：供应商资质认证与考察、供应商物料族认证与测试、比价与谈判及合同签订、具体物料询价与报价、采购订单执行与管理、物料交货与验收付款、供应商绩效评价、供应商沟通与反馈、供应商评估管理。
⊖　陈毅贤. 数字化转型应当聚集核心问题 [J]. 国企, 2021 (1)：25.

包企业经营状况和需求了解的逐步深入，为进一步加深彼此的合作关系，供应商往往会推出"量身定做"的外包服务，这种服务通常会增加外包企业的信任感和依赖感。长此以往，供应商将取代企业内部的部分职能。一旦供应商提供的服务具有极强的外延性，则会严重影响企业未来的市场竞争力，因为供应商同样会接受其他竞争者的外包，前述微软向康柏提供操作系统而损害 IBM 市场份额就是一个例子。

4. 供应链服务水平下降

过度外包可能会使企业失去与客户直接接触的机会，企业很难获知市场一手信息。缺乏客户真实需求信息，再加上外界虚假信息的影响，企业很有可能做出错误的服务决策，引发重大的客户满意度危机。例如，2010 年丰田"刹车门"事件产生原因就是丰田将销售和售后服务大量外包给了汽车经销商，导致丰田对产品质量缺陷无法做出快速响应。波音 787 的研发延迟也是这个原因。波音 787 开发于 2004 年启动，预算是 60 亿美元，但在外包过程中波音放手太多，供应链管控能力没有跟上，导致研发连续延迟八次，总开发成本飙升至 150 亿美元左右，客户订单也被极大延迟了。更糟的是，这期间还发生了 2008 年全球金融危机，航空业萧条，客户宁可违约取消订单也不再购买波音 787，这架被称为"梦幻飞机"的机型成了波音的噩梦。

5. 供应链竞争隐患

通过外包，企业可充分利用外部资源和力量，新产品的开发效率和投入市场的速度将会大大提升。然而，外包可能会培养新的竞争者。格兰仕的崛起就是最好的例子。格兰仕原本是广东顺德的一家羽绒厂，分管销售业务的副总经理梁昭贤在日本的一次考察后发现了微波炉的商机，认为其有巨大的市场潜力。他利用我国生产力低廉这一理由，说服东芝微波炉生产厂商将生产线搬到我国，甚至允诺在合同时间内免费为其代工，而格兰仕获得的好处是在合同时间之外免费使用生产线。结果在短短 6 年内，格兰仕以成本优势一度占据全球微波炉市场份额的 70%。如果读者了解台积电的崛起历程，也可以发现类似的情况。

6. 技术外溢

管理者在进行外包时必须考虑一种重大风险：企业的机密信息（诸如未来研发战略、技术路径等）可能被泄露出去。技术具有稀缺性和不可模仿性，是企业的宝贵财富，但是过度外包可能会把企业的技术毫无保留地转移出去，相当于给外界开了一扇能接触其核心竞争力的方便之门，给企业的竞争优势带来巨大隐患。例如，意大利汽车公司菲亚特过度外包带来的"技术空心化"问题。

📖 **阅读小贴士**

菲亚特过度外包的失误

20 世纪 90 年代初，菲亚特开始将汽车设计外包。到了 90 年代末，除了引擎、车身、底盘和悬架系统，大部分零部件和系统都是供应商设计的。菲亚特外包策略原本有如下希望：①通过协同设计等来缩短产品开发的周期；②借助供应商专业技能提高研发质量，同时降低成本；③与数量更少的一级供应商合作，加强合作的紧密度，让供应链关系更加简单。

大幅外包最终导致整个链条的分级分层：菲亚特主要跟一级供应商合作，而一级供应商负责相应系统、模块的设计，并管理下级供应商。一级供应商虽然负责很多设计决策，但菲亚特更熟悉消费者的需求，供应商的设计往往并非最优。由于汽车的模块化程度要比计算机、手机低，因此模块、系统之间的交互影响更大。有些性能本身很难定义在系统、模块层面。比如安全性能不仅取决于安全带、刹车、气囊等安全系统，还取决于别的系统，如发动机和底盘的配置等。即便在每个系统层面定义清楚了，多个系统加起来并不一定达到预定性能。

众多一级供应商设计、制造的各自负责的系统，对菲亚特来说就是一个个"黑盒子"，菲亚特对这样的"黑盒子"理解有限，整车的集成和优化也就面临诸多困难：①因为缺少关键零部件层面的知识，就很难理解系统的知识；②不能深度理解各系统的技术，就很难集成不同的系统；③离开了对各系统技术的深度理解，就很难平衡不同系统之间的性能和成本。

到2005年，菲亚特高层认识到过度外包产品开发会严重影响其技术内核，导致公司在关键领域丧失技术优势。由于丧失关键零部件层面的知识，对供应商依赖太严重，菲亚特的集成能力也受损。2005年之后，菲亚特开始逐渐优化外包战略，采取"样板"车型的做法，重新与供应商分配设计任务。

（资料来源：① BECKER M，ZIRPOLI F. Organizing New Product Development：Knowledge Hollowing-Out and Knowledge Integration-the FIAT Auto Case［J］. International Journal of Operations and Production Management，2003，23（9）：1033-1061.

② 刘宝红. 供应链管理：重资产到轻资产的解决方案［M］. 北京：机械工业出版社，2021. 经编者修改整理。）

第三节 供应链集成

一、供应链集成的手段

外包和集成都是供应链增强竞争力的手段，但两者存在诸多差异。首先，供应链集成的目的是更好地满足客户的多样化需求，同时实现供应链的增值服务。其次，集成是为了增强企业在供应链中的地位，大多数情况下，供应链集成的驱动者大多为链中的核心企业。最后，供应链集成是为了向下游客户提供一系列综合解决方案。

实践中，供应链集成主要通过物流、信息和资金三种手段来实现（见图5-9）。虽然在不同的案例中，三种手段的侧重点有所不同，但"成为某个行业供应链集成服务商"是大多数核心企业的目标。注意：本文仅介绍**供应链集成可以综合使用这三种手段，但"流程"才是使用这些手段的载体。**每条供应链集成的流程有很大差异，本文不再详细介绍，读者可参考流程管理的相关书籍⊖。

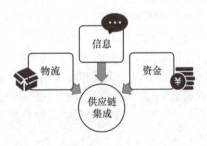

图5-9 供应链集成的三种手段

（一）手段一：物流集成

物流集成是指将各种物流活动作为一个集成系统来管理，按一定集成模式构造集成系统的过程。物流涉及采购、制造和销售各个环节，因此物流集成可以简单视为辅助上述环节的物料、库存和运输管理的一个支持系统。谁来集成物流并没有定论：既可以是专业的物流服务商，也可以是核心企业。但它们有个共同特征：控制着物流中的核心能力和（或）关键资产，拥有提供综合物流服务能力的流程。例如，拥有强大的物流信息控制系统和重资产运作的核心资产（如仓储、运输设备），甚至具有强大的资金流管理能力。

从核心企业来看，物流集成分为内部物流集成和外部物流集成两种形式。

⊖ 弗朗茨，柯克莫. 埃森哲顾问教你做流程管理［M］. 谭静，叶硕，贾俊岩，译. 北京：机械工业出版社，2016.

1. 内部物流集成

内部物流集成是为了帮助核心企业完成供应（或采购）、制造和产品分销等活动的支持功能。沃尔玛和京东的成功经验表明，将物流从企业其他功能中分离出来，能有效减少企业内部不同部门的跨功能协调障碍，也能通过集成化的运作方式提高物流效率和降低成本，并获得市场竞争优势。具体而言包括以下几点。

（1）供应管理包括采购管理与物料控制，它需要制订物料需求计划，优选供货渠道，并实现订货、购进运输、收货、验收、仓储、搬运的集成化管理。

（2）制造支持管理包括生产计划与在制品库存控制，它需要制订主生产计划，实现在制品搬运、储存、厂内运输的集成化管理。

（3）产品分销管理包括产品销售与配送管理，它需要进行需求预测，实现订单处理、库存控制、保护性包装、搬运、配送、客户服务改善的集成化管理。

内部物流集成综合使用制造资源计划（Manufacturing Resource Planning，MRP Ⅱ）、准时制（Just in time，JIT）、快速反应（Quick Response，QR）、有效客户反应（Efficient Customer Response，ECR）等理念来整合企业自身物流。

2. 外部物流集成

从专业分工的角度来看，除非涉及企业内部核心物流管理，很多非物流企业在整合内部物流过程中并不具有效率和成本优势。专业物流企业开始输出自身的物流服务，转型成为供应链中物流服务集成供应商；非物流专业的企业则越来越多采购外部的专业物流服务。因此外部物流集成的概念有了两重含义。

外部物流集成是指专业型物流企业整合外部成本更低、效率更高的物流合作伙伴来达成自身更强大的物流综合服务能力；非物流专业的企业则通过外部物流集成服务商来剥离自身的物流功能，更好地聚焦于企业的核心竞争力。

外部物流集成的手段仍然综合了如图5-9所示的三种方式。但从供应链管理来看，外部物流集成是一种管理思想的转变——物流不再仅仅是一项功能，而是给双方带来了管理对象的转变：双方都更加重视以客户为导向。物流集成商的服务能力面向使用者，而使用者则将节省下来的精力更加聚焦于其所服务的客户。

外部物流集成依然应用了内部物流集成的方法，物流集成带来了如下效果：供应链系统的空间布局更合理（选址和设施布置）、运输方式更综合（综合利用空运、船运、铁路、汽车，即多式联运）、分销渠道管理更便捷（建立多渠道的渠道网络）、库存控制更高效（同步化、自动补货）。京东和沃尔沃之间的合作就是一个很好的物流集成案例，该案例中双方都更好地发挥了其核心能力。

📖 **阅读小贴士**

京东和沃尔沃的供应链物流集成

2021年，京东物流与沃尔沃汽车正式达成战略合作协议，将围绕全国售后供应链仓网规划、预测补调、末端配送等多个领域展开深度合作，携手打造中高端车企售后一体化供应链服务。2022年，双方宣布联合打造的全国八大物流中心全面开仓，全国售后供应链一体化项目正式上线。沃尔沃通过和京东物流进行战略联盟，解决了以下问题：

一辆沃尔沃汽车有2万~3万个零配件，且各车型之间的零配件无法通用。按照监管部门要求，厂商在某车型停产后10年内都需保有相关零配件供售后使用；此外，各类零配件的消耗使用频率不一，对应在库存上形成快流件、中流件和漫流件，需要统筹安排合理库存。沃尔沃借助京东物流的一体化综合解决方案，对全国售后供应链仓网进行全新规划，在预测补调、末端配送等多个领域展开深度合作，已达成沃尔沃售后供应链的数字化转型升级。通过集成京东物流，沃尔沃售后供应链订单满足率成功提升至95%以上，周转率也大幅提升，攻克了售后供应链难题。

（二）手段二：信息集成

信息集成又称供应链信息集成，是指供应链中的企业在不同应用系统之间实现数据共享，实现数据在不同格式和存储方式之间的转换，将来源不同、形态不一、内容不等的信息资源进行系统分析，辨清正误消除冗余，实现并类，进而产生具有统一数据形式的有价值信息的过程。通俗来说就是通过信息系统的集约化管理，减少供应链信息流通中的各种断点，利用数字技术赋能供应链增值。

信息集成涉及供应链的各个环节和活动，毫不夸张地说：没有信息集成就没有供应链集成。类似于物流集成，信息集成也分内部信息集成和外部信息集成两种类型。

1. 内部信息集成

供应链内部信息集成通常由供应链核心企业驱动，目的是利用数字技术对供应链管理赋能。供应链内部信息集成类似一个金字塔，从下至上可以分为四层，如图5-10所示。对于供应链来说，业务流程集成是信息集成的主要目的。至于第一、二、三层的集成可以外包给更专业的IT公司。

第一层是位于金字塔底座的数字技术平台集成。这个集成包括信息技术硬件所组成的新型操作平台，如各类大型机、小型机、工作站、微机、通信网络等信息技

图5-10　供应链信息集成的四个层次

术设备，还包括置入信息技术或者经过信息技术改造的自动化工具、流水线设备等设施和设备。

第二层是数据集成。要想实现应用系统集成和业务流程集成，必须解决数据和数据库的集成问题。数据集成需要对系统内部业务进行深入了解。数据集成是指对数据进行标识并编成目录，确定元数据模型。只有在建立了统一的模型后，数据才能在不同的数据库系统中交流和共享。数据集成采用的数字技术有数据复制、数据聚合和接口集成等。

第三层是应用系统集成。应用系统集成是指实现不同系统之间的交互操作，使得不同应用系统之间能够实现数据和方法的共享。它为进一步的业务流程集成打下了基础。通常这层系统的集成可外包给专业的IT公司。

第四层是位于金字塔最顶端的业务流程集成，它才是供应链信息集成的目的。对业务流程进行集成时，企业必须在各种业务系统中定义、授权和管理各种业务信息的交换，以便改进操作，减少成本，提高响应速度。业务流程集成需要让在不同应用系统中的流程能够无缝连接，实现流程协调运作和信息的充分共享。

关于供应链内部信息集成案例，可参考本节第二部分中华为供应链集成案例，本部分不再赘述。

2. 外部信息集成

供应链外部信息集成与内部信息集成相比，显得十分简明，可以用一句话概括：将外部的客户和合作者进行集成。一是通过互联网（专门的企业或社交媒体APP）与公众、社会和客户交流与互动；二是通过与合作伙伴信息系统的对接，建立动态的企业联盟，发展基于竞合机制的虚拟供应链，塑造企业的战略模式和竞争优势。

外部信息集成更好地体现了供应链管理的思想精髓——供应链管理的本质是流程管理。"未来的竞争不是企业和企业之间的竞争，而是供应链之间的竞争。"这句话已经在商界得到共识，但如何将不同合作者组合成一条供应链参与外部市场竞争，这个问题有待进一步深入讨论。

任何供应链都不是一个独立的运作系统。企业的社会属性决定了供应链必须是一个开放、包容的系统。事实上，越来越多核心企业在外包非核心业务的同时，也在利用外部供应商来完善供应链业务流程。将外部信息集成到供应链中不仅是企业必须完成的工作，同时也可以增强企业对外部资源的获取、控制和协调能力，更是拓展供应链的市场空间和业务边界的途径之一。

社会分工越来越精细，任何一条供应链都不能包含全部。高效率满足客户需求需要一个企业群组的协作。但一个残酷的现实是，供应链中各节点企业的数据集成并不容易。首先，在数字技术层面，不同企业采用的信息技术不同，造成数据在不同信息系统之间的传递存在断裂情况；其次，越来越多的企业将数据视为宝贵资产，在此观念上形成的数据系统具有内在的隔绝特点。这些隔绝的综合表现是"信息孤岛"。

在信息没有集成的供应链中经常存在"人为数据忙"的现象：将数据从一个系统中打印出来，手工输入到另一个系统中。在此过程中会不可避免地产生错误，影响信息的准确性，降低供应链的运营效率，降低市场反应速度。幸运的是，越来越多的管理者认识到了这一点，越来越多的信息技术提供商正在为供应链提供图5-10中的数字技术平台、数据和应用系统这三层的数字技术服务。但图5-10中的顶层——供应链业务流程集成，仍然是很多供应链信息集成过程中的难点，这不是数字技术能解决的问题，因为它涉及管理理念变革、运作方式的改变。

当供应链核心企业远远强于节点中的其他企业，破除"信息孤岛"只需要核心企业的强力推进即可（例如本节第二部分中华为的案例）。但当供应链中存在几个实力相当的核心企业时，就需要核心企业之间进行协调和联合。但无论何种情况，供应链外部信息集成的基础一定是强大的企业内部信息集成。请牢记：没有深深的扎根，大树不可能参天。一个内部业务流程不流畅的供应链，是没有能力去集成外部资源的。

（三）手段三：资金集成

资金集成在供应链中有个专有名词——供应链金融。供应链中的大多数企业都希望"三流"（物流、信息流和资金流）能够同步实现，即产品交付之后就可以完成资金在各个节点的结算。这是个极其完美的状态，但现实中几乎很难做到，"三流"不同步更是常态。

大多数情况下，资金流的效率要低于其他两个。举例说明：产品通过物流交付之后，因质保要求，客户并不能立即支付所有款项；即便客户完成支付，销售款项通常也会先到销售商手中，上游供应商得到资金的时间大多会延迟（除非上游强势如苹果公司——要求必须先支付后提货）；不同企业内部的资金结算时间存在差异，导致资金流发生梗阻；跨国结算会因为货币汇率、外汇政策等原因遭遇资金流效率的下降；因为供应链中核心企业的财务利益，拉长账期也常见……从某种角度来看，资金流的顺畅程度是衡量一条供应链利益分享程度、协调效率和是否可持续发展的重要指标之一。

正是因为资金流的种种梗阻，一些供应链中的核心企业开始将目光转向资金集成。核心企业资金集成的好处至少有以下两个方面。

（1）服务自身供应链运作，增强对供应链的控制和协调能力。供应链中具有资金优势的企业并不多，甚至很多节点企业本身规模小、资产少、信用不足，它们很难从金融机构获得贷款或者融资。核心企业向供应链其他企业提供资金流支持，显然有助于供应链更加顺畅地开展业务。

（2）实现供应链业务增值和业务转型，拓展供应链外延空间。许多企业已经尝到了资金集成的好处，甚至一些传统制造和商贸企业的大部分利润来自其金融财务板块。例如，很多汽车公司向顾客提供消费金融，不仅拉动了汽车产品的销售，还从分期贷款中获得了金融收益。一些传统商贸型企业（如本章案例中的物产中大集团）甚至放弃了销售功能，而是将销售外包给第三方，转而利用自身的资金优势获得利益。越来越多的金融机构，如银行和财务公司甚至将供应链金融作为优质业务，借助核心企业的信用背书，对供应链进行封闭式资金管理和金融服务，由此收取金融服务费。

除了单纯的资金和金融支持，资金集成离不开物流和信息流的透明和通畅。如果仓储、运输和物管等环节的数据不透明，就很容易出现金融风险，这些风险不仅包括"道德风险"[⊖]，还包括操作上的风险，以及来自外部金融市场的系统性风险。本部分仅简单介绍供应链资金集成的好处，但如何集成资金、如何进行资金流控制、如何缓解供应链资金流中的风险，请读者参考本书第十二章"供应链金融"。

📖 **阅读小贴士**

蚂蚁金服的供应链金融服务

蚂蚁集团成立于 2004 年，经过 20 年发展，已成为世界领先的互联网开放平台，其使命是"致力于用科技让普通人和小企业享受平等的金融和生活服务"。蚂蚁集团将商家视为其产业链生态的重要参与者，扶持商家发展是其优先战略。为此，蚂蚁集团开发了多种通用化的商家贷款产品，比如面向菜鸟的"菜鸟应收账款融资"、面向口碑的"口碑贷"、面向淘客联盟的"淘客贷"、面向天猫的"天猫供应链质押贷"、面向线下收款商户的"多收多贷"、面向阿里妈妈广告主的"营销充值宝"、面向 1688 采购商户的"信任付"、面向农村淘宝农户的"旺农贷"。

在蚂蚁集团的产业链金融生态中，通过将支付宝、花呗/借呗、余额宝、网商贷等产品集成于支付宝 APP 这个软件平台，实现了生态互融、相互赋能、相互导流。蚂蚁集团由此成为我国金融行业中一个大型的数字金融服务提供商，对我国电商产业和供应链进行了极大的赋能。

二、制造型供应链的集成：以华为为例

物流、资金流和信息流并不能单独存在，它们必须依赖于流程。本部分将以华为集成供应链（Integrated Supply Chain，ISC）为案例讲述，读者不仅可以从中了解我国顶级企业是如何进行供应链集成运作的，而且可以明了：**整合供应链流程并非易事，不仅耗时而且费力，缺乏耐心的企业是无法做到供应链集成的。**

（一）华为的 ISC 历程

任正非曾如此评价华为 ISC 项目："集成供应链解决了，公司（华为）的管理问题基本上就全部解决了。"[⊖]

华为邀请 IBM 咨询团队为其设计集成供应链管理项目，该项目从 1999 年开始，至 2003 年初

⊖ 道德风险是博弈论中的一个经典理论，是指在信息不对称条件下，不确定或不完全合同使得负有责任的经济行为主体不承担其行动的全部后果，在最大化自身效用的同时，做出不利于他人行动的现象。这个概念起源于海上保险，1963 年美国数理经济学家阿罗将此概念引入经济学中，指出道德风险是个体行为由于受到保险的保障而发生变化的倾向。相对于逆向选择的事后机会主义行为，道德风险是交易的一方由于难以观测或监督另一方的行动而导致的风险。对道德风险感兴趣的读者，可参见：谢识予. 经济博弈论［M］. 4 版. 上海：复旦大学出版社，2017.

⊖ 华为实施 ISC 的背景如下：1999 年之前，华为业务不断增长却面临管理失控的状态——订单准时交付率只有 50%，远低于 94% 的业界平均水平，库存周转率为 3.6 次/年，远低于业界平均的 9.4 次，交付周期需要 25 天，远高于当时的业界平均 10 天的水平。

步建成。此后，华为和 IBM 咨询团队不断推进华为 ISC 项目，对华为供应链的 50 多个子流程（下级流程多达数百个）进行了全面优化，将供应链管理和华为研发流程 IPD 界面高效融合[⊖]，使华为彻底摆脱了供应链混乱无序的状态。到 2008 年，华为建成了全球集成供应链（Global Supply Chain，GSC）体系。至此，华为为其供应链体系投资高达 40 多亿元人民币，耗费近 10 年时间。2011 年，为适应多产业发展，华为进一步调整了 ISC 架构，为华为成为全球第三大手机制造商奠定了坚实的研发和制造基础，如图 5-11 所示。

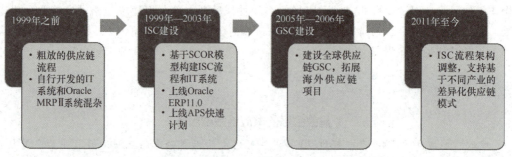

图 5-11　华为供应链建设的历程

（二）华为旧供应链的八个问题

接下来，看一下华为实施 ISC 之前存在的八个问题，如图 5-12 所示。当然，这些诊断都来自 IBM 咨询团队的分析[⊖]。

图 5-12　华为旧供应链的八个问题

1. 需求预测不准确

旧供应链中 80%~90% 的预测是基于洽谈中的项目（其中很多项目仅在意向阶段），没有任何销售运营计划（Sales&Operation Planning，S&OP）流程[⊜]，预测准确度并不高。这些不准确的

⊖　IPD（Integrated Product Development）集成产品研发项目是 1999 年与华为 ISC 项目同时进行的另一个革命性项目，该项目优化了华为的研发流程，极大地提升了华为在通信领域的科技强者地位。

⊖　袁建东. 供应铁军：华为供应链的变革、模式和方法 [M]. 北京：机械工业出版社，2020.
　　辛童. 华为供应链管理 [M]. 杭州：浙江大学出版社。2020.

⊜　有关 S&OP 计划请参考本书第七章第四节。

销售预测反馈到生产部门就引发了订单的剧烈波动——30%～40%的销售订单是急单，并且没有给生产部门任何提前预警，给物料需求计划（Material Requirement Planning，MRP）造成了极大压力。销售预测不稳定让公司管理人员耗费了大量精力在供应链后端进行协调，导致华为的管理效率低下，内部冲突频繁。

2. 采购标准不统一

旧供应链中配件的供应商数量和质量控制标准不统一。有些配件的供应商太多，有些却太少；有些供应商的配件质量好，有些质量差。供应商数量和质量不一致，增加了产品生产部门零部件短缺和生产的产品质量差的风险。采购部门仅和极少数供应商签订了正式的采购协议，对其他供应商则缺乏有效的管理和控制。供应商常常无法有效配合，对于一些紧缺物料，供应商很难保证正常供货。在产品研发的早期阶段，采购没有充分介入供应商的选择，导致对产品有需求时只能"临时抱佛脚"，不仅拉高了采购成本，还无法保障器件的供应和质量。

3. 订单履行能力低

旧供应链中华为的订单流程使用了许多模块系统，非常复杂。这些模块系统没有集成在一起。流程中涉及许多部门，这些部门也没有整合在一起，导致客户无法了解订单流程的去向，也不知道订单处于何种状态。销售人员在签单时得不到可靠的供应信息，导致承诺的发货日期无法匹配公司的生产计划和产能，从而失信于客户。

4. 交付周期长

旧供应链中物料采购周期较长，电子类物料的平均采购周期为 12 周到 16 周。生产周期也长，从半成品到整机有时需要一个月时间。许多客户的定制化产品，订单经常欠料找配，导致给客户的齐套交付周期非常长，准时交付率很低。

5. 生产变更频发

旧供应链中工程变更（Engineering Change Order，ECO）十分频繁，生产物料表（Bill of Material，BOM）信息经常变化，导致 MRP 无法提前执行和驱动生产。生产计划不合理使得生产所需的物料有的到达不及时，而大量的物料和半成品库存过剩，影响了库房收发物料的效率。生产部门只能组装现有物料，等新物料到达时再上线补工序，结果造成大量人力和时间的浪费。由于成品不齐套，不得不延期发货。库存信息不透明，常常靠人来沟通，手工做账并调转物料。生产计划的物料采购、库存管理、物流的运输安排都直接影响了生产流程的效率和生产周期。

6. IT 系统混乱

虽然华为在 1996 年就引入了 Oracle 的 MRP 系统，但客户关系管理（Customer Relationship Management，CRM）系统等却是临时添加的。这些 IT 系统分别在不同的平台和环境中运行，并且只关注某个环节的业务，没有办法和其他系统的流程数据进行融通，底层的供应链技术也没有形成企业级的工作流，工作环节和职能部门仍然在"数据孤岛"中各自为战。

7. 缺乏供应链评价标准

业界的大型企业一般会从供应链的可靠性、响应性、柔性、成本和资产利用效率这五个角度来评价供应链绩效。但华为旧供应链并没有一个系统的供应链绩效评价指标，也没有主动收集国内外电信设备厂商的相关表现，从而无法对供应链的现状与问题进行有效管理、跟踪和改善。

8. 组织机构效率低

旧供应链中，华为内部各部门层级较多，各部门各自为政，相互割裂，不愿意共享信息，缺乏沟通合作的意识，无形中造成工作效率的低下。例如，华为代表处人员没有足够信息解决客户问题，经常出现客户工程师在升级软件后一个月才收到操作手册的情况。客户工程师根本不知道交换机的精确配置，每次都必须赶到现场才能发现。

（三）华为的 ISC 变革措施

在 ISC 变革之前，华为的供应链是烟囱式的独立模块，供应链各个环节是封闭的，信息既不透明也无法共享。所以对 ISC 项目组而言，当时最需要做的就是构建供应链内部流程体系，即构建计划、采购、订单、制造、交付、物流等核心技术能力，改善原来的销售、计划、采购、生产、交付等流程，形成以计划驱动，采购、生产、物流、销售模块相互协作的规范化供应链管理。下面我们来看看华为是如何优化的。

1. 优化销售订单管理流程

（1）针对原来销售流程缺乏生产状态可视性的问题，华为 ISC 延伸了原先的 MRP 系统，使得销售人员也能访问和跟踪订单在生产过程中的状态。帮助销售人员对客户做出正确的承诺和快速的响应，同时增加合同的解释功能，方便销售人员在进行项目和条款核对后做出承诺，减少合同错误。

（2）在销售流程中引入集成销售配置器，并用 Web 的方式开放给客户，为期提供更多标准配置的选择。这么做的结果是使订单配置准确性和客户满意度都提高了。与此同时，合同处理流程和整个订单的交付周期也缩短了。

2. 优化计划调度流程

ISC 项目在计划流程中引入了 S&OP，对华为市场营销、销售计划、制造、研发、采购和财务方面的有效资源进行综合平衡，以此保证各部门计划协调一致，实现公司的总体经营战略目标。

（1）S&OP 包括客户订单、生产计划、产能规划、采购和库存管理计划。S&OP 将华为三到五年的战略规划和一到两年的业务计划细化为市场、销售、研发、采购、MRP、制造、ERP 和产品管理等各个环节的运作计划，并根据客户需求的变化，动态调整具体运作环节的计划，并在每个月定期滚动发布。

（2）利用全面订单管理（Total Order Management，TOM）模型来管理计划和订单，将制定计划时涉及的判断、排序、取舍、权衡提炼成业务规则，并固化到应用系统中，减少人为干预，形成规范化管理，避免因为紧急订单而导致的计划变更行为。

（3）通过销售、计划、采购、生产、仓管部门共享系统数据库，提高订单采购需求、生产计划和库存等基础数据的准确性。

3. 优化采购流程

（1）与财务部门密切配合，统一采购流程，确定"四重匹配"原则和要求：与供应商签订的合同，给供应商下的订单、入库单以及供应商提供的发票，必须相互匹配，发票不再由采购部交给财务部，而是由供应商直接寄到财务部。这种做法对采购起了一定的约束作用，可以有效减少腐败现象，也起了内控监督作用。采购部还确定了阳光采购、价值采购的采购理念。

（2）对采购物料进行分类，并对不同物料建立采购专家团，形成供应商的分级管理，改变过去与供应商的贸易敌对关系，与核心供应商建立战略合作伙伴关系，互惠互利，相互支持，共同发展，加强采购的绩效管理。

（3）推行基于业界最佳实践的"TQRDCE"供应商认证流程，按照技术（Technology）、品质（Quality）、响应（Responsiveness）、交付（Delivery）、成本（Cost）、环境保护（Environmental）六大要素选择和认证供应商，降低采购成本和提升来料质量，获得综合采购优势。

（4）从产品研发阶段就要求采购介入，寻找可靠的有能力的供应商，共同开发新产品，与供应商共享需求信息，提前备料，增加产品供应的齐套率。

4. 优化制造流程

（1）由于计划流程的变革，使得生产计划变得准确，采购的物料也更能满足生产计划的时效要求。同时 ISC 项目还升级完善了 Oracle 的 MRP Ⅱ 系统，使系统基础数据更加准确和完善，提高了生产流程的效率。

（2）针对不同的产品需求，制造部建立了不同的生产模式，如按订单生产（Make to Order，MTO）或备货生产（Built to Stock，BTS）模式，并融入准时化管理思想（Just in Time，JIT）和全面质量管理的管理思想（Total Quality Management，TQM），将一些工艺条件成熟、技术稳定的产品和部件发给外包工厂生产，使制造部能够腾出生产设备和人力生产新产品和工艺难度大的产品，做到增产不增人、少增人，提高人均生产效率和制造柔性。

5. 优化仓储和物流管理流程

采用条码、射频识别等技术，减少手工作业，对供应商的来料库存及盘点进行高效管理，同时建立自动物流中心和自动立体仓库，通过现代化的技术手段提高仓库和物流的运作效率，减少物料移动，缩短生产作业周期。

6. 集成各流程环节 IT 系统

ISC 的主要目的是将各个碎片流程集成起来，将各部门使用的各个流程环节的 IT 系统集成到一个系统平台。

（1）对原 MRP Ⅱ 系统进行版本升级，解决原有功能模块应用中存在的技术问题，并增加应用功能。比如建立 ECO 管理工具，帮助研发和工程部门对 ECU 变更做出有效预估，预知 ECO 变更对整个供应链的影响，如成本、物料、供货期等，使 ECO 更好地被评估、管理、计划和推行。

（2）根据华为的业务运作模式，对公司内部使用的 IT 系统进行改造，以支持内部供应链的主流平台 Oracle MRP Ⅱ 系统中心库为基础，将各部门使用的分散数据孤岛集成到一个统一的平台之上，共享唯一的数据源。通过数据接口统一数据标准，保证数据的一致性和完整性。通过 ISC 项目，华为的 IT 系统集成了 MRP Ⅱ 的物料需求计划、APS 高级计划与排程系统、采购系统、订单履行系统、物流管理系统、人力资源管理系统，以及 CAD 计算机辅助和其他 ERP 企业资源计划系统模块、CRM 相应的系统。这样，华为的计划、调度、工程、采购、生产、制造、物流交付和客户服务等工作都被有效衔接和协同起来。

（3）通过 ISC 着手建立业界最佳实践、历史问题、解决方案的知识库，对来自客户和公司内部的所有问题和需求进行跟踪和管理，为产品升级、服务改进、流程优化提供客观依据并实现知识共享。在知识经济的今天，这个平台已经成为华为最大的知识财富。

7. 组织变革

（1）ISC 项目根据新流程的步骤和需求重新设计了新的组织架构和相应的角色和职责。对原来的组织架构进行调整，同时兼顾公司文化绩效考评系统，以确保变革后的流程顺畅运作。通过 ISC 项目，公司改造了原来的制造管理委员会，将原来的制造部、计划部、采购部、进出口部、认证部、运输部和库存管理部合并为一个大的供应链管理部（也就是今天华为的首席供应官前身），由副总裁分管供应链管理部。

（2）为确保 ISC 项目成功，任正非亲自督导成立集成供应链变革指导委员会，在变革项目启动之初就指示"全公司上下一条心，一定要把集成供应链项目做成功，谁阻挠我们前进，谁就靠边站，我们不允许有绊脚石的存在"。在这样的指导思想下，ISC 变革项目组将所有设计流程的部门负责人都纳入项目执行团队，谁执行不好，谁就承担直接责任（扣减奖金、冻结奖金或换人），将变革阻力降到最小。

（四）ISC 给华为带来的蜕变

2003 年，华为 ISC 项目完成了一体化供应链所需的流程建设，华为的供应链管理有了质的提升，具体体现在以下几个方面。

（1）华为成功地整合了内部订单处理、采购、制造、物流、交付的流程，供应链系统的效率得到了极大提升，响应能力、灵活性、客户服务能力都得到了极大改善。比如，客户满意度提高了15%~30%；库存周转率提高了近60%，从原来的3.6次/年上升到5.7次/年；订单履行周期缩短了30%以上，从原来的25天缩短到17天；成本降低了25%以上，订单准时交货率已经从变革前的50%上升到65%。

（2）通过ISC变革，华为的采购与供应链团队学会了用全流程的观点看待、分析和解决问题，学会了相互理解与团队合作。华为建立了新的采购理念和准则，创立了选择和管理供应商的"三阶九步法"，创立了从管理需求、执行采购到供应商评审的端到端的采购流程，也创立了与之相配套的组织模式。采购环节不再单打独斗，成为华为供应链最重要的一环和供应链赖以存在的基础。

（3）变革之前，华为并没有供应链管理的概念，只有一个制造部负责牵头协调各部门的工作。变革以后，原来的各职能部门如制造部、计划部、进出口部、采购部、认证部、运输和库存管理部合并到一个大的供应链管理部，形成了一种合作、共享的团队文化。通过ISC变革，华为将供应链放到一个前所未有的高度，对供应链管理建立起一系列的绩效评估指标，如客户满意度、准时交付率、交付周期、库存周转率、总成本降低率、资产效率、现金周转天数等。

（4）华为ISC以客户为中心，贯穿从供应商到客户的整个过程。并最终为客户服务。客户和供应商成为华为供应链的一部分，是与华为形成互动关系的供应链流程参与者。ISC有效支撑了华为产品的交付和与研发的协同。

（5）ISC项目在国内取得了巨大成功，奠定了2008年华为GSC项目的基础。GSC项目复制了ISC项目的理念，不仅帮助华为实现了全球网络的设计，而且帮助华为实现了全球均衡的供应链管理——集成的销售预测和运营计划、统一的全球订单管理、高效的全球物流服务。随着华为研发的国际化程度加深，**ISC和GSC项目帮助华为实现了"一完成IPD，立即启动ISC"的快速供应链反应**，奠定了华为成为世界顶级通信设备和消费电子研发和制造商的基础。

本 章 小 结

本章首先介绍了供应链核心竞争力的重塑问题，尽管这些理论来自战略管理，但它们对读者理解当代供应链核心竞争力仍然具有很强的指导意义。外包和集成是增强供应链核心竞争力的两种方式，了解为什么要外包和集成以及外包和集成中的注意事项，可以帮助读者从更多的角度去看待这两种方式。本章深入讲解了供应链外包的形式、如何评估外包还是自制以及外包过程中的风险；同时通过华为ISC项目更加详细地介绍了如何集成供应链，以及在这个过程中涉及的问题。供应链的外包和集成是一个非常有内涵的问题，它值得读者进行更深入的探讨。最后，我们想再次提醒读者：外包和集成都依赖于流程，只有更好地设计和使用流程，才能更好地实现供应链的核心竞争力。

🧠 思考与练习

1. 外包对企业的核心竞争力有非常重要的作用，请问外包究竟给供应链带来了哪些好处？你能举出更多的例子吗？除了本章开头将盆景与供应链外包集成进行类比之外，你还能举出其他的例子吗？请尝试写一个小故事，将该例子与外包和集成进行糅合。

2. 如何理解外包是供应链战略联盟的一种形态？请问在现实的供应链实践中，哪些企业在供应链外包方面堪称典范？请从战略角度和财务角度对它们的外包决策进行评估。

3. 请选择一条供应链或者某个企业，尝试用流程管理的理论和方法对其进行诊断和分析，并尝试给出一些建设性的意见和建议。

本章案例

物产中大的智慧供应链集成服务

位于浙江省杭州市的物产中大集团（简称"物产中大"）是国内知名的供应链集成服务商之一，它的使命是"物通全球，产济天下"，致力于以供应链思维做产业链整合，注重运用信息化手段和数字化技术构建物产中大生态圈，与合作伙伴共享价值。在 2020 年的《财富》世界 500 强榜单中，物产中大以 519.54 亿美元的营收位列第 210 名。物产中大 2020 年财报显示，公司实现净利润 23.13 亿元，同比增长 11.55%；一季度净利润为 8.67 亿元，同比增长 68.26%。本案例将介绍物产中大如何通过供应链集成在大宗市场中保持竞争优势 ⊖。

一、背景介绍

物产中大成立于 1992 年，前身是浙江中大集团股份有限公司，成立之初主要从事大宗商品贸易业务，通过买卖差价赚取利润。千禧年之后，国际大宗商品价格波动频繁且剧烈，尤其是 2008 年国际金融危机后，国内钢材、煤炭、有色金属、能源等价格持续走低，大宗商品流通业陷入漫长寒冬。作为国内排名前列的大型流通企业，物产中大也不例外——产能过剩、库存高企、融资压力大等问题带来了巨大的经营问题。

为应对国内外两个骤变的市场环境，为提升抵御外部风险和压力的能力，2015 年，物产中大从盈利来源（从单一到多样）、风险管控（从敞口到锁定）、运作方式（从分散到平台）、服务对象（从产品到客户）、经营理念（从贸易到服务）等角度对传统和现代流通与供应链服务进行了全方位梳理和对比，对自身角色进行了重新定义：在新的时代，流通企业不能局限于流通这个环节，而应承担起产业组织者、生产参与者、品牌共建者、价值共创者、服务增值者的角色。2016 年，物产中大正式将自己定位为"国内供应链集成服务引领者"，逐步向产业生态组织者转型，在为客户提供供应链服务的过程中通过项目集成、供应链集成来实现区域集成、系统集成，实现更大增值空间并获取收益，如图 5-13 所示。

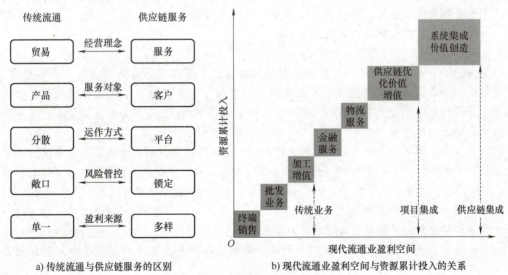

a) 传统流通与供应链服务的区别　　　b) 现代流通业盈利空间与资源累计投入的关系

图 5-13　传统流通与供应链服务的区别和现代流通业盈利空间与资源累计投入的关系

⊖ 本案例是对第三节制造型供应链集成这部分内容的呼应，意在给读者展示供应链集成思想可以有更广阔的行业应用情景。

二、流通4.0——"四流五化一体"供应链集成服务

"流通4.0"是物产中大供应链集成服务的指引。其目标是：紧紧围绕实体企业和大项目大工程客户的痛点、难点和需求点，依托强大的资源组织、网络渠道、品牌运营等专业优势，通过"五化"打造系统能力，联动"四流"，深化供应链集成服务模式，以金属材料、化工、能源、汽车等主要产品为载体，为供应链上下游客户和产业集群提供原材料采购、加工、分销、物流、金融、信息等高效率的集成服务，并积极实施数字化转型，通过网络协同和数据驱动，打造一体化智慧供应链，与产业链上的合作伙伴共建"共生共赢"的生态圈。

物产中大的供应链服务集成商业模式如图5-14所示。

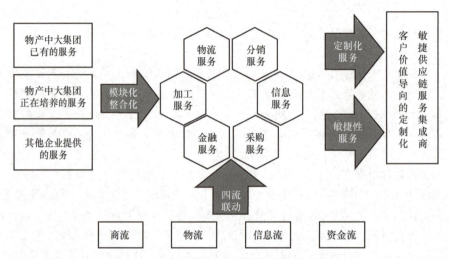

图5-14　物产中大的供应链服务集成商业模式

1. 四流联动

四流指的是商流、物流、资金流和信息流。物产中大对于自身连锁经营、电子商务和物流配送活动中产生的商流、物流、资金流、信息流进行"四流联动"集成管理，进一步深化供应链集成服务创新模式，创造深远持久的经济效益。

2. 五个变化

（1）平台化：依托互联网、物联网、大数据和云计算等现代信息技术，打造服务标准化、管理精细化、业务金融化和运营市场化的O2O运营管控平台，使流通业从以营销人员为中心的非标准化时代迈向以平台为中心的标准化时代，借助"互联网+流通"实现全国乃至全球范围内的资源优化配置和整合运营。

（2）集成化：依托平台实现四流协同，优化服务，不断推进流通主业的广度与深度，在服务对象上不断巩固中小企业市场，积极拓展大企业、大项目；在商业模式上，转变传统大宗商品贸易方式，通过"上控资源、中联物流、下建网络"，深入挖掘供应链全链供需服务，实现四流联动。

（3）智能化：依托供应链集成、产业链集成、生态圈共同体等平台，高效协同、敏捷响应，实现生产端柔性化制造，满足消费者驱动的个性化需求。

（4）金融化：公司依托平台实现产业资本、商业资本和金融资本的深度结合，做到互为支持、互相需求。

（5）国际化：公司依托平台实现全球市场跨境互通、资源整合发展。立足国内市场、面向国际市场，加大海外市场开拓力度，使经营外向度不断提升。

三、发展战略——"一体两翼"业务体系

"流通4.0"有两个要义：第一是产品创新，第二是服务创新。物产中大前董事长王挺革表

示："未来的工业服务业要想真正具有竞争力，一定蕴含两样东西，就是'服务+金融'"。

物产中大"一体两翼"的新时期发展战略是指在"流通4.0"的思想指导下，以"智慧供应链物流服务"和"特色供应链金融服务"为翼，巩固提升"供应链集成服务核心主业"的行业龙头地位，按照"以供应链思维做产业链整合，构建物产中大生态圈"的实施路径，努力塑造战略协同、周期对冲、产融互动的产业格局，全面聚焦可持续高质量发展。

1. 智慧供应链物流服务

物产中大的智慧供应链物流运用物联网技术将终端数据传送到大数据中心，通过实施监控达成全方位的物联效果，降低供应链集成服务成本，提高利润率，稳固核心主业的行业龙头地位。智慧供应链物流服务是对其现有物流资源合理规划集成后的产物。物产中大有一个"百仓计划"，以子公司物产物流为承载主体，将自营物流同物流环节外包服务商资源整合起来，构筑成一个庞大的物流网络。以线下大宗生产资料为主的物流基地实体网络布局，以线上互联网、物联网、大数据、云计算、区块链等现代信息技术为支持的物流信息平台搭建，共同构筑起集成智慧供应链物流服务。

物产物流已逐步形成区域联动、网点协同的物流网络。截至2022年年底，物流网点数已达154个，其中带码头仓14个、泊位51个、铁路专用线10条，主要分布在华北、华东和华南等大宗商品核心物流节点区域，综合物流服务量突破5500万t，荣列全国物流50强。物产物流持续推进物流仓储智能化管理模式，以实施管理标准化、装备现代化、运营信息化、决策智能化为目标，打造智能化仓储管理模式，并逐步推广复制到整个物流网络，支撑"百仓计划"实现。

2. 特色供应链金融服务

（1）利用信用和资金优势提供供应链金融支撑。物产中大是全国首家获得双AAA信用评级的地方流通企业，截至2023年3月，获得授信总额度1951.56亿元。通过资金集中管理平台，开展银企战略合作、创新融资方式，物产中大的整体综合融资成本低于社会平均融资成本。同时，物产下属公司——物产融租发挥注册资本在浙江省内位居前列、租赁车辆保有量省内领先的优势，为汽车流通与供应链上下游客户提供融资租赁、商业保理等支持。

（2）发挥现货端产业优势、期货端经验技术优势为供应链集成服务保驾护航。物产中大的成员公司立足现货，积极利用期货工具，帮助客户平抑现货商品价格周期波动，稳定主营业务收益。其中，物产下属公司——物产中大期货是我国老牌期货公司，在全国设有30多家营业部，为集团内部及产业客户提供产品销售、套保策略、交割服务、风险管理在内的多层次服务。

（3）利用区块链技术在供应链上下游成功探索"信用币"机制。物产金属联合主流钢厂、银行，合作开发以区块链技术为核心的应收账款平台并将其逐步推广，大大加强了与上下游客户的合作紧密程度和黏性，提升了资金使用效率。

四、创新经营——集成服务产业实践

1. 物产金属：基于系统性解决方案的金属材料供应链集成服务

钢材是物产中大供应链集成金属材料业务的最大种类。集团采用的业务模式主要包括集购分销、配供配送、综合集成服务等，并通过增值服务如物流服务、加工服务、金属嵌入等，系统地为客户提供全行业解决方案。以钢铁为例：集团上游的原料（端矿石）供给国际化采购渠道十分丰富；中游链接超过80家长期协作的大型钢厂，钢材资源网络遍及全国；下游围绕核心优质客户，在成本控制、库存风险、资源组织等方面给予终端产业集群和大型产业客户一系列的处置方法。除解决基础的需要之外，整个市场网络还遵循"一带一路"倡议纲领，将触手延长至该倡议覆盖的周边地区和国家，真正成为市场和钢厂的链接枢纽。

2. 物产能源：基于贸工一体化的能源供应链集成服务

物产中大不仅利用集购分销这一渠道为各大煤企提供无缝衔接的完善服务，还通过统计集中下游订单，在上游以大型煤厂为主进行集中采购；下游开发终端技术，笼络直接客户，利用金融、加工、配煤、物流等增值服务，匹配上游资源和下游客户需求，形成一系列黏度强的客户群体。同时，集团按照能源实业结合能源贸易的战略思维，通过"降低风险"为上游客户提供稳固的需求。物产集团通过新建和并购等一系列方法扩充热电联产规模，有效对冲煤炭贸易风险，逐步拓展热电联产业务，从而为上游和下游的客户提供廉价、绿色、清洁的能源。

3. 物产化工：基于垂直产业链整合的化工供应链集成服务

物产集团化工业务重点采纳供应链集成、产业链延伸、集购分销等业务模式，形成了以化工贸易为主体，以化工物流、医药生产为羽翼的发展格局。通过垂直产业链整合，做好上游渠道延伸工作、中游生产主导工作、下游市场衔接工作。通过向生产型企业提供供应链服务，从发展经营业务变为经营资产和资本运作，并从中获得稳固的供应链服务价值收益。聚焦农产品、石化产品，复制聚酯、聚烯烃、油品等行业，深度整顿、协调、重新组合流通环节，提升盈利质量。

4. 物产汽车：基于全生命周期覆盖的汽车供应链集成服务

公司覆盖的汽车全生命周期服务产业链包括汽车的修理、销售、二手交易和回收拆解等业务。公司在汽车领域主要通过并购高端品牌消费市场，打造"车家佳"平台（汽车线上线下一站式的新零售平台）。公司拥有已经实现代理权的品牌系列将近50个、网点超过200家、累计用户冲破200万；零部件平台正在对供应链平台建设进行深化，二手车业务的拍卖规模位于业界前列。

（资料来源：见参考文献[42-46]，经编者修改整理。）

🔅 案例思考：

1. 传统物流服务和集成物流服务有什么区别？你觉得价值增值和资源投入形成向上倾斜的曲线是一条怎样的曲线？其背后的含义如何？

2. 你认为物产中大的"四流联动"中，最重要的是哪个？为什么？

3. 集成思想对物产中大的发展起了什么样的作用？你认为还有什么地方可以改进？

第六章

供应链的采购管理

本章引言

作为供应链上游运作的首要环节，采购管理的优劣对企业的运作绩效会产生直接影响。通用电气公司前 CEO 杰克·韦尔奇（Jack Welch）说过这样一句话："采购和销售是公司唯一能'挣钱'的部门，其他任何部门发生的都是管理费用！"尽管有点绝对，但"50%~

第六章配套课件视频

85%的成本是支付给供应商的"这一事实印证了采购管理的重要性。出色的采购管理让许多企业获得了巨大的市场竞争优势，同时许多知名企业却因采购管理不善而遭受了巨大的损失。虽然不同行业的供应链采购模式存在不同，但相互借鉴可以启发商业模式的创新。

学习目标

- 掌握采购管理的重要性和相关管理要点
- 理解供应链环境下的 JIT、VMI 及其他采购模式
- 掌握进行供应商选择、评价和绩效考核的相关方法
- 理解供应商关系管理

第一节　供应链中的采购管理

一、为什么要进行采购管理

（一）产品成本的构成比例

先来看一组数据，表 6-1 显示，不同手机品牌的硬件成本/零售价之间的比例均在 1/3 以上，这部分硬件大多采购自供应链上游的供应商。小米 11 使用的高通骁龙 888 芯片的采购价接近 200 美元，而 iPhone13 的 A15 处理芯片只有 45 美元。不同的采购价格造成不同企业的净利润存在很大差异。

表 6-1　不同手机品牌的硬件成本、比例数据

品牌商	型号	硬件成本/零售价（%）	硬件成本/美元	净利润（%）	发布日期
苹果	iPhone13	37.1	407	24.21	2021 年 9 月
小米	Mi Mix Fold	38.5	601	4.87	2021 年 4 月
三星	Galaxy Z Fold3	39.4	710	约 9	2021 年 8 月
华为	Mate 40E	51	367	约 8	2021 年 3 月

全球工业产品的成本构成中，虽然原材料及零部件采购成本比例随行业不同而不同，但在制造业中的平均水平在60%以上（我国为70%以上）；即便是人力成本高昂的软件行业，采购成本也占据了总成本的近1/3，如图6-1所示。**采购是企业成本控制的主体和核心内容**，但现实中有许多制造业企业在控制成本时将大量的时间和精力放在占比不到40%的企业管理费用以及工资和福利等方面。事实上，采购成本每年都存在5%~20%的潜在降价空间。

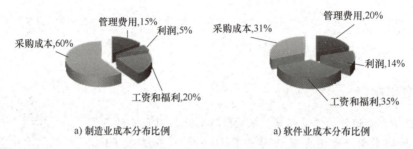

a) 制造业成本分布比例　　　　　a) 软件业成本分布比例

图6-1　全球工业产品成本构成的平均比例

（资料来源：包兴，肖迪. 供应链管理：理论与实践［M］. 北京：机械工业出版社，2011.）

（二）采购的杠杆效应

杠杆效应是指通过一个较小的代价即可获得较大的收益。例如：房屋按揭贷款时，首付30%即可完成房屋的交易，那么杠杆为1/0.3=3.3倍。而事实上，类似的"杠杆效应"也存在于企业的采购过程中，以下我们将通过两个算例来分别描述采购成本的节约将如何对企业资产回报率（Return on Asset，ROA）以及销售额起到杠杆作用。

算例1： 假设A企业的净资产为1000万元，原材料采购成本为1000万元，人工及其他管理费用为500万元，销售收入为2000万元，假设年资产周转率为2次，则此时净资产回报为50%。如果原材料采购成本降低10%，其他费用条件均不变，则此时净资产回报率为60%，比先前上升20%。也就是说采购成本对企业ROA产生的杠杆作用为2倍。计算过程如图6-2所示。

算例2： 假设B公司的利润率为5%，在其他条件不变的情况下，B公司每节省1元的采购成本，若公司想靠增加销售收入来获得同样的利润，则需要增加多少销售收入？该算例中，

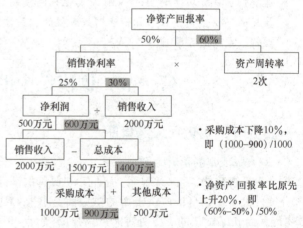

图6-2　采购对净资产回报率的杠杆作用

采购中每节省1元的成本都会直接转化为1元的利润，若销售收入不变，节约1元成本时的利润为（销售收入×5%+1）元；若采购成本不变，销售收入每增加 x 元时的利润为［（销售收入+x）×5%］元。若要利润相等，则上面两式取等号，计算出 $x=20$ 元，也就是说，采购成本对销售收入的杠杆作用为20倍。

上述两个算例的启示如下。

（1）降低采购成本，可以获得更高的资产回报率。

（2）通过增加销售收入获得1%的利润很难，但通过采购节省1%的成本相对容易。

二、什么是采购管理

供应链运作的一般流程是"采购—生产—销售"。采购处在上游，没有采购，中游的生产和下游的销售就不可能进行。对采购进行有效的管理，保证以最优的采购成本创造最大的采购效益是所有供应链追求的目标。肯尼斯·莱桑斯对供应链中的采购管理做了如下定义：

采购管理不论作为企业的一种职能，还是作为整个供应链的一部分，它既包括以最有效的方式在合适的时间采办或协同用户采办恰当的质量、数量和价格的货物，又包括管理供应商，并由此对企业/供应链的竞争优势和共同的战略目标做出贡献。

任务1：支持供应链总体目标。这项任务需要企业决策层、采购部门及其他各部门相互协调。只有采购部门的绩效最好，并不代表企业总体的绩效最好。例如，如果采购批量大，供应商可能提供批量折扣（采购价格会降低），同时订货批次会减少（运输成本会降低），但这么做的结果是仓储库存量增加，库存持有成本和跌价风险都在上升，资金周转效率也下降了。此外，过高的库存也可能掩盖供应链运作的质量缺陷。华为的做法是，**将采购集成到产品研发和制造的各个计划之中，加强不同部门之间的协调，明确采购需要支持供应链的短期、中期、长期目标。**例如，若供应链的目标是降低质量缺陷，则需要做好采购质量管理；若目标是提高资金周转率，则需要联合财务部门进行资金流管理；若目标是采取价格竞争策略，则需要做好价格谈判和采购成本控制。

任务2：支持供应链流程（如生产或分销）的运作需求。采购部门不仅需要确保"量"，还需要根据下个流程的节拍来确保"量"的供给。原材料和零部件的缺货或者延迟交付会造成整条供应链的交付延迟，轻则需向客户支付赔偿金，重则可能对整条供应链造成致命打击。例如，2018年来的中美贸易摩擦导致上游供应商无法按时保量提供芯片，华为手机研发和制造进度受到严重影响，华为手机排名从2020年全球第二（仅次于苹果）滑落至2021年的第九位。该案例表明：**除了支持日常运作需要，采购管理还需要确保供应链安全和业务可持续性。**

任务3：保证采购流程高效。这里的高效既表示采购过程的高效率，又表示采购结果的有效性。一般的采购流程涉及计划、认证、订单、进货和管理评估五个环节，每个环节都有对应的具体采购活动。**采购流程的设计要避免过程中发生的摩擦、重复与混乱，提高资源的可利用性，减少不必要的浪费。**SCOR模型对采购流程有明确的定义：与原材料、组件、产品和/或服务的订货、交付、接收和传输相关的流程。SCOR模型将采购的流程细分为三类：库存类产品采购、按订单生产类产品采购和按工程设计类采购。衡量采购流程效率的一级指标主要是服务总成本、采购成本和物料落地成本$^\ominus$。

任务4：注重供应商关系管理。供应商的选择不能只注重短期和个别的交易关系，而应定位于长期的、充分共享信息的关系采购。这部分内容将会在第四节进行详细讨论，本处不再赘述。作为补充，读者也可阅读本章案例中的华为供应商管理。

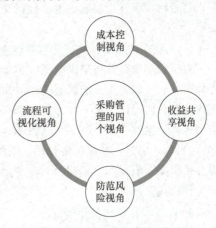

图 6-3　供应链采购管理的四个视角

三、供应链采购管理的视角

从不同的视角看待采购管理会有不同的结论，采取的采购策略也会不同，如图 6-3 所示。我们希望读

$\ominus$　请参考本书第十一章第三节的 SCOR 模型。

者能够通过多个视角去看待采购，尽管短期采购运作可能会聚焦于一两个角度，但是一个好的采购管理者总是能够在降低成本、提高收益、提高流程可视化和增强风险防范之间做好平衡。

（一）成本控制视角

1. 降低原材料采购成本

原材料采购成本的降低是采购管理最直接可见的经济效益。与供应商建立伙伴关系能大幅降低采购成本，提高企业的竞争能力。但是降低采购成本并不意味着一味降低采购单价，采购价格总会有"地板"——不能低于供应商的成本。不断压低采购价格反而会得不偿失，例如破坏合作关系、供应商降低质量等。越来越多的企业认识到：供应商不仅提供原材料和零部件，其后续的增值服务同样起了降低采购成本的作用。比如跟进企业新产品研发，保持稳定且一致的产品质量、高水平的产品交付能力等。

📖 **阅读小贴士**

苹果公司与供应商的合作

苹果公司的产品所需的材料和工艺与市场主流的材料和工艺有很大差异，这就意味着苹果公司很难使用标准化的材料和工艺，因此苹果公司在新产品研发方面具有高难度和高投入的特点。仅依靠自己的设计部门，苹果公司是无法完成新产品的设计和开发的，因为设计部门涉及的业务有限，对电子产品的零部件的了解程度也不够。为此，苹果公司和零部件供应商进行了大量广泛而紧密的合作。例如，苹果公司设计产品原型，供应商完成工艺设计，在提供零部件的同时对零部件进行升级改造，结果大大提高了研发效率（iPhone 的触摸屏等关键零部件就是苹果公司和供应商合作开发出来的）。从长期来看，供应商提供的增值服务减少了苹果公司的采购成本，增强了苹果公司供应链的竞争力。

---

2. 提高物流效率

物流是实现"极速供应链"的重要组成部分。通常，供需双方基于战略进行长期协作，可以有效降低物流阻力，生产、组装、配送等环节的效率可以大大改善。例如，汽车制造商将零部件供应商作为企业的延伸，将其设立在自己公司附近，零部件供应商的叉车可以开到企业的仓库，甚至将零部件直接送到生产线的工位上，这样不仅节省了运输成本，还提高了彼此的物流效率。

3. 降低库存水平，提高库存周转率

对于很多库存备货型供应链（例如商贸型和生产制造型供应链），库存水平控制的好坏、库存周转率的高低直接影响供应链的运作绩效。实践中，很多采购模式，例如准时制采购、供应商管理库存、协同计划预测和补货等都能有效降低库存水平和提高周转率，同时还能有效支持供应链运作。根据丰田汽车的实践，综合利用这些采购模式，可以使原材料和外购件库存降低40%~85%。当然，在数字化时代，还拥有更多的方式去进一步优化采购。例如，"让数字先跑、库存再跟上"就是一个思路，其本质是尽可能实现"接到订单后组织采购、生产"的拉式供应链运作模式[⊖]。

4. 改善质量，提高市场形象

作为影响产品质量的第一道关，采购质量直接决定了产品的质量。高质量的采购不仅降低

⊖ 有关拉式供应链的相关理论，请参考本书第三章第二节。

了生产成本，还在改善物流效率、降低库存方面起了重要作用。"质量是企业的生命"并不是一句已经过时的口号，许多企业因产品质量问题承担了严重的后果，忽视供应商质量管理是其中最大的问题之一。一年一度的 315 晚会曝光的产品质量缺陷有很多发生在采购环节。例如，媒体曝光了某品牌方便面的供应商在料包制作环节出现了质量问题，造成该产品销量大幅度下降，危及了该企业的整体市场形象。

> ### 📖 阅读小贴士
>
> #### 一汽大众的供应商质量管理
>
> 亚普汽车部件股份有限公司是一汽大众的供应商。一汽大众会定期派采购、质保及技术等人员到亚普，对其成本控制、质量管控及供货保障能力等各方面进行评审，并根据实际情况为其制订质量提升计划，确保亚普能够及时调整不足，不断完善发展。同时，一汽大众每年都会组织供应商培训，内容涉及从产品到管理等多个层面。全方位的质量把控和提升使得亚普不仅在"量"上得到了迅速发展，更在"质"上实现了飞跃。亚普年产量实现了从 200 万套到 1000 万套的突破，亚普从一个小企业发展成为国内外拥有 24 个生产基地和 4 个技术工程中心的全球性企业。一汽大众从中获益更多，高质量采购管理让一汽大众 2021 年的生产成本相较 2019 年降低了 40 亿元。

（二）收益共享视角

企业采购管理既要关注自身的收益，也要关注战略伙伴的收益。零售业中经常能见到收益共享的案例：为销售更多的产品，制造商降低批发价以增加下游经销商的订货量，下游经销商会将所获利润的一部分与供货商共享，双方共同协调供应链关系以获得全局最优。

> ### 📖 阅读小贴士
>
> #### 全局最优
>
> 全局最优源自数学优化理论。当供应链环节上的某个企业达到了最优时，整条链可能并不是最佳结果。譬如，制造商为追求生产成本最低，可能会不断要求供应商降低零部件成本，供应商出于利润考虑可能会降低零部件质量，这反而会加大制造商的后续质量服务成本。又如，零售业中，经销商经常延迟支付货款，这对它的财务绩效是有利的，却加大了供应商的资金周转压力，一旦供应商资金链断裂，经销商利益也会受损。

现实中，**想要供应链中的核心企业与上下游企业分享收益是一件困难的事情，但这并不表示核心企业就应该拒绝分享收益**。实际上，分享收益会使核心企业获得更多的收益。例如：供应商可以获得更加稳定可靠的零部件供应和合作关系（免去频繁更换供应商带来的适应过程），更好的后续服务（供应商参与新产品研发、零部件重新设计），更快的市场响应速度，危机时期的供应商忠诚度……

案例：丰田汽车与供应商的利益分享方式值得读者借鉴。丰田与零部件供应商常常相互持股，形成一荣俱荣、一损俱损的封闭合作关系，这种关系稳定且具有一定的排他性，使得丰田能够迅速对变化的市场需求做出反应。这种与供应商的"捆绑式"合作模式是丰田战胜美国三大汽车巨头的法宝之一。

帮助供应商增强研发、生产和流程优化也是一种收益分享方式。讯强电子是一家传统散热器供应商，2016 年开始与华为合作。在 5G 散热器转型开发过程中，华为帮助讯强实现了表面处理工艺等技术的突破；优化了加工工序和物流路径，大幅提升了产品质量、生产效率和供应能力，成本下降了 30%。和华为合作三年，讯强销售收入增长超过 20 倍。

（三）流程可视化视角

第四章介绍了供应链的信息扭曲和信息失真现象。信息传递过程的"不可视"也是造成采购决策失误的原因之一。注意：采购流程的透明可视是结果，其前提条件是建立和营造和谐的内部协调机制和顺畅的外部沟通方式。

1. 和谐的内部协调机制

内部协调机制是面向企业内部的。企业内部和谐是确保供应链采购流程透明可视的基础。如果企业内部各部门都不和谐，更不用提对外采购流程的顺畅。企业内部协调可以用"团队式"的采购组织来实现。在这种组织架构下，采购不只是采购部门的工作，还需要生产、销售、计划、财务等多部门人员集合到一起，明确采购目标，分解各自职责，协同其他部门发挥各自能力，进而形成一个跨部门、多专业和多功能的采购团队，减少推诿扯皮现象，确保采购流程的高质高效。例如，华为采购部建立了物料专家团（Commodity Expert Groups，CEG），各 CEG 负责采购某类/族物料，每个 CEG 都是跨部门团队，通过统一的物料族策略、集中供应商管理和合同管理来提高采购效率。

2. 顺畅的外部沟通方式

外部沟通机制是面向企业外部的，可通过信息共享来达成企业与供应商之间的运作协调。供应链信息透明不仅可以提高核心企业的采购效率，供应商的利益也可以得到保障（如更好的生产计划、库存管理等），数据共享带来的"共赢"伙伴关系也会进一步增强企业的采购绩效。关于这一点，沃尔玛的实践值得我们借鉴：沃尔玛把销售信息毫无保留地传递给供应商，实现信息透明、数据共享。这说明沃尔玛与供应商建立了一种互相信任、互相依赖的特殊关系，无论在形式上还是在内容上，双方已经联结成了一个系统。外部参与者还应该考虑给消费者提供沟通界面。例如，服装是一种典型的快销时尚产品，为减少库存过时风险，越来越多的服装品牌逐渐开始采用"需求拉动"式的采购策略。柒牌公司的做法是，首先打造企业数字化门户页面，展现企业的服装信息来供消费者挑选下单，再基于订单建立采购需求管理系统，结合物料库存数据，形成一份采购订单，最后进行服装面料的订购，依据面料入库时间安排生产线。

（四）防范风险视角

道德风险、不可抗力风险以及市场风险是供应链采购中经常遇到的风险类别。识别这些风险产生的原因可以帮助企业采取相应的措施来防范采购风险。注意：核心企业承担采购风险管理的主责，但并不意味着能够管控所有风险。中低烈度的采购风险可以通过机制和流程设计来防范，高烈度的风险则需要供应链上下游企业协同进行管控⊖。

1. 道德风险

信任是建立供应链战略伙伴关系的前提和基础，但其中存在极大的风险。每个企业都有自己独立的经济利益，为了追求本企业利润的最大化，企业的利己行为有可能损害供应链上其他企业的利益。现实中，大多数道德风险源自市场风险。为减少道德风险，采购管理中需要对供应链上的伙伴采取如下措施：①适时的考核，淘汰损害供应链绩效的供应商；②设计合适的采购合同并进行收益共享，防止败德行为的发生；③交叉投资或持股，形成供应链运作的共同体。

⊖ 读者可参考第四章第一节中的爱立信采购风险案例。本书第十一章第二节也介绍了风险评估和管理的相关知识，读者可前后对照参考。

2. 不可抗力风险

不可抗力风险通常来源于地震、火灾、海啸、瘟疫等自然灾难或者恐怖袭击、战争、政治动荡等人为灾难。**针对这些不可抗力，可通过事前供应链采购和库存设计来进行"冗余缓冲"**，如通过多源采购（提前确定备用供应商）来建立战略缓冲库存，或与其他同类型供应链共享原材料库存等。此外，供应链企业之间的资金援助和技术援助也是一种应对风险的方式。例如，"5.12"汶川地震造成长虹液晶电视生产线损毁，作为长虹液晶面板的供应商之一，LG公司立即斥资援助长虹，帮助其快速度过困境并恢复生产。新冠疫情期间，京东方为其供应商提供了信息共享技术，这也可视为一种供应链援助方式。

> 📖 **阅读小贴士**
>
> **京东方为柏瑞安提供技术援助**
>
> 福州柏瑞安是福州京东方的供应商，为福州京东方提供40多种产品，但是新冠疫情期间京东方订单经常发生变化，影响了柏瑞安的生产节奏。为了减少影响，福州京东方为柏瑞安提供了信息共享技术援助，将订单状态实时同步给柏瑞安。例如一个单子显示产品需求增加了3倍，交货时间由3天转变为2天，这种突发的客户需求严重影响了柏瑞安的生产节奏。借助京东方提供的信息系统，系统自动运算发现产能不足，柏瑞安得以及时调整生产计划，将不紧急的生产任务延后。同时系统能够把柏瑞安的生产情况传递给等货的京东方，实现精准生产。

3. 市场风险

（1）供应与需求的匹配。市场波动会造成需求预测不准确，这种不准确将向上反馈到生产、采购和物流各个环节。例如，2022年世界航空运输协会（IATA）报道：后疫情时代，航空业面临着严重的供需失配，航空发动机严重短缺是最主要的原因。飞机制造商缺乏足够的发动机，航空公司大量飞机因为等待发动机维保而无法飞行。财务压力、市场压力造成航空供应链上的企业出现"各自为战"的现象，原本有效的CPFR策略变得无效。注意：这个案例并不能说CPFR采购策略已经失效。任何采购策略都存在使用情景，在新冠疫情这样高烈度的突发事件中，很多供应链都会被击穿。

（2）原材料价格变动。采购中的大部分成本来源于原材料和零部件。2020年以来，各类原材料的价格暴涨，严重影响了供应链的采购成本。大宗原材料如铜、钢、铝、锌、PVC（聚氯乙烯）等的价格都出现了大幅上涨。2021年上半年，铜价从2020年初的38000元/t上涨到72000元/t；钢价从3500元/t上涨到6200元/t；铝价从14000元/t上涨到21000元/t；PVC从6500元/t上涨到9260元/t。芯片价格也出现了大幅上涨：以DDR 2GB Nand Flash为例，2021年3月原厂官方价格每条达1.4美金左右，较2020年一季度涨幅达79%；2020年第四季度以来，主芯片晶圆代工厂加价已超过15%，主芯片的封测价格已经上涨50%。糟糕的是，原材料价格疯涨的同时，生产链环节又出现了不同程度的减产停产，上游供应产能严重不足，对供应链采购计划造成了严重的挑战。

第二节　供应链的采购模式

很多供应链的成功是多种采购模式混合的结果，但要想成功实施这些采购模式，需要一系列流程优化和管理配套措施的综合保障和支持。本节将介绍供应链环境下的几种常见采购模式，并对这些采购模式存在的问题进行分析。

一、JIT 采购模式

（一）什么是 JIT 采购

JIT 采购（Just-In-Time Procurement）是一种完全以满足需求为依据的采购方法，其模式如图 6-4 所示。该模式的基本流程如下：第一步，需求方根据需要向供应商下达看板指令（Kanban）[⊖]；第二步，供应商根据看板，在指定的时间将指定品种、数量的产品送到指定的地点。

如果读者仔细阅读了第四章内容，就不难发现：**JIT 的本质是"数据先行"，看板就是确保数据先行的一种工具。**JIT 采购理念源自丰田生产理念。20 世纪 70 年代，丰田在分析其采购和生产过程中发现，企业在运作过程中的大量活动是不能增加产品价值

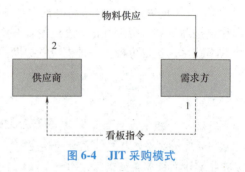

图 6-4　JIT 采购模式

的，例如订货、收货、开票和各类库存等。这些无效环节会产生浪费，JIT 采购的目标就是最大限度地消除这些浪费，最终逼近"零库存"的运作状态。JIT 采购在汽车工业和家电制造企业中得到了广泛应用，经过 30 多年的实践和研究，管理者和研究者总结出 JIT 采购的一系列特点，可以简单归纳为以下四个方面。

特点 1：单源采购。企业通常选取单一供应商作为某种零部件的供应商，通过技术支持、股权投入等方式建立长期的战略合作伙伴关系，充分发挥供应商的产能来降低采购成本。例如，施乐（Xerox）公司采用单源采购后，原材料采购平均成本下降 40%~50%。小米手机在创立之初只向高通采购芯片，这种方式简化了小米的供应链，降低了管理难度，加快了小米手机的市场推出速度。

特点 2：采购质量高。JIT 采购模式要求供应商按照供应链运作节奏将零部件直接送到指定位置，这就要求供应商确保采购质量。高质量的原材料可以省略耗时的质检环节，原材料可以直接由供应商送到生产线的工位上，采购效率大幅度提高。根据西门子的经验，JIT 采购可以使零部件的采购质量提高 2~3 倍，因质量缺陷带来的损失减少 26%~63%。海尔发现，大部分产品的质量缺陷和供应商有关，为确保其采购质量，海尔对供应商进行了严格筛选。

特点 3：小批量和多频次采购。小批量采购的出发点在于适应动态的市场需求变化，降低供应链中原材料、半成品（或在制品）的库存。小批量采购会增加送货频次，运输成本和运输过程的不确定性也会相应增加。为解决这两个难题，丰田将其零部件供应商设在公司附近，把供应商作为企业的延伸，这样就可以大大节约运输成本。根据丰田的经验，小批量和多频次采购可以使原材料和外购件的库存降低 40%~85%。风神小批量多频次的采购模式和丰田类似。在风神汽车广州花都工业园中，供应链配套厂商在同一个园区内设厂，上下游之间通过一套专用信息系统相连，确保物料和生产节拍同步，供应商可以直接将零部件送至风神汽车的生产线上，JIT 采购让风神汽车的物流总成本降低了 24%。

特点 4：信息和技术共享程度高。JIT 采购模式离不开信息技术的支持。通过信息技术，核心企业将生产计划、运输计划、库存水平和财务结算等关键信息与供应商共享。此外，为确保JIT 采购顺利进行，核心企业开始与供应商共享部分技术和管理，这不仅没有造成技术外溢，反而使核心企业在研发新产品过程中获得了供应商的技术支持。

⊖　看板在 JIT 中是一个信号系统，用于在工序、部门甚至企业间传递生产以及运输的信号。

📖 **阅读小贴士**

戴尔计算机的 JIT 采购

　　戴尔 95% 的物料来自供应商，其中 75% 来自 30 家规模较大的供应商，另外 20% 来自 20 家规模略小的供应商。戴尔几乎每天都要与这 50 家供应商产生一次或多次交互。如果戴尔生产线上某个部件需求突然增大导致原料不足，主管人员会立刻联系供应商，确认对方是否可能增加下次发货量。如果涉及硬盘之类的通用部件，主管人员就会立即与后备供应商协商。如果所有供应渠道都缺货，主管人员就会与公司内部的销售和营销人员协商，让他们与客户联系，争取把客户需求转向那些备货充足的部件，而所有这些操作都是在几个小时内完成的。为保证 JIT 采购，戴尔内的很多部门都要参与进来，和供应商紧密合作，在商品管理、质量和工艺管理等方面为供应商提供培训，帮他们改善内部流程。戴尔还把品质管理和计划流程等管理工具分享给供应商，帮助他们改善自身采购管理的水平。

　　（资料来源：吕英斌，储节旺. 网络营销案例评析 [M]. 北京：清华大学出版社，2004.）

（二）被扭曲的 JIT 采购

　　"迟到 1 分钟，罚款 200 美元"被一些供应链核心企业用来约束其零配件供应商的 JIT 供货。事实上，天气、意外事件（如 911 事件或新冠疫情）等因素可能导致供应商的零部件交付时间被搁置数周甚至更长时间。

　　JIT 采购是一种理想化的采购模式，实际上并不能达成"零库存"状态。近年来，国内一些大型制造企业发现供应链上的库存不但没有减少反而增多了。其原因在于：核心企业向上下游转移了大量的库存压力，上游为及时供货、下游为保持订货权都不得不备足库存。虽然核心企业的库存降低了，但库存只是向上下游节点转移了，如果上下游利益一直受损，就会出现偷工减料甚至退出的现象，最后导致核心企业的利益受损。例如，2010 年丰田的"刹车门"事件就是由加拿大一家名为 CTS 的供货商生产的油门踏板存在缺陷造成的。这次事件中，丰田在北美召回 230 万辆汽车，经销商因库存压力陡升而陷入混乱，将丰田拖入了质量信任危机的漩涡。

二、VMI 采购模式

（一）什么是 VMI 采购

　　VMI（Vendor Managed Inventory，供应商管理库存）采购模式如图 6-5 所示。该模式中，采购不再由需求方操作而是由供应商操作，需求方只是把自己的库存和需求数据向供应商连续和及时地传递：第一步，供应商根据需求方提供的数据做出预测；第二步，供应商主动小批量、多频次地向需求方补充货物库存。

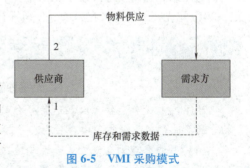

图 6-5　VMI 采购模式

　　细心的读者可能会发现，与 JIT 采购模式相比，**VMI 采购模式中供应商是数据解读和物料供应的主要责任方，库存的管理权下放给了供应商，核心企业不再管理烦琐的库存运作**。这个微小的改动却让 VMI 采购模式与传统采购模式存在诸多不同，如表 6-2 所示。

表 6-2　VMI 采购模式与传统采购模式的区别

比较项目	传统采购模式	VMI 采购模式
采购订单	根据需求预测向供应商下订单	根据实际需求向供应商下订单
库存透明度	上游供应商往往不知道下游企业的库存状况，下游也是如此	双方随时可以看到对方的库存水平和产品出库情况

（续）

比较项目	传统采购模式	VMI 采购模式
存货补充	采购方控制库存的补货时间和订单批量	供应商控制补货时间和订单批量
计划	采购方全权制订和修改计划	供应商同采购方一起制订、修改计划
物料流动方式	物料以订单推动的方式在供应链中流动	物料以需求拉动的方式在供应链中流动

归纳起来，VMI 采购模式至少给供应链带来了以下两个方面的改善。

1. 降低了需求方的采购管理工作

以零售供应链为例。供应商主动管理库存、制定库存策略，不仅减轻了零售商的采购管理工作，也大大降低了产品的缺货率和积压率，这最终反映到了产品销售的"低价格"上。需求方将节省下来的精力放在自己专注的事情上，可以获得更好的运作绩效。以下有两个案例供读者参考。

案例 1：宝洁与沃尔玛采用了一套"持续补货系统"，双方企业通过 EDI（电子数据交换）和卫星通信实现联网。宝洁能迅速知道沃尔玛物流中心内的产品库存，还能知道沃尔玛店铺内的销售量、库存量、价格数据等信息。借助这些数据，宝洁主动承担起了库存管理工作，沃尔玛则从原来繁重的物流作业中解放出来，专心于经营销售活动。

案例 2：柯尼卡美能达（KONICA MINOLTA）是全球著名的数码产品设备生产商，它有 300 多家零部件供应商，广布于国内的珠三角和长三角地区及东南亚地区，这 300 多家供应商提供数千种不同型号的零件、成品和分类包装。它的做法是：在深圳保税区设立 VMI 中心，来自各地的供应商先将货物配送到深圳保税仓，当制造中心需要时再运送。供应商可以根据保税区 VMI 中心提供的库存信息和制造商配送信息来制订自身的生产以及物品的运送计划，并将库存管理直接转交给供应商管理。

2. 改善了供应商的运作计划

通过共享的信息系统，供应商可以从零售商处获得真实的库存需求以及预测信息，以便更好地安排自身的生产计划，提高资产使用效率。在零售供应链中，VMI 采购模式的应用场景最多⊖。近年来，随着供应链数字化的推进，VMI 采购模式开始出现在其他行业的供应链中。例如，2018 年无锡地铁首次在运营分公司推行 VMI 采购模式，取得了不错的效果。

 阅读小贴士

无锡地铁的 VMI 采购模式

2018 年，无锡地铁首次在运营分公司生产作业中推行 VMI 采购模式，该模式保证了生产物资的及时供应，提高了库存管理水平。无锡地铁应用 VMI 采购模式主要集中在三个方面。

（1）寻求合理的仓储模式。无锡地铁在 1、2、3 号线车辆段建设了专业化管理的物流仓储总库，实现线网专业化物流存储管理，通过物资信息管理技术与供应商进行仓储数据共享，高效配置各种物资，合理安排补货。

（2）准确预测物资的需求信息。基于 VMI 数据，无锡地铁探索出了各类设备的使用状况、故障率、修复率，摸清了维修备件的消耗规律，形成备件的更换周期数据，并与供应商定期共享，提高了备件需求预测的精细化程度，供应商可以更好地安排生产计划。

（3）构建 VMI 管理库存。供应商可以设立库存，确定库存水平和补给策略，取得库存控

⊖ 1999 年家乐福和雀巢台湾分公司的 VMI 合作是经典案例之一，请读者回顾第四章第二节中的案例。

制权。供应商可以为制造商提供优先需要的资源，促进产能的优化配置。

（资料来源：叶倪，刘臻. 供应商管理库存 VMI 在轨道交通行业中的应用：以无锡地铁为例 [J]. 物流技术与应用，2022，27（1）：136-138.）

（二）VMI 采购模式的陷阱

在 VMI 采购模式中，核心企业仍然是强势主导方。大多数情况下，弱小的供应商往往只能配合核心企业的运作和管理规定，接受不公平待遇。许多供应商认为，它们对 VMI 进行了大量投资，但核心企业享受了大部分利润，这不公平。这种 VMI 采购模式对双方来说是双输的。利益分配不公平和信任危机引发合作断裂是引发采购陷阱的两个主要因素。

1. 利益分配不公平

在 VMI 采购模式下，核心企业获得的利益会远远多于上游供应商。供应商面临的最大问题是库存压力。某知名汽车企业的供应商如此抱怨：汽车企业实施 VMI 采购模式后，它们就得大量囤积货品以备采购商的即时需求。在这种合作模式下，供应商的库存压力及资金压力加大了，若采购商对此没有对供应商进行任何承诺，一旦资金周转失灵，后果不堪设想。

2. 信任危机引发合作断裂

VMI 采购模式的实施要以供求双方的信任为基础，一旦失去信任，VMI 采购模式也就宣告失败了。我国的斯巴达百货（Spartan Store）是类似屈臣氏的折扣连锁店，采用 VMI 采购模式后，斯巴达在订货方面花的时间并没有比实施前少，因为它没有充分地信任供应商：对供应商进行库存管理的货物依然进行严密监控，一旦出现问题便开始干预；不断进行库存管理干预，供应商没有任何积极性来分担斯巴达的担忧。这种"恶性循环"最终导致合作关系破裂，VMI 采购模式运行仅一年后便夭折了。

📖 阅读小贴士

中国石化的 VMI 采购模式的问题

为降低整条供应链上库存量过高、资源浪费严重的现象，1999 年中国石化（中石化）开始实施 VMI 采购模式：将供应商与中国石化分公司的职责相互替换，将大多数库存委托给供应商管理，供应商享有库存物资所有权，可以实时跟踪分公司的库存状态、需求，并进行物资的提供。但 VMI 采购模式并没有给中石化带来库存的预期改善，总库存量反而比实施前增加了 20%，供应商持有的库存成本也增加了。这其中出现了什么问题呢？

（1）没有与供应商形成相互信任、信息共享以及利益共享的理念。中国石化分公司和供应商"大库存保供给"的思想根深蒂固。分公司担心供应商出价过高、不诚信，无法保证供应商是否具备履行 JIT 配送的能力。双方没有建立信息共享机制，在 VMI 采购模式实施过程中双方都存在很大顾虑。

（2）与供应商缺乏系统集成和协作沟通。由于没有适当的软、硬件平台提供双方关于采购进展交流，一些分公司需求信息和生产进度方案信息只能通过共用文件来共享。对一些重要的操作流程没有进行集成处理，决策过程缺乏协同协商，对进货过量、陈货和误发货订单等特殊情况的处理缺乏沟通协作，需求预测偏离实际状况，采购量被放大，加大了供给商的风险。

分散的 VMI 采购模式是导致中石化采购和库存管理效率不高的主要原因，为此中石化在 2005 年对这种模式进行了改进。

（1）针对第一个问题：采取多种方式来改善参与方之间的协作，如加强参与方之间的相互信任和相互交流，以及改善信息共享机制等。

（2）针对第二个问题：改变当前的供应网络，引进第三方物流公司作为连接供应商与中石化分（子）公司的纽带，将原先分散的VMI采购模式转变成集中的VMI采购模式。在集中式VMI采购模式下，供应商不需要在自己或每个分（子）公司设置库存，可以通过第三方物流公司来提供仓储和运输服务，并在此区域统一设定一个配送中心；供应商、第三方物流、中国石化分（子）公司组成了一个合作团队，第三方物流公司受中国石化委托，负责和供应商一起协调运输、存货、补货、对产品进行检验等工作，充当中介角色。在集中式VMI采购模式下，分散的物流需求被整合了起来，共同分担配送成本，各自的物流费用也降低了，同时通过第三方物流公司做到了物料的集成管理和集成运输，达成了协同运作管理。

（资料来源：顾丽娟. VMI模式下的供应链双赢合作体系研究 [J]. 合作经济与科技，2012（2）：28-30.）

三、供应链中的其他采购模式

尽管存在多种供应链采购模式，但本质上都是围绕"快速响应"和"减少库存"两个主题展开的。如果深入体会JIT和VMI采购模式，我们甚至可以认为CPFR等采购模式在很大程度上是这两种模式的拓展。

（一）CPFR采购模式

CPFR（Collaborative Planning, Forecasting & Replenishment）即协同计划、预测和补给，它能同时降低销售商的库存量，增加供应商的销售量。CPFR的最大优势是能及时、准确地预测由各项异常情况带来的销售高峰和谷底等波动，从而使供需双方都能做好充分的准备，主动管理流程中的各项不确定性[⊖]。如何将零售商收集到的多样化、个性化的消费需求反馈给制造商，使得零售商的采购和制造商的生产活动有序进行，是值得研究的内容。来看一个麦德龙和宝洁的合作案例：

德国最大的零售商麦德龙和宝洁的CPFR合作始于2001年。它们的合作可以大致分为三个阶段：①两家公司首先共同达成一个通用业务协议，协议涉及麦德龙公司在德国的53个销售点和1个分销中心；②对于销售数据，两家公司每周进行一次预测，预测方法采用对当前数据和历史数据进行的分析，数据来自53个销售点POS终端的销售数据和分销中心前八周的数据；③两家公司分别对销售情况进行预测，最后分析汇总，并按照协议所达成的框架形成一个统一的预测销售数据。双方经过一年的CPFR实施，证明CPFR在改善库存、提高客户满意度方面是有效的。

注意，**CPFR比较适合终端客户是大众消费者的供应链**，例如前述的零售型供应链和汽车4S店，这类供应链运作的生产计划没有那么严密，双方有足够的时间一起磨合CPFR策略。

📖 阅读小贴士

汽车售后配件的CPFR采购应用

汽车保有量的逐年增加推动了汽车售后服务市场的成长，人们开始注重售后服务。与售后服务挂钩的售后配件是影响售后服务的关键因素。广州一家SE店对售后配件的库存管理不

⊖　CPFR中有关需求预测的知识请参考第九章第三节。

当导致配件积压，损失严重，为改善库存管理水平，SE 店开始实施 CPFR 策略：①协同规划，SE 店与合作的上下游企业共同协商，进行信息资源的长期共享，建立共同的合作体系和共同目标，协商制订计划。②需求预测，各个企业互相分享数据信息，多个企业共同预测配件需求。对于不同功能的配件，采用不同的预测方式。③采用小批量订货模式，与同地区的其他汽车 4S 店实行联合补货，在减少库存的同时降低采购成本。

（资料来源：王学良，张晓磊，劳海玲. 基于 CPFR 的汽车售后配件库存控制研究：以广州 SE 店为例 [J]. 物流科技，2020，43（10）：27-30.）

（二）寄售制库存采购模式

寄售制库存（Consignment Managed Inventory，CMI）采购模式与 VMI 采购模式非常类似：需求方将厂房或仓库的部分场地以租金或免费方式租借给供应商，该仓库里的库存可由需求方或供应商管理（通常是由需求方管理），需求方可根据生产需要到仓库里取货，取货后将单据交给供应方，并定期结算货款。所谓寄售制是指供应商将物品"寄存"在需求方的仓库中，并最终将物品"出售"给需求方。**CMI 被形象地称为"自来水"式的采购模式——用时方取、取后结算，在财务上实现了"零库存"。**

CMI 最早可追溯到日本索尼公司 20 世纪 90 年代的实践，其基本运作方式如下：索尼与提供电线、小螺丝、电阻等价值不高的标准件的供应商先签订购买合同，同时将本企业的仓库无偿出借给供应商，供应商则将合同商品交由索尼代为保管，索尼根据生产需要随用随取，然后按合同约定方式付款。CMI 采购模式与信用卡非常类似：银行先发给客户一张信用卡同时约定信用额度，然后每月根据客户的信用卡消费情况进行扣款。CMI 采购模式的成功实施依赖于供需双方的信任关系，这种信任关系是建立在长期重复交易的基础上的。

📖 阅读小贴士

海尔的 CMI 采购实践

海尔采购订单采取滚动模式下达供应商，战略性物资如钢材采用框架采购模式，每个月下发一次订单，每三个月与供应商根据市场行情变化协商供应商价格；部分物料采用寄售模式，属于寄售订单的物资不进行结算，但供应商可以通过 B2B 网站查询寄售物资的使用情况；海尔还会根据销售淡旺季提前进行采购预测。

CMI 是海尔采用的一种采购模式，JIT 和 VMI 也是其采用的采购模式。海尔将所有采购通过 BBP 采购平台进行统一管理。所有订单都可以利用 BBP 采购平台从网上直接下达；同时，这些数据将同步到海尔的采购计划和订单体系，用来增强需求预测的精度。通过需求数据、采购数据和生产系统的同步，海尔的采购周期由原来的 10 天减少到了 3 天，供应商也可以通过 BBP 平台从网上查询库存，根据订单和库存情况及时补货并合理管理库存。此外，BBP 平台还可以集成到海尔的 ERP 系统，将供应商信息同步转化为企业内部的信息，实现以信息代替库存。

（三）电子采购模式

电子采购模式在当前有另外一个称呼——采购数字化。严格意义上来说，电子采购不属于供应链采购模式，而是辅助供应链采购的一种工具。尽管当前数字化浪潮深入人心，但国内外供应链数字化水平仍然参差不齐——实力强大的供应链数字化水平表现不错，而大多数中小企业却差强人意。因此，本部分讲的电子采购模式大多适用于大型供应链的采购管理。

供应链数字化的最大好处是"让数字代替人和物"。一些大型企业采用电子采购的初衷是降低采购过程中的成本，如出差费用、人员费用、通信费用等，但仅限于企业供应链内部。后来，随着电子商务的发展，出现了一些专业的产业电子商务交易平台，越来越多的供应商和制造商在这些平台上发布供求信息，然后通过网上洽谈、比价、网上竞拍实现网上订货、付款，最后通过第三方物流完成配送。

电子采购模式的核心是供需双方的电子目录（也就是数据信息），这些电子目录通过专用的数据库软件进行管理，并逐渐发展为企业采购部门（或电子商务平台）的核心数据。在移动互联网技术的促进下，采购平台越来越趋向于多样化终端，目的是通过一个统一的 APP，帮助供需双方摆脱地点和时间的限制，及时达成供求信息的沟通、对接和落地。

电子采购作为一种工具，其本身可以衍生出多种采购"玩法"，但注意：这些"玩法"不是"炫技"，而是达成供应链采购的目的。早在 1996 年，通用电气的在线采购系统 TPN 就证明了电子采购的好处：能帮助采购方快速找到更多的供应商；可以根据供应商的历史采购电子数据选择最佳货物来源；通过电子招标、电子询价等采购方式，降低采购成本；通过电子采购流程，缩短采购周期，提高采购效率，减少采购的人工操作错误；通过供应商和供应链管理，可以减少采购的沟通环节，降低采购费用；可以实时了解市场行情和库存情况，科学制订采购计划和采购决策。

> 📋 **阅读小贴士**
>
> **电子采购的鼻祖——通用电气的 TPN 系统**
>
> 1996，通用电气（GE）开发出在线采购系统 TPN（Trading Process Network），内部各部门通过电子申请单向采购部门发出订货请求，采购部门通过互联网将竞标书发布给世界各地的供应商。各个供应商在收到竞标书后，需要在 7 天内准备好标书，并寄回 GE。另外，招标、评标等工作也是在网上进行的。采用 TPN 系统后，GE 得到了以下好处：①节省了 60% 的采购专员，采购部门每月至少有 6~8 天空余时间从事战略性工作而不是程序操作性工作；②由于拥有更广泛的在线供应商，原材料采购成本下降了 5%~20%；③过去常常需要 18~23 天来确认供应商、准备竞标需求、谈判价格，签约的一系列流程缩短至 9~11 天；④电子化交易从开始到结束，发票会自动同采购订单保持一致，减少了暗箱操作；⑤GE 遍布世界的采购部门都可以共享其最佳供应商的信息。

第三节　供应商的选择、评价与考核

一、供应商的选择

（一）供应商的选择策略：单源或多源采购

供应商的选择策略是供应链采购管理面临的首要问题。该策略的好坏将直接影响供应链的运作绩效，如质量、成本、响应速度和风险。当年诺基亚和爱立信采取了不同的供应商选择策略，这造成了两家公司截然不同的命运：诺基亚成为全球头号手机制造商，而爱立信退出手机制造市场转而与索尼合作⊖。

单一零部件选择单一供应商的采购模式称为单源采购。相应地，**单一零部件选择多个供应**

⊖　参考第四章第一节的案例。

商进行采购则为多源采购。尽管单源采购拥有多种好处：降低采购成本、确保采购的及时性、培养与供应商的合作伙伴关系……但从诺基亚和爱立信的案例可以看出，在突发事件频发的"VUCA 时代"，单源采购其实十分脆弱[⊖]。

单源采购的脆弱性主要表现在三个方面。

脆弱 1：区域性突发状况导致的供应中断。 地震、火灾、战争、恐怖袭击等自然灾难或人为灾难可能导致供应商供应的中断。相对而言，多源采购策略提供了一个缓解中断风险的方法，但这不意味着拥有多个供应商就可以完全保证供货的持续性。如 2021 年新冠疫情造成了马来西亚半导体公司停工停产，结果全球 13% 的汽车芯片供应受到影响，这是因为该公司是很多汽车公司的唯一芯片供应商，缺乏替代芯片导致汽车制造商生产线下线困难，损失极为惨重。

脆弱 2：供应商产能不足。 当市场需求急剧膨胀或者企业快速扩张之后，通常供应商会面临产能跟不上的情况。例如在当前国内消费升级的背景下，蒙牛发现国内奶源供应已经严重不足，除了在国内建立自己的奶源基地，蒙牛还在澳大利亚、新西兰等国家建立海外奶源基地。2020 年，比特币炒作和硬盘挖矿热潮造成显卡 GPU 芯片和硬盘供给严重不足，联想、戴尔等个人计算机制造巨头受供应商产能的约束，不得不调整其产品配置，引发市场消费者不满。

脆弱 3：采购价格问题。 单源采购策略虽然能够确保采购效率，但通常会造成采购价格上升。尤其在当前的全球化市场下，一旦原材料或零部件供应商崩溃，将导致物料价格的全球性猛涨。例如，2022 年全球大宗原材料价格波动剧烈；汽车芯片价格猛涨却无更好的替代方案，全球汽车制造减产超过 600 万辆；这一年，俄乌战争推高了能源价格（欧洲天然气价格上涨接近 10 倍），全球供应链成本更高。双源采购可以缓解一部分供应链成本上涨的风险，但从整体趋势来看，全球供应链成本上升是大趋势。

（二）供应商的选择程序

市场上同一产品的供应商数目越多，供应商的选择就越复杂，越需要采购方根据规范的程序来操作。虽然不同企业在具体操作时有不同的标准（例如华为的"三阶九步法"供应商选择方法），但基本符合图 6-6 中的七个步骤。

步骤 1：分析市场竞争环境。这个阶段第一步回答的是建立何种产品的供应链，即"要做什么"的问题；第二步分析构成该产品的供应商的状况（包括数量、技术能力、产能等），同时还要考虑竞争对手的供应商情况。

步骤 2：建立供应商选择的目标。优秀的供应商应该满足采购方对质量、成本、交付和服务方面的要求。

步骤 3：建立供应商评价标准。采购方根据行业特点、自身现状和产品需求等来设计符合步骤 2 中优秀供应商特点的指标体系。

步骤 4：成立供应商评价和选择小组。评

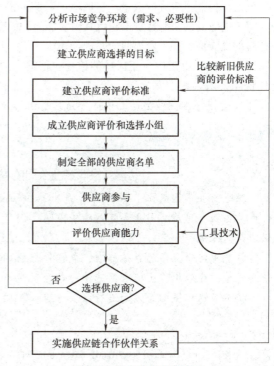

图 6-6　供应商的选择程序

⊖　VUCA 是 Volatility（易变）、Uncertainty（不确定）、Complexity（复杂）、Ambiguity（模糊）的缩写。VUCA 事件和"黑天鹅事件"几乎可以等同，指代的是小概率、大影响的突发事件。

价和选择小组的组员应来自研究开发部门、技术支持部门、采购部门、物流管理部门、市场部门和计划部门。除了应具备专业技能和经验外，小组成员还应该具有良好的团队合作精神。

步骤 5：制定全部的供应商名单。通过供应商数据库以及各种渠道，了解市场上能提供所需产品的供应商，然后遵循评价指标体系分别列出关键数据，如信誉、产能、技术、交付能力等。

步骤 6：供应商参与。由于企业的力量和资源是有限的，只能与少数关键供应商保持紧密的合作关系，因此参与的供应商应该是经过精选的。

步骤 7：评价供应商能力。可以参照步骤 2 中的指标体系进行评价。

二、层次分析法在供应商评价中的应用

供应商评价是供应商选择中的一个重要环节。目前常用的供应商选择方法通常有经验评价法、层次分析法（Analytic Hierarchy Process，AHP）、成本计算法、平衡计分卡等[⊖]。以下仅以AHP 法在供应商评价中的应用为例。

基于 AHP 法的供应商评价需要依次经过以下三个步骤。

第一步，确定供应商选择的基本原则和目标。

第二步，确定供应商评价指标并建立指标体系。

第三步，遴选出备选的供应商，进入实地考察和测试阶段。

（一）供应商选择的基本原则和目标

首先，要建立全面系统的供应商评价体系，将选择步骤和过程透明化、制度化、科学化。对于同一个/族物料的评价体系做到标准统一、稳定运行，最大可能减少主观因素的影响。采购专家组需要根据供应链战略目标，定期维护这些指标和调整相应权重。

其次，控制供应商的数量，一般根据采购的品种和数量选择 2~4 家供应商，并且要有主次之分；每个供应商的采购数量不超过其供应能力的 50%（为了保持采购数量的弹性空间）。对于已经合作过的供应商，在一定周期内要进行淘汰评估，及时剔除绩效表现较差的供应商。

最后，同时也是供应商选择的目标：根据企业的运营目标，选择最合适的供应商并发展长期合作伙伴关系。

下面提供绿地商业公司的供应商选择标准以供读者参考。

📒 阅读小贴士

绿地商业公司的供应商选择标准

绿地商业集团成立于 2005 年，是世界 500 强综合性跨国企业集团——绿地集团旗下的核心成员企业，目前公司业务涵盖消费零售、国际贸易、购物中心、物流地产四大领域。它的供应商选择流程如下。

首先规定供应商的审核标准，包括供应商的规模、主营业务、账务情况，以及企业的背景、资质，先依据以上标准筛选掉一部分供应商。

接下来从以下四个方面进行深度考查：①供应商是否能够根据市场推出优化的产品，是

⊖ 平衡计分卡（Balanced Score Card，BSC）是由美国学者 Kaplan 和 Norton 在 1992 年提出的，最先应用于企业的财务管理。该体系在传统财务指标的基础上增加了客户导向、内部运作、发展创新这三个方面的非财务指标。尽管财务指标是最重要的一个一级指标，但其他三个一级指标均会影响财务指标，因此在决策时需要综合考虑。BSC 的优点在于：围绕企业发展战略，将整体战略目标进行细化和分解，从而形成多个具象的绩效评估指标（即通过一级指标下的二级指标体现）。需要特别说明的是，只要坚持"战略中心"与"平衡"的思想，即使选取其他具有代表性的分类标准和评估指标，也都可以称为"平衡计分法"。

否具备新产品研发的能力；②供应商是否能够配合采购者进行市场推广；③供应商是否有长期合作的愿望；④供应商是否能够参与到产品的推销过程和供应链的其他活动中，而不是仅停留在提供产品这一过程中。

最后，绿地商贸会依据供应商的发展方向与企业的运营目标是否同步，选择与能够长期合作的供应商构建伙伴关系。

（二）确定供应商评价指标并建立指标体系

在这个步骤中需要依次：构造层次结构模型、构造判断矩阵、确定各指标权重、进行一致性检验。

1. 构造层次结构模型

以汽车零部件供应商选择评估为例，其目标是选择"最佳汽车零部件供应商"（目标层 O）。在此目标下，质量、价格、技术、服务、创新是五个一级指标（准则层 U），这些一级指标又可细分为 19 个二级指标（指标层 C），如图 6-7 所示。本算例中假设目标层 O 和指标层 C 的指标已经过专家论证，具体论证步骤请参考第一步。构造层次结构模型的目的是确认 U、C 这两层指标的权重。

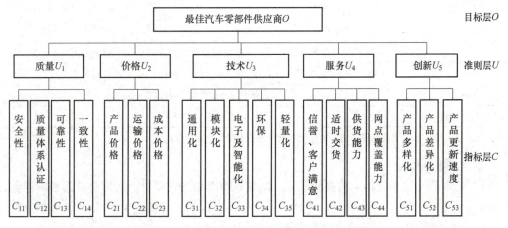

图 6-7　汽车零部件供应商评估层次结构模型

2. 构造判断矩阵

首先，判断准则层 U 中各指标的权重。对于目标层 O，U_i 和 U_j 哪个元素更为重要，可以用 1~9 比例标度对这两个元素进行打分。表 6-3 描述了各项指标之间的相对重要性，得到目标层 O 和准则层 U 的两两判断矩阵 $\boldsymbol{R}_{OU}$ 如下[注]：

$$\boldsymbol{R}_{OU} = \begin{array}{c} \\ U_1 \\ U_2 \\ U_3 \\ U_4 \\ U_5 \end{array} \begin{array}{ccccc} U_1 & U_2 & U_3 & U_4 & U_5 \\ \begin{pmatrix} 1 & 2 & 3 & 5 & 8 \\ 1/2 & 1 & 3 & 4 & 6 \\ 1/3 & 1/3 & 1 & 3 & 4 \\ 1/5 & 1/4 & 1/3 & 1 & 3 \\ 1/8 & 1/6 & 1/4 & 1/3 & 1 \end{pmatrix} \end{array}$$

[注]　由于目标层 O 是最高层指标，不需要计算其权重，因此本算例中的判断矩阵构造从 U 层开始。指标相对重要性的评分需要由某领域实战经验或者研究丰富的专家评判，并要求尽可能邀请多位专家进行评分。OU 矩阵中的每个元素都可以进行加权平均处理，并不一定要求是整数（分数亦可）。

其次，判断准则层 U_i 中下属指标 C_{im} 的权重，方法同上。假设准则层 U 和指标层 C 的判断矩阵 $\boldsymbol{R}_{U_iC_i}$ 如下：

$$\boldsymbol{R}_{U_1C_1} = \begin{pmatrix} 1 & 3 & 5 & 8 \\ 1/3 & 1 & 3 & 4 \\ 1/5 & 1/3 & 1 & 3 \\ 1/8 & 1/4 & 1/3 & 1 \end{pmatrix}, \quad \boldsymbol{R}_{U_2C_2} = \begin{pmatrix} 1 & 2 & 2 \\ 1/2 & 1 & 1 \\ 1/2 & 1 & 1 \end{pmatrix}, \quad \boldsymbol{R}_{U_3C_3} = \begin{pmatrix} 1 & 1/3 & 1/4 & 2 & 2 \\ 3 & 1 & 2 & 4 & 3 \\ 4 & 1 & 1 & 5 & 3 \\ 1/2 & 1/2 & 1/5 & 1 & 3 \\ 1/2 & 1/3 & 1/3 & 2 & 1 \end{pmatrix}$$

$$\boldsymbol{R}_{U_4C_4} = \begin{pmatrix} 1 & 4 & 1/4 & 2 \\ 1/4 & 1 & 1/7 & 1/3 \\ 4 & 7 & 1 & 3 \\ 1/2 & 3 & 1/3 & 1 \end{pmatrix}, \quad \boldsymbol{R}_{U_5C_5} = \begin{pmatrix} 1 & 1 & 3 \\ 1 & 1 & 3 \\ 1/3 & 1/3 & 1 \end{pmatrix}$$

表 6-3　判断矩阵比例标度的具体含义

标度	意义	解释
1	U_i 与 U_j 同等重要	对于目标 O 而言，指标 U_i 与 U_j 一样重要
3	U_i 比 U_j 稍重要	对于目标 O 而言，指标 U_i 比 U_j 略微重要
5	U_i 比 U_j 明显重要	对于目标 O 而言，指标 U_i 比 U_j 明显重要
7	U_i 比 U_j 重要得多	对于目标 O 而言，指标 U_i 比 U_j 明显重要得多
9	U_i 比 U_j 绝对重要	对于目标 O 而言，指标 U_i 比 U_j 绝对重要
2、4、6、8	介于两种相邻重要程度间	
以上各数的倒数	比较指标 U_j 与 U_i 时	

注：也可以采用 1~5 的比例标度，更小的比例标度可能更有助于专家做出评判。

3. 确定各指标权重

当 OU 矩阵确定完毕之后，需要计算 $U_1 \sim U_5$ 这五个准则层元素对目标层 O 的影响程度，即计算权重 $w_1 \sim w_5$，写成向量的形式为 $\boldsymbol{W} = (w_1, w_2, \cdots, w_5)^{\mathrm{T}}$。计算权重向量 $\boldsymbol{W}$ 的步骤如下：

（1）计算矩阵 OU 每一行元素的乘积 $P_k(k=1,2,\cdots,5)$：

$P_1 = 1 \times 2 \times 3 \times 5 \times 8 = 240$，

$P_2 = 1/2 \times 1 \times 3 \times 4 \times 6 = 36$，

$P_3 = 1/3 \times 1/3 \times 1 \times 3 \times 4 = 1.33$，

$P_4 = 1/5 \times 1/4 \times 1/3 \times 1 \times 3 = 0.05$，

$P_5 = 1/8 \times 1/6 \times 1/4 \times 1/3 \times 1 = 0.001736$

（2）计算 P_k 的 5 次方根 $\overline{P}_k$：

$\overline{P}_1 = \sqrt[5]{P_1} = \sqrt[5]{240} = 2.99$，$\overline{P}_2 = \sqrt[5]{P_2} = \sqrt[5]{36} = 2.05$，$\overline{P}_3 = \sqrt[5]{P_3} = \sqrt[5]{1.33} = 1.06$，$\overline{P}_4 = \sqrt[5]{P_4} = \sqrt[5]{0.05} = 0.55$，$\overline{P}_5 = \sqrt[5]{P_5} = \sqrt[5]{0.001736} = 0.28$

（3）归一化处理得权重 w_k：

$w_1 = \overline{P}_1 \Big/ \sum_{k=1}^{5} \overline{P}_k = 0.43$，$w_2 = \overline{P}_2 \Big/ \sum_{k=1}^{5} \overline{P}_k = 0.29$，$w_3 = \overline{P}_3 \Big/ \sum_{k=1}^{5} \overline{P}_k = 0.16$，$w_4 = \overline{P}_4 \Big/ \sum_{k=1}^{5} \overline{P}_k = 0.08$，$w_5 = \overline{P}_5 \Big/ \sum_{k=1}^{5} \overline{P}_k = 0.04$

准则层 U 对目标层 O（最优供应商）的权重向量为

$$\boldsymbol{W} = (0.43, 0.29, 0.16, 0.08, 0.04)^{\mathrm{T}}$$

同理可求得判断矩阵 $R_{U_1C_1} \sim R_{U_5C_5}$ 的权重向量，如表6-4所示。

表6-4　指标层 C 的判断矩阵权重

判断矩阵	权重向量 W
$R_{U_1C_1}$	$(0.57,0.25,0.12,0.06)^{\mathrm{T}}$
$R_{U_2C_2}$	$(0.5,0.25,0.25)^{\mathrm{T}}$
$R_{U_3C_3}$	$(0.1337,0.3755,0.3177,0.0672,0.1059)^{\mathrm{T}}$
$R_{U_4C_4}$	$(0.2253,0.06138,0.5538,0.1595)^{\mathrm{T}}$
$R_{U_5C_5}$	$(0.4286,0.4286,0.1482)^{\mathrm{T}}$

4. 进行一致性检验

为了保证判断矩阵的逻辑性和合理性，必须对判断矩阵进行一致性检验（主要判断专家打分是否合理，如果不合理需要对其中的某些指标重新打分）。下面以判断矩阵 R_{OU} 为例，对其进行一致性检验。

（1）计算判断矩阵 R_{OU} 的一致性指标 CI。

$$CI = \frac{\lambda_{\max}-n}{n-1} = \frac{5.17-5}{5-1} = 0.0425$$

其中，$\lambda_{\max}$ 是判断矩阵 R_{OU} 的最大的特征根，n 是 OU 矩阵的阶数。

$$\lambda_{\max} = \frac{1}{n}\sum_{k=1}^{n}\frac{AW_k}{w_k} = \frac{1}{5}\times\left(\frac{2.21}{0.43}+\frac{1.55}{0.29}+\frac{0.80}{0.16}+\frac{0.41}{0.08}+\frac{0.21}{0.04}\right) = 5.17$$

其中，$AW = R_{OU}\times W = \begin{pmatrix}1 & 2 & 3 & 5 & 8\\1/2 & 1 & 3 & 4 & 6\\1/3 & 1/3 & 1 & 3 & 4\\1/5 & 1/4 & 1/3 & 1 & 3\\1/8 & 1/6 & 1/4 & 1/3 & 1\end{pmatrix}\times\begin{pmatrix}0.43\\0.29\\0.16\\0.08\\0.04\end{pmatrix} = \begin{pmatrix}2.21\\1.55\\0.80\\0.41\\0.21\end{pmatrix}$

（2）查表找出平均随机一致性指标 RI。

查表6-5，R_{OU} 矩阵的阶数 $n=5$ 对应的 RI = 1.12。

表6-5　平均随机一致性指标 RI

n	1	2	3	4	5	6	7	8	9	10	11
RI	0	0	0.58	0.92	1.12	1.24	1.32	1.41	1.45	1.49	1.51

（3）计算一致性比例 CR。

$$CR = \frac{CI}{RI} = \frac{0.0425}{1.12} = 0.04$$

CR 值越小，判断矩阵的一致性越好。一般 CR<0.1 即可认为判断矩阵满足一致性检验；否则应对判断矩阵重新打分计算。本算例中，判断矩阵 OU 和 UC 的一致性是可以接受的，如表6-6所示。结果表明，专家对汽车零部件供应商各层指标的打分是合理的。表6-6中计算的权重结果可以用于供应商的打分。

表6-6　汽车零部件各层判断矩阵一致性检验结果

项目	R_{OU}	$R_{U_1C_1}$	$R_{U_2C_2}$	$R_{U_3C_3}$	$R_{U_4C_4}$	$R_{U_5C_5}$
$\lambda_{\max}$	5.17	3.39	3.00	5.1963	4.0095	3.00
CR	0.04	−0.21	0.00	0.0439	0.04462	0.00

（三）遴选出备选的供应商

仍以图 6-7 为例。可以聘请相关专家对参加投标的供应商进行打分排序。首先，淘汰那些不具备基本条件的或有严重不良记录的供应商。然后，对入选的供应商按照指标层 C 对其进行打分（例如百分制）。接着，从指标层 C 开始加权计算得出准则层 U 对应的得分，再对准则层 U 各项指标进行加权计算得到目标层 O 的得分。最后，根据每个供应商的得分值进行优劣排序，从而选出拟合作的供应商。本算例中 A、B、C 三个供应商的最后得分如表 6-7 所示，供应商 A 为最佳选择，供应商 C 次之，供应商 B 则基本不予考虑。

表 6-7　汽车零部件最佳供应商得分计算结果

目标层	准则层	指标层	供应商得分		
			供应商 A	供应商 B	供应商 C
最佳汽车零部件供应商 O	质量 U_1 (0.43)	安全性 C_{11} (0.57)	95.00	75.00	85.00
		质量体系认证 C_{12} (0.25)	90.00	76.00	82.00
		可靠性 C_{13} (0.12)	97.00	80.00	83.00
		一致性 C_{14} (0.06)	93.00	83.00	88.00
	价格 U_2 (0.29)	产品价格 C_{21} (0.5)	90.00	77.00	87.00
		运输价格 C_{22} (0.25)	92.00	79.00	90.00
		成本价格 C_{23} (0.25)	89.00	86.00	89.00
	技术 U_3 (0.16)	通用化 C_{31} (0.1337)	98.00	80.00	92.00
		模块化 C_{32} (0.3755)	96.00	83.00	89.00
		电子及智能化 C_{33} (0.3177)	94.00	83.00	79.00
		环保 C_{34} (0.0672)	93.00	86.00	87.00
		轻量化 C_{35} (0.1059)	92.00	79.00	85.00
	服务 U_4 (0.08)	信誉、客户满意 C_{41} (0.2253)	98.00	78.00	87.00
		适时交货 C_{42} (0.06138)	91.00	89.00	83.00
		供货能力 C_{43} (0.5538)	88.00	86.00	82.00
		网点覆盖能力 C_{44} (0.1595)	87.00	75.00	88.00
	服务 U_5 (0.04)	产品多样化 C_{51} (0.4286)	91.00	78.00	89.00
		产品差异化 C_{52} (0.4286)	96.00	84.00	90.00
		产品更新速度 C_{53} (0.1482)	93.00	79.00	88.00
总分	1		92.90	79.00	85.92
等级			A	C	B

三、供应商的绩效考核

对供应商进行绩效考核主要是为了确保其提供的产品和服务的质量，为选择优秀的供应商进行长期合作、淘汰绩效差的供应商提供借鉴。

（一）基于考核标准对汽车零部件进行绩效考核

供应商选择指标及其对应权重也可以用来计算供应商绩效。但应当注意：供应商绩效评估不仅要根据过去的数据和事实对供应商做出评价，还需要站在发展的角度，也就是公司未来供应链发展战略的角度重新审视供应商。表 6-8 是对供应商 A 的三期绩效的考核情况，可以看出，供应商 A 的绩效表现非常稳定。

表 6-8　汽车零部件供应商指标考核表格

准则层权重	指标层权重	供应商 A		
		一期	二期	三期
质量 U_1 (0.43)	安全性 C_{11} (0.57)	95.00	95.00	95.00
	质量体系认证 C_{12} (0.25)	90.00	88.00	88.00
	可靠性 C_{13} (0.12)	97.00	97.00	97.00
	一致性 C_{14} (0.06)	93.00	93.00	95.00
价格 U_2 (0.29)	产品价格 C_{21} (0.5)	90.00	90.00	90.00
	运输价格 C_{22} (0.25)	92.00	92.00	96.00
	成本价格 C_{23} (0.25)	89.00	89.00	89.00
技术 U_3 (0.16)	通用化 C_{31} (0.1337)	98.00	98.00	98.00
	模块化 C_{32} (0.3755)	96.00	87.00	87.00
技术 U_3 (0.16)	电子及智能化 C_{33} (0.3177)	94.00	94.00	94.00
	环保 C_{34} (0.0672)	93.00	93.00	95.00
	轻量化 C_{35} (0.1059)	92.00	92.00	92.00
服务 U_4 (0.08)	信誉、客户满意 C_{41} (0.2253)	98.00	98.00	98.00
	适时交货 C_{42} (0.06138)	91.00	89.00	89.00
	供货能力 C_{43} (0.5538)	88.00	88.00	88.00
	网点覆盖能力 C_{44} (0.1595)	87.00	87.00	87.00
服务 U_5 (0.04)	产品多样化 C_{51} (0.4286)	91.00	91.00	91.00
	产品差异化 C_{52} (0.4286)	96.00	90.00	90.00
	产品更新速度 C_{53} (0.1482)	93.00	93.00	93.00
总分		92.90	91.39	92.39

（二）供应商绩效考核优化

供应商绩效管理是一项长期而复杂的工作，必须不断完善和改进供应商绩效管理方法。以下是对供应商绩效考核优化的一些指导性意见，供读者参考。

1. 优化供应商绩效考核系统

首先应完善供应商绩效考核标准。考核指标应该随着市场的变化进行相应更新，指标权重也应该不断优化调整。注意：指标项目和权重的调整会涉及各方利益，更新原有指标在实际中会遇到各种困难。但是对于采购方来说，必须根据市场和自身战略目标调整供应商的绩效考核指标。

然后对供应商绩效考核时要兼顾系统和平衡。系统是指不能仅依据当前得分来评价一个供应商，还要综合考虑它提供的附加服务、在供应链中的地位强弱等因素⊖，以及未来发展潜力。平衡是指需要在两个绩效考核标准中找到平衡点。例如成本与质量，不能光看质量好就认定供应商优秀，反之亦然。成本与质量的博弈结果从来都不是其中一方绝对占优，而是在某一方范围内，把另一方做到最佳。对于其他互相博弈的绩效考核标准（如柔性与快速响应），也应该依据这样的思路去考核。

⊖　面临链中强势的供应商，企业设置的绩效考核可能完全失效。例如，很多手机制造商对高通没有话语权。这是因为高通是手机供应链中的强势供应商，没有高通的芯片，很多手机制造商将无法研发、生产和运作。

2. 优化供应商绩效管理流程

首先要完善供应商绩效管理流程。现实中，很多企业的供应商绩效管理流程是粗放的。例如，有指标却无职责分工，供应商绩效评价成了采购部门单独的工作；有规定却打折扣执行，绩效评价中有现场考察的规定，却因为差旅预算不够而减少了实地勘察工作。

然后是建立供应商绩效调整方案的内外协同机制。供应商的绩效考核不仅是采购部门的工作，还需要公司多个部门共同参与。如果采购部门的权限不足以调动其他平级部门，就需要企业高层出面协调，但最佳方案是建立一个协同决策的制度（如前述的华为 CEG 采购专家团制度）。另外，绩效考核调整涉及供应商的切身利益，调整前应该充分与其沟通、交流，甚至征求意见，确保双方相互理解，最好能达成共识。

3. 优化供应商绩效结果管理

首先要进行供应商绩效结果沟通。一方面，要建立一个与供应商进行沟通的正式渠道，通过这条渠道可以及时地反馈绩效考核结果，同时也能接收来自供应商的反馈和意见，保证双方双向交流畅通；另一方面，必须让让供应商详知绩效考核具体有哪些内容，是如何被考核的，以及考核结果对其有什么样的影响等，这样才能让供应商积极改进，同时避免绩效评估过程中的差错。

然后应对供应商进行绩效激励。对绩效良好的供应商应该给予一定的绩效激励，激励的内容包括：①新项目的优先参与权。相同条件下，该供应商再次绩效评估优秀的可能性更大，给予优先参与权可极大地节省遴选成本，并且有助于维系双方的长期合作。②给予更多的采购份额。绩效优秀的供应商有能力保质保量提供产品和服务，多提供采购份额会提高其资产利用效率，降低其成本。③对供应商进行表彰和认证。实际上，一些供应商特别渴望知名企业的表彰和认证，这有助于其获得市场声誉并扩大市场空间，例如"华为金牌供应商"是技术实力和产品品质的象征。

最后应进行供应商淘汰与整合。针对不同的供应商进行分类评估，对一些绩效评估较差的供应商应该主动淘汰，不再给予新项目，不再进行后续合作。但在结束合作前，必须确保找到合适的替代供应商。如果有些供应商绩效表现较差，但是一时找不到合适的替代者，那么企业就要考虑向这类供应商提供技术支持、流程辅导培训，甚至是投资，以此来提升绩效。

第四节 供应商关系管理

社会交往中，"关系"是一个微妙的词汇，但供应商关系管理中的"关系"是有明确目标导向的：**是指为达成供应链的短期、中期、长期目标而实施的供应商队伍建设、维护和更新相关的管理活动**。通过本节的学习，读者将了解供应商关系的分类、伙伴型供应商的作用以及如何对供应商进行过程质量管理。

一、供应商关系的细分

每个供应商对企业的重要程度是不同的。华为全球供应商超过 2000 家，但只有 50 家是核心供应商。根据对采购企业的重要性和对供应商的重要性这两个维度，可以将供应商关系划分为四类，如图 6-8 所示。

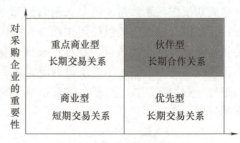

图 6-8 供应商的重要性矩阵图

1. 商业型供应商关系

这种类型的关系是企业中最为常见的。双方的交易大多基于短期合同（大多不会超过一年），买卖完成后双方关系也就终止了。这种关系的最大缺陷在于，供应商不会做太大的价格让步，采购成本相对较高。

2. 优先型和重点商业型供应商关系

这两种类型的关系已经开始从关注价格转向关注其他方面，供需双方的工作重点是从长远利益出发，相互配合，不断改进产品质量与服务质量，双方合作的范围遍及各公司内的多个部门。这种类型的合作关系一般持续时间较长，双方会在合同期内采取合作的态度。

3. 伙伴型供应商关系

这种类型的伙伴关系可以类比为战略联盟，标志着双方的合作已经迈入了深层次。例如供应商参与企业的新产品开发和战略计划，企业对供应商在资金、技术和培训等全方位提供支持，双方在市场运作中"同甘共苦"。

二、供应链中的伙伴型供应商管理

伙伴型供应商通常需要供应链核心企业长期的培育——技术、人力和资金的投入。因此对于任何企业而言，获得伙伴型供应商并非易事。本部分将介绍伙伴型供应商的好处、分类以及如何对其进行管理。

（一）伙伴型供应商的好处

合作伙伴关系以供需双方的相互信任为基础，是供需双方出于共同奋斗目标而建立的一种长期合作关系。这种关系有以下好处。

1. 减少不确定因素

伙伴关系可以帮助供应商改进生产流程、工艺技术、升级企业间信息交换系统等，能够充分暴露并主动消除或者规避供应链中的不确定因素（如质量、研发和竞争风险等）。约翰·迪尔公司是专业生产农业设备的制造企业，该公司会派驻品质工程师到供应商现场，帮助其形成一套生产高质量部件的工艺和流程。迪尔也因此获得了持续的、品质统一的零部件供应，避免了质量参差不齐给自己生产流程带来的不确定性，同时减少了质量修复成本。

2. 快速响应市场

通过合作伙伴关系，供需双方都可以集中力量于自身的核心竞争优势，并迅速开展新产品的设计和制造，缩短新产品上市的时间。盛诺集团是宜家的创新型供应商，该公司原先的工厂周转区多、生产流程比较分散，宜家提供专家对盛诺的生产工序和流程进行了指导优化，改造后盛诺的床垫布套产能提高了50%。有一年，宜家发现消费者对弹簧床垫的需求较大，两者合作，快速研发出了一款凝胶凉感床垫来响应消费者的需求。

3. 提高客户满意度

联系紧密的供应链伙伴关系能够向客户展现"高的产品质量、完善的售后服务、快速的交付能力，以及强大的产品创新能力"等正面形象，而这些恰恰是构成客户满意度的重要元素。菲菱科思是深圳知名网络设备制造企业，为迎合品牌方多品种、小批量、多批次的订单需求，该公司运用ERP系统集合订单信息和生产状态，与芯片、电源和PCB等上游供应商进行信息交互，供应商依据其需求及时提供原材料，菲菱科思内部构建的高效柔性生产体系也可以实现不同类别生产线的快速转换，生产出符合品牌方需求的产品并快速交付。

（二）伙伴型供应商的分类

伙伴型供应商可以分为参与新产品研发的供应商和协同抗衡竞争型供应商两类。

1. 参与新产品研发的供应商

传统的供应商关系一般由需求方独立进行产品的研究和开发，最多只将零部件的最后设计结果交由供应商制造。在这种关系中，供应商没有机会参与产品的研究和开发，只能被动地接受来自制造商的采购订单。现实中，越来越多的企业开始让供应商参与产品的研究和开发，将供应商视为整个产品开发过程中的一员。这么做对双方都有好处：企业降低了研发成本，缩短了新产品上市的时间；供应商获得了更多订单，产能利用率大幅上升。本章第一节讲到的苹果公司和供应商之间的关系就属于这一类。

2. 协同抗衡竞争型供应商

协同抗衡竞争是指上下游企业为获得整体的市场竞争能力而建立起的一种战略联盟关系。这类供应商通常是关键原材料或零部件的供应商，它们的技术、产能会直接影响下游企业的业务是否能正常开展，或者是否能够保持现有市场地位。例如，阿斯麦尔（ASML）是全球顶级光刻机的供应商，它的技术和产能直接影响下游英特尔、三星和台积电的芯片生产。2012 年，ASML 宣布研发下一代 EUV 半导体生产技术，这几个竞争者竟同时向其提供了 44 亿美元的投资。类似地，为与苹果竞争，微软和英特尔也结成了 Wintel 联盟。

（三）如何进行伙伴型供应商关系管理

面向未来、持续合作和共赢是伙伴型供应商关系管理的重要目标。许多实践者提出不少供应商关系管理方法，大致可以分为两类：信息共享和建立激励机制。

1. 通过信息共享进行伙伴型供应商关系管理

信息共享并不是一个空洞的口号，它需要一整套数字化工具、工作流程和运作机制来保持供应链中数字和信息的透明和可视化⊖。信息共享只有给双方带来绩效提升，供应链合作的信心和动力才会增强。注意，信息共享并不意味着共享所有信息，供应链共享的信息种类和范围是有限的。对合作双方而言，至少以下几种信息应该共享：①销售信息和销售预测；②库存水平；③订单的追踪状况；④绩效指标；⑤产能信息。

为加强供需双方的信息共享，可以从以下几个方面着手。

（1）双方可经常进行有关成本、生产计划、质量控制等信息的交流，保持信息的连续性和准确性。

（2）在产品设计阶段就让供应商参与进来，这样供应商可以在原材料和零部件的性能方面提供有关信息，让技术或产品研发少走弯路。

（3）建立联合任务小组来解决共同关心的问题。

（4）经常性互访，及时发现和解决各自在合作活动中出现的问题，营造良好的合作气氛。

（5）使用数字化工具和互联网技术进行快速的数据传输。

2. 建立激励机制，实现收益共享和风险共担

在设计激励机制时，既要考虑供应商的感受，又要考虑企业的负担能力，但重点应该放在收益共享和风险共担的机制设计上。常见的激励有以下几种。

（1）价格激励。更高的价格能提高供应商的积极性。但价格激励也是有风险的，因为一旦提高了价格，供应商就很难有降价的动力。因此，应该根据供应链具体的盈利情况，利用阶段性价格激励来达成供应链的利益分享。

（2）订单激励。更多的订单对于供应商来说代表有更大的利润空间，对供应商的发展壮大有直接贡献。订单激励是目前使用最多的激励机制。

（3）信息激励。供应商获得更多的信息意味着其拥有更多的机会去改善自身的生产计划和

⊖ 可参考本书第四章数字、信息和供应链。

库存控制。

（4）投资激励。通过参股等方式对供应商进行投资，这对处于发展阶段的供应商来说是极其重要的。通过"绑定效应"，可以提高供应商的技术、研发和生产能力。但并不是所有供应商都对投资"绑定"持欢迎态度，资产套牢会削弱供应商的谈判能力。

（5）淘汰激励。这是一种负激励，目的是让供应商保持压力和危机感。

三、供应商的过程质量管理

在前面讲到的供应商绩效考核中，采购方仅对供应商的输出（如物料、零部件和服务）结果进行考核，但对供应商内部如何进行质量控制和管理却无法考核。事实上，很多供应链的失败大多是由于供应商的输出质量存在缺陷。汽车工业的经验如下：不仅需要对供应商的输出结果进行考核，同时也需要对供应商内部的质量管理过程进行考核。因为质量管理的观点认为结果是由过程生成的。

供应商过程质量管理是指采购方对供应商的生产、技术和交付过程的质量进行管理。从该角度来看，采购方需要主动介入供应商的内部质量管理过程。前述的丰田"刹车门"事件也证明，采购方过度信任和放松对供应商过程质量的审核会加大供应链的质量风险。本部分将借鉴质量管理的研究，简单介绍汽车工业如何利用VDA6.3过程审核工具对供应商过程质量进行管理。

VDA标准是德国汽车工业联合会的德文首字母缩写。VDA推出了一系列标准，代表了德国汽车工业历经百年发展总结出来的最佳管理实践。国内某汽车公司运营总监曾说："如果完全理解VDA标准，就足以胜任我国任何一家汽车制造公司的首席运营官（Chief Operation Officer，COO）。"VDA标准不仅适用于汽车工业，其他制造业和服务业也正在使用这套体系。

风险是影响供应商过程质量最关键的因素。VDA6.x是与质量相关的标准，它的体系框架如图6-9所示。VDA6.3过程审核是该体系中的一个模块，该模块提供了一套过程质量审核工具，可以帮助采购方实现对供应商过程质量的风险监控和管理[⊖]。

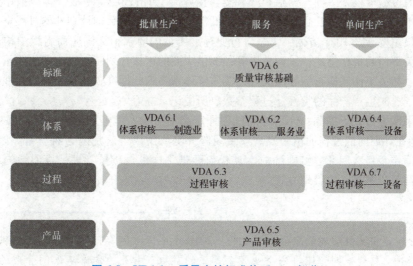

图 6-9　VDA6.x 质量审核标准体系（一部分）

⊖　VDA6.3模块是一个开放的工具，不仅适用于外部供应商过程质量的评审，也可以用于面向企业内部的生产、设计和项目开发过程的质量评审。除了汽车工业外，越来越多的制造企业也利用了VDA6.3过程评审的思路，结合自己的行业标准，对自己的过程质量进行周期评审，用以提高自己的质量管理和质量输出水平。

如果将供应商过程质量管理看成一个项目，那么 VDA6.3 过程审核的工作是对该项目进行全过程管理，即从供应商设计零部件开始，到产品原型制造、量产流程、质量控制流程、资源配置、产品交付和绩效表现（如采购方对供应商交付结果的满意度）等各个环节进行评审。VDA6.3 主要以提问表的形式对供应商项目进行审核，具有易于操作、开放性强、便于发现缺陷和风险等特点。利用 VDA6.3，采购方可以指出供应商生产过程中质量相对薄弱的环节和存在的风险，督促供应商持续改进，确保即使有干扰因素的情况下仍然能够保持稳定的产出质量。过程审核的目的主要有以下几个方面。

（1）预防：指出供应商出现的质量缺陷和可能发生的风险，采取手段避免质量缺陷和风险的发生。

（2）纠正：对供应商生产过程的质量缺陷和风险进行分析和认识，提出并实施合理的措施消除风险。

（3）持续改进：在提出的改进措施完成之后，对过程不断维护和优化，提高过程能力，使其更加稳定和可靠。

（4）定期审核：通过定期审核过程质量，可使采购方和供应商观察质量管理体系和过程审核的实用性，以及各个阶段是否有效执行和可控。

VDA6.3 中将过程审核主要分为计划内的过程审核和计划外的过程审核[○]。

1. 计划内的过程审核

计划内的过程审核可分为针对质量体系的审核和针对项目的审核。

（1）针对质量体系的审核。对潜在的供应商或已经能够批量供货的供应商，其质量体系通常已经得到了认证，按照质量体系的要求，须对其定期进行过程审核。

（2）针对项目的审核。在对项目进行策划的环节，应尽早确定项目当中各个里程碑的时间节点并实行过程审核。参照之前项目中的教训和经验，及时发现项目过程中的风险和缺陷，采取补救措施，确保项目在可控状态下正常运转。

2. 计划外的过程审核

计划外的过程审核是一种"事后审核和复盘措施"。当出现质量事故、客户抱怨过多、生产流程改变、不合格品率上升、企业成本异常降低等事件，就需要启动计划外的过程审核。

过程审核主要涉及 10 个方面：①来自行业标准协会的要求；②供应商组织结构；③供应商内与过程相关部门的责任描述；④调查表等；⑤供应商的审核计划；⑥供应商的质量手册、生产程序流程图、相关工作和检查指导性文件；⑦质量体系要求的标准；⑧法律和政策性要求；⑨来自客户的要求；⑩生产产品的特性、过程参数、历史记录。

需要给采购方做如下提醒：计划外的过程评审必不可少，但最好的方式是"备着但永远不用"，尽可能在计划内的过程评审中发现质量风险并努力解决。这是因为将质量风险消弭在前，永远比发生质量危机之后才去挽救的成本和代价要低。这也是质量管理一直倡导的观点：将风险点解决在前是成本最小的管理方式。

本 章 小 结

采购管理是供应链管理的重要内容之一。2010 年丰田"刹车门"事件已经给供应链管理者敲响了警钟：忽视采购管理将给企业带来严重的危机。首先，本章从采购管理的重要性出发，详细介绍了采购管理可以给供应链带来什么样的好处，以及供应链采购管理应该注意哪些

○ 本文只简单介绍 VDA6.3，读者可通过互联网搜索详细的 VDA6 标准。

要点。其次，本章对供应链中一些常用的采购模式进行了深入的分析，当然并没有仅介绍这些采购模式的好处，了解企业在实践中如何运用这些采购模式以及这些采购模式都有哪些缺点可能更加重要。再次，供应链采购管理中与供应商打交道是一个非常重要的内容，本章详细介绍了 AHP 分析法（层次分析法）在选择和评估供应商时的流程。对于读者而言，掌握定量化选择供应商的方法有助于规范企业的采购管理。最后，本章详细介绍了采购管理的另一个要点——供应商关系管理。读者会发现，采购不是一种零和博弈，通过加强供应商与企业之间的深层次关系，有助于构建一条和谐、稳定和高效的供应链。

思考与练习

1. 表6-1在计算手机硬件成本/销售价格时过于粗糙，请读者寻找更多的数据并使用财务会计管理中的相关知识对其进行精算。

2. 请就你所熟悉的一家企业的采购管理进行分析，它采用了何种采购模式？与本章介绍的供应链采购模式相比有什么优缺点？

3. 采购过程中经常出现采购专员收受供应商回扣的腐败案件，请你举一个例子并对其进行深入分析，思考如何从制度层面防范这种事情的发生。

本章案例

华为的供应商管理

华为自成立30多年来，已为全球170多个国家和地区的30多亿人提供了智能通信和信息传输产品和服务。华为提供的产品特性决定了其供应链是面向全球的，在数千家国内外供应商的支持和协作下，华为逐渐成长为全球顶级的通信和信息服务商。本章案例将介绍华为对供应商管理的理念和流程。

一、供应商选择

华为供应商的选择理念是"致力于向所有潜在供应商提供合理、平等的机会，让大家都能展示自己的能力"。虽然执行的时候会有偏差，但是公司流程和绩效评定会促使执行者让相关已经认证的合格潜在供应商参与。

潜在供应商可以通过各种方式与华为采购部门联系，采购部门会对其进行回复。如果华为和供应商都有意开拓业务关系，华为采购部会要求潜在供应商完成调查问卷。在收到调查问卷并进行评估后，华为将知会供应商评估结果。如果华为有兴趣和供应商进行合作，则将启动后续的认证步骤。后续认证可能需要和供应商面谈，讨论供应商对调查问卷的回复。根据面谈结果，华为采购部会决定是否需要现场考察，然后进行样品测试和小批量测试，确保供应商的产品满足规格要求，产能满足需求。华为采购部将认证的结果知会供应商。当发生采购需求时，通过认证的供应商将作为候选供应商进入华为供应商选择流程。

二、供应商质量审核管理

2006 年华为在苏丹电信业务中出现了丢单事件，后来证实是因为供应商质量有问题，不能按照客户的要求时间交付，客户感到不满意。此后，华为提出采用"铁三角"质量管理模型来加强对供应商的质量审核，同时决定其去留。

一角是确定供应商审核的内容和步骤，包括明确考核的产品，确定考核关键点；了解产品的制程（生产工艺），找出关键质控点；了解供应商对于所考核产品的标准（采购、质量、体系等所有涉及考核的标准）；确定审核内容，如生产能力、生产工艺、客户群体、资金周转情况、出现问题的响应时间、影响产品交期的关键材料。

二角是设置审核时用的审核表单，包括"供应商基本信息调查表""供应商审核表""供应商评估表"。"供应商基本信息调查表"涵盖供应商企业的基本信息及可供应产品、主要客户和生产所用设备和产能。"供应商审核表"以公司内部对供应商的评判标准为基础，汇集采购、质量、体系以及相关涉及考核标准的部门的考核要点。"供应商评估表"是在实地考察后对供应商的评估，确定供应商是否有资格进入供应体系。

三角是供应商评价因素，包括设备、设备管理能力、技术能力、业务流程/物流、员工士气、流程控制、质量控制、采购、供应商承诺和技术等多方面的内容。

三、与供应商保持沟通

华为相信，只有良好的沟通才能培育良好的业务关系。华为提供了多样化的沟通渠道，以便和供应商进行开放的对话和讨论。

第一类沟通渠道是单一接口。每个物料专家团内部都有供应商接口人，负责与供应商的接口和沟通，处理供应商与华为在来往过程中可能碰到的任何问题。相应地，华为也要求供应商通过这一单一接口与其接触。通过这一渠道，专家团会将所有可能影响供应商业务的采购策略和计划传达给供应商。

第二类沟通渠道是通过反馈与供应商进行沟通。华为设立供应商反馈渠道，受理所有与采购相关的问题，包括供应商针对华为员工或某部门的不公平行为和不道德行为的投诉等。供应商可以将信息发至邮箱，此邮箱是专门设立的，用于确保所反馈信息的保密性和快速响应。供应商可以坦诚地让华为知悉自己的顾虑，同时帮助华为遵守其诚信承诺，目的在于建立更为开放、有效的关系。

四、促进供应商成长

2005 年华工科技与华为展开合作的时候，还仅能提供 EX9 的低端光模块，但到了 2018 年，华工科技被评为华为的金牌供应商。华工科技的案例足以证明，供应商在华为的带领下会有翻天覆地的改变和突飞猛进的进步。在华为的带领下，华工科技加大了在无线网络、数据中心的研发投入，产品提供类型得到了增长，技术能力获得了提升。华工科技于 2019 年 9 月推出了 400G SR8 高光模块，这款商用模块解决了信号完整性、COB 关键工艺、散热性及可靠性等诸多设计难点，在 2020 年一季度向国内外知名客户提供正式样品测试。这一模块的推出使华工科技成为国内率先进入主流运营商体系的企业。2020 年 2 月，华工科技首个 5G 光模块订单完成交付，这一模块一并应用在华为发货的 2.5 万套基站中，这意味着华工科技已经成为华为 5G 基站建设的首批供应商之一。

五、内外联合控制供应商质量

通过推行 ISO 9000 系列质量管理体系的各项标准，华为的各项工作都有了严格的标准作为参照，建立健全了有效的公司内部质量管理和保证体系。华为要求自己的供应商也按照质量管理体系的各项标准的规定执行，保证供应商的质量管理工作能够持续而严格地按照各项标准来开展。

在具体的质量控制实施上，华为采取各种先进、具体的管理方法来加强对供应商的全面质量控制。比如，对于提供研发技术能力的供应商，华为采用集成产品开发（Integrated Product Development，IPD）⊖进行质量控制，同时还结合终端开发实际实施了 CMM5 级（Capability Maturity

---

⊖ 集成产品开发是一套产品开发的模式、理念与方法。

Model for Software，简称为 CMM，是软件能力成熟度模型，分为五级）流程管理来从研发环节上抓质量。

　　数字化时代下，华为为了提高自身的智能化水平，从供应商入手，在自己的组装供应商富士康内打造了智能工厂制造 AI（人工智能）质检示范线，主要应用于质量检测、测量定位、设备看护、厂区安全等生产和运营管理场景。通过人工智能算力加算法，系统高效地检测智能光伏控制器涂刷的硅脂颜色是否正确，是否少涂、漏涂，以及铭牌是否漏贴、倒贴和错贴。产线月检测6000 多台，总体准确率大于 99%，实现了从自动到智能的变化，显著提升了效率与质量，正向支撑了工艺提升，缩短了品质的稳定周期。

案例思考：

1. 你能找到华为应用"铁三角"质量管理模式来管理供应商的一正一反两个案例吗？
2. 除了华工科技外，你还能找到另一个伴随华为一起成长的供应商吗？
3. 你能找到 CMM5 的更多资料，并写一个学习心得吗？

第四篇

供应链生产计划篇

第七章

供应链经典的生产计划

本章引言

　　不当的供应链生产计划可能会导致生产过剩或短缺、效率下降以及运营成本高企，因而必须建立合理、准确的供应链计划，以确保供应链的顺畅运作。在实践中被证明有效的生产方式主要有三种：推动式生产，以物料需求计划（MRP）为代表；拉动式生产，以准时制（JIT）为代表；瓶颈系统，以约束理论（TOC）为代表。这三种生产方式各自有哪些特色？为何各有众多支持者？本章将首先从三种经典的生产方式出发来探讨生产计划的制订，并从供应链的视角来分析如何优化生产计划。在此基础上，本章将进一步介绍在整个供应链计划体系中承上启下，衔接战略规划和具体生产执行计划的销售和运作计划（S&OP）。此外，数智化时代的来临已经对供应链的运作产生深远影响，本章还将揭开智慧供应链生产计划的神秘面纱。

学习目标

- 掌握物料需求计划的基本原理
- 了解 JIT 系统运作的机制
- 熟悉 TOC 生产计划的理念
- 了解 MRP、JIT 和 TOC 下的供应链生产计划
- 了解销售和运作计划的概念及其制订方法
- 了解智慧供应链的生产计划

第一节　物料需求计划

一、物料需求计划的机制

（一）物料需求计划的产生

　　在物料需求计划出现之前，人们使用订货点法来处理制造过程中的物料需求。订货点法假设客户的需求（即物料需求）是稳定的，为了不因物料短缺影响生产，需要确定订货点和订货批量，如图 7-1 所示。但随着市场需求波动和产品复杂性的增加，这种方法暴露出明显的缺陷，因为它只能保证在稳定均衡消耗的情况下不出现短缺，但不能保证在复杂多变的情况下不出现短缺。为应对需求预测偏差所导致的缺货现象，企业不得不保持一个较大数量的安全库存来应对需求波动，导致资金占用、库存空间占用以及其他费用的支出增多。

　　为解决上述问题，美国 IBM 公司奥列基博士（Dr. Joseph A. Orlicky）于 20 世纪 60 年代中期

提出了"物料独立需求和相关需求"学说，在此基础上，人们形成了"在需要的时候提供需要的数量"的认识，发展并形成了物料需求计划（Material Requirements Planning，MRP）理论，该理论可以计算物料需求量和需求时间，彻底改变了企业的生产计划体系。

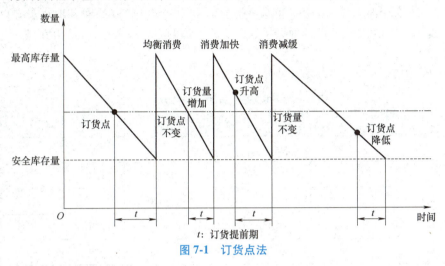

图 7-1　订货点法

（二）MRP 的基本思想

MRP 的基本思想是围绕物料转化来组织制造资源，实现按需要准时生产。这里的"物料"泛指在企业生产中涉及的所有原材料、在制品、半成品、产成品和外购品等。对于制造企业，若确定了产品的出产数量和时间，就可以按产品结构确定所有部件和零件的需求数量，并可按各种部件和零件的生产周期来反推出它们的出产时间和投入时间。物料在转化过程中需要投入不同的制造资源（机器、设备、场地、工具、工艺装备、人力和资金）。有了各种物料的投入产出时间和数量，就可以确定对这些制造资源所需要的时间和数量，这样就可以围绕物料的转化过程形成生产计划，组织制造资源，实现按需要准时生产。

MRP 思想的提出解决了物料转化过程中的几个关键问题：何时需要？需要什么？需要多少？它不仅在数量上解决缺料问题，更关键的是从时间上解决缺料问题，实现了制造业销售、生产和采购三个核心业务的信息集成与协同运作。MRP 不仅能指导企业内部的生产，其计算结果对供应链上游供应商的生产同样意义重大，供应商可据此制订其生产计划。

（三）MRP 的运行原理

MRP 的运行原理是指由产品的交货日期反推出零部件的生产进度日程与原材料、外购件的需求数量和需求日期，即将主生产计划转换成物料需求表。MRP 的处理逻辑如图 7-2 所示。

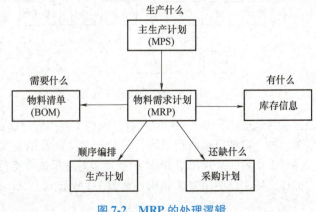

图 7-2　MRP 的处理逻辑

1. MRP 的输入

（1）主生产计划（Master Production Schedule, MPS）：描述一家企业在一定的生产周期内，所需要装配或生产的产品的数量、装配或出产时间等信息。它是 MRP 的主要输入，决定了最终产品或零部件在各个时间段内的生产量。主生产计划中的各类产品数量都取决于客户的需求。主生产计划考虑的时间范围，即计划展望期取决于产品的累计提前期，也就是产品的生产提前期和采购提前期之和。

以自行车为例，其主产品计划（部分）见表 7-1。

表 7-1　主产品计划（部分）

周次	1	2	3	4	5	6	7	8
系列一			100				150	
系列二						180		
系列三					120			120
部件 A		150		150		150		150
零件①	90	90	90	90	90	90	90	90

注：系列一是指公路自行车（辆），系列二是指山地自行车（辆），系列三是指折叠自行车（辆），部件 A 是指车架（个），零件①是指链条（条）。

（2）物料清单（Bill of Material, BOM）：详细描述了生产一个产品所需要的零部件、原材料、组装配件等的时间、数量等内容。它不仅是一份清单，还反映了零部件之间的相互关系以及产品项目的结构层次。实际上，物料需求计划是在产品结构的基础上，根据产品结构中各个层次的隶属关系，倒推出各种物料的需求量。

仍以自行车为例。图 7-3 显示了构成自行车所需零部件的层次结构，被称为"产品结构树"。该树形图中，最高层为 0 层，通常为最终产品项，即自行车，1 层列举构成最终产品的主体项，2 层代表组成产品主体的各个部件，3 层则为组成部件所需的零件。产品的层次数依产品的复杂程度而定，产品越复杂，涉及的范围越广，层次越多。

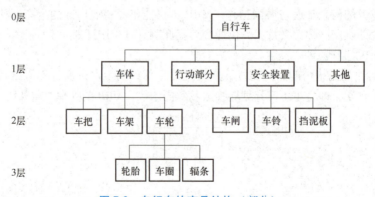

图 7-3　自行车的产品结构（部分）

物料清单还可以表示成其他形式，如产品结构文件。根据文件内容详略程度不同，分为单级物料清单和多级物料清单两种。只涉及最终产品项以及构成最终产品的直接组件两部分内容的文件称为单级 BOM，如表 7-2 所示，采用单级 BOM 的企业多对外采购零部件进行组装生产。如果企业选择自行生产零部件，则应该使用多级 BOM，如表 7-3 所示。

表 7-2　自行车的单级 BOM

产品：自行车/每辆							
代码	说明	需求量	单位	代码	说明	需求量	单位
A	车把	1	个	E	车闸	2	个
B	车架	1	个	F	车铃	1	个
C	车轮	2	个	G	挡泥板	2	个
D	驱动系统	1	个	H	车篮	1	个

表 7-3　自行车的多级 BOM

产品：自行车/每辆					
物料组成	代码	说明	需求量	单位	层次
第一部分	一	车体			1
部件	A	车把	1	个	2
部件	B	车架	1	个	2
部件	C	车轮	2	个	2
零件	①	轮胎	2	个	3
零件	②	车圈	2	个	3
零件	③	辐条	100	条	3
第二部分	二	行动部分			1
部件	D	驱动系统	1	个	2
零件	④	链条	1	条	3
零件	⑤	飞轮	2	个	3
零件	⑥	中轴	2	个	3
零件	⑦	脚蹬	2	个	3
第三部分	三	安全装置			1
部件	E	车闸	2	个	2
部件	F	车铃	1	个	2
部件	G	挡泥板	2	个	2
第四部分	四	其他			1
部件	H	车篮	1	个	2

（3）库存状态文件：说明物料清单中所列的各项材料的库存状态信息，如表 7-4 所示。对文件中涉及的主要术语解释如下。

1）现有库存量：仓库中实际存放的可用的原材料数量。

2）计划入库量（或计划接收量）：在将来某个时间某材料的入库量。该入库量一般来源于正在执行中的采购订单或生产订单。

3）已分配量：已经分配给某使用者，但还没有从仓库中取出的材料数量。这些材料虽然在仓库中存放着，但不能使用。

表 7-4　库存状态文件

部件 A	周次							
	1	2	3	4	5	6	7	8
毛需求量				200		200		200
计划入库量		270						
已分配量								
现有库存量	50	320	320	120	120	−80	−80	−280
净需求量						80		200
计划发出订货量					80	200		

2. MRP 的处理过程

采用 MRP 进行数据处理，遵循自顶向下、逐层计算的方法。即从产品结构树中的 0 层开始，逐层往下计算，底层的数据由高层的数据推算而来。这里的"数据"主要是指净需求量和物料需求时间两个方面。

（1）净需求量的计算。

$$净需求量 = 毛需求量 - 计划入库量 - 现有库存量$$

现有数应为计划期开始时的现有库存数。当计算结果为负值时，净需求量为 0。

表 7-5　净需求量的计算

周次	总需求量	计划入库量	现有库存量	结果	净需求量
1	0	0	50	−50	0
2	0	270	50	−320	0
3	0	0	320	−320	0
4	200	0	320	−120	0
5	0	0	120	−120	0
6	200	0	120	80	80
7	0	0	0	0	0
8	200	0	0	200	200

（2）物料需求时间的计算。在确定物料需求数量的同时，还应考虑需求时间。而需求时间的确定涉及各个物料的提前期。如图 7-4 所示，若最终产品在第 8 周开始生产，则应在第 8 周之前，将各种原材料和零部件准备充分：部件 A 的提前期为 2 周，则应在第 6 周开始生产（或采购）；零件 1 的提前期为 2 周，则应在第 5 周开始生产，而零件 1 所需的原材料 1 的提前期为 3 周，需在生产零件 1 之前供应充足，即应在第 2 周开始生产（或采购）。以此类推，计算出各种物料的需求时间。

3. MRP 的输出

由图 7-2 的 MRP 的处理逻辑可知，物料需求计划主要产生新产品生产计划和采购计划，生成制造任务单和采购订货单，再据此组织产品的生产和物资的采购。MRP 系统可以根据企业的实际需要，输出各种内容和形式不同的生产、库存控制报告，主要内容包括以下几个方面。

（1）与生产相关的报告，包括原材料需求计划、零部件出产计划、工装设备需求计划、生产费用预算、下达订单的通知、要求提前或推迟已下达订单的通知、撤销订单的通知、未来一段时间的计划订单等。

（2）与库存相关的报告，包括库存状态记录、物料库存分析数据、物料发出和已到达清单、库存费用预算等。

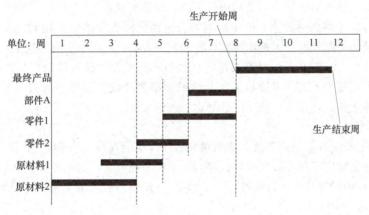

图 7-4　物料需求时间的计算

二、MRP 的扩展

物料需求计划虽然在一定程度上弥补了订货点法的缺陷，能够较为精确地给出物料生产的时间和数量，但依然存在一些缺陷。例如，MRP 输出的生产计划没有考虑生产线及供应商的能力，因此做出的计划往往不具有可行性。此外，MRP 所产生的数据只适合制造部门使用，企业的其他部门无法共享。因此，人们开始对 MRP 的功能进行扩展，先后出现了闭环 MRP、MRP II 以及 ERP。

（一）闭环 MRP

最初的 MRP 是将产品的生产计划转化为零部件自行生产计划和相关物料采购计划，但若不考虑企业自身的生产能力，这些计划将无法落实，因此 MRP 仅仅是生产管理的一部分，不足以满足企业生产需求。因而在 MRP 的基础上，人们提出了闭环 MRP。图 7-5 是闭环 MRP 的处理逻辑。

"闭环"有双重含义：①它不仅考虑物料的需求，还考虑企业自身的生产能力等，将自制件生产计划、外购件采购计划、企业生产能力计划纳入 MRP，形成一个封闭系统；②在计划执行过程中，利用来自车间、供应商、执行人员所提供的信息调整原计划，使之达到合理平衡，形成"计划制订-实施-意见反馈-修改-再计划"的闭环系统，从而使整个生产过程协调统一。

能力需求计划（Capacity Requirement Planning，CRP）是 MRP 中重要的计划工具，它对生产过程中

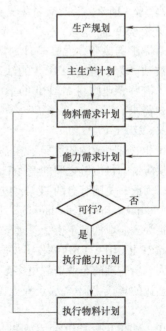

图 7-5　闭环 MRP 的处理逻辑

所需要的能力进行核算，以确定企业是否有足够的能力满足生产需求。它把 MRP 计划下达的订单和已下达但尚未完工的订单所需要的负荷能力转化成各个工作中心各个时段所需要的负荷能力。这里的工作中心是指生产资源，包括机器设备和人等。CRP 可以根据各个工作中心的物料需求计划和各物料的工艺路线（自制件的加工顺序和工时），对各生产工序和各工作中心所需的各种资源进行精确计算，得出人力负荷、设备负荷等资源负荷情况，然后根据工作中心各个时段的可用能力对各工作中心的能力与负荷进行平衡，以便实现企业的生产计划。

CRP 的作用在于帮助分析企业的生产能力，包括分析企业的生产规划、主生产计划的可行性，及早发现能力的瓶颈所在，提出切实可行的解决方案，从而为企业实现生产任务提供能力方面的保证。具体而言，CRP 不仅时刻关注生产设备的完备性，还可以监督生产效率和员工的工作绩效，一旦发现能力不足，可以根据实际情况调整生产设备或增加人力；若能力实在无法平衡，可以向上修正生产计划，以使生产计划达到最佳均衡。

（二）MRP Ⅱ

闭环 MRP 能准确计算出零部件需求数量和时间，也能精确计算和记录所有的库存量。但生产制造领域除了要确定零部件数量以外，还需要消耗其他资源，这些资源包括工时、成本、资金等。当 MRP 系统中增加这些功能和模块时，MRP 就逐渐发展成为制造资源计划（Manufacturing Resource Planning，MRP Ⅱ）。

MRP Ⅱ 于 20 世纪 70 年代末、80 年代初被提出，是指以物料需求计划 MRP 为核心的闭环生产计划与控制系统，它将 MRP 的信息共享程度扩大，使生产、销售、财务、采购、工程紧密结合在一起，共享有关数据，组成一个全面生产管理的集成优化模式。MRP Ⅱ 通过物流与资金流的信息集成，将生产系统和财务系统联系在一起，形成一个集成营销、生产、采购和财务等职能的生产经营管理信息系统。图 7-6 是 MRP Ⅱ 的基本处理逻辑。

MRP Ⅱ 以生产计划为主线，可以有效配置各种制造资源，使企业的物流、信息流和资金流畅通，以达到减少资金占用、缩短生产周期的目的。 实施 MRP Ⅱ 后一般可以取得如下效果：库存资金占用减少 15%~40%，资金周转率提升 50%~200%，缺货率减少 60%~80%，劳动生产率提高 5%~15%，及时交货率达到 90%~98%。但是，随着全球化进程的加快和竞争的加剧，市场形势更加复杂多变，产品更新换代加快，对企业响应能力的要求大大提高，而 MRP Ⅱ 对需求的改变，尤其是计划期内的变动适应性差，需要设置较高的库存水平才能应对需求的波动。为了解决 MRP Ⅱ 的缺陷，很多企业做了有益的尝试，有些企业将 MRP Ⅱ 与 JIT 相融合，有些企业则将 MRP Ⅱ 的集成范围继续扩大，试图实现整条供应链的优化，来更好地响应客户需求。

（三）ERP

MRP Ⅱ 的管理范围依然局限在企业内部，而随着商业竞争的加剧，企业与企业的竞争逐渐演变为供应链与供应链之间的竞争，这就要求企业不能局限于内部管理，而是对整条供应链进行管理。因此，美国著名的 IT 咨询公司 Gartner Group Inc. 在 20 世纪 90 年代初提出了企业资源计划（Enterprise Resource Planning，ERP）的概念，认为其内涵是"打破企业四壁，把信息集成的范围扩大到企业的上下游，管理整个供需链，实现供需链制造。"

与 MRP Ⅱ 相比，ERP 吸收了供应链管理的思想和敏捷制造技术，更加面向全球市场，功能更为强大，所管理的企业资源更多，支持混合式生产方式，管理覆盖面更宽，是企业物流、信息流、资金流的集成。**ERP 从企业全局角度制订经营与生产计划，是制造企业的综合集成经营系统。**

MRP、MRP Ⅱ 与 ERP 的主要特点比较如表 7-6 所示。

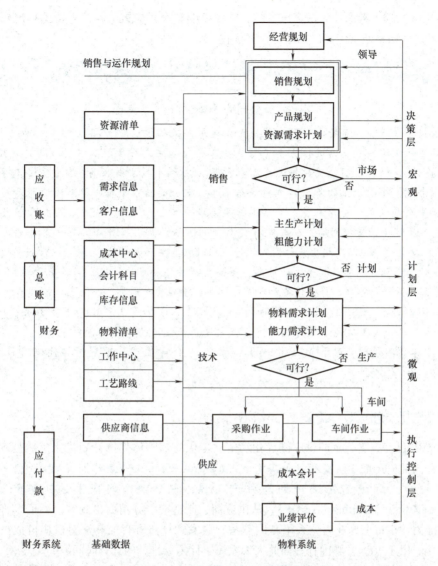

图 7-6　MRPⅡ的基本处理逻辑

（资料来源：陈启申. MRPⅡ制造资源计划基础［M］. 北京：企业管理出版社，1997. ）

表 7-6　MRP、MRPⅡ及 ERP 的主要特点比较

比较项目	MRP	MRPⅡ	ERP
起源年代	20 世纪 60 年代中期	20 世纪 70 年代末期 80 年代初期	20 世纪 90 年代初期
产生环境	市场竞争加剧、计算机技术发展		经济全球化、互联网
信息集成	物料信息集成	物流/资金流集成	供应链合作伙伴集成
解决问题	产、供、销协同运作	财务/业务信息同步	合作竞争、协同商务
核心思想	独立/相关需求、优先级计划、供需平衡原则	财务管理、模拟决策	供应链管理、敏捷制造、精益生产、约束理论、价值链、业务流程重组

MRPⅡ所生成的物料需求信息仅立足于企业内部资源的管理，无法提升供应链的运作效率，

而 ERP 在决策过程中考虑了包括客户、供应商在内的整个供应链，其计划范围扩展到了单个企业之外，可以面向整条供应链进行生产计划优化。

> **阅读小贴士**
>
> ### A 公司的 MRP 优化
>
> 随着技术的进步、市场需求的变化，A 公司原本大批量、单一品种的生产模式已经不再适用，其生产管理模式急需进行变革。高层对 A 公司的生产管理现状进行分析，发现其存在四大问题：①仅根据过往销售数据进行需求预测，生产计划预测准确率低；②高库存策略导致呆料（超过 6 个月以上的物料）库存高居不下；③公司技术质量、信息反馈滞后问题突出，造成生产中断和混乱，资源浪费严重；④仅凭经验进行生产作业，造成车间机器空闲率高。
>
> 为解决上述生产管理问题，公司完善需求预测体系，提高 MRP Ⅱ编制生产计划的准确性，通过 JIT 拉动式生产驱动车间生产计划的执行，同时收集生产进度信息、异常信息、资源消耗信息等，实时传递至计划部以调整生产计划，提高生产计划的可执行性。同时基于准时化生产思想，对车间作业进行排序，降低设备和人员空闲率，缩短生产周期，提高生产效率。
>
> 经过不懈努力，公司需求预测准确率上升 33%，呆料库存占用比例下降 10%，机器空闲率降低 22.33%，大大提高了设备利用率，极大增强了公司的市场竞争力。
>
> （资料来源：鲁晓. 基于 MRP Ⅱ+JIT 视角的 A 公司生产管理分析与优化［D］. 郑州：郑州大学，2022.）

三、高级计划排程 APS

虽然 ERP 已经具备一定的供应链优化功能，但供应链整体生产计划优化依然是其短板，高级计划排程因此应运而生。**高级计划排程（Advanced Planning Schedule，APS）是一种基于供应链管理和约束理论的先进计划与排产工具，它是整个供应链的销售和运作计划（Sales&Operations Planning，S&OP）**，从供应商、制造商、分销商再到客户，可以将企业内外的资源与能力约束都考虑在内，采用基因算法、启发式算法等智能算法对供应链成员的生产计划进行优化。由于 APS 常驻内存，因此大大缩短了计划和排产的计算时间。

APS 在制订计划时考虑了几乎所有的约束因素，如物料、设备、人员、场所、时间和技术等资源，使做出的计划更加准确可行。APS 可以决定生产地点、分销中心和其他设施的最优组合和定位，能够在考虑随机因素的情况下预测产品需求，根据物料、能力、运输和客户服务的约束对供应链进行建模，并根据产品需要日期向后排产，或考虑物料和能力约束从当前日期向前排产，从而生成最优生产计划。因此，APS 能够帮助供应链成员提高客户响应速度，减少在制品和成品库存，甚至自动识别潜在瓶颈，提高资源利用率。

APS 的优越性还在于其信息双向传送机制。在传统的计划逻辑中，由于计划修改而产生的信息传送只能是单方向的，这会引发一些问题。例如，生产订单延期执行可能会影响下游的活动（如产品无法如期完工），同时也会影响上游的活动（如未来的库存水平和采购需求可能会改变）。APS 可以向供应链上游和下游双向传送变化信息，因此能确保供应链整体计划的一致性。

需要指出的是，APS 虽然具有强大的供应链整体优化功能，但它只是 ERP 软件的补充，不能替代 ERP。相反，APS 计算所需的信息还需要从 ERP 中获取。因此，**企业若要实施 APS，首先要有良好的信息化基础，尤其要有较为成功的 ERP 系统**。

将 ERP 与 APS 最有效地结合的方法是，使用 APS 系统管理各个不同生产设施间的物流运作，而每个生产设施内部的物流运作则由其本地的 ERP 系统来管理，如图 7-7 所示。即便如此，将 APS 与 ERP 系统连接起来依然是一项非常有挑战性的任务，如果企业没有良好的供应链管理基础以及卓越的 ERP 运作经验，遭遇失败的可能性非常大。

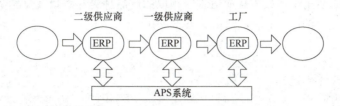

图 7-7　APS 和多个 ERP 系统的连接

第二节　JIT 生产计划

一、什么是 JIT 生产

在传统的生产方式下存在一个处在核心位置的生产管理中心，该中心在经过大量的计算和分析后，向所有工序同时提出生产计划以满足需求。也就是说，不仅最终装配线受该中心控制，零部件生产工序也受其控制。接受了生产计划的各工序各自生产零件，并将生产好的零件"推向"下道工序，但并不关心下道工序是否需要该零件。由于生产管理中心要处理大量的信息，因此这种生产方式很难对某个工序发生的故障和需求的变化做出及时有效的反应。为了应对故障的发生和需求的变化，企业必须在各工序准备库存，这会造成库存的浪费。更严重的是，各工序库存量常常会不平衡，经常会发生持有过剩库存、设备和劳动力的情况。

在这种背景下，丰田汽车公司的大野耐一设计了一种在多品种小批量混合生产条件下高质量、低消耗的生产方式，这就是准时制生产（Just In Time，JIT）。**准时制的目标是消除生产中的一切浪费，这些浪费包括库存、无用的动作、过长的调整准备时间、多余的人力等**。为此，准时制生产提出："只在需要的时候，按需要的量，生产所需的产品。"那么，如何实现这一目标呢？准时制的办法是拉动式生产，即产品的生产指令是由最终客户拉动的。

JIT 拉动式生产系统如图 7-8 所示。理论上，在 JIT 系统中，一个产品的出售会产生补充一个产品的信号，这个信号会沿着生产线逆向传递，拉动整个系统生产一个补充产品。生产信号首先会传给总装线，然后总装线从其前道工序组装线领料并拉动组装线的生产，组装线又从其前道工序生产线领料并拉动生产的生产，以此类推，直到拉动零部件供应商的生产。

图 7-8　JIT 拉动式生产系统

由于在整个系统中总是由后道工序从前道工序领取部件，一环扣一环地"拉动"生产，因此被称为"拉动方式"。因此，JIT 无须同时向所有工序下达生产计划和工序变更指令，如果在生产一辆一辆汽车的过程中有必要变更生产计划，只需将变更传达至最终装配线即可。

JIT 系统如何向上游传递拉动信号？这就需要了解看板的工作原理。看板通常是一张装入长方形塑料袋里的卡片，卡片上记载着关于生产或搬运零件的信息，是整个 JIT 系统的神经系统，控制着 JIT 系统几乎所有的物料及产品的生产和运输。看板大致可以分为传送看板和生产看板两类。传送看板记载着后道工序应该从前道工序领取的产品种类和数量（见图 7-9）；生产看板记载着前道工序必须生产的产品品种和数量（见图 7-10）。

存放点标号：	B-1121	前道工序：
产品编号：	FM-201009	锻造
产品名称：	钢圈	
适用车型：	A 类	后道工序：
收容数：	50	机械加工
容器：	3 号箱	

图 7-9　传送看板

存放点标号：	B-5531	
产品编号：	XR-201010	工序：
产品名称：	轮胎	机械加工
适用车型：	A 类	

图 7-10　生产看板

传送看板和生产看板拉动生产的基本步骤如下。

（1）当后道工序的传送看板箱中的看板累积到一定数量或规定的时间（如每隔 30min）后，搬运工将传送看板和容器送到前道工序的零部件存放场。

（2）搬运工将盛满零件的容器上的生产看板拿下，将其放入看板接收箱，并换上传送看板，还要将空容器放到前道工序指定的地方，最后将零件和传送看板一起送到后道工序。

（3）后道工序一旦开始作业，就要把传送看板放入传送看板箱。

（4）前道工序生产一定时间或一定数量的零件后，必须将接收箱中的生产看板收集起来放入生产看板箱（当工序的终点和起点距离较远时才需设置两个看板箱），并按照放入生产看板箱的看板顺序生产零件。

（5）加工零件时，零件和生产看板要一起移动，并在加工完成后，将零件和生产看板一起放到存放场，以便后道工序的搬运工随时领取。

（6）这样两种看板周而复始地连续运作，就能使各工序在必需的时候，仅按必需的数量，领取必需的物品，全部工序（包括供应商）就实现了准时生产。

二、JIT 的生产计划体系

JIT 系统独特的拉动式生产能够使生产管理部门不再需要制订所有工序的生产计划，而只要向总装线下达生产计划，就能在看板系统的控制下使生产顺利进行。JIT 的生产计划根据时间跨度的不同可以分成两个层级：一是月度生产计划，二是日生产计划，或称逐日生产实施计划。

（一）月度生产计划

企业的销售部门每月都要从销售商处获得按生产线划分的产品未来几个月的销售量预测值。企业的生产管理部门则根据这些信息制订生产计划，并将未来一个月的产品数量分解为按产品生产线划分的日产量。这种分解是为了均衡生产而进行的，所以基本上是简单地用工作天数来平均，产生的结果被称为"基本生产计划"。

生产部门根据基本生产计划和物料清单（即产品由哪些零件构成的信息）制订所需材料的计划，并将这些信息通知各生产线和供应商。当然，各生产线和供应商并不按照这些信息进行生产，而只是作为参考，实际每天的生产主要通过看板的指示来执行。

（二）日生产计划

月生产计划较为粗略，只能作为生产准备的参考，因此需要更加细致的生产计划来指导生产的进行。日生产计划的信息源依然是销售商，各销售商根据基本生产计划确定的本月生产数量的范围，将 10 天（一旬）份额订货的最终规格（包括车型、任选部件、车颜色的选择）提前一周提供给企业的销售部门。企业的生产管理部门则按照旬订货信息来计划各生产线的日产量，这是对基本生产计划的修正。

旬订货信息并非是一成不变的，依然有一定的浮动空间。客户每日的变更订货信息会从各销售商处汇入公司的销售部门，这被称为日变更，一般在产品下线前四天进行。企业销售部门的信息系统按照型号、颜色等将订货分类，并在产品下线前三天传递到制造部门，各生产线就依照该信息进行实际的生产。制造部门收到日订货信息后立即编制混流生产的顺序计划，并在产品下线前两天通知各生产线。各生产线的计算机终端可以接收来自中央计算机的具体生产信息，这样作业人员就可以知道下一辆应该组装哪种车。

三、生产计划信息的共享

为了减少供应链中的牛鞭效应，提升供应商的生产效率，企业部分生产计划信息需要与上游供应商共享。企业每个月都需要向零部件供应商提供未来三个月的生产预订量，其中最近一个月的部分有确切的每天供货数量，其余两个月则有变化的可能。企业每天还会向供货厂家发送一次各种零部件的生产顺序计划，规定了供货厂家的装配线上应该依次组装的零部件的规格。

上述信息的主要作用是对供应商的生产起指示作用，实际的供货依然是由传送看板拉动的。企业装配线旁放置许多装着零部件和传送看板的容器，随着零部件在装配线上逐渐消耗，容器逐渐空了，这些空容器和传送看板就会被卡车定时送到各供应商处，然后卡车从各供应商的产品存放场将装满零部件的容器领回。

第三节　TOC 生产计划

世界上数以千计的先进企业正在成功运用约束理论（Theory of Constraint，TOC），小至不足 50 人的工厂，大至跨国企业如通用汽车、AT&T、3M、Intel 等，都在使用 TOC 指导其生产计划。实践证明，TOC 能够帮助企业显著提高产销率，降低库存水平和综合生产成本。

一、TOC 的机制

要了解 TOC 的机制，首先要理解何谓"约束"。**TOC 认为，在企业的整个经营业务流程中，任何一个环节只要阻碍了企业在更大程度上增加产销率，或减少库存和运行费，那么它就是一种约束。**约束可以来源于企业内部，也可以来源于企业外部。TOC 机制下有三种类型的约束：资源约束、市场约束和方针约束。

（1）资源约束是指生产能力（生产资源）、原材料（材料采购）方面的约束，是进行市场活动时或市场需求超过生产能力时产生的约束。

（2）市场约束是指由于市场规模、地域性、成长性的约束，市场能力超过了市场需求。此外，即便市场有充分的需求，但由于产品固有的生命周期而使销售停滞，这种情况也可以视为市场约束的一种。

（3）方针约束是指由公司的方针和制度形成的约束。在方针约束中，不仅存在成本计算方式、业绩评价标准等错误管理方式，还存在对事物的看法、价值观这些扎根在企业文化里的各种各样的内在制约。除此之外，政府的法律法规往往也会成为企业重要的方针约束。

TOC 认为，**任何系统都至少存在一个约束制约着它的产出，这是系统最脆弱的环节**。任何系统都可以想象成由一连串的环所构成，环环相扣，这个系统的强度取决于其中最弱的一环，而不是最强的一环，如图 7-11 所示。

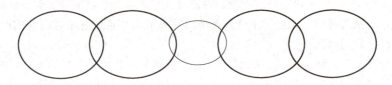

图 7-11 最弱的环

TOC 是一种能使瓶颈产能最大化，从而使系统产销率最大化的生产管理与控制方法，同时也是辨识系统核心问题并持续提升系统约束的管理哲学。TOC 认为，一家企业的计划与控制目标是寻求客户和企业产能的最佳配合，一旦某个被控制的工序（即瓶颈）建立了一个动态的平衡，企业的工序应相继与这一被控制的工序同步。

简单来讲，TOC 就是关于如何进行改进和最好地实施这些改进的一套管理理念和管理原则，可以帮助企业识别在实现目标的过程中存在哪些制约因素——TOC 称之为"约束"，并进一步指出如何实施必要的改进来——消除这些约束，从而更有效地实现企业的目标。

> 📖 **阅读小贴士**
>
> **J 公司除草剂生产线的 TOC 之路**
>
> J 公司的 S 除草剂生产线自 2012 年试车投产到目前已运行了 10 多年，当初的设计产能是 2000t/年，近几年 J 公司虽然对 S 除草剂生产线进行了投资改造，但实际增加的产能还是达不到设计产能，同时也无法满足当前强劲的市场需求。为此，J 公司 S 除草剂生产线实施了 TOC，瓶颈工序的系统的实际生产能力与理论最大生产能力的比值（Overall Equipment Effectiveness, OEE）得到了显著提高，生产节拍由 4.66h 缩短至 2.73h，产能从原来的 140t/月提升到目前的 203.4t/月，提高了 45.3%，交货的周期比实施前提前了约 11 天，极大地增强了其市场竞争力。
>
> （资料来源：黎艇. 基于约束理论的 J 公司除草剂生产线产能提升研究 [D]. 杭州：浙江大学，2022.）

二、TOC 的五大核心步骤

TOC 的五大核心步骤为企业解决生产过程中的种种约束提供了必要步骤。大多数实际引进了 TOC 并实践其步骤的企业，都在没有增加经费、投资的情况下提高了 30% 的生产效率，并减少了库存。TOC 的五大核心步骤如下：

第一步，找出系统中存在哪些约束。要解决第一步中找出的种种约束，实现产销率的增加，可以采取如下行动：①设置时间缓冲⊖；②设置在制品缓冲；③在瓶颈设备前设置质检环节；④统计瓶颈设备的产出废品率；⑤找出产生废品的原因并根除；⑥对返修或返工的方法进行研究改进。

第二步，寻找突破这些约束的办法。

第三步，使企业所有其他活动服从于第二步中提出的各种措施。通过采取各种措施，使系统

⊖ 时间缓冲即在瓶颈设备前工序的完工时间与瓶颈设备的开工时间之间设置一段缓冲时间，以保障瓶颈设备的开工时间不受前面工序生产率波动和发生故障的影响。

其他部分与约束部分实现同步，从而充分利用约束部分的生产能力。

第四步，实施第二步中提出的措施，使第一步中找出的约束环节不再是企业的约束。

第五步，谨防人的惰性成为系统的约束。

当突破一个约束以后，一定要重新回到第一步，开始新的循环。 就像一根链条，不断改进其中最薄弱的那一环，如此周而复始，最终使整个系统得到不断优化。当约束能够很容易地被识别出来的时候（比如设备、工序等的约束），五大核心步骤可以提供解决这些约束的必要步骤。当约束不能容易地被识别出来的时候（比如，企业整个"链条"中的某些不同"环节"之间的相互关系的约束），TOC 的思维流程可以用来找出核心问题或核心冲突，以及解决问题的有效工具。思维流程严格按照因果逻辑来回答以下三个问题。

问题 1：改进什么？

问题 2：改成什么样子？

问题 3：怎样使改进得以实现？

TOC 提供了一系列工具来回答以上三个问题，如当前现实树、未来现实树、负效应枝条、消雾法和必备树等，本教材不再详细说明，请读者参阅相关书籍与资料[⊖]。

三、TOC 的生产计划：DBR 系统

TOC 认为，企业计划与控制的目标就是寻求客户需求与企业能力的最佳配合，一旦某个被控制的工序（即瓶颈）建立了一个动态的平衡，其余的工序应相继与这一被控制的工序同步。

TOC 的计划与控制是通过 DBR 系统［鼓（Drum）、缓冲器（Buffer）和绳子（Rope）］来实现的，如图 7-12 所示。

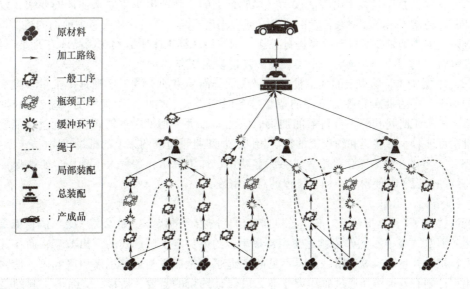

图 7-12　DBR 系统

（一）鼓（Drum）

所谓"鼓"，是指约束工序排程决定系统的生产节奏。"鼓"是一个企业运行 TOC 的开端，即识别一个企业的约束所在。约束控制着企业同步生产的节奏——"鼓点"。要维持企业内部生

⊖　可汗. 持续改善：TOC 生产管理指南［M］. 中华高德拉特协会，译. 北京：电子工业出版社，2020.

产的同步、企业生产和市场需求的同步，存在一系列的问题。其中一个主要问题就是企业的生产如何满足市场或客户的需求而不产生过多的库存。因而，安排作业计划时，除了要对市场需求进行正确的预测外，还必须按交货期给客户赋予一定的优先权数，在瓶颈上根据这些优先权数的大小安排生产，并据此对上下游的工序排序，从而得到交付时间。TOC 的处理逻辑就是使交付时间与交货期限相符。

为了使交付时间与交货期限相符，应当权衡在约束上的批量规模。这是因为当约束上只有加工时间和调整准备时间，增大瓶颈的加工批量，可以减少调整准备时间，使瓶颈的有效能力增加，但会减少系统的柔性，增加库存和提前期。反之，其效果与增大加工批量相反。两者都会影响一些订货的交货时间。

从计划和控制的角度来看，"鼓"反映了系统对约束资源的利用。对约束资源应编制详细的生产作业计划，以保证对约束资源的充分、合理的利用。

（二）缓冲器（Buffer）

所谓"缓冲"，是指为了保证约束的生产计划能被实现并防止其停工待料，从而在约束前设置缓冲器，以消除各种不确定性约束对交货期限的影响。一般来说，"缓冲器"分为"时间缓冲"和"库存缓冲"。"库存缓冲"就是保险在制品，其位置、数量的确定原则类似"时间缓冲"。"时间缓冲"则是将所需的物料比计划提前一段时间提交，以防出现随机波动，以约束上的加工时间长度作为计量单位。例如，一个三天的"时间缓冲"表示一个等待加工的在制品队列，它相当于在约束上三天的生产任务，其长度可凭观察与实验确定，再通过实践，进行必要的调整。在设置"时间缓冲"时，一般要考虑以下几个问题。

（1）要保证约束上产出率相对较快的工件在加工过程中不致因为在制品少而停工。

（2）应考虑加工过程中出现的波动。如瓶颈上的实际产出率比原来估计的要快，或者瓶颈前的加工工序的产出率比原来估计的要慢，或者出现次品。有时，还要考虑前面的机器设备是否出现故障。因为如果要对机器故障进行维修，则维持后续工序所需的在制品库存是难以估计的，所以在设置"时间缓冲"时，一般要设置一定的安全库存。

（3）根据 TOC，约束上的加工批量是最大的，而约束的上游工序则是小批量多批次的。约束前的加工工序的批次和各道工序的调整准备时间有关。如果上游工序的调整准备时间较小，或约束上的加工时间和前一台机器的加工时间相差很大，则批次可能较多，批量可能较小。反之，批次可能较少，甚至和约束上的批次相同，加工批量也和约束上的批量相同。

（4）要考虑在制品库存费用、成品库存费用、加工费用和各种人工费用。要在保证约束上加工持续的情况下，使得整个加工过程的总费用最小。

（三）绳子（Rope）

所谓"绳子"，是指约束对其上游机器发出生产指令的媒介。如果说"鼓"的目标是使产销率最大，那么"绳子"的作用就是使库存最小。约束决定了生产线的产出节奏，而在其上游的工序实行拉动式生产，等于用一根看不见的"绳子"把瓶颈与这些工序串联起来，使物料依照产品出产计划有效地快速通过非约束作业，以保证约束的需要。所以，"绳子"起的是传递作用，使驱动系统的所有部分按"鼓"的节奏进行生产。在 DBR 的实施中，"绳子"是由一个涉及原材料投料到各车间的详细作业计划来实现的。

"绳子"控制着企业物料的进入（包括约束的上游工序与非约束的装配），其实质和"看板"思想相同，即由后道工序根据需要从前道工序领取必要的零件进行加工，而前道工序只能对已取用的部分进行补充，实行的是一种受控生产方式。TOC 受控于约束的产出节奏，也就是"鼓点"。没有"约束"发出的生产指令，就不能进行生产，这个生产指令是通过类似"看板"的物质在工序间传递的。

"绳子"系统的控制使得约束前的非约束设备均衡生产，减少加工批量和运输批量，从而可以减少提前期以及在制品库存，同时又不使约束停工待料。所以，"绳子"是约束对其上游机器发出生产指令的媒介，没有它，生产就会造成混乱——要么库存过多，要么会使瓶颈出现"饥饿"现象。

四、TOC 在供应链管理中的应用

自 TOC 诞生以来，众多企业的成功实践证明约束理论在提高企业的产销率、降低库存和运行费用方面有着非常显著的作用。与此同时，人们会自然想到把 TOC 的管理思想引入供应链之中，这可以有效解决供应链重组过程中重组范围难以控制和缺乏重点的问题。

（一）基于 TOC 的供应链运作

供应链管理的首要任务便是合理地配置各部分的生产能力。换句话说，就是在识别出整个系统瓶颈的前提下，通过对瓶颈及瓶颈前后流程的管理，达到整条供应链产销率的最大化。基于 TOC 理论的供应链管理也是通过如图 7-13 所示的 DBR（即鼓-缓冲器-绳子）系统实现的。

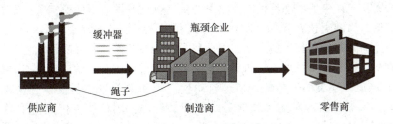

图 7-13　供应链管理中的 DBR

由 TOC 可知，整个系统的产销率是由瓶颈的产销率来决定的，因此如何保证瓶颈资源的充分利用是首先要解决的问题。根据瓶颈资源的节拍决定整个供应链的节拍，就是所谓的"鼓点"，是确保瓶颈资源利用率最大化的途径之一，它通过选择瓶颈资源的节拍作为整个供应链的节拍来协调整体运行的和谐性，而"绳子"是指系统中各资源能力的合理分配，使供应链在运作过程中保持稳定性。

（二）利用 TOC 优化供应链

在供应链管理中，因为经常涉及企业间的物流配送，所以在整条供应链中会出现一定数量的缓冲。缓冲的设置是为了抵消系统中的错误，它决定了产品从最初工序开始的整个提前期，等于操作时间、准备时间以及保护时间量的加总。一般来说，缓冲分为"时间缓冲"和"库存缓冲"，库存缓冲就是保险在制品；时间缓冲是指将所需的物料比计划提前一段时间提交，以防止随机变动，它以瓶颈上的加工时间长度为计量单位。通常需要在以下位置设立缓冲。

（1）为了保证面向客户的及时运输，需设立发货缓冲。

（2）为了充分利用瓶颈处的资源，需设计瓶颈缓冲。

（3）在一个由瓶颈资源和非瓶颈资源同时供应的装配处，为了让瓶颈资源不发生等待状态，需设立装配缓冲。缓冲位置设置得不合理将起不到稳定系统的作用，而太多的缓冲又会降低供应链的响应速度，因此缓冲在供应链中显得尤为重要，合理地设置缓冲能够对供应链进行优化。

第四节　销售和运作计划（S&OP）

细心的读者可能会发现，前面三个生产计划模型仅仅关注生产这个环节，而销售这个关键要素被忽视了。对于供应链管理者而言，生产关注的是成本，销售关注的是营收，在企业资源既

定的情况下要想使供应链的利益最大化，就需要运用销售和运作计划（S&OP）来实现这个目标。在现实的供应链管理中，制定 S&OP 是一个非常重要的任务。

一、什么是 S&OP

S&OP 是 Sales & Operations Planning 的缩写。S&OP 之父 Dick Ling 给 S&OP 所下的定义是"将公司全部计划集成在一起的计划流程"。但事实上，将销售和生产计划集合起来就是对 S&OP 最直白的理解。从供应链的角度来看，S&OP 将销售和生产这两个环节集成起来，从利润最大化的角度来制订和优化生产计划。从实践来看，S&OP 特别适合解决"如何利用现有设施达成利润最大化"这一问题。

举个例子，一个生产滑雪装备的制造企业怎样通过 S&OP 来实现利润最大化。首先，通常冬季是滑雪设备的需求高峰期，夏季就会转入需求淡季。如果不加以调节，这种季节性需求会造成企业制造产能发生严重失衡。这时候如果可以通过价格策略（如促销）将部分需求调节至夏季，那么企业的产能利用率就会较为平衡。其次，滑雪装备零部件在不同季节的供应稳定性和价格是不一样的。通常，在冬季零部件供应商要求的价格较高且供应不平稳，生产成本也较高，当然产品利润就较低。为解决这些问题，制造商可以利用 S&OP 来确定淡旺季的产品生产和库存水平，在平衡产能的同时做到利润最大化。由此可见，S&OP 类似于"削峰填谷"，通过销售（如价格策略）和生产两个环节的联动，带动上游采购、中游生产和下游库存策略的整体最优。

在 S&OP 的逻辑框架内，销售计划是启动生产计划的前导性参数，这意味着供应链必须根据销售计划拥有改变资源配置和修改采购合同的能力。因此，在供应链中尽可能大范围内使参与各方共同拟定 S&OP 是非常重要的。例如，制造商计划在一段给定的时间范围内增加产量，那么供应商、运输商、仓储商必须都了解这个计划并对其自身的计划做出相应调整。理想情况下，供应链各环节的参与者应共同合作拟定 S&OP，以使供应链绩效最优。如果供应链各方参与者独立制订自己的计划，则很容易造成计划之间的相互冲突，从而造成供应链的供给短缺或过剩。S&OP 给供应链带来的利益也是非常明显的。根据统计数据，实施 S&OP 能够使生产效率提高 5%~20%，采购成本降低 4%~13%，库存水平降低 8%~30%，客户服务水平提高 8%~26%。

二、S&OP 要解决的核心问题

S&OP 首先面临的问题是如何对每个时期内的需求进行预测，并以此制订销售计划。其次，根据需求预测结果制订这个时期的采购、产能和库存等生产计划。因此，S&OP 首要解决的核心问题是如何确定某个"时期"。为确保计划质量，S&OP 采用了"主次联动"方式来优化这个"时期"内的销售和生产计划：首先，S&OP 会确定一个较长的计划时期 T，如 3~18 个月；其次，将这个计划时期分解为若干个周期 t（如周、月或季度）的 S&OP，因为短期预测精度通常比长期更高；再次，根据当前周期内销售和生产的数据来调整下一个周期的 S&OP（可以通过滚动计划法得到）；最后，根据已经完成周期的 S&OP 修正下一个计划时期的 S&OP。至此，细心的读者可能已经发现，S&OP 背后的哲学理念与 PDCA 非常类似⊖。

在启动 S&OP 时，通常需要先知道如下信息：

⊖ PDCA 循环是美国质量管理专家沃特·阿曼德·休哈特（Walter A. Shewhart）首先提出的，由戴明采纳、宣传，从而获得普及，所以又称戴明环。全面质量管理的思想基础和方法依据就是 PDCA 循环。PDCA 循环的含义是将质量管理分为四个阶段，即 Plan（计划）、Do（执行）、Check（检查）和 Act（处理）。在质量管理活动中，要求各项工作按照做出计划、计划实施、检查实施效果来执行，然后将成功的纳入标准，不成功的留待下一循环去解决。这一工作方法是质量管理的基本方法，也是企业管理各项工作的一般规律。

（1）计划期内 T 个时期、每个周期 t 内的需求预测值。

（2）每类产品的生产成本。

（3）正常工作和加班工作的劳动力成本。

（4）转包生产的成本。

（5）产能变更成本，如雇佣或解雇员工的成本、增加或减少产能的成本。

（6）单位产品所需的劳动力或机械设备工时。

（7）持有单位产品的库存成本。

（8）缺货或延迟交货的成本。

通过上述信息，可以制订周期 t 内的生产计划。

（1）正常、加班、转包的生产量：用来确定员工数量和采购计划。

（2）持有库存：确定仓库容量和运营资本的需求量。

（3）缺货或延期交付的数量：用来确定客户服务水平。

（4）雇佣或解雇劳动力的数量：用来处理可能遇到的劳资纠纷。

（5）产能的增加或减少：确定是否需要购买新的生产设备或是否存在闲置设备。

至此，**细心的读者已经看出，S&OP 类似于"推式供应链"**⊖。因此，S&OP 本身也反映了推式供应链的各种优劣。如果需求预测不准确，则会造成库存和产能计划与需求之间的失衡，其结果是成本上升，客户服务水平不足，营收和利润不达预期。为解决这个问题，S&OP 要求供应链上下游企业对需求进行联合预测来提高预测的精度，进而提升整条供应链的利润⊖。

三、S&OP 的策略

在制定 S&OP 时，产能、库存和延期交货之间构成一个"不可能三角"，销售和运作计划降低其中一项成本时，一般会使其他两项成本增加。例如，要降低库存成本，往往需要提高产能和延期交货成本，即使得与这两项相关的成本增加。所以计划的制订者要在产能、库存和延期交货成本之间进行权衡。因为需求会随着时间不断改变，所以这三种成本的相对水平会使其中一项成本成为计划者实现利润最大化的关键杠杆。如果改变产能的成本较低，企业就不需要兴建仓库或延期交货；如果改变产能的成本较高，企业可以建立库存或将旺季订单延期交货。因此，决策者在制订销售和运作计划时，必须对上述各成本仔细斟酌权衡，以实现企业利润最大的目标。

S&OP 的计划者应尽可能在满足需求的情况下，将三项成本的总和降到最低。以下三个策略可供计划者借鉴。

（1）追逐策略：将产能作为杠杆。这种策略是指通过调整机器产能或者雇佣、解雇员工，使生产的效率与需求保持同步。在实际操作中，短时间内改变产能和劳动力数量是有难度的，所以想要实现产能与需求的同步是有一定困难的。当调整机械和劳动力的代价较高时，执行这种策略的成本也会比较高，还有可能对工作人员的士气产生不良影响。这种追逐策略会导致供应链库存水平降低，产能和员工数量变动水平增高。它仅适用于库存成本较高，而改变产能和机器水平成本较低的情况。

（2）柔性策略：将利用率作为杠杆。这种策略用于生产过程中存在过剩机器产能的情况。在这种情况下，员工数量固定不变，工作时间会根据需求的改变而发生变化，以此来使生产与需求保持一致。计划者可以利用不同的加班加点量和灵活调整工作时间来使生产与需求达到一致。这种策略不需要员工数量具有弹性，避免了追逐策略中改变员工数量带来的问题。需要特别指

⊖　推式供应链的相关知识，请参见第三章第二节。

⊖　联合预测如何改善预测精度，请参见第九章第一节。

出的是，这种策略虽然降低了库存水平，但同时使得生产设备的平均利用率比追逐策略低。它适用于库存成本高，而改变产能的成本较低的情况。

（3）平稳策略：将库存作为杠杆。在这种策略中，机器和劳动力的产能都能保持不变的产出，而产品短缺和过剩则会导致库存水平随时间发生改变。在这种情况下，生产不再与需求一致，而是根据需求预测建立库存，或将旺季需求延期至淡季，使被雇佣者享受稳定的工作环境。这种方法的缺点在于可能会积累大量的库存。这种策略使产能保持相对较低的水平，因为改变产能的成本相对较低，所以适用于库存和延期交货成本相对较低的情况。

四、利用线性规划制定 S&OP

本部分通过红苹果工具公司的例子来说明如何运用线性规划来制定 S&OP。

红苹果工具公司是杭州的一个园艺设备生产厂商，该公司产品的季节性需求旺盛，需求旺季是春天。面对此情况，该公司决定使用销售和运作计划来克服需求季节性变动所带来的问题，同时实现利润最大化。为了通过销售和运作计划挑选出最佳方法，红苹果工具公司开展了第一项任务——需求预测，预测结果见表 7-7。

表 7-7　红苹果工具公司需求预测表

月份	需求预测/单位
1	800
2	1500
3	1600
4	1800
5	1200
6	1000

红苹果工具公司以每件 50 元的价格将工具出售给零售商，公司在 1 月初建立的工具库存为 500 单位。公司有 40 名员工，计划每月工作 20 天，每名员工正常工作时间为 8h，报酬为 4 元/h，每月每个工人的加班时间不能超过 10 个小时。红苹果工具公司各种成本如表 7-8 所示。

表 7-8　红苹果工具公司各种成本

成本项目	成本
原材料成本	10 元/单位
库存成本	2 元/（单位·月）
缺货或延期交货的边际成本	5 元/（单位·月）
雇佣培训员工的成本（提高生产率的成本）	300 元/人
解雇员工的成本（降低生产率的成本）	500 元/人
单位产品工时	4h/单位
正常工作成本	4 元/h
加班成本	8 元/h
转包成本	30 元/单位

目前红苹果工具公司没有转包、库存和延期交货方面的约束，所有的缺货都被累积起来，由下个月生产的产品来满足。供应链管理者的目标是满足需求且在 6 月底留有至少 500 单位的安全库存，同时要实现利润最大化。假设计划期内红苹果工具公司保持高水平客户服务，满足所有需求，则计划期内收入恒定，利润最大化等于成本最小化。

1. 确定决策变量

确定决策变量是建立销售和运作计划模型的第一步，红苹果工具公司的销售和运作计划模型涉及的决策变量如表7-9所示。

表7-9　红苹果工具公司销售和运作计划模型涉及的决策变量

决策变量	含义
W_t	t 月员工数量，$t=1,\cdots,6$
H_t	t 月初雇佣的员工数量，$t=1,\cdots,6$
L_t	t 月初解雇的员工数量，$t=1,\cdots,6$
P_t	t 月生产的产品数量，$t=1,\cdots,6$
I_t	t 月结束时的库存水平，$t=1,\cdots,6$
S_t	t 月结束时的缺货或延期交货量，$t=1,\cdots,6$
C_t	t 月转包数量，$t=1,\cdots,6$
O_t	t 月的加班工时，$t=1,\cdots,6$

2. 构建目标函数

构建销售和运作计划模型的第二步就是建立目标函数。目标函数使得计划期内的总成本最小（等于需求都被满足时的利润最大）。D_t 表示 t 期的需求量，由表7-7的需求预测所决定。相关成本函数如表7-10所示。

表7-10　相关成本函数表

成本	数学表达式
劳动成本=（正常工作时间+加班时间）的劳动力成本	$\sum_{t=1}^{6}640W_t + \sum_{t=1}^{6}8O_t$
人员流动成本=雇佣成本+解雇成本	$\sum_{t=1}^{6}300H_t + \sum_{t=1}^{6}500L_t$
库存成本和缺货成本	$\sum_{t=1}^{6}2I_t + \sum_{t=1}^{6}5S_t$
原材料成本和转包成本	$\sum_{t=1}^{6}10P_t + \sum_{t=1}^{6}30C_t$

总成本为表7-10中全部成本的总和，故目标函数为

$$Y_{\min} = \sum_{t=1}^{6}640W_t + \sum_{t=1}^{6}8O_t + \sum_{t=1}^{6}300H_t + \sum_{t=1}^{6}500L_t + \sum_{t=1}^{6}2I_t + \sum_{t=1}^{6}5S_t + \sum_{t=1}^{6}10P_t + \sum_{t=1}^{6}30C_t$$

3. 明确约束条件

目标函数中决策变量的取值并不是任意的，它们受限于许多因素，建立销售和运作计划的第三步就是弄清楚各个决策变量之间的约束关系。红苹果工具公司的决策变量之间的约束条件如表7-11所示。

表7-11　红苹果工具公司的决策变量之间的约束条件

约束条件	相关表达式	解释
员工数量、雇佣和解雇员工数量的约束条件	$W_t = W_{t-1}+H_t-L_t$，$W_0=40$，$t=1,\cdots,6$	t 期的员工数量等于 $t-1$ 期的员工数量加上 t 期新雇佣的员工数量，减去 t 期解雇的员工数量

（续）

约束条件	相关表达式	解释
产能约束	$P_t \le 40W_t + \dfrac{O_t}{4}$	每个时期生产数量不能超过当期的产能，生产一个产品需要4h，一个员工每月正常工作160h即可以生产40单位产品，然后每加班4h可多生产1个单位产品
库存平衡约束	$I_{t-1}+P_t+C_t=D_t+S_{t-1}+I_t-S_t$, $I_0=500, S_0=0, t=1,\cdots,6$	t期调节库存（期末库存−未被满足的库存）= 期初库存+本期生产数量−本期需求量
加班约束	$O_t \le 10W_t, t=1,\cdots,6$	每名员工每月加班时间不超过10h

4. 求解

在前三个步骤都完成后，就可以在约束条件下利用线性规划对目标函数进行最优化处理，得到最终的 S&OP 计划（见表 7-12）。

表 7-12　红苹果工具公司的 S&OP

月份	雇佣人数	解雇人数	员工人数	加班时间	库存数量	缺货或延期交货量	转包数量	生产数量
0	0	0	40	0	500	0	0	0
1	0	7	33	0	1020	0	0	1320
2	0	0	33	0	840	0	0	1320
3	0	0	33	0	560	0	0	1320
4	0	0	33	0	80	0	0	1320
5	0	0	33	0	200	0	0	1320
6	0	0	32	0	500	0	20	1280

由 S&OP 计划可得：

计划期总成本 = 215380 元，计划期收入 = （7900×50）元 = 395000 元

由表 7-12 可以看出，红苹果工具公司在 1 月解雇了 7 人，接下来公司一直保持这样的生产水平和员工总数不变，直到 6 月再次解雇了 1 人。在整个计划期内，公司没有加班和延期交货，仅在 6 月转包了 20 单位。实际上，红苹果工具公司在所有时间都持有库存，这些根据未来需求增长的预测而持有的库存被称为季节性库存。

五、使用 Excel 求解 S&OP

上述 S&OP 计划中的决策数量只有 8 个，而实际可能涉及的决策数量远远不止 8 个，因此必须使用软件来降低计算工作量。本部分展示了如何使用 Excel 求解 S&OP。

1. 建立一个包含全部决策变量的工作表

决策变量包含从 B3 到 I9 的单元格，每个单元格对应一个决策变量，如单元格 F5 为第二期结束时（2 月底）的库存数量。图 7-14 展示了决策变量电子数据表，初期将所有决策变量设为 0，第 0 期即起始阶段，填入设定的初始员工人数和库存数量，在 J 列填入销售和运作计划所预测的各个月份的需求量。

2. 构建一个包含所有约束条件的工作表

M 列、N 列、O 列、P 列分别是员工数量、生产量、库存量以及加班时间的约束条件，形成如图 7-15 所示的表格。将所有决策变量挪至同一边，改写为单元格值 {≥, ≤, =}0 的形式，具

	A	B	C	D	E	F	G	H	I	J
1	综合计划决策变量									
2	时期	H_t 雇佣人数	L_t 解雇人数	W_t 员工人数	O_t 加班时间	I_t 库存数量	S_t 缺货或延期交货量	C_t 转包数量	P_t 生产数量	需求量
3	0	0	0	40	0	500	0	0	0	0
4	1	0	0	0	0	0	0	0	0	800
5	2	0	0	0	0	0	0	0	0	1500
6	3	0	0	0	0	0	0	0	0	1600
7	4	0	0	0	0	0	0	0	0	1800
8	5	0	0	0	0	0	0	0	0	1200
9	6	0	0	0	0	0	0	0	0	1000
10										

图 7-14　决策变量电子数据表

体表达式如图 7-16 所示，其中 M4＝0，O5＝0；N5≥0，P5≥0。

	M	N	O	P
1	约束条件			
2	员工数量	生产量	库存量	加班时间
3				
4	-40	0	-300	0
5	0	0	-1500	0
6	0	0	-1600	0
7	0	0	-1800	0
8	0	0	-1200	0
9	0	0	-1000	0
10				

图 7-15　约束条件电子数据表

	L M	N	O	P
1	约束条件			
2	员工数量	生产量	库存量	加班时间
3				
4	=D4-D3-B4+C4	=40*D4+(E4/4)-I4	=F3-G3+I4+H4-J4-F4+G4	=-E4+10*D4
5	=D5-D4-B5+C5	=40*D5+(E5/4)-I5	=F4-G4+I5+H5-J5-F5+G5	=-E5+10*D5
6	=D6-D5-B6+C6	=40*D6+(E6/4)-I6	=F5-G5+I6+H6-J6-F6+G6	=-E6+10*D6
7	=D7-D6-B7+C7	=40*D7+(E7/4)-I7	=F6-G6+I7+H7-J7-F7+G7	=-E7+10*D7
8	=D8-D7-B8+C8	=40*D8+(E8/4)-I8	=F7-G7+I8+H8-J8-F8+G8	=-E8+10*D8
9	=D9-D8-B9+C9	=40*D9+(E9/4)-I9	=F8-G8+I9+H9-J9-F9+G9	=-E9+10*D9
10				

图 7-16　约束条件具体单元格公式表

3. 构建一个包含目标函数的单元格

每个单元格的数值为单位成本＊当期的数量，如图 7-17 所示，如 B15＝B5＊300，以此类推。C22 是 B15 到 I20 的总和，即总成本。

4. 使用规划求解参数

在规划求解参数对话框中输入以下信息，以代表线性规划模型。

设置目标单元格：C22

选择最小值

可变单元格：B4：I9

	A	B	C	D	E	F	G	H	I
12									
13	综合计划成本								
14	时期	雇佣人数	解雇人数	正常工作时间	加班时间	库存量	缺货或延期交货量	转包数量	原材料
15	1	0	0	0	0	0	0	0	0
16	2	0	0	0	0	0	0	0	0
17	3	0	0	0	0	0	0	0	0
18	4	0	0	0	0	0	0	0	0
19	5	0	0	0	0	0	0	0	0
20	6	0	0	0	0	0	0	0	0
21									
22	总成本		0						
23									

图 7-17　目标函数单元格数据表

约束：

B4：I9>=0{所有决策变量为非负数}

B4：D9=int{员工是一个人，必须为整数}

F9>=500{6 月底库存至少为 500}

G9=0{所有需求均被满足，6 月底缺货或延期交货为 0}

M4:M9=0$\{W_t-W_{t-1}-H_t+L_t=0,t=1,\cdots,6\}$

N4:N9>=0$\{40W_t+\dfrac{O_t}{4}-P_t\geq 0,t=1,\cdots,6\}$

O4:O9=0$\{I_{t-1}+P_t+C_t-D_t-S_{t-1}-I_t+S_t=0,t=1,\cdots,6\}$

P4:P9>=0$\{10W_t-O_t\geq 0,t=1,\cdots,6\}$

规划求解参数对话框如图 7-18 所示。

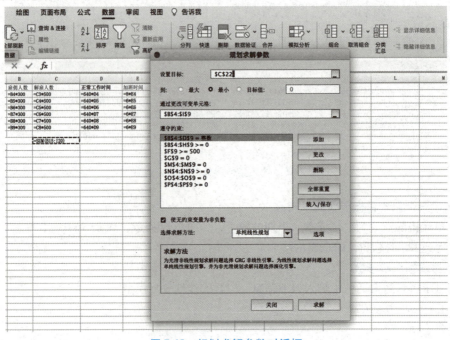

图 7-18　规划求解参数对话框

单击求解后，可得到最优解，如图 7-19 所示。

	A	B	C	D	E	F	G	H	I	J
1	综合计划决策变量									
2	时期	H_t 雇佣人数	L_t 解雇人数	W_t 员工人数	O_t 加班时间	I_t 库存数量	S_t 缺货或延期交货量	C_t 转包数量	P_t 生产数量	需求量
3	0	0	0	40	0	500	0	0	0	0
4	1	0	7	33	0	1000	0	0	1300	800
5	2	0	0	33	0	820	0	0	1320	1500
6	3	0	0	33	0	540	0	0	1320	1600
7	4	0	0	33	0	60	0	0	1320	1800
8	5	0	0	33	0	180	0	0	1320	1200
9	6	0	0	33	0	500	0	0	1320	1000
10										

图 7-19　规划求解参数结果表

第五节　智慧供应链的生产计划

大数据、物联网等信息技术的发展为传统供应链生产计划带来了翻天覆地的变化，智慧供应链在此背景下应运而生，以亚马逊、华为、苹果公司为代表的企业纷纷开启了供应链生产计划革新。本部分主要探讨在智慧供应链背景下，与新兴信息化技术结合的 ERP、APS、MES 系统在供应链生产计划中的创新，以及它们如何使得供应链向数字化、信息化和智能化方向发展。

一、智慧供应链的概念及特点

IBM 公司于 2008 年提出了智慧供应链的概念，并将其作为 IBM 智慧地球中的一部分。2009年复旦大学罗钢在上海市信息化与工业融合会议上提出"智慧供应链"的概念，此后国内诸多学者对智慧供应链展开研究，其中很多研究得到了国家自然科学基金的大力资助。

经过多年的探索和研究，智慧供应链的结构框架已经成形，如图 7-20 所示。具体而言：智慧供应链是指通过将物联网、互联网、云计算等信息技术与现代供应链管理的理论、方法和技术有机结合，在企业内部以及企业之间构建智能化、集成化、可视化、敏捷化、连接化的技术与管理综合集成系统。

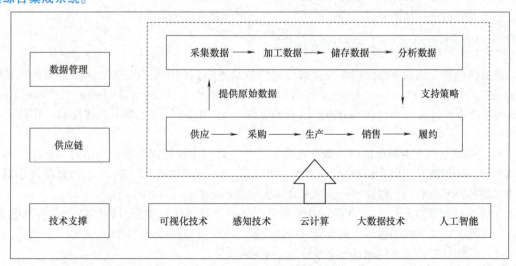

图 7-20　智慧供应链的结构

（资料来源：施云. 智慧供应链架构：从商业到技术 [M]. 北京：机械工业出版社，2022.）

与传统供应链相比，智慧供应链具有以下几个鲜明特点。

1. 智能化

与传统供应链相比，智慧供应链的智能化主要体现在以下三个方面。

（1）技术渗透性更强。在智慧供应链的环境下，会发生物联网、互联网、人工智能等各种现代先进技术对管理过程的改变。

（2）数据分析更准确。通过各种信息技术实现对数据的收集和储存，并运用大数据分析和数据挖掘技术，对数据进行深度分析，从而为管理者提供更加有效的决策支持。

（3）计划制订更灵活。运用大数据、物联网等新兴技术实现交易信息和市场变化的实时同步，制订灵活可控的计划，做到资源合理配置，为供应链高效运营提供支持和帮助。

2. 可视化

在信息技术的支撑下，智慧供应链在数据收集和分析上更加可视化、移动化，更倾向于使用视频和图片信息进行订单和物流信息的展示，从而完全实现供应链各成员间的系统交互和信息共享，使得供应链中各个企业能够充分了解市场的变化和交易过程的信息，从而帮助管理者实时掌握供应链各个环节的运作信息，从而进行生产上的管理。

3. 敏捷化

智慧供应链能通过大数据分析等技术，根据过去供应链运营过程中的交易信息、服务质量、生产成本等数据对未来各环节的需求进行预测，帮助企业管理者制订各类生产、采购计划，实现供应链中各个环节的优化运作，从而更好地应对需求的变化。

4. 连接化

智慧供应链强调连接，它需要连接供应链中所有企业、产品、财产和其他有价值的实体，以构建供应链全局信息，信息的连接使得企业可以及时有效地了解供应链内外部的各种信息，并基于实际情况与供应链上下游进行联系沟通，做出有针对性的调整与协作，从而提升供应链运作的效率。

5. 集成化

智慧供应链是集成化的供应链，可以共享供应链上下游信息，打通不同阶段信息并实现全局优化决策。由于供应链内部成员信息系统存在一定的差异，从而导致信息在不同系统间流转会存在差异，因此智慧供应链通过打造统一的供应链信息系统集成标准，实现了物流、信息流、资金流的无缝对接，从而使供应链中的信息具有更强的整合性和共享性。

二、智慧供应链对生产计划的影响

当前供应链管理的实践领域涉及生产计划的信息系统软件主要有三类：企业资源计划系统（Enterprise Resource Planning，ERP）、高级计划与排程系统（Advanced Planning and Scheduling，APS）和制造执行系统（Manufacturing Execution System，MES）。这三类系统软件的应用偏向有所不同。

ERP 系统强调企业层面的资源调配协同。ERP 能够将生产过程中涉及的销售与运作计划和订单管理以计划的形式将物料清单（BOM）、工业流程、客户说明、订单/工单信息等传达至企业内部的各个职能部门，以此协同资源来共同完成客户订单。

APS 系统强调生产计划与排程。APS 基于有限资源能力优化生产计划，将企业资源能力、时间、产品、约束条件和逻辑关系等生产中的真实情况一并考虑，在不同的生产瓶颈阶段给出最优的生产排程计划，实现快速排程和快速响应需求变化。

MES 系统则强调生产制造的执行。APS 根据给定的生产作业计划，通过生产调度、成本控制、物流平衡和能源管理等过程组织生产，并将各种信息如生产加工历史数据、原材料消耗、资源状态等加以采集、传递和加工处理。

上述三个系统各有优劣：APS 在优化供应链整体生产规划方面要强于 ERP，但不具备 ERP 联系企业各个职能部门和 MES 获得底层数据的能力，故其运行需要 ERP 系统提供的大量静态和动态数据以及 MES 系统提供的精确生产基础数据。MES 克服了 ERP 无法给出详细排产计划、只能针对生产过程的数据进行采集统计、无法对车间管理提供详细和直接的支持的弊端，可对工序进行精确计划和排序，对车间作业优化调度，获得工序作业计划的动态最优解，使企业生产管理和控制更加科学化、实时化和规范化，但 MES 却无法在供应链计划层和管理层发挥功效。

因此，**一个理想的智慧供应链生产计划系统应该集合 ERP、APS 和 MES 三个系统的长处，**如图 7-21 所示。顶层的 ERP 提供销售订单预测，并以此协调和计划企业所需的资源体系；中层的 APS 提供生产计划和排程，启动企业的生产资源并动态排程和调整。图 7-21 给出了三个系统的层级逻辑关系，但是在实践应用中，这三个系统之间的链接需要相应的技术支持。从企业实践来看，物联网技术与 MES 融合、大数据与 ERP 融合、智能算法与 APS 融合是较为常见的但管理者需要注意，现实中应该有更多的融合方式，当然不同融合方式的成本、代价和效能也会千差万别。

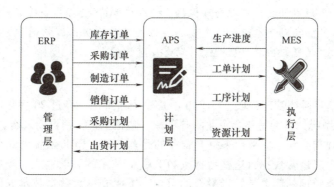

图 7-21　ERP、APS 和 MES 系统的层级逻辑关系

（资料来源：文丹枫树，周鹏辉. 智慧供应链：智能化时代的供应链管理与变革［M］.
北京：电子工业出版社，2022.）

（一）物联网技术与 MES 融合

美国先进制造研究协会对 MES 定义如下：**MES 是位于上层计划管理系统与底层工业控制之间的、面向车间层的管理信息系统。**MES 是为解决上层计划系统与下层控制系统之间的信息通信而产生的，是现代生产管理中最关键的一个环节。要想实现这一环节的管理，就必须在生产全流程（从原材料到成品）对数据进行实时采集和跟踪，据此优化资源调配、故障预警维护和远程协作管理。而这些恰恰是物联网的长处。

物联网技术为 MES 系统提供了产品、工具资源储运装置、加工设备等各类对象的智能传感器，这些传感器实时采集数据，并将其通过特定的系统接口实现各类生产制造信息的互联互通，这些数据将允许管理者调用各种算法实时监控、溯源，甚至滚动式跟踪优化生产制造执行过程。根据 ISO 定义的 MES 功能层次模型，MES 系统结构从整体上分为数据采集层、数据集成平台层和应用层。其操作逻辑如下：

首先，MES 的数据采集层利用物联网技术感知层的识别感知技术获取车间的实时数据，实现生产线数据采集智能化和在制品实时监控可视化，每个在制品都带有 RFID 电子标签，生产线上的 RFID 读写器能获取在制品当前状态的数据信息，读写器将采集到的数据反馈给生产系统，并通过 MES 数据集成平台进行智能计算处理和管理。其次，借助物联网的网络层，利用无线通信实现数据传输和应用，供决策层上传下达。最后，通过后台的信息储存进行数据交换，实现生产设备与企业信息系统之间的数据实时共享。

📖 **阅读小贴士**

奥特斯的 MES 系统实践赋能

奥特斯是全球最大的高端 HDI 印制电路制造公司，其使用的凯睿德 MES 成就了奥特斯的全新起航。奥特斯采用 MES 系统的原因是多方面的：首先，产品的更新速度不断加快，复杂度不断增加，现有生产设施系统不能满足未来的生产需求；其次，采用传统的手工记录方式容易出错并且无法实时追踪生产物料的信息，影响生产的可视化。

为保证客户各方面的需求，奥特斯与凯睿德紧密合作，在 MES 的整体架构上引入物联网技术，构建符合现代生产管理的功能模块。首先，建立实时数据采集和生产控制，透过实时收集生产相关的数据，获取产品和生产过程资料，并根据实施生产数据对生产行为进行管控。其次，通过拉动式生产看板让生产现场可视化，并通过 MES 进行指令传递，提高信息流转效率。最后，通过标签和条码动态识别每个成品库位的库存情况，客户通过系统就可以快速识别发货指令对应的产品所在位置，从而进行动态库存管控。

（二）大数据与 ERP 融合

在当前的企业信息系统管理领域，ERP 并不是一个新鲜词。经过 20 多年的发展，许多企业都已经部署了 ERP 系统，目的是整合企业所有资源（包括生产、销售、采购、财务等），形成一个统一的信息化管理和业务流程平台来提升企业的运营效率。ERP 系统内部存储了大量的财务核算、物料管理、生产运营数据，这些数据来自大数据技术的天然输入。利用大数据模型，从 ERP 系统中挖掘出高价值的信息是两者融合的目标。下面介绍大数据技术如何与生产管理、采购管理等重要功能模块进行融合。

1. 采购管理模块

在采购管理模块中嵌入大数据挖掘技术，可以将物料金额、采购方信息、物料基础信息等作为特征，按照物料采购时间构建训练集，以物料采购数量为目标变量，构建回归模型来预测未来某个时间段的物料采购需求，降低企业的采购风险，从而帮助企业更高效地安排采购计划和生产计划。宜家通过销售数据分析后发现，将其全球采购管理重心放在我国会有巨大的成本效应。事实上，通过将一些产品的采购地转向我国，宜家的采购成本下降了 14%。

2. 生产管理模块

一些大型企业的 ERP 系统会保留大量生产数据，结合大数据技术，可以帮助企业更好地了解产能利用率、生产效率、设备故障率等各种生产运作参数，帮助企业提升生产效率。比如，沃尔沃汽车将大数据技术应用到汽车检修当中，每有一辆故障车辆修理后，技术人员都会搜集汽车内部的传感器数据，并与相同年限与使用时间相仿的车辆数据进行对比，以便预测未来可能发生的故障。沃尔沃利用这些预测信息已经成功地将汽车维修周期由 8 个月缩短至 3 周，产品质量与服务得到极大提升。

3. 销售管理模块

ERP 中的营销子系统记录了产品、客户在各个维度上的数据，通过大数据挖掘技术对这些数据进行归纳、识别和相关性分析，可以更加精确地预测未来市场，从而辅助管理层制订更好的生产和销售计划。此外，大数据还允许将外部信息纳入 ERP 系统之中，通过对多数据源（如社交媒体、在线论坛、客户反馈等）的分析，企业能够实时了解客户行为变化，从而为销售部门提供更加精准的客户服务和销售策略。

📖 阅读小贴士

安徽优质采生产赋能

安徽省优质采科技发展有限责任公司（简称"优质采"）是一家集智能采购、供应链管理与工作协同、监督管理、数据服务等多项业务为一体的综合性国家高新技术企业。针对目前大型企业采购分散、过程缺失、供应商资源固化等弊端，优质采平台为企业提供招标采购整体应用解决方案，通过电子化采购产品、一站式交易服务、丰富的供应商资源、开放的数据接口以及强大的数据整合分析能力，为大型集团式企业打造资源共享型线上"集采平台"，使采购过程管理集中化、规范化，同时推动企业内部供应商资源、产品价格信息共享，有力解决传统企业采购的痛点、难点。

基于大数据技术打造的云采购平台通过与企业内部 ERP 系统对接互通，在采购过程中通过大数据分析，快速实现采供双方的智能匹配识别，提升企业的经营效率，实现采购计划的内部流转与外部执行的有机统一，进一步提高采购与生产的协同效率，释放生产力。因此，ERP 中的数据与大数据分析互相支撑发展，将 ERP 价值更好地挖掘出来。

（三）智能算法与 APS 融合

APS 的核心是数学模型和算法。由图 7-21 可知，作为 APS 的顶层，ERP 提供的各种资源构成了顶层参数约束，APS 则根据这些参数调用数学模型进行优化求解。如果这些约束参数的数量有限，那么数学模型和求解算法的复杂度都不会特别高。但现实情况中产品差异化策略造成产品种类繁多，敏捷化策略造成产品交期长短不一，不同零部件供应稳定性差异巨大，生产系统的随机性扰动等问题都会使 ERP 输入的约束参数呈现"灾难性膨胀"，造成数学模型求解极为困难。为克服这些问题，APS 系统使用了大量的智能算法来求解复杂状态下的计划和排程。

不妨将融合智能算法的 APS 称为"智慧"APS。通过定制化开发的智慧 APS，可以帮助离散型行业解决多工序、多资源的优化调度问题，为流程型行业解决顺序优化问题，为流程和离散混合型行业解决顺序和调度优化问题，为项目型行业解决关键链和成本时间最小化问题。在算法工程师的支持下，各种智能算法（如遗传算法、深度学习、智能组合优化等）已经能够求解数百个约束参数和数十个目标的数学方程，并且在日益强大的算力支持下，智慧 APS 已经能够输出分钟级别的生产计划，能够高效应对小批量、多品种和个性化的生产场景。例如，联想计算机提供了颜色、材料等十个维度的 1000 种产品组合，用来满足客户的产品定制化需求。为快速计算出最佳的生产计划和排程方案，联想开发了 Lenova-APS（LAPS）。LAPS 利用张量运算对其核心深度学习模型进行智能优化，目的是在高维度约束特征输入的情况下，可以有效快速地生成生产计划和排程方案。联想集团旗下最大的 PC 研发和制造基地联宝科技的 PC 生产车间在应用了 LAPS 后，多个关键生产性能指标得到全面提升，实现了效率和收益的巨大提升，其中交期满足率提高了 20%，整体生产效率提高了 18%，帮助联想每年增加 20 亿美元的收入和 1.4 亿美元的净利润。

本 章 小 结

　　生产计划的制订与生产方式关系密切，因此本章从 MRP、JIT 和 TOC 三种经典生产方式出发，结合销售和运作计划（S&OP）、智慧供应链的生产计划，探讨供应链的生产计划。本章从推式生产的基本 MRP 出发，逐层深入介绍了 MRP II、ERP 和 APS 在供应链生产计划中的运用；探讨了拉式生产的典型代表——JIT 的生产计划体系，并指出了在 JIT 生产计划中信息共享的重要性；分析了基于 TOC 的生产计划系统，探讨了 TOC 在供应链生产计划中的应用方法。需要指出的是，以上三种供应链生产计划并非不可相容，如本章案例中的企业将 MRP 与 JIT 融合起来进行生产计划的优化。此外，本章介绍了销售和运作计划的内涵和作业，介绍了如何利用线性规划和 Excel 进行销售和运作计划的制订。最后介绍了智慧供应链的生产计划及其特点，深入分析了智慧供应链对生产计划的影响。

💡 思考与练习

　　1. 虽然 MRP、MRP II 与 ERP 概念不同，但彼此之间有密切的联系，它们的核心特点是什么？它们的管理范围有什么差别？

　　2. JIT 系统通过不断降低库存来暴露管理中的问题，并通过持续改进获得提升。具有什么样特点的企业最适合采用 JIT 系统来改进生产过程？

　　3. MRP 是推式生产的代表，JIT 是拉式生产的代表，二者的生产计划是否存在冲突？在实际的供应链生产计划中，MRP 与 JIT 融合的关键是什么？

　　4. TOC 试图通过消除供应链中的瓶颈资源来改善供应链的运作绩效，在将 TOC 运用到供应链生产计划制订的过程中可能遇到什么障碍？这些障碍应如何解决？

　　5. B 公司是一家定制家具企业，正在为企业制订年度生产计划，在进行客户咨询的基础上，B 公司定制家具未来一年每季度需求量预测见表 7-13。

表 7-13　B 公司定制家具未来一年每季度需求量预测

季度	需求量预测/万 m²
1	5
2	6
3	8
4	7

　　工厂的生产任务主要是装配工作，产能由生产线上的工人数量决定。工人每个月工作 20 天，每天工作 8h，一个工人每小时可装配产品 4.5m²。工人每小时工资为 100 元，加班每小时有 20 元的奖金，工厂目前雇佣 27 个工人。B 公司加班约束为每月每个工人加班不超过 20h，如解雇员工则需要赔偿员工 20000 元，同时产品一旦延期交付则需要支付每天每平方米 2 元的延期成本。第三方提供的每个家具生产价格为每平方米 10 元。

　　（1）假定没有延期交货，不雇佣新工人，那么最优的生产计划是什么？这项计划的年成本是多少？

　　（2）B 公司应该怎样通过第三方生产？如果第三方提供的生产价格为每平方米 20 元，你的回答又是什么？

　　6. 在智慧供应链的背景下，需要将 ERP、APS、MES 进行集成，这三者之间的关系是什么？如何利用新一代信息技术更好地为三者赋能？

本章案例

JVS 的供应链生产计划

JVS 车辆控制系统有限公司（简称 JVS）是著名工业集团奥创集团旗下的子公司，总部位于美国康涅狄格州。凭借近 60 年针对特定市场的设计、工程和制造经验，JVS 的发动机制动和气门驱动技术吸引了全球领先的卡车和主机厂与其建立合作关系，在我国，JVS 为一汽、东风商用车、上柴、潍柴、玉柴联合动力等客户开发了一流的发动机制动技术。为更好地满足我国商用车市场需求，JVS（苏州）车辆控制系统有限公司于 2008 年在我国成立，经过多年的发展，已由建厂伊始的两三条生产线发展到现在的两条电磁阀生产线、十条制动摇臂生产线，现已成为集团公司在全球性战略中的第二大研发中心。

一、供应链生产计划体系变化的原因

JVS 属于汽车零部件行业，早期市场竞争并不激烈，公司的生产计划制订主要以 MTS 备货型生产为主、MTO 订货型生产为辅。具体流程如下：JVS 的生产计划首先根据进、销、存（Purchase Sales Inventory，PSI）生成客户预测，然后物料计划员按照客户预测开展 MRP 物料计划并将采购订单下达给供应商安排备料；同时根据客户订单、实际产能编制主生产计划，根据主生产计划生成生产作业计划；最后计划员根据与客户确认的订单交期编制出货计划，物流根据出货计划安排物流订舱发货等事宜。

但随着市场竞争日趋激烈，JVS 的产品已不再独占鳌头，越来越多发动机制动器生产厂家脱颖而出；同时，随着公司的不断发展壮大，以前的计划体系已经不能适应公司下一步的发展。一个公司计划做得好不好会影响公司的交付、库存、响应速度等多个方面，关系 JVS 的发展命运及竞争力。在新的形势下，原有的作业计划管理方式的局限性很快凸显出来，主要表现在以下几个方面。

1. 生产计划流程不完善

JVS 没有评估主生产计划，缺少订单评审过程，甚至以前出现过订单无客户交期或客户交期不及时回复造成订单遗漏，导致客户订单延误的情况；现有出货计划较粗糙，虽以实物看板的形式存在，但是调整维护比较费时费力且效率低下，容易造成出货遗漏。这些遗漏和错误进一步降低了客户满意度。

2. 受淡旺季影响，生产不均衡

JVS 属于汽车零部件行业，此行业因季节因素有明显的淡旺季，并易受各个主机厂影响。每年第一、二、四季度为需求旺季，第三季度为淡季，由于缺乏中长期生产计划及均衡生产计划，生产会出现不均衡甚至经常在淡季出现产能过剩现象，如人员、设备闲置，生产加班减少，操作人员流失。旺季则出现产能不足现象，如生产加班加点、操作人员不足等。

3. 生产计划变动频繁

JVS 生产计划的制订主要依据 PSI，更改较随意，没有相应的计划制订/实施规则；紧急订单频繁插单造成生产计划频繁调整，销售对客户管理不当，国内客户经常紧急加单并且不按交期下单；关键零部件缺料导致生产计划变动频繁。造成零部件缺料的原因有以下几种：客户订单加急变更、供应商延迟交货、计划员计算失误等。

为了可持续发展，公司开始引进精益生产管理，制订均衡生产计划，采用推拉结合的生产计划方法、生产计划看板法和滚动计划法相结合的滚动看板计划法，形成了新的供应链生产计划系统。整套计划系统由战略层计划、战术层计划、执行层计划三部分构成。

二、战略层计划

战略层计划的跨度为一年，JVS 首先根据总体经营计划确定未来一年的销售预测，并在此基础上形成总生产计划，进而订立均衡生产计划。

1. 销售和运作计划

JVS 的总生产计划充分考虑公司现有的生产能力及较长提前期进口原材料采购（3~6 个月交期）等因素，制订相对平衡的公司月度生产计划，提前排产布局，从而确定了每月的生产节拍。由于客户的需求具有季节性，生产节拍会适应客户的需求变化而相应调整。同时，将非核心关键零部件交给战略合作供应商外包加工，从而满足客户交期并进一步提高客户满意度。

2. 均衡计划

在精益生产理论的指导下，以总生产计划为基础，运用精益生产中的工具均衡生产，建立均衡生产计划模型。根据 12 个月的均衡化生产情况，评估全年产能状况，从而制订均衡生产计划。

三、战术层计划

战术层计划的跨度为三个月，公司根据主生产计划得出物料需求计划。

1. 主生产计划

JVS 制订具体产品未来 12 周的主生产计划，其中未来 6 周的主生产计划是客户确认的订单。主生产计划以周为单位进行滚动，每周一的 PIS 会议生成客户需求计划，每周二的主生产计划会议进行订单评审，及时对客户需求进行输入、调整和修改。主生产计划采用 TOC 中系统排产的方法：瓶颈资源之前的工序按照"拉动"方式排产，瓶颈资源之后的工序按照"推动"方式排产，VMI 系列产品采用备货型生产，其他产品采用订货型生产，即收到客户订单后开始排产。

2. 物料需求计划

JVS 根据 PSI 会议中的客户需求输入产生客户需求计划，依据客户需求计划通过 MRP 开展备料。物料计划员将采购订单按照交期共享给供应商进行备料。国内公司按照采购周期一般提前 1~2 个月下单，并滚动提供预测数据给供应商，要求供应商为其备原材料，等接到客户实际订单后，根据主生产计划排产需求进行拉料；国外公司按照采购周期一般提前 3~6 个月不等，根据每个供应商的交货周期下单，并按照订单交期要求供应商交货。

3. 能力需求计划

JVS 将主生产计划转换成能力需求计划和生产负荷报告，通过负荷报告分析的结果和反馈来调整主生产计划，从而平衡生产计划，以实现均衡生产，保证主生产计划的可执行性。原则上，如果不发生超负荷情况，则不调整主生产计划。另外，JVS 还对关键设备、每天产线所需人员等关键资源的负荷与能力进行比较分析，检查其能力是否满足负荷要求、资源负荷是否均衡，并对计划进行一定的调整，使关键资源的生产达到均衡化。对调整后仍不能满足负荷要求的关键资源发出信息，经过提前/拖期分析后，重新调整计划。对排在能力之外的任务发出报警信息，以便及时采取相应措施。

四、执行层计划

执行层计划由生产作业计划和原材料供应计划组成，每天的生产通过看板系统进行拉动，可以实现 JIT 生产。

1. 生产作业计划

JVS 的生产作业计划一般以日为单位，滚动到周的生产计划，产品每天的生产通过看板化的准时制生产控制系统来拉动所有工序生产和原材料的供应。生产作业计划通过悬挂看板的方式进行操作，根据 JVS 产品的特点，看板的制作一般以一整托产品为单位，对应的生产日期需要生产多少数量产品就悬挂多少张看板，生产班组按照生产线前悬挂看板卡的数量安排具体的生产作业任务，并按照看板卡的先后次序进行加工作业。生产完工后，凭看板卡及实物入库。JVS 在不同的工序之间设定了看板系统，通过看板将工序间的取料，生产的时间、数量及品种等相关信息从生产的下游传递到上游，将相对独立的工序个体结合为有机的整体。

2. 原材料供应计划

JVS 调整库存结构，优化材料安全库存，最大限度地降低原物料组件等库存，如与关键供应商签订 VMI 或备料安全库存协议，发展战略合作伙伴供应商，运用精益生产中的工具，以 JIT 的方式在实际生产需要的时候拉料，提高材料稳定供应及确保准时交付。当 JVS 的生产计划改变时，相应供应商的原材料供应计划也要调整。

五、启示

JVS 的实践表明，MRP、JIT 和 TOC 这三种不同的生产计划和控制方式是可以相容且互补的：MRP 强调集成，重视计划；JIT 强调改善，重视控制；TOC 强调约束，重视缓冲。三者的融合形成新的生产管理模式，可以在集成化的环境下不断改善，使计划与控制并重，以稳定供应链。JVS 结合三者的长处，将 MRP、JIT、TOC 这三种先进管理方法融合运用，对其生产计划控制有十分突出的改善，不仅优化了生产计划与库存管理，改善了内部的业务流程，更重要的是从供应链的整体出发进行全面调整，提高了运作效率，适应了市场环境的变化，提升了企业在供应链上的竞争力。

案例思考：

1. 在运作机理上，JIT 系统为"拉"式，MRP 系统为"推"式，二者存在着一定的矛盾，JVS 是如何解决这个问题的？

2. 在 JVS 的供应链生产计划体系中，JIT 系统、MRP 系统和 TOC 系统各有什么作用？它们处于供应链生产计划的哪个层次？

第八章

供应链的新生产理念：大规模定制

第八章配套课件视频

本章引言

自人类社会诞生以来，生产方式一直在不断演变：从追求规模效应降本增效到追求更多柔性以实现个性定制。回看世界工业文明史可以发现：即便是工业4.0，其核心生产理念与过往的模式也存在诸多交集和相似之处，工业4.0只是使用了更高级的数字智能技术、机器人技术和材料技术而已。美国发明家，伊莱·惠特尼曾在时任美国总统托马斯·杰斐逊面前，将一堆零件快速组装成一支步枪，这种标准可互换的零件启蒙了大规模制造的生产理念。直至1997年，巴德尔文和克拉克在《模块化时代的管理》一文中正式提出了"模块化"理念，这为后续大规模定制理论在工业界的推广和应用开启了成功之门。产品模块化是实现大规模定制的前提，但产品模块化仅仅在设计上将产品功能进行分解，对于企业而言，从生产流程的角度出发，在恰当的时间、恰当的环节将产品完成组装，是实现生产成本优化的重要步骤，而这些恰恰是延迟生产理念的实践。

学习目标

- 了解生产模式的演变历程
- 理解大规模定制模式的类型
- 掌握模块化生产的概念及特征以及企业如何进行产品的模块化设计
- 了解延迟生产的内容及分类

第一节   大规模定制模式

一、大规模定制的概念及演进

（一）大规模定制的概念

大规模定制的设想最早可以追溯到1970年美国未来学家阿尔文·托夫勒（Alvin Toffler）在其著作《未来的冲击》中的一个描述："以类似标准化和大规模生产的成本和时间，提供满足客户特定需求的产品和服务"⊖。而后1987年，美国另一位未来学家斯坦·M.戴维斯（Stanly M. Davis）在其著作《完美未来》中，首次将这种生产方式称为大规模定制（Mass Customiza-

---

⊖ 托夫勒. 未来的冲击［M］. 蔡伸章，译. 北京：中信出版社，2006.

tion)[⊖]。此后，1993 年美国宾州大学的约瑟夫·派恩教授（Joseph Pine Ⅱ）正式对大规模定制生产模式的核心、方式和优点进行了精准的定义：①大规模定制的核心是产品品种多样化和定制化急剧增加，但生产成本却不会增加太多；②个性化定制产品也可以采用大规模制造的模式；③大规模定制的最大优点是为企业提供战略优势和经济价值。

1997 年，《哈佛商业评论》刊登了卡尔里斯·巴德尔文和吉米·克拉克的文章《模块化时代的管理》[⊖]，这篇文章认真回顾了此前 10 多年计算机工业的成功经历，并提出了几个非常重要的观点：①帮助计算机工业获得快速成功的模块化原则正在快速应用于其他行业（如汽车工业）；②市场参与者力量已经发生巨大改变，消费者个性化需求越来越明显，终端产品组装者的控制力越来越小，上游供应商将凭借关键模块获得更强的杠杆力量；③企业市场竞争能力将更加体现在"如何发现机遇并快速整合模块"的战略能力上。

尽管大规模定制生产的影子已经在历史上出现过许多次（例如本章第二节中秦朝兵器制造的案例），但 20 世纪 90 年代的计算机工业才是供应链生产模式从大规模制造向柔性大规模定制转变的重要启动者，派恩和巴德尔文等学者的总结和提炼则进一步推动了供应链对大规模定制这种生产模式的重视。供应链选择何种生产模式取决于其上游（如制造商）和下游（如消费者）之间的力量对比。如果将供应链的上下游比作天平的两端，那么它们各自的经济实力、知识技能和管理能力则是参与博弈的砝码，如图 8-1 所示。

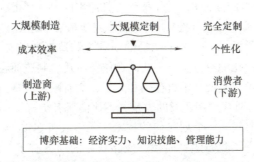

图 8-1　供应链上下游的生产模式博弈

供应链上游总会倾向于大规模制造模式，其技术、产能和管理效能在该种模式下会发挥出最大的成本效率优势；供应链下游则会倾向于完全定制，以便满足消费者个性化的需求。然而，在现实中的供应链上下游的博弈中，并不存在力量绝对占优的一方，纯粹的大规模制造和完全的定制化在现实商业世界中并不存在，大规模定制是供应链上下游双方博弈后相互妥协的一个结果。

（二）供应链生产模式的演进

如果将供应链生产模式置于工业文明的历史背景下，可以更加清楚地了解到：**大规模定制是供应链上下游博弈力量此消彼长的一个必然选择，是市场从增量竞争跨入存量竞争时代后，企业必须认真对待的战略性生产模式**，如图 8-2 所示。

从工业文明发展的历程来看，增量竞争时代跨越了好几个世纪，每一个时代都伴随着人类知识、技术和能力的突破。理论上，这些知识和技能都是人类共同的文明财富，但这些财富并非为全体人类所拥有。事实上，在 20 世纪 70 年代之前的很长一段时间内，这些知识和技能大部分情况下都归属于供应链上游企业（如制造商）而非下游（如消费者），但近 50 年来，随着全球

⊖　DAVIS S M. Future Perfect [M]. Boston：Addison Wesley，1987.
⊖　BALDWIN C，CLARK K. Managing in an Age of Modularity [J]. Harvard business review，1997，75：84-93.

教育水平的提升、消费者经济和自我管理能力的增强，这个天平逐渐倾向于供应链下游。

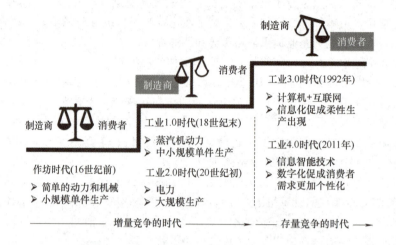

图 8-2　不同时代下的供应链上下游博弈力量对比

人类在作坊时代（16世纪之前），制造商和消费者各自的力量相对均衡。除了作坊中使用的一些简单机械（如水车、风车和织布机），产品制造完全依靠制造者自身的技艺，而制造者利用自身技艺生产产品是高度灵活的——为了交易的便利，制造者通常会按照消费者的个性化要求制作产品，即呈现高度定制化的单件生产模式。在作坊时代，制造商在知识和技能上拥有很大的优势，但是受限于物流技术，其产品销售范围和总量相对有限，大多情况下是在小范围和点状的市场售卖的⊖。因此在作坊时代，制造商的力量并不比消费者更有优势。

当人类进入工业 1.0 时代，一个划时代的技术——蒸汽机在 1776 年被发明出来，人类从畜力和简单自然力的时代跨进了化石燃料时代，能够获得的动力有了一次质的飞跃。蒸汽机带动了全球物流业的发展（如大航海时代），市场空间变得更加广阔；蒸汽机带来各式机械的发明（如珍妮纺织机），机械作坊逐渐代替手工作坊从而促使生产效率的提升，单件产品定制的生产方式演变为单件小批量生产方式，并且这种生产模式一直持续到 20 世纪初。

电力和内燃机把人类带到了工业 2.0 时代，内燃机一出现便应用于交通工具的革命中，汽车的出现极大拓展了人类活动的边界——城市出现了、物流可以走得更远了。电力驱动的自动化设备代替了原来的简单机械，流水线的发明让生产效率得到了前所未有的提升，大规模生产时代真正来临，科学管理时代也由此开启。

在工业 1.0 和 2.0 的时代，供应链上游掌握了巨大的博弈力量和话语权。制造商拥有强大的资本、技术和设备、生产组织和管理能力，而供应链下游的消费者无论在经济实力还是在知识技术和组织能力方面都远逊于上游企业。大规模制造的流水线是这个时代制造商的特权，普通消费者几乎不可能提出定制要求。但进入 20 世纪 70 年代，日本带来了精益生产和敏捷制造的理念：将柔性的先进制造技术，熟练掌握生产技能、有知识的劳动者，以及企业内部和企业之间的灵活管理者三者集成，对千变万化的市场机遇做出快速响应。全球市场逐步跨入了存量竞争时代，力量的天平开始向消费者倾斜。

1992 年，时任美国总统乔治·布什提出了"信息高速公路"国家发展战略，世界开始迎来工业 3.0 时代。计算机开始普及，互联网出现了，受过高等教育的人数越来越多，知识、技能和

⊖　当前的百年老字号（如张小泉剪刀）、地区特色产品（如金华火腿）是作坊时代典型的制造商。

组织能力更强的消费者出现了。芯片技术和无线通信技术在这个时代迅猛发展。然而仅仅不到20年，乔布斯带着 iPhone 出现在消费者面前，**智能手机的出现引发了数据大爆炸，2011 年开启了工业 4.0 时代**——智能化时代。在这个时代，面对知识、技能和管理能力超强的消费者个体，制造商并不占优势，"铲平世界"的十大力量中就有两个可以被消费者拥有：搜索引擎让知识更加平等，数字和无线通信技术让个体驾驭社群的能力更强⊖。如同海尔的张瑞敏所说："企业永远是弱者，客户才是强者。"通过网络社群集结的消费者足以形成让制造商"俯首倾听"的力量。企业以自我效率为中心的时代自此一去不复返。

📖 阅读小贴士

网络社群的力量

在海尔的一款静音空调生产前，15 万名消费者通过社群交互，自发地对企业生产的产品开启话题讨论，诸如"空调是不是好用""空调是不是有净化功能""静音自动化"等。然而这些讨论从一开始就是一个"噪声广场"，充斥着各种杂音。为获取更高质量的信息，海尔通过其COSMOPlat 对噪声进行了过滤，最终邀请 675 位用户深度参与交互和产品设计，还邀请 6 家供应商参与了成本收敛过程，提供设计方案，并且通过虚拟仿真产品与用户在平台上实时交互，完成虚拟体验。最终，海尔实现了 1 万多台产品的预售。与戴尔等传统大规模定制案例不同的是，海尔在生产过程中始终围绕用户需求，从"噪声广场"迈入"成本走廊"，从解决"隐形用户"需求到进入真实的成本核算。这是一个设计、制造和服务全流程联动的过程。而从产品制造本身出发，生产环节只有以足够的柔性驱动，才能更好促成产品全链路联动。

（三）大规模制造和大规模定制的区别

图 8-3 从四个方面总结了大规模制造和大规模定制这两种生产模式的区别。

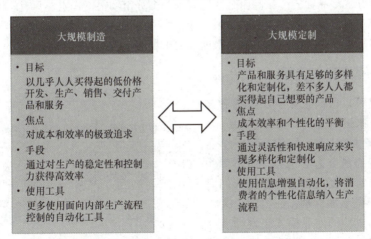

图 8-3　大规模制造和大规模定制的区别

（1）目标不同。大规模制造追求以低价格满足人们最核心的需求；而大规模定制则追求制造"客户需要"的产品。

（2）焦点不同。大规模制造追求高效和充分地利用产能，体现的是对成本效率的极致追求；而大规模定制可以牺牲一部分成本效率去满足消费者的多样性需求。

⊖　弗里德曼. 世界是平的：21 世纪简史［M］. 何帆，肖莹莹，郝正非，译. 长沙：湖南科学技术出版社，2006.

（3）手段不同。大规模制造希望生产过程具有强稳定性，拒绝客户介入生产流程，通过获得对每个制造环节的完全控制力来达到生产的高效率；而大规模定制关注通过让客户参与产品生产过程来提高客户满意度和忠诚度，生产流程强调灵活性，市场策略追求快速响应。

（4）使用工具不同。大规模制造虽然使用机器人等自动化生产设备，但其更多使用面向企业内部生产流程控制的自动化工具。大规模定制将外部消费者的个性化需求整合到企业的生产流程之中，更多通过使用开放的信息技术增强机器人的柔性来快速满足供应链下游的定制化需求。例如，大规模定制利用 APP 等手机软件采集每位客户的特殊需求后，工业机器人和计算机集成制造技术在几分钟内完成生产线的调整，同时利用条码技术追踪每个零部件和产成品，直至产品交付。

使用大规模定制生产模式，企业至少可以获得以下四个方面的优势。

（1）能够满足客户多样化的需求。大规模定制是以客户需求为导向的需求拉动型生产模式。与传统大规模制造"先生产后销售"的生产模式不同，在大规模定制中企业以客户提出的个性化需求为生产的起点，根据供应链下游信息驱动采购、生产、库存和交付。

（2）能够满足多元化的细分市场。个性化需求使以往统一、稳定的市场逐渐分化成许多不同层次和不同区段的细分市场。制造商要想赢得市场，就应该追随这些具有个性化需求的细分市场，并尽量满足细分市场。类似地，专业能力强大的上游供应商也正在获得强大的杠杆力量，如台积电以强大的芯片制造和封装能力在芯片供应链中取得了无人匹敌的地位。

（3）能够以低成本和高质量定制产品和服务。市场不断细分会造成同类产品市场需求量逐渐减少，对应的单件生产成本逐渐上升，采用大规模制造的企业会在不断细分的市场中陷入"成本困境"。面对多样化和个性化的客户需求，质量的意义不再仅是降低废品率和故障率，而是满足客户的期望和潜在需求。高质量意味着生产正确的产品（Right Product），将其在正确的时间（Right Time）、正确的地点（Right Place）送到正确的客户（Right Person）手中。

（4）能够大大缩短产品开发周期。多样化客户需求和多元化市场需要大量不同的产品来满足，这要求企业开发多品种的产品。而个性化需求和细分市场很不稳定，只有不断地以更快的速度开发出满足客户需求的产品才能获得成功。例如智能手机制造商如果无法做到一年发布一次新品，那么其市场份额将急剧下降，甚至永远失去市场。

二、大规模定制的类型

大规模定制可以根据企业生产过程和客户需求两个角度来进行分类，如图 8-4 所示。所谓"横看成岭侧成峰"，即便是同一个生产模式，从不同的角度去看也会得出不同的结论。这么做是有必要的，也许会让人们对大规模定制认识得更加深刻，而实际上人们发现：越来越多成功的商业模式正遵循着这些视角下的分类方式。

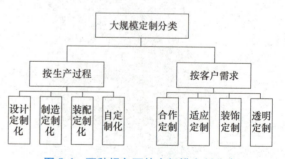

图8-4　两种视角下的大规模定制分类

（一）按生产过程分类

设计、生产、装配和销售是大多数企业共同的生产过程，根据定制在这几个流程中所处的位置，可以将大规模定制分为以下四种类型。

1. 设计定制化

设计定制化是指根据客户的具体要求，设计能够满足客户特殊需求的产品。在这种定制方式中，从开发设计到制造生产的全部流程完全由客户订单所驱动。这种定制方式适用于大型机电设备和船舶等高价值产品，或者客户参与度极高的产品。例如，顾家家居的一站式全屋定制解决方案，让客户根据导购提供的设计参考，自主决定家具的样式、用料和颜色。经过导购场地量尺和客户确认后，后端便会依据电子化的生产设计图进行拆单和生产。生产线上的机器可以通过扫描材料上的二维码快速读取目标尺寸、包边模式等信息并进行制造。依靠柔性的智能化工厂，顾家家居实现了设计定制化和批量生产的融合。

2. 制造定制化

制造定制化是指接到客户订单后，在已有零部件、模块的基础上进行变形设计、制造和装配，最终向客户提供定制产品。在这种生产模式中，产品的结构设计是固定的，变形设计及其下游活动由客户订单所驱动。大部分机械产品属于此类定制方式，一些软件开发商也会根据客户的具体要求在标准化的模块上进行二次开发（如 MRP、ERP 和 CRM 等管理信息系统）。此外，这种方式还可以应用在餐饮行业，例如下面的案例利用中央厨房实现包子的制造定制化。

> 📖 **阅读小贴士**
>
> **利用中央厨房实现包子的制造定制化**
>
> 　　由于包子不易保鲜，传统包子铺一般在凌晨开始制作包子，待店铺快开门时上锅蒸熟再进行售卖。这样的生产模式不仅十分消耗人力，而且需要一定的店内面积来制作包子，生产效率低、成本高。芭比馒头利用中央厨房集中统一制作包子，将包子制作流程集中到中央厨房进行批量化制作。待中央厨房生产结束后，利用冷链将包子半成品运往各个门店，门店只需将半成品包子上锅蒸熟后就能出售。这不仅大大提高了门店的生产效率，还减少了制造包子所需的门面租金成本。此外，各连锁门店可根据当天需求实时调整蒸包子的数量，减少了需求不足造成的产成品浪费。
>
> 　　注：中央厨房指的是统一采购、统一配送、统一烹制的大厨房，一般运用于连锁餐饮企业。企业在中央厨房内将原材料制作成半成品，然后配送到各个连锁店，连锁店根据当地客户需求，经过再加工后进行销售。

3. 装配定制化

装配定制化是指接到客户订单后，通过对现有的标准化零部件和模块进行组合装配，向客户提供定制产品。在这种定制方式中，产品的设计和制造都是固定的，装配及下游的生产活动是由客户订单驱动的。几乎所有的汽车制造都采用了这种定制生产方式。

> 📖 **阅读小贴士**
>
> **特斯拉 MODEL 3 定制**
>
> 　　特斯拉在 2018 年开放了 MODEL X 个性化定制功能。在其官方网站上，消费者可以对 MODEL 3 车型进行在线定制，对车辆外观、内饰以及功能配置等进行自主选择。例如：在外观定制方面，消费者可以对车漆（6 种配色）、轮圈（18in⊖/19in）、内饰等常规方面进行定制；在电池组及动力系统定制方面，提供 75kW·h 和 55kW·h 电池组两种选择；在自动驾驶模块方面，可以选择标准版 Autopilot 系统（包含自动紧急制动、前方防碰撞预警、侧方防碰撞预警）和增强版 Autopilot 系统（增加了自动车道变换、方向盘自动转向、自动泊车以及智能召唤功能）。一旦消费者在网站上提交了定制信息，特斯拉制造端便会按其需求将标准化的零件装配成整车。
>
> 　　（资料来源：特斯拉在线商店，经编者修改整理。）

⊖　1 in = 0.0254m。

4. 自定制化

自定制化是指产品完全为标准化的产品，但产品是可客户化的，客户可以从产品所提供的众多选项中选择最符合其需要的一个选项。因此，在自定制方式中，产品的设计、制造和装配都是固定的，不受客户订单的影响。例如，智能手机向客户提供了强大的自定制化功能——客户可自行设置开屏图片、拖拽归类 APP 位置、设置系统字体大小和格式等。**许多公司都将乐高模式视为其理想生产模式——模块足够多、使用足够简便**。乐高卖给消费者的仅仅是形状各异、接口统一的积木元件，至于是将积木按照乐高提供的图样搭建，还是按照自己的想象搭建，决定权完全在消费者手中。

（二）按客户需求分类

从市场营销或客户需求的获取和满足角度，大规模定制可分为以下四种类型。

1. 合作定制

合作定制是指企业通过与每位客户对话和交流帮助他们清楚地表达自己的需求，确定能够准确满足这些需求的产品和服务，并为他们定制这些产品和服务。合作定制可以有两种方式：选择型合作定制和描述型合作定制。

选择型合作定制将产品的定制化分成多个特征的选择，客户通过选择这些选项获得自己需要的产品类型。例如 Mattel 公司推出了 My Design 网页，儿童可以在线选择芭比娃娃的肤色、眼睛的颜色、发型、服装和小物品，定制属于自己的芭比娃娃。

然而**当企业提供了大量选择空间，客户往往会无从下手，甚至放弃使用这些复杂的定制系统；同时，客户可能无法正确表达真正的需求，实际上很多客户并不知道自己想要什么**。这时候可以采用描述型合作定制方式，如客户填写需要的实际尺寸或纪念性文字等，而主体产品由企业提供。位于杭州的衣邦人公司提出了"在线预约→上门量体→加工制作→送衣上门"的西服定制流程，如图 8-5 所示。其中"上门量体"环节解决了客户在选择西服版型和面料等方面的心理不确定性问题，在减少了"维数灾难"的同时，也增强了客户的体验感。

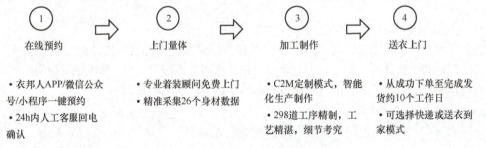

①	②	③	④
在线预约	上门量体	加工制作	送衣上门
• 衣邦人APP/微信公众号/小程序一键预约 • 24h内人工客服回电确认	• 专业着装顾问免费上门 • 精准采集26个身材数据	• C2M定制模式，智能化生产制作 • 298道工序精制，工艺精湛，细节考究	• 从成功下单至完成发货约10个工作日 • 可选择快递或送衣到家模式

图 8-5　衣邦人的西服定制流程

2. 适应定制

适应定制提供了一个标准化且可定制的产品，这个产品的设计使得客户可以在使用的同时进行个性化的选择。适应定制将客户在不同场合需要的不同用途集成在一个产品中，允许客户在使用时通过选择产品提供的定制功能获得定制效果。如微软公司的 Office 软件允许客户根据自己的使用习惯定制菜单快捷按钮，智能手机操作界面也属于这种定制类型。通常来讲，**适应定制需要制造商拥有强大的技术实力，并且针对不同客户群体的使用习惯抽象出合适的功能模块**。事实上，仅有少数企业能够做到内容丰富的适应定制，大多数企业只能做到简单的适应定制，例如对奶茶的温度和甜度等进行简单定制。

3. 装饰定制

装饰定制是指将标准化的产品或服务有区别地呈现给不同的客户，可以看成标准化产品加上定制化的表现形式。将标准化的产品经过包装后提供给不同客户，使每个客户都体验到"只为我一个"（Just for Me）的个性化服务。苹果公司为了保持极简的产品线，其生产流程追求高度标准化和规模效益，完全拒绝客户的个性化需求。但是为提高服务水平、增强竞争力，苹果公司仍然在产品交付阶段利用装饰定制满足客户个性化的需求，例如为客户提供免费刻字服务。虽然刻字服务难度小、成本低，但同样满足了客户的部分个性化需求。

4. 透明定制

透明定制是指将定制的产品或服务提供给每位客户，但并不让他们知道这些产品或服务是为他们定制的。企业观察客户行为而不直接与客户交流，然后将标准化的包装提供给客户定制的产品。这种定制模式适用多种用途的多功能性产品。例如在洗衣粉中添加大量元素，满足既可以去污也可以去渍等功能。例如，ChemStation 是一家生产和分销工业清洁剂的公司，它根据其客户将产品用于洗车、清洁餐馆和工厂的地面等不同场景，应用其专利技术和独特的工艺，为客户在浓度、酶浓度、颜色和气味等方面定制适合的皂液，然后采用统一的罐装发送给客户，使客户产生产品好用的印象，而不是关心产品的特殊性。另外，这种定制模式也大量应用在 APP 开发和运营之中——淘宝根据客户在 APP 上浏览的页面和行为，为每位客户"悄无声息"地定制APP 首页页面，这样客户在购物时会有更好的推荐体验。

第二节　大规模定制理念之一：模块化生产

一、模块化生产的理念

（一）模块和模块化

先来看一个案例：

《吕氏春秋》中记录了一项名为"物勒其工"的制度：工匠必须将自己的名字刻在所造器物上，一旦器物出现质量问题则对其进行溯源和追责。在这项制度中，制造武器使用的材料、方法、样式和检验标准都有明文规定，工匠们必须依据规定进行生产制造，若不符合规定则工匠会受到严厉的惩罚。这套制度帮助秦国拥有了强大的军事实力：士兵在使用兵器时，一旦部件损坏即可更换零部件进行快速修理。如当长戟上的戟刺遗失时，可以在仓库中拿一个新的或者在战场上捡一个部件安上即可，这样极大降低了兵器生产和维修的成本。

上述就是我国古代模块化生产的一个案例。零部件的标准化是模块化的基础，多种零部件组合形成的某个功能的系统则被称为模块。美国斯坦福大学经济系教授青木昌彦（Aoki Masahiko）对模块进行了定义：模块是指可组成系统的、具有某种确定独立功能的、半自律性的子系统，可以通过标准化的接口结构，与其他功能的半自律性子系统按照一定的规则相互联系而构成更加复杂的系统。

上述关于模块的定义虽然看上去过于"工程化"：各模块系统通过不同的接口连成整体进行工作，但该定义包含丰富的哲学外延。如果将整个世界比喻成一台机器，那么那些在各自领域中具有极强竞争力和优势（无论是生产力还是科技实力）的组织就是构成这台机器的模块，这些模块在各种规则（如交易规则、法律、道德等）约束下确保机器的正常运行，当某一模块出现故障时，通过修理或者替换相同功能、质量更好的模块即可使机器恢复正常。

对于工业界而言，模块应该具有集成性的功能，也就是构成模块的零部件数量应该恰到好处。过少的零部件会导致模块数量急剧膨胀，不利于不同产品的设计、制造和装配；过多的零部件集成会使模块丧失原本的出发点。因此，对于模块而言，我们需要了解模块化的原则：把性能不同但具有一定功能或用途的同类部件的联系尺寸标准化，而部件具有很强的互换性，便于组装。

那么模块化和大规模制造有何关系呢？"大规模制造"追求生产的规模效应，"定制"追求满足消费者的个性化需求。在传统的生产理念中，这两者有不可调和的矛盾：若要实现大规模制造，则产品多样性将会受到限制；而要想实现定制化生产，则无法实现大规模制造的经济性。模块化成了平衡上述矛盾的一个突破口：**在产品构架允许的基础上，通过共享"通用模块"生产标准化的产品，将"功能模块"转接到其他产品结构中来快速实现定制化生产**[⊖]。

基于模块化的大规模定制模式，不仅能够通过灵活和快速的响应来实现多样化和定制化，还可以通过大规模生产低成本、高质量、高定制化的产品，为满足市场多样化需求及细分市场提供了可能。此外，还需重点提醒各位读者，模块化的大规模定制同样适用于软件研发、服务产品菜单设计等服务领域。因此，"模块化"是大规模定制得以实施的前提。

（二）模块化生产

在现代工业中，模块化生产最早由汽车工业提出，最早在汽车工业中发展成熟，之后逐渐被其他行业借鉴和引用。20 世纪 70 年代，模块化生产方式被总结提炼为精益生产方式，而被誉为"改变世界的机器"[⊖]。汽车模块化生产过于复杂，为了让读者更好地理解这种生产方式，本书选择以奶茶作为本部分案例来拆解模块化生产的流程。

奶茶的供应链由三级组成：上游供应商负责原材料种植；中游供应商提供原材料加工封装和包装容器；下游零售门店调配奶茶完成销售，如图 8-6 所示。以喜茶的芋泥系列奶茶为例：芋头是选自广西桂林的槟榔芋，通过优质联合产区种植基地做到标准和质量管控。芋头加工企业根据喜茶的要求完成芋头加工，并封装成重量相同的小包装，然后再根据要求通过冷链配送到喜茶指定的门店。类似地，喜茶的牛奶由味全和雀巢公司供应，小料和果糖由鲜活果汁公司供应，饮具包装由恒鑫生活公司供应。最后在各个门店中，员工们只需依照配料表混合鲜奶和茶叶，添加小料和水果，再加上一包芋泥，一杯奶茶就交付给客户了。

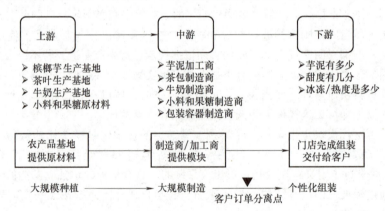

图 8-6　奶茶模块化生产的供应链结构

根据模块的定义，芋头并不是模块，农产品加工企业根据喜茶要求加工和封装成的芋头料包才是模块。因此，理论上如果中游供应商对上游原材料的整合和制造能力足够强大（例如雀

⊖　"定制模块"在产品基本构架不变的情况下体现产品性能上的差别；"通用模块"保证系列产品所使用的核心技术不变。"一对一"型功能模块属于"定制模块"，而"一对多"型功能模块属于通用模块。

⊖　沃麦克，琼斯，鲁斯. 改变世界的机器：精益生产之道 [M]. 余锋，张冬，陶建刚，译. 北京：机械工业出版社，2021.

巢对上游牛奶基地的整合能力较强大），奶茶的供应链可以进一步缩短到两级，大规模制造的成本可以降低，效率可以进一步提升。

（三）模块化生产的优势

本书以喜茶的模块化生产为例，通过和传统奶茶制造商 X 对比，来看看模块化生产有哪些优势。

（1）极大丰富产品的供给种类。对于市场竞争的激烈程度和消费者个性的选择，丰富的产品线无疑会提高企业的竞争能力，同时能够降低企业的经营风险，这就是国际上许多知名企业不会在单一产品上投入过多筹码的原因[⊖]。X 官网数据显示，其目前拥有 10 款共计 36 种口味的茶饮；而喜茶的全年新品概览报告显示，喜茶在 2021 年推出了 8 大类共计 80 种茶饮。

（2）加快产品研发和创新的速度。模块化推进了创新的速度，使得企业对竞争者的举动做出反应的时间大大缩短。大量利用已有的经过试验、生产和市场验证的模块，可以降低设计风险，提高产品的可靠性和设计质量。2005 年 X 发布第一款冲泡奶茶品类，直至 2016 年才推出第一款兰芳园杯装奶茶，中间有长达 11 年的时间未涉足冲泡奶茶之外的系列；而喜茶在 2011 年推出芝士现泡绿茶以后，仅用了 5 年时间就推出了布蕾珍珠奶茶，研发时间为 X 的一半。Euromonitor 的报告显示：喜茶在 2020 年度保持了平均每 1.2 周推出一个新品的速度。

（3）有效控制成本。对原有基础模块的重新组合、利用和模块再创新：一方面，不用对原材料供应商进行大量更新，能通过稳定的合作来缩短采购周期、物流周期和生产制造周期，从而加快产品上市时间；另一方面，使用基础模块可以提高采购批量，降低采购和物流成本，也可以大大减少由于新产品的投产对生产系统调整的频率，使新产品更易于生产制造，从而降低生产制造成本。例如：喜茶采用了成熟的已经市场验证的基础生产模块（如多肉葡萄底料、咸芝士奶盖等），不仅有利于新产品生产制造环节的开展，还能帮助创新产品更好地投入市场，减小了市场需求不确定性带来的风险，大大提高了创新产品被市场接纳的可能性。

（4）促进企业经营效率提高。模块化有利于企业研发团队分工，规范不同团队间的信息接口，进行更为深入的专业化研究和不同模块系统的并行开发；标准规范的模块接口有利于形成产品的供应商规范，有利于产业分工的细化。例如：喜茶的专业优势在于产品研发、门店销售和品牌推广。模块化的一个好处就是降低了门店对熟练工的要求：只需几个小时的培训就可以让新员工掌握不同奶茶需要的具体模块，这不仅降低了企业的人力成本，同时也降低了门店的管理难度。

二、模块化产品设计

模块化产品设计是一个关键步骤，其设计需要充分考虑以下两个特性。

第一个特性是，模块化设计允许通过不同组合配置来实现下游客户的个性化和多元化需求。乐高可以说是模块化产品设计的经典案例，仅通过一个带有八个凸起，三个小孔的矩形方块积木就完成了通用件的设计，其他异形件均衍生于此。模块化产品设计的目的是以少变应多变，以尽可能少的投入生产尽可能多的产品，以最为经济的方法满足供应链下游客户的各种要求。**第二个特性是，相同功能的模块之间应具有一致的输入输出接口。**如果模块的划分和接口定义符合企业批量化生产中采购、物流、生产和服务的实际情况，这就意味着按照模块生产出的产品可

⊖ 苹果公司是一个特例，它采取的是极小品类战略，但苹果公司利用 IOS 系统生态和软件应用满足了更多消费者的个性化需求。

以拥有低成本和高效率优势。

当前工业界中常见的有以下五种模块化产品设计方式，如表 8-1 所示。

表 8-1　五种模块化的产品设计方式

模块化方法	主要内容
共享构件模块	同一构件被用于多个产品以实现范围经济
互换构件模块	不同的构件与相同的基本产品进行组合，形成与互换构件一样多的产品
"量体裁衣"式模块化	一个或多个构件在预制或实际限制中不断变化
总线模块化	采用附加大量不同种构件的标准结构
可组合模块化	允许任何数量的不同构件类型，按任何方式进行配置（接口必须标准化）

1. 共享构件模块化设计

这种产品设计理念的主要内容是，同一构件被用于多个产品以实现范围经济，通过减少零件数量从而降低已经高度多样化的现有产品系列的成本。例如，宝洁几乎所有功能的洗发水的原浆成分是一致的，不同功能的洗发水只需在原浆中添加不同的模块而已（如针对油性发质，只需在原浆中添加去油成分），那么洗发水原浆就是典型的共享构件模块。

2. 互换构件模块化设计

这种产品设计理念的主要内容是，将不同的构件与相同的基本产品进行组合，形成与互换构件一样多的产品。比较典型的是多功能枪支，只需要增加望远镜和子弹等互换构件，即可完成从步枪到狙击枪的切换；多功能电动钻头也是该类设计的典型产品。可以不夸张地说，只要涉及"多功能"产品，都采用了这种模块化设计理念。

3. "量体裁衣"式模块化设计

这种产品设计理念的主要内容是，一个或多个构件在预制或实际限制中不断变化。在这种模式下，客户对产品的估价很大程度上依赖于为适应个性化需求而不断变化的构件。例如，欧派橱柜可以依据每位客户的厨房格局和使用习惯，对橱柜的尺寸和结构进行调整，通过一个产品系统向客户快速提供一个符合其意图的橱柜方案，一旦客户确定方案，则立即将该方案分解为各个模块的加工、生产，最终在客户处完成安装。

4. 总线模块化设计

这种产品设计理念的主要内容是，采用附加大量不同种构件的标准结构，产品或服务除了有可变更的结构，还有可确定的标准体系。个人计算机的主板、CPU 属于此类设计的典型产品。在该设计模式中，总线系统架构是设计的核心，不同总线对应不同技术和产品。例如，ARM 架构处理器因低耗电设计而被广泛应用到移动通讯和嵌入式系统之中；而 X86 系统架构处理器因耗能高、性能强则被应用到专业计算任务之中。

5. 可组合模块化设计

这种产品设计理念的主要内容是，允许任何数量的不同构件类型按任何方式进行配置（接口必须标准化），允许产品本身的结构或体系结构发生变化。例如，MEB 平台是大众汽车用于制造电动汽车的模块化系统。它将规范化设计的零部件集成标准化模块，通过多次拼接将这些标准化模块形成彼此功能独立的子系统。这样，仅通过改变轴距、轮距以及座椅布局等，MEB 可以在同一条生产线上进行不同款式、不同型号的新能源汽车的高效生产。辅助数字化生产网络功能，大众汽车可以监控每个模块化生产流程中的任何细微变化，实时跟踪每辆车的质量信息，实现规模生产的高效率和高质量。

第三节　大规模定制理念之二：延迟生产

一、延迟生产的概念

打个比方：模块类似乐高积木，模块的通用性和"低过时"性，让企业可以对模块进行大规模制造，做到低成本和高效率；延迟生产类似搭乐高的过程，"生产什么、什么时候生产、在哪里生产、生产多少"是实现大规模定制"规模经济效应"的另一个重要环节。可以说，正是因为延迟生产理念，"大规模"和"定制"才得以有机结合，供应链柔性、成本和效率才得以更好地平衡，消费者才能够以较低的成本享受到价格更低、个性化更强的产品或服务。

延迟并不是一个新名词，最早可以追溯到 20 世纪 50 年代的市场营销理念变革。1950 年，美国知名的市场营销专家奥尔德森（Wroe Alderson）针对营销管理最先提出了"延迟"概念，并将其定义为一种营销战略，即将产品或服务形式和特征的变化尽可能向后（即消费终端）推迟。他认为，要降低风险成本和不确定成本，最好的办法就是延缓产品差异化的空间，或推迟产品在结构上的改变；产品或服务可以在接近客户购买点时实现差异化，即实现差异化延迟⊖。但在 10 多年之后，延迟的理念才逐渐渗透到生产环节。

1965 年，巴克林（Louis P. Bucklin）从市场风险的角度对延迟的概念进行了拓展，他认为，生产和流通环节中存在大量的风险，但延迟可以缓解甚至消除这些风险⊜。比如，以零部件形式建立库存的风险要远远低于以产成品形式建立库存的风险。因为市场需求的转变很可能造成产成品滞销，但零部件却仍然可以用于其他型号产品的组装。举个例子：牛奶是 A、B 两款奶茶的基底原材料，假设消费者口味突然发生了改变，A 款奶茶不再受到欢迎，而消费者对 B 款奶茶仍有需求，那么牛奶仍可以用到 B 款奶茶的制作之中。

但此后很长一段时间内，延迟这一可以提高企业运营绩效的理念并没有在供应链生产和流通环节中得到重视。直到 1984 年，戴尔计算机凭借个性化计算机制造在竞争激烈的个人计算机市场中快速崛起，在短短 10 多年时间内成为个人计算机的市场冠军，延迟的力量才再一次在企业界和理论界中得到重视。

延迟和模块化的差别在于：模块化主要基于产品设计，而延迟则注重整体上的改进，它包括产品延迟和过程延迟。延迟差异的基本想法是，在工厂制造通用形式的产品，然后运送到靠近终点的配送中心，最后根据市场需求完成特定产品的组装，如图 8-7 所示。

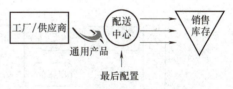

图 8-7　延迟概念的示意图

延迟制造技术极大地拓宽了企业运营的效率边界，因为它在生产和运输两方面都提供了更多的规模经济效益，同时增强了企业应对需求变化的灵活性。例如，戴尔并不生产硬盘、芯片和主板等零部件，这些零部件都采购自其他专业能力更强、生产成本更低的企业（如西部数码、英特尔和华硕），戴尔只需专注于组装流程和品牌建设即可，品牌对应客户的不同需求，组装流程则将客户的计算机进行差异化配置。

⊖ WOOLISCROFT B, TAMILA R, SHAPIRO S. A Twenty-First Century Guide to Aldersonian Marketing Thought［M］. Boston：Springer, 2006.

⊜ BUCKLIN L P. Postponement, Speculation and the Structure of Distribution Channels［J］. Journal of Marketing Research, 1965, 2：26-31.

二、延迟生产的内容

为进一步理解延迟生产的概念，需要知道延迟的形式有哪些？以及如何区分延迟的类别？通过本节的学习，读者将进一步了解延迟生产的具体内容。

（一）延迟的形式

在产品种类激增的背景之下，延迟作为推迟产品差异的策略有三种形式：时间延迟、地点延迟和形式延迟。

1. 时间延迟

时间延迟是指将产品差异的任务，包括制造、集成、定制、本地化和包装尽可能在时间上向后推迟。时间延迟使备货生产模式向订货生产模式转化成为可能。一般而言，产品差异化任务可在制造厂、地区配送中心、经销渠道，甚至在客户处实施。极早延迟是指所有差异化任务都在工厂实施，而极晚延迟是指所有差异化任务都在客户处实施。

极早延迟适用于制造商实力极强，或客户要求极高的产品或服务。例如，军方对战斗机的性能要求极高，只有少数几家企业有能力完成飞机制造，战斗机的发动机、电子设备、飞机整装等环节需要进行绝对的定制化，这就是极早延迟生产的一个特例。

极晚延迟适用于企业无法明确终端客户的个性化需求，同时客户自我个性化能力极高的场景，企业提供的产品更多是多样化的通用模块。橱柜定制就是一个极晚延迟的案例：每个家庭的厨房格局和使用偏好存在较大的不同，在装修实施过程中，经销商会上门测量尺寸，结合客户的个性化需求设计不同的橱柜外形和内部结构，最后在客户家中完成安装。

现实中，大多数产品的延迟处于上述两种延迟之间。例如，"快时尚"服装公司 ZARA 采用的就是中间地带的延迟生产模式，如图 8-8 所示。

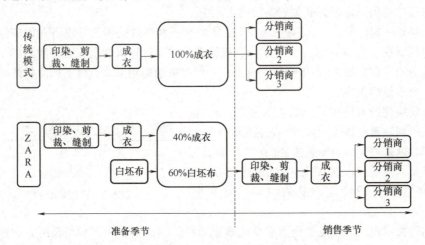

图 8-8　传统服装生产模式和 ZARA 延迟生产模式

传统服装的生产模式通常提前半年开始对市场进行需求预测，然后进行大规模采购和服装生产，最后将大量的产成品服装发送至经销商门店仓库以待销售。这种生产模式的缺陷十分明显：市场需求的预测误差往往导致库存产生积压风险，一旦潮流风向改变就需要进行降价清仓处理。ZARA 对上述传统服装生产模式做出了改变。在销售季节到来前，ZARA 只生产一小部分成衣（约 40%）用于测试市场需求，将更多精力放在储备白坯布上，待市场需求比较清晰时，再将白坯布印染、剪裁，制成成衣，最后配送至终端。通过将成衣的生产延后至销售季节，ZARA 在最大限度上消除了需求不确定性带来的库存折价损失，同时也更好地适应了多变的市场需求。

2. 地点延迟

地点延迟生产的典型模式是企业接到订单后以供应链的操作中心为起点进行进一步的位移和加工处理。简而言之，就是**尽可能将最终产品在靠近供应链终端的地理位置进行组装。**

将生产线直接设置在靠近消费者的位置是地点延迟的一种方式。例如，宜家（IKEA）的尼克折叠椅原先由泰国生产，运往马来西亚后再转运至我国。尼克折叠椅采购价为 34 元一把，但运抵我国后成本已达 66 元一把，再加上商场的运营成本，最后定价为 99 元一把，在这样的价格之下年销售量仅为 1 万多把。而利用地点延迟，宜家根据成本决定将折叠椅的生产放在我国。我国的采购价为 30 元一把，商场的零售价可定为 59 元一把，比以前低了 40 元，年销售量猛增至 12 万把。另外，一些产品可能还面临着高额的关税问题。为了节省进口零部件的关税，一些高科技产品的制造商将其生产线设置在保税区，接到客户订单之后再将零部件组装成产品，例如下面阅读小贴士中的苹果公司 Mac Pro 的地点延迟生产案例。

📋 阅读小贴士

苹果公司 Mac Pro 的地点延迟生产

2019 年苹果公司宣布将 Mac Pro 的制造业务从美国得克萨斯州奥斯汀转移到我国上海保税区，但此生产线只完成最终组装环节，Mac Pro 的设计和相关零部件的生产是在美国本土完成的。苹果公司为什么要将最终的组装环节迁移至上海保税区呢？芯片是电脑制造的必要零件，例如 Mac Pro 配备了性能极佳的 28 核 56 线程 Intel 至强 W 芯片，但此款芯片的进口关税很高。假设每个芯片的关税是 50 美元，若进口 10 万台 Mac Pro，芯片的关税高达 500 万美元。如果 Mac Pro 需求量仅有 8 万台，那么剩余的 2 万台不仅会因为滞销产生大量库存成本，还会产生 100 万美元的关税损失。将组装线置于临近消费终端的保税区就可以规避上述问题。芯片到达保税区时不能算正式进口，所以不用缴纳关税。其他进口零部件也是如此。只有当消费者下单、零部件组装成整机后，才会正式清关。苹果公司在 Mac Pro 的生产流程中成功利用保税区实现了地点延迟，避免了不必要的关税成本。保税区的生产运作流程如图 8-9 所示。

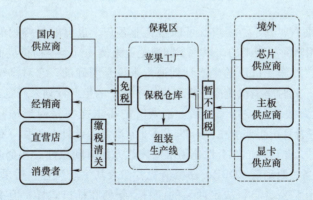

图 8-9 保税区的生产运作流程

（资料来源：雷锋网，经编者修改整理。）

3. 形式延迟

形式延迟的目的在于尽可能在上游阶段实施标准化，而在下游实现产品多样化。这一过程同时伴有零部件的标准化。形式延迟既可能是产品形式延迟，也可能是工艺形式延迟。同时，两种形式延迟可能同时存在，形成不同的组合。这样，产品的差异点就会被有效地延迟。**产品形式延迟的终极模式为"乐高模式"——仅提供标准化部件，产品形式由消费者自行决定。**

例如，油漆制造商是典型的流程工业，其特点是只有连续不断地生产才能充分利用产能，从而获得成本和效率优势。但现实中，终端客户对油漆颜色的需求是多样化的，油漆制造商不可能为每位客户定制油漆颜色。为平衡成本和柔性之间的矛盾，油漆制造商拒绝了个人消费者的定制需求，仅接受经销商的订单，同时用大规模生产的方式生产几款性能不同的清漆，待收到经销商订单后，再对油漆进行调色。

（二）延迟的分类

延迟策略实施的关键是确定客户需求在生产流程中的切入位置。这个客户需求的切入点被称为客户订单分离点（Customer Order Decoupling Point，CODP）。在 CODP 之后，可以采用不同的生产工艺或添加不同的零部件或原材料，分化出若干种满足不同客户定制需要的产品。因此，**CODP 是产品"共性"和"个性"的转折点：**CODP 之前进行大规模的面向库存生产（Make-To-Stock，MTS，又称备货生产），CODP 之后根据客户需求进行定制化生产。CODP 的位置取决于客户和制造商之间的博弈结果。就像一场剑术比赛，制造商拥有有限的制造能力（追求低成本和高效率），客户拥有无尽的欲望（追求个性化和柔性），双方在博弈中寻找着最佳 CODP，如图 8-10 所示。

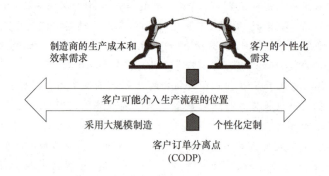

图 8-10　生产流程中上下游的博弈

对于上游制造商而言，其下游客户既可能是企业客户，也可能是终端消费者。对于企业客户，CODP 的确定是相对简单明晰的。以汽车制造企业为例：汽车座椅供应商是上游企业，汽车主机厂则是下游客户。汽车主机厂的生产计划通常来说是明确的，它对汽车座椅的技术指标和产品需求也是明确的，此时座椅供应商只需要根据主机厂的生产计划来确定其 CODP 即可。

这场博弈的最大变数来自终端消费者。消费者的需求往往是隐形的，明确其需求——从"噪声广场中找出消费者真正想要的东西"的成本非常高昂。此外，正如乔布斯曾言"消费者并不知道自己需要什么"，并且他们在个性化需求的表达方面有随意性。若企业不能恰当地理解和确定消费者需求，想当然地确定 CODP，任由消费者切入其生产流程，后果是灾难性的。比如，定制西服的企业可以让消费者自行决定西装的面料、颜色和袖口式样，但不能让消费者自行设计西服并打板，否则企业的制造成本将被无限放大，消费者对最终的西服质量也不一定满意。

根据 CODP 在产品生产流程中的位置，可以将延迟分为四类，分别是销售延迟、装配延迟、制造延迟和设计延迟，如图 8-11 所示。

1. 销售延迟

销售延迟又称按订单销售（Sales-To-Order，STO），是指根据客户订单的需求量进行出库销

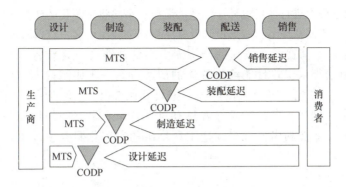

图 8-11　大规模定制中的 CODP

售，CODP 通常位于配送或销售环节。例如苹果手机、华为手机和小米手机的生产模式都采用了这种延迟方式。在销售延迟方式中，制造商拥有绝对主导权（只对消费者的需求退让一小步），消费者仅参与生产流程中无足轻重的一环（如交付阶段），如是否在手机外壳上提供个性化的激光刻字，或者选择何种物流配送方式。对于企业而言，此类延迟方式是最简单的大规模定制形式，能以最便捷、最低的成本博得消费者青睐。

销售延迟可以分为以下两种情况。

（1）面向库存的最终产品销售，然后根据客户发出的订单进行交货。这是一种大批量生产方式，销售中不会对产品进行任何实质性的改动。例如，到肯德基门店点单，汉堡、薯条、可乐都是标准化的模块，而消费者的订单本质上就是这些模块的不同组合，店员只需将消费者的订单分解成各个标准化模块再重新组合，便可快速出餐来满足消费者的个性化用餐需求。

（2）根据客户订单对最终产品进行包装或简单加工后交货。虽然产品没有发生实质性变化，但它可以在外包装和附件性能上稍做改变来满足客户的个性化需求。例如，服装制造商通常会预留足够的裤长以满足腰身相同但腿长不同的客户；可口可乐会利用销售延迟为迎接特殊节日的到来推出限定版，不会对可乐的内核——原料和口味做出改变，而仅在外包装上做文章，如推出 300mL 的小瓶包装、圣诞限定版，或者将瓶装可乐外圈的热塑膜设计成可变形为红色蝴蝶结的样式。通过此类延迟方式丰富产品线的案例还有许多，请读者自行观察。

2. 装配延迟

装配延迟又称为按订单装配（Assemble-To-Order，ATO），是指在接到客户订单后，企业对现有标准化零部件或模块进行重新配置和组装。这种模式下的 CODP 位于装配环节，装配及其下游生产活动完全由客户订单驱动。此类延迟生产方式是最常见的大规模定制模式，通常运用于模块化程度较高的产品，对应的受众是个人消费者。他们往往知识技能相对薄弱，且自我管理能力不强，不能完全自主地将需求转变为实体有形产品。企业对消费者需求只能适当让步，让消费者对生产流程中的非重要环节进行个性化定制。

装配延迟也会发生在其他领域。例如耐克在其官方网站 Nike.com 上面提供了球鞋的个性化定制服务"Nike By You"。耐克将几个系列的球鞋解构成鞋面、鞋舌、鞋底等 10 个左右标准化模块，每个模块提供数种颜色供消费者按需选择。待消费者选择结束后，系统就会利用增强现实技术、对象跟踪技术和投影系统来展现消费者定制的、属于自己的独一无二的球鞋。当消费者确定订单后，耐克就会将订单拆解，从仓库中按订单配置找到各个标准化部件并完成装配，在球鞋尾部按消费者要求绣上其专属的个性化符号，最后邮寄到消费者手中。

3. 制造延迟

制造延迟又称为按订单制造（Make-To-Order，MTO），是指企业在接到客户订单之后，在已有的零部件、模块基础上进行变形设计、制造和装配，最终将定制化的产品交付到客户手中。这种模式下的CODP位于制造环节，变形设计及其下游活动完全由客户订单驱动。

制造延迟通常需要消费者有较强的经济能力和管理能力，且有较多相关知识技能的储备，对自身需求有清晰认识并且能给出具体的解决方案。比如制造大型设备或模块化程度不高产品的企业（如飞机、部分机械产品、家具和服装等），需要自己拥有丰富的知识储备去使用这种方式。例如，自行车爱好者只有对自行车有足够的知识储备，了解自行车各类配件的性能不同，才能利用自行车制造工厂推出的定制化服务去配置符合自身个性化需求的自行车。

4. 设计延迟

设计延迟又称按订单设计（Engineer-To-Order，ETO），是指根据客户订单要求设计零部件或产品。这种模式下的CODP位于设计环节，开发设计及其下游活动完全根据客户订单进行，是完全定制化的生产方式。

设计延迟意味着消费者在博弈中明显处于强势地位，消费者的经济能力、知识技能和管理能力十分强大甚至远超制造商。消费者对自身需求十分了解，并且能给出具体解决方案。在此类延迟方式中，下游客户往往不是独立的个人，而是企业客户（如化工生产设备、汽车生产线以及发电站）。

3D打印技术的出现给设计延迟带来了极为广阔的应用前景，知识技能强的个体消费者也能参与到设计延迟之中。阅读小贴士中的孩之宝的大规模人偶定制服务就是一个典型的设计延迟案例，在这个案例中，孩之宝通过人脸识别技术，让消费者的自我设计能力得到了极大的释放。

📖 **阅读小贴士**

孩之宝的大规模人偶定制服务

近年来，消费者对玩具的个性化定制需求越来越旺盛，然而玩具个性化（尤其是类真人定制人偶）制造是一个难题，真人相貌特征差别很大，导致个性化定制人偶的模块化程度很低，相应地，生产成本和效率面临巨大挑战。美国著名玩具公司孩之宝一直在尝试攻克定制人偶大规模生产的难题，2022年，孩之宝利用3D打印技术，成功为消费者推出了自拍定制人偶服务。

消费者首先需要通过孩之宝的Hasbro Pulse应用程序扫描脸部，将自己的面部特征传输至孩之宝制造系统，而后根据喜好在程序上选择头发颜色和人偶主体。当孩之宝接收到消费者订单后，便会利用3D打印技术，依据消费者脸部信息打印人偶头部，再将头部和注塑人偶身体组装起来，最后交付到消费者手中。

（资料来源：孩之宝官网 www.hasbro.com. 经编者修改整理。）

三、延迟生产给供应链带来的好处

本节将通过惠普打印机延迟生产的经典案例来探讨企业如何进行延迟生产以及延迟生产给企业带来的好处。

（一）惠普打印机的延迟生产

惠普是全球最大的打印机生产商，它在16个国家和地区设有生产和研发机构，在110个国家和地区设有销售部门。1990年之前，打印机的制造和组装由惠普在加拿大温哥华的工厂完成，然后将装配好的打印机配送到北美洲、欧洲和亚太地区的分销中心。由此可以画出惠普打印机的供应链结构：一个由原材料供应商、制造工厂（温哥华）、分销中心、经销商和消费者组成的网络，如图 8-12 所示。

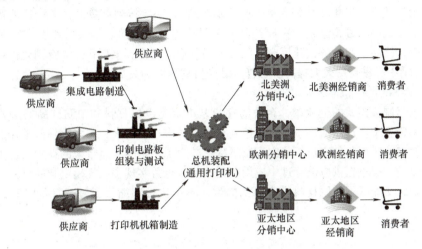

图 8-12　惠普打印机供应链结构

（资料来源：张涛，孙林岩. 供应链不确定性管理：技术与策略［M］. 北京：清华大学出版社，2005.）

不同国家和地区对电源的要求（110V 或 220V 电压）和操作手册所用语言或文字的差异给制造工厂和分销中心造成了很大的库存压力：为尽可能快速地满足客户需求，温哥华工厂不得不采用备货生产模式以确保对分销中心的快速供货；考虑到运输时间的延迟，分销中心积累了大量的安全库存。为缓解快速供货和降低库存的压力，惠普在 1992 年之后对打印机的供应链进行了重新设计：利用延迟策略，总机装配工厂不再生产完整的打印机，转而生产通用的打印机部件。适合不同销售国家和地区的零部件被运送到各大洲的分销中心，不同型号产品的组装工作都在分销中心完成。

通过采用延迟策略，惠普大大提高了产品的交付速度，同时也减轻了打印机成品的库存压力。为进一步降低生产成本，2005 年之后惠普在我国、印度尼西亚等发展中国家设立制造工厂，但产成品延迟组装的策略一直延续至今。

（二）延迟生产带来的好处

惠普打印机的装配延迟策略实现了通用零部件的大规模生产和产成品定制化生产，在增强惠普打印机市场适应力的同时节省了大量运营成本，具体表现在以下四个方面。

1. 降低库存与物流成本

打印机的通用零部件以半成品的形式存放，只有收到客户订单后，才在靠近客户的地点进行下一步的成品装配。相对于产成品运输而言，半成品的体积、重量、规格都要小得多，可以大大提高运输的规模经济，运输成本也大幅降低；此外，延迟装配还大大降低了产成品的库存成本（通常零部件的库存压力要远远小于产成品的库存压力）。采用延迟策略后，惠普的运输和存货成本降低了 25%，原来需要 7 周的成品库存量而现在只需要 5 周的库存量，一年大约可以节约 3000 万美元。

2. 更好地满足了客户的差别化需求

模块化和标准化的零部件设计以及延迟装配使惠普能用较少品种规格的零部件装配成客户需要的多样化的产品，以更低的成本提高了客户满意度，减少了由于供需不一致损失的销售额。惠普公司产品设计上发生了一定的变化，把电源等定制化部件设计成了即插即用的组件，从而实现了根据不同客户需求生产不同型号产品的目的。

3. 缩短了交货提前期，提高了快速反应能力

配送阶段 CODP 的分离将打印机生产过程分为"变"与"不变"两个阶段。惠普将不变的通用零部件生产效率最高化（事先大量生产基础产品），一旦接到订单，在最接近消费者的库存中心、配送中心或第三方物流企业完成产品的差异化组装，从而以最快的速度将定制的产品交付到客户手中，提高了市场的快速反应速度。采用延迟策略后，惠普将产品定制化过程放到各国（地区）的分销中心进行，大大提高了惠普产品交付的速度和灵活性。

4. 降低了不确定性和市场风险

在采用延迟制造模式的企业中，企业的存货基本上是以原材料和中间产品的形式存在，这样的存货占用资金少、适用面广，既能迅速满足客户的多样化需求，又大幅降低了存货的成本与风险。这就使企业所面临的市场不确定程度下降，减少了产销不对路带来的存货跌价损失，有利于提高企业效益。通过在供应链管理中应用延迟策略，惠普实现了大规模定制的目标，既降低了打印机库存量，又降低了因原材料供应导致的生产不确定性和缩短了停工等待时间，并提高了客户服务水平。

本 章 小 结

大规模定制被称为"21世纪制造业的新战略"，是工业4.0时代典型的生产模式。深入理解大规模定制的一些理念，对于打造一条成功的供应链裨益良多。本章首先介绍了大规模定制的基本概念和理论，这些内容有助于读者了解大规模定制的整体轮廓；其次从近500年的工业文明史出发，向读者展示了供应链上下游博弈引发的生产模式演变，当然这部分内容是从制造业的角度来进行叙述的；此外，模块化和延迟生产是本章重点介绍的内容，同时也列举了大量的案例和事实来帮助读者地理解这两个核心理念，掌握这些内容有助于读者更为深刻地理解大规模定制的精髓。

思考与练习

1. 什么是标准化？什么是模块化？什么是差异延迟？三者之间有何联系？请就某个企业的实践，尝试写一个案例分析报告。

2. 如果你是一家中等规模的服装厂的 CEO，正在考虑对西装、羊毛衫、POLO 衫三类产品应用大规模定制生产模式，你该如何进行模块设计？又该如何设定客户订单分离点以及运用何种延迟策略？

3. 除了在制造业，大规模定制理念也在服务业上得到了应用，你能想到在哪些服务业上运用大规模定制的案例呢？

 **本章案例**

贝纳通的大规模定制

一、背景介绍

贝纳通（Benetton）是意大利知名的服装公司，于1965年成立，1978年开设欧洲国家专卖店，1979年进入美国市场，1985年进入东欧市场，目前在全世界100多个国家和地区有4000多家门店，其产品系列遍及化妆品、玩具、泳装、眼镜、表、文具、内衣、鞋、居家用品等。贝纳通的全球策略就是使贝纳通品牌像麦当劳和可口可乐一样驰誉世界。

二、贝纳通的麻烦

贝纳通自成立起便开始了其迅猛扩张的发展道路。当时大多数服装零售商比如 GAP 公司都是自己设立销售网点并由公司自主经营的，而贝纳通却通过特许经营的方式联合地方企业家，利用它们投入的资金建立新店进行扩张。这种特许经营的方式给贝纳通带来了快速提高的市场占有率，但同时其中隐含的冲突与压力像不断吹气的气球一样膨胀，终于在 1980 年下半年爆炸了。这一时期，贝纳通收到了几十份来自美国店主的法律诉讼，他们控告贝纳通新店建得过多过密，并且不能准时供货，导致店主在美国市场上竞争失利。这次诉讼风波直接造成贝纳通在美国市场的门店数量急剧下降——由 300 家下降到了 150 家。

贝纳通本可以趁事态尚不严重时及时调整，却因为管理者的失误错失了机会，由此彻底跌入低谷。卢西诺·贝纳通（公司重要创始人之一）面对贝纳通竞争失利，不仅没有反思经营不足，还将销售不旺的原因归结于欧洲经济萧条[⊖]和公司为了保持市场份额而采取的降价措施。贝纳通曾说："降价时唯一的问题就是销售额没有增加。"他坚持认为营收不足是因为利润降低的同时销量不足，而销量不足、经营惨淡的主要原因在于商店管理薄弱。在管理者的错误认知下，1994 年贝纳通在德国（贝纳通的第二大市场）的销售额又下降了 3500 万美元。

除特许经营方式造成的渠道缩减、经营惨淡外，还有更加严重的经营问题。当时贝纳通正在和意大利的最大经销商桑托默·阿比格里门托打官司。桑托默的总经理麦克·普罗斯佩里抱怨贝纳通经常延迟送货，导致他们远远落后于那些经常更新产品的竞争对手。普罗斯佩里曾说："他们卖给我们的是过时的服装。"

这是一个相当危险的信号。在危机出现之前的 20 世纪 80 年代，贝纳通以风格轻松、休闲、款式多样的潮流服装和极易接受的价格吸引了极多的消费者，甚至掀起了一次零售业的革命。而现如今，曾经的潮流"担当"却被认为过时了。贝纳通的店主们纷纷抱怨，尽管零售业竞争越来越激烈，贝纳通每年仍然只举办两次季度展销会。与此形成鲜明对比的是，美国市场的领导者 GAP 公司每六周就推出新样品，成长迅速的西班牙零售商 ZARA 几乎每个月都有新产品问世。"显然，产品不断更新是大势所趋，贝纳通必须知道这点。"欧洲零售分析家基恩威尔斯说道。

三、改正错误

销售额的持续走低终于让公司管理者意识到了事态的严重性，他们开始重新审视贝纳通所遇到的问题。目前最重要的一点是，消费者对服装需求发生了变化。管理者意识到客户需求在向个性化、多元化改变，甚至愿意为了追求时尚、个性化的服装而支付高昂的溢价（超过多增加的成本）。因此他们必须加快产品更新，适应不断变化的消费者需求，提供消费者喜爱的时尚服饰，改善贝纳通销量萎靡的状况。

为顺应消费者需求，贝纳通不能按传统的两个季节性销售的交替备货模式进行生产。这种生产模式需要公司提前 9~12 个月预测下一季的流行趋势，准备必需的原材料和运营所需的必备品。但预测可能会和实际产生较大偏差，一旦预测错误，传统大规模生产模式下生产出的大量服装很可能因潮流风向的突然转变而滞销，积压在仓库中，成为"过时服装"而折价处理。

所以，贝纳通需要以市场需求为导向，塑造一条全新的柔性供应链以加快产品的交付速度，在追求及时响应市场需求变化、提高客户价值的同时，尽可能压缩成本。在 20 世纪 90 年代，通过生产模式的调整，贝纳通把大部分新产品的开发周期从 9 个月缩短至 5 周，当时全球没有任何一家服装公司可以与之在速度上竞争。2002 年，贝纳通零售商的库存补货周期是四周，发展至

⊖　20 世纪 90 年代初，欧洲经历了一次较为严重的经济衰退。

今天，普通货物的补货周期缩短到了一周。

贝纳通的供应链改进经历了非常长的时间，但是毫无疑问这是值得的。如果仔细分析贝纳通的供应链，其成功取决于两个关键策略：一是把各个生产环节更紧密地联系在一起；二是巧妙运用延迟策略来提高效率。

四、全新的供应链生产结构

贝纳通采用了新的供应链生产结构：将部分劳动力密集型的生产环节，比如剪裁和熨烫外包给了本地制造商；保留了资本密集型的生产工序，如纺织、染色、质量控制、最后的成衣和包装。为了加快供应链反应速度，贝纳通在其意大利公司总部附近设立了一个专门的中心用于管理生产、仓储和配送，公司给它取名为"中心柱"。此外，这个中心拥有专门的航运部门，帮助贝纳通节省了约20%的运输成本。围绕"中心柱"，贝纳通改造了供应链结构，如图8-13所示。

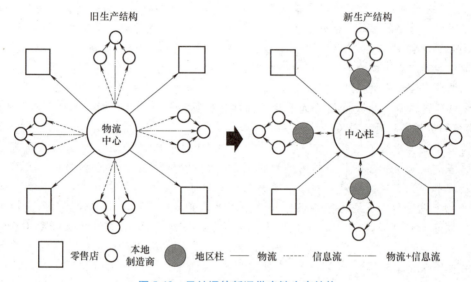

图 8-13　贝纳通的新旧供应链生产结构

贝纳通的新供应链结构运作非常高效。经过一段时间的经验沉淀和积累，贝纳通将这个结构复制到了其他生产中心，成立了结构类似的"地区柱"。意大利"总部柱"现在的功能就是把潮流设计和产品的详细说明通过电子邮件发送到各个"地区柱"，然后由"地区柱"确定产品要求和原料细节，接着再发送到地区生产网络，生产完成以后则立即将产品发回"中心柱"进行质量检测，最后配送到各个零售点。

在20世纪90年代中期，贝纳通有32个生产中心（22个在意大利，10个在海外），这些中心共同构筑了一个有序、高效的生产网络。**贝纳通有个严格的规定：如果没有零售店的订单，就不能开始生产**。一旦接到订单，贝纳通就开始购买原料（例如毛料、棉布等），并直接运送给生产网络。随着时间的推移，这个系统已成为高度集中且有良好的原料质量控制和优秀的物流管理的生产网络系统，而这个系统本身就是贝纳通的竞争优势所在。当贝纳通需要生产大批量或有特殊剪裁要求的产品时，就会寻找专业能力强且能很好地融入贝纳通生产网络的本地生产商。这样，服装生产的每个步骤比如剪裁、缝纫、配件包装都能很好地协调。贝纳通对于每个生产商能力的判断是非常严格而且专业的。比如某个生产商的强项是生产羊毛服装，那么它几乎不用和专门生产牛仔类服装的生产商合作。这就使每个生产商不需要在不同的产品之间切换生产，从而提高了生产速度，也保证了资源的高利用率。

贝纳通的另一个竞争优势是让生产商之间自主地互相协调。假如有两家生产衬衣领口的供应商，其中一家遇到困难不能及时交货，贝纳通以往的做法是要求另一家供应商增加供货。但这么做在某种程度上会对质量产生负面影响，也浪费了供应商的资源。贝纳通改变了这种做法，它让在该生产系统中的供应商自主沟通，假如某个供应商不能如期供货，该供应商就会直接联系其他供货商，而不用经过贝纳通总部。这种做法节省了大量时间，减少了浪费。以羊毛产品为例，这种生产方法让贝纳通相比其竞争对手节约了大约85%的成本。

五、延迟策略

在一般的服装制造流程中，染色步骤通常发生在生产商购买原料之后，原料经染色后会放置在仓库里备用，需要时就从仓库运到流水线投入生产流程，直至最后生产成品并完成分销。然而，服装颜色多样是贝纳通赢得消费者青睐的原因之一，如某个款式的羊毛衫可能有七八种颜色。为了避免缺货，各色羊毛衫都会在库存储备上稍高于预测水平，结果造成大量服装在季末大减价清库存。吸取教训后，贝纳通认为要把染色这个步骤放到生产流程的最后，也就是将染色和编织的顺序互换，将CODP后置，如图8-14所示。这就是**形式延迟策略**。

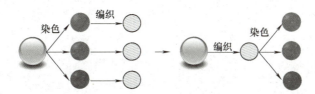

图 8-14　贝纳通羊毛衫染色和编制流程对调

此外，贝纳通还使用了时间延迟策略，不仅将染色环节放在编织环节之后，还放在离销售季节更近的时间点。简单来说，就是先编制好大量没有染色的粗成品，等销售季节将至、季节流行色更加明确时或公司拿到明确的客户订单时再将粗成品染色。贝纳通通过形式延迟策略改变了生产流程，通过时间延迟策略缩小了需求预测误差。运用这两种延迟策略，贝纳通的生产有了更大的灵活性，同时库存也大幅下降。

除了对生产环节的调整，贝纳通还对其物流系统的外延进行了拓展。例如，在流行季节初期，贝纳通只生产小批量产品用于库存，这些库存的目的是应对该流行季内消费者的喜好，而不是准备整个季的产品让它们变成库存（因为过多的库存会在季末被减价清仓）。至于小批量的规模是多少，贝纳通的做法是每次只利用5%~10%的当季产能。但这种小批量生产方式并不是针对全品类，而是基于贝纳通的"瞬间收集"市场策略，具体是指在销售季节开始，仅利用大约10%的产品品类去测试市场，用以预测当季流行的颜色和款式。一旦明确了消费者的喜好，就立即启动小批量生产那些受欢迎的产品。对于贝纳通而言，产品生产和设计最多只需五周时间，包装和运输仅需一周时间，如果市场需求旺盛，小批量生产模式有足够的时间调整为大批量生产模式。

大规模定制让贝纳通重新获得了市场销售额的增长，消费者的满意度得到了大幅提升，当消费者第一次步入贝纳通的零售店时，就会发现他们梦想中的产品就摆在眼前了。贝纳通和零售商的关系得到了大幅改善，因为零售商的安全库存水平保持在低位，新产品的交货时间大幅度缩短，销售利润也有了明显提高。

（参考资料：见参考文献［68］，经编者修改整理。）

💡 **案例思考：**

1. 贝纳通在发展过程中遇到了哪些麻烦？这些麻烦对贝纳通的供应链管理产生了何种影响？

贝纳通意识到经营问题后采取了哪些具体措施？

2. 贝纳通将延迟理念应用在了哪些方面？具体运用了何种延迟差异的方式？其延迟策略的应用有效吗？有效性体现在哪些方面？应用延迟策略对贝纳通的生产能力有何要求？

3. 贝纳通提出新供应链结构的时间是 20 世纪 90 年代，它对我国当前的服装供应链是否还有借鉴意义？

第五篇
供应链需求和库存篇

第九章
供应链的需求预测

本章引言

供应链需求预测不仅影响企业自身的生产和供应计划，还直接影响供应链合作伙伴的业务运营，准确预测需求对供应链运作的成功至关重要。然而，在当前商业环境中，需求的不确定性日益增加，供应链需求预测面临诸多挑战和机会。"凡事预则立，不预则废"，当供应链需求预测出现偏差时，整条供应链的效率将受到影响，甚至可能导致供应链中的各个环节无法正常运转。为了准确预测供应链需求，可以借助大数据分析技术，并运用科学的模型和算法优化预测结果，同时加强与供应链伙伴的信息共享与协同作用，达到供需平衡与高效运作的目的。本章将全面介绍供应链需求预测的作用、方法和应用，以及数字化技术对供应链需求预测的创新影响。通过学习本章，你将会发现供应链需求预测是一个充满活力和挑战的领域，深入理解和掌握它将使供应链更具竞争力。

第九章配套课件视频

学习目标

- 了解供应链需求预测的作用、特点与方法
- 理解供应链环境下 CPFR 策略的概念、内容及实施步骤
- 了解大数据时代下供应链需求预测发生的变化
- 理解大数据分析对供应链需求预测的价值
- 了解大数据分析对供应链需求预测的方法

第一节　供应链需求预测概述

一、供应链需求预测的作用和特点

即便是完全拉式的供应链，也离不开需求预测。毫不夸张地说，需求预测几乎是所有供应链启动运作的第一步，这一步的好坏将直接影响整条供应链的绩效。但管理者需要注意：世上没有，也不可能有完美的预测。

（一）供应链需求预测的作用

对于任何管理者而言，对未来市场情况的预测和判断都是必要的。好的预测会给供应链带来丰厚的利润；反之，糟糕的预测会给供应链带来大麻烦。供应链需求预测的作用大致有

图 9-1　供应链需求预测的作用

两个：一是为战略决策提供参考，二是为运作计划提供借鉴，如图 9-1 所示。

1. 为战略决策提供参考

战略决策对于供应链中所有企业的生存和发展都具有极为重要的意义，而做出战略决策的前提是对市场当前和未来的发展趋势有一个明确的判断。供应链管理者应该时刻对市场发展方向、顾客需求进行判断和预测，然后决定是应该提高供应链的响应速度，还是应该改变供应链的产品结构，抑或逐渐减少对供应链的投资，甚至考虑解散当前的供应链。

阅读小贴士

上佰电商"双十一"的成功预测

上佰电商是一家电商代运营企业，专注于为格力、美的等品牌商提供电子商务与数字化零售全链解决方案。在服务客户的过程中，上佰电商非常注重对市场需求的预测，且预测的精准度非常高，这是其赢得诸多客户青睐的重要原因。上佰电商预测精准高的原因主要是其构建了独特的需求预测体系，以过去的销售数据、流量及缺货率等为基础计算出基准值，充分利用天猫平台共享的大盘历史销售数据，以及未来的促销计划，将可能产生的流量计入模型，同时根据季节性因素进行调整，最终形成独有的销售预测系统。

在这套销售预测系统的助力下，上佰电商推测2016年"双十一"美的产品的销售量将是上一年的两倍，将达到51万台以上，并基于推测数据与美的相关负责人积极协调，确保天猫仓库货源充足，最终在"双十一"当天基本完成了预定的销售额。准确的销售预测不仅使得缺货率明显下降，也使长期库龄产品的库存水平大幅降低，对上佰运营效率的提升有重要作用，同时对美的生产计划决策的优化非常有帮助。

（资料来源：肖迪，杨瑞星，胡玮玮. 挚友是怎样炼成的：上佰电商的供应链协同之道. 经编者修改整理。）

---

2. 为运作计划提供借鉴

对于任何一条供应链，管理者都会编制一系列详细的计划，如需求计划、销售计划、生产计划、配送计划以及相应的财务计划，而这一系列计划均来源于对市场需求的预测。对此，著名的供应链管理专家苏尼尔·乔普拉有着深刻的理解：不论是推式还是拉式供应链，管理者必须进行的第一步都是预测顾客需求。需求预测影响供应链的战略决策，对供应链管理者来说，做好预测工作至关重要。

供应链需求预测与库存管理息息相关，预测结果最终会反映在库存上（例如产成品、半成本和原材料库存）。库存管理常常要求管理者对固定周期的需求数量做出预测，即这段时间外部的需求量将达到多少。预测工作会为库存控制提供重要信息，即在不同时间段公司准备的库存量应控制在什么范围，以应对各种可能出现的情况。因此，需求预测可以为库存管理提供两方面的参考：需要多少库存（数量上）以及何时需要库存（时间上）。

阅读小贴士

夏普的快速电子消费品需求预测

作为日本最大的快速电子消费品生产商之一，夏普的实时需求预测系统为其供应链运作绩效的改善做出了极大的贡献。提高电子产品需求预测准确率是夏普的关注点，通过信息系统的链接，不断更新需求预测在供应链中的实时传递，并驱动着订单管理、生产制造、仓库管理、运输配送以及财务结算等流程，在夏普供应链中的无缝连接。共享的需求信息能够使供应链中各节点的管理者比过去更加方便和有效地协调人员、设备资源和流程配置，从而更加准确地满足市场的需求。准确的需求预测帮助夏普实现了对供应链的一体化管理，降低了库存的水平，加快了库存的周转率，降低了物料管理的成本，大大提升了夏普的供应链价值。

（资料来源：供应链世界. 夏普公司的供应链管理案例分析. 经编者修改整理。）

（二）供应链需求预测的特点

100%的需求预测精准度对于任何供应链来说都是一个梦想。即使供应链管理者对市场需求有丰富的经验，也会因为种种突发情况导致预测失败。例如2019年突如其来的新冠疫情让很多供应链的预测系统陷入瘫痪，对供应链的正常运行和最终绩效产生了严重的影响。预测总会存在误差，在进行预测之前，管理者必须了解需求预测的以下四个特点。

（1）预测通常是不准确的。预测是指根据以前和现在推知未来，而未来总是充满不确定性，除非极端巧合，否则误差不可避免。人们无法穷尽所有影响未来的因素，不同的预测模型会存在不同的误差。但这并不意味着未来无法预测，人们仍可以通过多种方法来降低预测的不确定性。例如，人们可以利用晚霞来预测第二天的晴好天气，也可以利用大气模型来预测第二天的温度和湿度。因此，管理者必须明白：预测的目的之一在于降低（而不是消除）未来的不确定性。

（2）长期预测通常没有短期预测准确。气象台对于第二天天气的预报相对比较准确，而预测一年之后的天气仍然是科学界的难题。对于供应链的需求预测也是如此，短期需求预测通常比长期需求预测更准确。产生这个现象的原因有很多：一方面，随着时间的推移，不确定因素会更多；另一方面，数学上证明了根据短期预测结果进行长期预测会造成误差逐渐累积，长期预测的偏离度会加大；此外，越来越多的产品生命周期极短，很多产品都不会发生第二次销售，对其进行长期预测的结果当然会产生极大的误差。这意味着管理者需要定期对预测模型进行调整，提高预测的准确度。

（3）综合预测通常比独立预测准确得多。综合预测相对于均值分析的标准差较小，这就像每个人的个体差异较大，但一个民族的整体差异要小得多。相对于独立预测，综合预测法的预测结果较为可靠和准确。这是因为综合预测可以综合定性的宏观分析预测和微观预测模型，对市场需求转向和产品需求量预测比较可靠。综合预测可以通过结合供应链上下游企业的预测数据，对市场具体需求预测进行修正，这在原材料、零部件的需求预测方面具有较高的准确度。

（4）越靠近上游或距离顾客越远，预测误差越大。本书第四章详细介绍了供应链中订单的"牛鞭效应"，即从供应链末端（消费者处）向供应链上游的订单预测误差会层层放大（或缩小）。在一个没有透明的信息传输系统和信息共享机制的供应链体系之中，供应链越长、越远离终端客户需求的企业，需求预测的误差就越大，而这种需求预测误差的累积反过来会进一步放大供应链的"牛鞭效应"。需求预测误差的累积最终会造成供应链各个环节上频繁出现库存积压或者缺货，会极大影响供应链的运营绩效，而当供应链成员对此感到失望时，供应链就面临着崩溃的风险。

二、供应链需求预测的方法

很多人都在预测未来，但来自自然科学（尤其是量子理论）和社会科学的证据均指向了一个事实：世界上不存在，也不可能存在完美的预测模型。尽管这一事实会让管理者感到沮丧，但人们仍然需要对未来进行预测。预测的意义不在于预测的精确性（当然如果足够精确是最好的），而在于缓解管理者对未知的恐惧感。此外，现实中的突发事件并没有想象中的那么多，历史现象的重复性在很大程度上能够给管理者提供借鉴。

在对需求进行预测之前，供应链管理者应该做好充分的"课前准备"，广泛地收集与可能影响市场需求的因素相关的资料。以下一些影响因素（但不限于这些因素）应该是被充分收集的：①宏观经济数据；②市场需求风向；③预测所涉及的未来时间跨度；④可获得的历史需求数据；⑤广告计划或其他营销努力；⑥竞争者的当前和未来动向；⑦可供支持预测的市场调研或实验资金。

📖 阅读小贴士

网易严选的需求预测模型

作为自营品牌电商，网易严选的供应链决策场景很多，商品迭代速度也很快。同时，花样繁多的促销、引流手段也带来了大量的不确定因素，这增加了需求预测的复杂度。网易严选是怎么解决这些问题的？

（1）基于事件建模。真实的需求、销量总是不断波动的。大部分情况下，波动伴随着一些特殊"事件"的发生而产生，例如特定的促销策略、特定的活动宣传等。事件考虑不充分是造成预测不准确的最主要原因。基于这一点，网易严选从流量、折扣、时间等基本维度出发，基于业务策略设计了一套标准化的事件体系，将在严选场景下发生的各种事件转化为标准的字段，作为时序特征的重要补充。

（2）季节性建模。商品的季节性也是需求预测考虑的重要因素之一。比如防晒霜或圣诞树之类的商品需求有很明显的季节性增长趋势。季节性因素也可以是一年中导致客户行为改变的任何其他情况，比如意外的天气事件。为了做好季节性商品的预测，基于马尔可夫链的蒙特卡罗方法（MCMC），网易严选设计了一套具有一定先验假设的概率模型，可以从小样本量数据中推算出全年完整的季节性趋势变化。网易严选将通过模型计算得到的全年每天的季节性因子作为时序特征的重要补充。

网易严选运用上述方法极大地提高了预测的准确性，在销售和盈利方面表现良好。2022年第一季度财报显示，网易严选在第一季度实现了236亿元的净收入。在销售方面，精准预测也促进了其全渠道销售的增长，其中抖音、快手渠道销售额同比增长156%，淘宝系同比增长69%，京东渠道同比增长42%。

当影响未来需求的因素都被考虑过之后，接下来就要选择合适的需求预测方法。很多管理者会陷入一个误区：最复杂、最昂贵的预测方法通常会产生最好的预测结果。其实这个观点并不正确：简单的预测方法可能产生好的效果，复杂的方法可能得到糟糕的结果。在实践中，企业常用的需求预测方法主要有以下五种。

方法1：定性预测法。当可获得的数据十分有限、不可得或不直接相关时（如新产品第一次投放于市场），定量模型无法完成预测工作，这时需要采取定性的预测方法来对需求进行大致研判。定性预测法主要依赖于人的主观评估和判断，预测的有效性取决于预测者的经验、技巧和逻辑分析能力。这种方法的特点是简单易行，不需要经过复杂的运算过程，但存在时间长、费用高、不能提供精确的预测数值等缺陷。常用的定性预测法主要包括德尔菲法（又称神谕法）、集体讨论法、市场调查法、头脑风暴法等。如果想对这些方法做进一步了解，推荐读者参考管理学或者市场营销学的相关书籍和资料。

方法2：时间序列预测法。时间序列预测法是建立在可知的历史数据基础之上，运用历史需求数据对未来需求进行预测的一种方法。这种方法是运用最为广泛的预测方法，本章第二节将对各种时间序列预测模型展开具体的介绍和分析。

方法3：因果关系预测法。因果关系预测法假定需求预测与某些内在因素或周围环境的外部因素有关。常见的因果关系预测法主要有回归分析、经济模型、投入产出模型等。而最常用的是回归分析法，在第二节中将具体对回归分析法进行介绍。

方法4：仿真模拟法。仿真模拟法允许对预测条件进行变动分析（数学上称为灵敏度分析），并可以结合上述三种方法进行分析，用来回答诸如此类的问题：价格提升多少个百分点将会给销售带来怎样的影响？竞争者在附近开设商店将会带来怎样的影响？当然仿真模拟法还包括很多具体方法，如系统动力方程等。

方法5：智能预测法。神经网络、模糊数学、混沌理论等智能模型能够进行极强的非线性数学分析，而这个特性非常符合市场需求非线性变化的特点，往往能够获得更好的预测结果。但这些智能算法的预测过程大多是基于"黑匣子"的理念的，管理者很难对预测过程进行干预，算法的可靠性仍需检验，因此本书对这类算法不再赘述，有兴趣的读者可以参考智能算法相关的书籍和资料。

为了选择更合适的需求预测模型，需要先了解以下五个基本原则。

（1）精度优先原则。预测的结果与实际值相比较，误差较小则精确度越高。

（2）简洁性原则。在相同的预测精度下，预测模型结构越简单，简洁性通常越好，其预测结果通常相对更稳定可靠。

（3）适应性原则。当参数发生变化后，得到的预测误差变化越小，模型适应性越强，这意味着预测模型的容错性就越高。

（4）实用性原则。模型越易于被使用者理解和接受且使用条件越苛刻，则实用性就越强。

（5）不断更新原则。随着时间的推移，需要对预测模型进行修正，否则预测精度会降低。

综合上述五种预测方法和五个预测原则，图9-2给出了相应的选择流程。

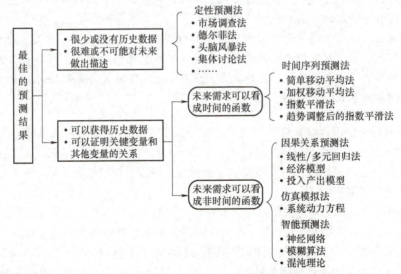

图9-2　需求预测方法的选择流程

第二节　需求预测的数学方法

一、时间序列预测法

时间序列预测法是指通过对历史数据的分析发现未来的发展趋势，并根据一定的算法规则预测下一段时间内需求可以达到的水平。例如，由过去四周的销售量可以预测第五周的销售量。

简单移动平均法、加权移动平均法、指数平滑法等预测模型是一些常用的时间序列预测方法，以下分别进行介绍。

（一）简单移动平均法

简单移动平均法预测需求的数学原理非常简单，它根据历史发生的数据，对最近 n 期数据赋以相同的影响权重，并通过简单移动平均法来预测未来一段时间的需求。例如，假设已经拥有 t 期的销售量数据，第 $t+1$ 期的销售量可以用式（9-1）进行简单的移动平均预测：

$$F_{t+1} = \frac{1}{n} \sum_{i=t-n+1}^{t} D_i \tag{9-1}$$

式中，n 是用于销售量预测的历史数据长度；F_{t+1} 是第 $t+1$ 期的销售量预测值；D_i 是第 i 期的实际销售量。

注意：n 值的选取对预测结果影响巨大。因为移动平均法预测的本质是消除季节性、周期性和随机性变动等因素的影响，预测结果往往比较粗糙。因此该方法通常适用于需求波动比较平稳的情况，无法适用于波动剧烈的情景。

例 9-1： 某商场 2014 年—2023 年空调销售数据如表 9-1 所示。根据前三年空调销售的情况，利用移动平均法预测 2023 年的销售情况。

表 9-1　2014 年—2023 年空调销售数据　　　　　　　　　　　　（单位：台）

时间	需求	时间	需求
2014 年	1100	2019 年	2300
2015 年	1300	2020 年	2200
2016 年	1600	2021 年	2800
2017 年	2100	2022 年	3100
2018 年	1900	2023 年	3300

解： 根据式（9-1），此时 $n=4$，2023 年的空调销售量预测值为

$$F_{2023} = \frac{1}{4} \sum_{i=2019}^{2022} D_i = \frac{1}{4} \times (2300 + 2200 + 2800 + 3100) \text{ 台} = 2600 \text{ 台}$$

由计算结果可以看出：预测结果与实际的空调销售情况相差较大，主要原因在于 n 值的选取。如果 $n=3$，则 $F_{2023}=2700$ 台；如果 $n=2$，则 $F_{2023}=2950$ 台。一般来说 n 越大，过去历史数据的长度就越长，那么最近数据对移动平均值的影响就越小。这非常容易理解，用过去 10 年的数据来预测下一年的销售量其实并不必要，因为最近两年的数据对下一年的销售情况的影响是最大的。因此，式（9-1）中的 n 值是需要认真选取的，否则预测的结果会有很大偏差。

（二）加权移动平均法

简单移动平均法预测认为每期历史数据对未来的影响是相同的，但现实情况并非如此。例如，如果预测夏天的啤酒销量，春季的销售数据的影响程度远远小于夏季，夏季销售情况的权重应该更大。加权移动平均法考虑了历史各期产品需求数据对未来需求的权重情况，其预测模型可用式（9-2）表示：

$$F_{t+1} = \sum_{i=t-n+1}^{t} w_i D_i \tag{9-2}$$

式中，n 是用于销售量预测的历史数据长度；F_{t+1} 是第 $t+1$ 期的销售量预测值；D_i 是第 i 期的实际销售量；w_i 是第 i 期销售量的影响权重（$\sum w_i = 1$）。

与简单移动平均法类似，加权移动平均法预测的效果也依赖于历史数据长度 n 值的选择，n

值越大，预测结果就越平滑，但这会导致预测值对数据实际变动不敏感。因此，n 值的选择有赖于预测者的经验。

例 9-2： 根据表 9-1 中的数据，商场空调销售量在 2019 年—2022 年的影响权重分别为 0.1、0.2、0.3、0.4，利用加权移动平均法预测 2023 年的空调销售量为多少？

解： 根据式（9-2），此时 $n=4$，则 $F_{2023} = \sum_{i=2019}^{2022} w_i D_i = 2750$ 台。

如果 $n=3$，对 2020 年—2022 年销售量权重赋值为 0.1、0.3、0.6，则加权移动平均法预测 2023 年的销售量为 3150 台；如果 $n=2$，对应 2021 年—2022 年销售量的权重为 0.3、0.7，则加权移动平均法预测 2023 年的销售量为 3010 台。

（三）指数平滑法

指数平滑法是一种特殊的加权平均法，对当期需求水平的预测值是所有历史需求观测值的加权平均。指数平滑法中引入了一个移动加权系数 α：α 越大，相当于在移动平均中所用样本数越少，近期数据对预测结果的影响程度越大；反之，α 越小，相当于在移动平均中所用的样本数越多，近期数据对预测结果的影响程度就越小。指数平滑法可用下式来表示：

$$F_{t+1} = F_t + \alpha(D_t - F_t) \tag{9-3}$$

或

$$F_{t+1} = \alpha D_t + (1-\alpha)F_t \tag{9-4}$$

式中，F_{t+1} 为第 $t+1$ 期的预测值；F_t 为第 t 期的预测值；D_t 为第 t 期的实际需求值；α 为移动加权系数（$0 \leqslant \alpha \leqslant 1$）。

指数平滑法兼具简单移动平均法和加权移动平均法的长处，该预测方法没有舍弃过去的数据，而是逐渐减弱其影响程度。这种方法简单且需要的数据量少，比较适用于那些销售数据变化趋势不明显的产品的销售预测（如可口可乐），该方法是当前企业使用最广泛的预测方法。

例 9-3： 根据表 9-1 中的数据，应用指数平滑法预测第 2023 年空调的销售量。

解： 根据式（9-3），假设 2021 年的预测值 $F_{2021} = D_{2021}$。若 $\alpha = 0.5$，则 $F_{2022} = 2800$ 台，$F_{2023} = 2950$ 台；若 $\alpha = 0.8$，则 $F_{2022} = 2800$ 台，$F_{2023} = 3040$ 台。显然 α 越大，最近一年的销售数据对预测结果的影响越大。

（四）趋势调整后的指数平滑法

指数平滑法预测会抹平数据的趋势。如在一段时间内收集到的数据呈现上升或下降趋势时，指数平滑法预测的结果往往存在滞后效应。因此，需要对指数平滑的结果添加一个趋势修正值进行调整，从而在一定程度上改进指数平滑的预测结果。在趋势调整后的指数平滑预测中，引入趋势平滑系数 β 就可以达到上述目的。β 值越大，表明近期需求趋势对预测结果的影响越大；β 值越小，近期需求趋势对预测结果的影响越小。趋势调整后的指数平滑法预测可用式（9-5）表示：

$$TAF_{t+1} = F_t + T_t \tag{9-5}$$

式中，F_t 和 T_t 分别为第 t 期指数平滑预测值和趋势调整项，F_t 和 T_t 分别满足：

$$F_t = \alpha D_{t-1} + (1-\alpha)(F_{t-1} + T_{t-1}) \tag{9-6}$$

$$T_t = \beta(F_t - F_{t-1}) + (1-\beta)T_{t-1} \tag{9-7}$$

式中，D_{t-1} 为第 $t-1$ 期的真实需求；α 为移动加权系数（$0 \leqslant \alpha \leqslant 1$）；$\beta$ 为趋势平滑系数（$0 \leqslant \beta \leqslant 1$）。

例 9-4： 根据表 9-1 中的数据，利用趋势调整后的指数平滑方法预测 2023 年空调的销售情况。其中，假设 2020 年指数平滑的趋势为 200 台，$\alpha = 0.8$，$\beta = 0.1$。

解： 根据式（9-6）和式（9-7），可得 $F_{2021} = 2240$ 台，$T_{2021} = 184$ 台；$F_{2022} = 2725$ 台，$T_{2022} = 214$ 台；$F_{2023} = 3068$ 台，$T_{2023} = 227$ 台，由式（9-5）可得趋势调整后的预测结果 $TAF_{2023} = F_{2023} + T_{2023} = 3295$ 台。

如果其他参数均不变，当 $\beta = 0.5$ 时，$TAF_{2023} = 3414$ 台。显然，对预测结果的影响随着 β 值的增大而增大。从企业实践角度来看，除非整个市场非常乐观，否则在大多数情况下，β 值都不应该选择过高。

二、回归分析预测法

前面一节介绍了如何利用时间序列进行简单的需求预测，但大家可以发现，上述预测方法仅仅使用了销售数据，并没有对影响销售的因素进行分析。实际上，天气炎热会加大啤酒的市场需求量。通过本节的学习，读者可以进一步了解回归分析法如何将影响因素纳入需求预测模型之中。

（一）一元线性回归

一元线性回归是最简单的回归模型，该模型中只有一个影响因素。例如，啤酒的销售量只和气温相关（气温高销售量大，气温低销售量小），且两者的关系可以用一条直线近似表示：

$$\hat{Y} = b_0 + b_1 x \tag{9-8}$$

式中，$\hat{Y}$ 是预测值或因变量；x 为自变量（如气温）；b_0 为直线在 Y 轴的截距；b_1 为直线的斜率。对于已知的 n 组 (x_i, Y_i) 数据，$i = 1, 2, \cdots, n$，需要求出 b_0 和 b_1 值才可以将模型用于未来需求的预测。

根据对市场的调研，假设已经获得 n 组 (x_i, Y_i) 数据，则可由下式求得偏差平方和 Q 值。

$$Q = \sum_{i=1}^{n} (Y_i - \hat{Y}_i)^2 = \sum_{i=1}^{n} (Y_i - b_0 - b_1 x_i)^2$$

根据极值定理，要使 Q 最小，则必须满足一阶导数为零，如下式所示：

$$\begin{cases} \dfrac{\partial Q}{\partial b_0} = -2 \sum_{i=1}^{n} (Y_i - b_0 - b_1 x_i) = 0 \\ \dfrac{\partial Q}{\partial b_1} = -2 \sum_{i=1}^{n} (Y_i - b_0 - b_1 x_i) x_i = 0 \end{cases}$$

整理得：

$$\sum_{i=1}^{n} Y_i = n b_0 + b_1 \sum_{i=1}^{n} x_i, \quad \sum_{i=1}^{n} x_i Y_i = b_0 \sum_{i=1}^{n} x_i + b_1 \sum x_i^2$$

可求得 b_0 和 b_1 如下：

$$b_0 = \bar{Y} - b_1 \bar{x} \tag{9-9}$$

$$b_1 = \frac{\sum_{i=1}^{n} x_i Y_i - n \bar{x} \bar{Y}}{\sum_{i=1}^{n} x_i^2 - n \bar{x}^2} \tag{9-10}$$

例 9-5： 假设啤酒的销售量仅受气温的影响，表 9-2 为某小区便利店在 2022 年夏天每天啤酒销售量与气温（气温高于 34℃时）的关系。试建立一元线性回归模型分析气温为 35.5 摄氏度时啤酒的销售量。

表 9-2　某小区便利店啤酒销售量与气温关系

气温 x/℃	啤酒销售量 Y/箱
35	10
36	12
37	16
38	22
39	30

解： 根据表 9-2 中的数据，利用式（9-9）、式（9-10）计算参数 b_0、b_1 的值。

$$b_1 = \frac{\sum_{i=1}^{n} x_i Y_i - n\bar{x}\,\bar{Y}}{\sum_{i=1}^{n} x_i^2 - n\bar{x}^2} = \frac{3380 - 3330}{6855 - 6845} = 5$$

$$b_0 = \bar{Y} - b_1 \bar{x} = 18 - 5 \times 37 = -167$$

可得啤酒销售量和气温的一元回归模型为：

$$Y = -167 + 5x$$

当气温 $x = 35.5℃$ 时，可预测啤酒的销售量为 10.5 箱。

（二）多元线性回归

在现实的经济生活中，通常会涉及两个或两个以上的影响因素。例如，啤酒销售量不仅与气温有关，而且与便利店所在小区的人口数量有关，这时仅考虑气温因素对啤酒销售量的影响显然是不够的。在此用多元线性回归模型对需求预测问题重新建模，如式（9-11）所示。

$$\hat{Y} = b_0 + b_1 x_1 + b_2 x_2 + \cdots + b_k x_k \tag{9-11}$$

式中，$\hat{Y}$ 是需求预测值；x_k 为自变量；b_0 为 Y 轴的截距；b_k 是自变量 x_k 的回归系数。

假设有 n 组 $(x_{i1}, x_{i2}, \cdots, x_{ik}, Y)$ 数据，$i = 1, 2, 3, \cdots, n$，则可由下式求得偏差平方和 Q：

$$Q = \sum_{i=1}^{n} (\hat{Y} - b_0 - b_1 x_1 - b_2 x_2 - \cdots - b_k x_k)^2$$

根据极值定理，要使 Q 为最小，则必须满足一阶导数为零，即

$$\begin{cases} \dfrac{\partial Q}{\partial b_0} = -2 \sum_{i=1}^{n} (\hat{Y} - b_0 - b_1 x_{i1} - \cdots - b_k x_{ik}) = 0 \\ \dfrac{\partial Q}{\partial b_j} = -2 \sum_{i=1}^{n} (\hat{Y} - b_0 - b_1 x_i - \cdots - b_{ik} x_{ik}) x_i = 0, j = 1, 2, \cdots, n \end{cases}$$

由此可得：

$$\boldsymbol{B} = (\boldsymbol{X}^{\mathrm{T}} \boldsymbol{X})^{-1} \boldsymbol{X}^{\mathrm{T}} \boldsymbol{Y} \tag{9-12}$$

$$b_0 = \bar{Y} - \hat{\boldsymbol{B}}^{\mathrm{T}} \bar{\boldsymbol{X}} \tag{9-13}$$

式中，$\boldsymbol{B} = (\hat{b}_1, \cdots, \hat{b}_k)^{\mathrm{T}}$ 为多元回归系数的最小二乘估计值；$\bar{Y} = \dfrac{1}{n} \sum_{i=1}^{n} Y_i$ 为需求量的均值；$\bar{X}$ 为对应自变量的均值。

例 9-6： 某小区便利店在 2023 年夏天对每天啤酒的销售量进行分析后发现，啤酒的销售量与气温和访问便利店的人数相关，表 9-3 为该便利店在 2023 年夏天啤酒销售量与气温（气温高于 34℃ 时）和到访便利店的客户人数，试建立二元线性回归模型分析当气温为 35.5℃ 和客户人数为 200 时的啤酒销售情况。

表 9-3 某便利店啤酒销售量与气温和到访便利店人数的关系

气温 x_1/℃	人数 x_2/人	啤酒销售量 Y/箱
35	190	10
36	195	17
37	200	22
38	180	18
39	190	20

解： 由表 9-3 可知：

$$X^{\mathrm{T}} = \begin{pmatrix} 35 & 36 & 37 & 38 & 39 \\ 190 & 195 & 200 & 180 & 190 \end{pmatrix}, Y^{\mathrm{T}} = (10, 17, 22, 18, 20)$$

由式（9-12）可求得二元回归系数 $b_1 = 0.786$，$b_2 = -0.061$；由式（9-13）可得 $b_0 = -0.066$。则相关的二元线性回归模型为：

$$Y = -0.066 + 0.786 x_1 - 0.061 x_2$$

当气温 $x_1 = 35.5℃$、人数 $x_2 = 200$ 人时，可预测啤酒的销售量为 15.7 箱。

三、预测误差的度量

预测的最终目的是得到一个准确的和不含主观偏见的结果。预测误差（Forecast Error）是指在给定的时间间隔内实际值与预测值之间的差值。预测误差带来的成本是巨大的，国外媒体的调查显示：只有 18% 的公司的预测准确度超过 90%。进行预测的公司必须做大量的努力来跟踪预测误差，并采取必要的措施改进它们的预测技术，同时及时调整决策。

预测误差的计算公式如下：

$$E_t = D_t - F_t \tag{9-14}$$

式中，E_t 为第 t 期的预测误差；D_t 为第 t 期的真实需求；F_t 为第 t 期的预测值。

本书仅介绍三种常见的衡量预测模型的误差指标——MSE、MAD 和 RSFE。其他衡量预测误差的指标可见相关的统计学教材[⊖]。

（1）均方误差（Mean Squared Error，MSE）是衡量预测误差最常见的指标之一。其计算公式为

$$\mathrm{MSE} = \frac{1}{n} \sum_{i=1}^{n} E_i^2 \tag{9-15}$$

式中，n 为进行预测的期数。

计算 MSE 时，较大的误差经过平方、相加、再平均运算后就不那么突出了。这就会产生 MSE 误差很小，但真实误差会存在较大幅度波动的情况，即预测结果不仅有许多小的误差，同时还有几个大的误差。所以一般情况下，决策者不太喜欢这样的预测模型。

（2）平均绝对误差（Mean Absolute Deviation，MAD）是所有时期预测误差绝对值的平均。其计算公式为：

$$\mathrm{MAD} = \frac{1}{n} \sum_{i=1}^{n} |E_i| \tag{9-16}$$

MAD 是一项广泛使用的预测准确性的指标，为评估人提供了对比各种预测方法的简易途径。当 MAD = 0 时，表明预测结果准确地反映了实际需求的情况；MAD 越大，表示预测结果就越偏离实际，说明预测模型很差，需要修正。但 MAD 和 MSE 没有本质差别，MSE 出现的问题，MAD 仍会存在。

（3）预测累积误差（Running Sum of Forecast Error，RSFE）用来判定预测结果与真实需求相比是否持续高估或者低估。其计算公式为：

$$\mathrm{RSFE} = \sum_{i=1}^{n} E_i \tag{9-17}$$

如果 RSFE 为正，则表明预测结果低估了真实需求（容易造成缺货）；如果 RSFE 为负，则表明预测结果高估了真实需求（容易造成库存积压）；如果 RSFE 值为 0，则表明预测结果比较稳定。

⊖ 李金昌. 统计学 [M]. 北京：高等教育出版社，2018.

为进一步了解累积误差是否处于可接受的控制范围之内，还可以用跟踪信号（Tracking Signal，TS）来进行检验。其计算公式为

$$TS = \frac{RSFE}{MAD} \tag{9-18}$$

如果 TS 在 ±4 的范围之外，就说明预测出现了偏离：当 TS<-4 时，表明预测结果低估了真实需求。当 TS>+4 时，表明预测结果高估了真实需求。在这两种情况下，公司有必要选择一种新的预测方法来改进预测的准确性和效率。

第三节　供应链环境下的 CPFR 策略

一、CPFR 的发展历程

CPFR 即协同、规划、预测和补货策略（Collaborative，Planning，Forecasting and Replenishment），最早应用于零售业供应链。尽管早期零售业供应链管理者采用 VMI（供应商管理库存）等模式来改善零供双方的库存管理水平，但是多年的实践表明，VMI 模式仍然存在很多缺陷。

（1）VMI 模式的库存管理都是单行预测的结果（由供应商承担销售预测工作），决策过程缺乏协商，供应链在运作过程中难免会造成错误。

（2）VMI 模式中，零售商将库存管理权过度下放给供应商，供应商不仅要预测需求，还要承担补货任务。除了销售，零售商几乎不负任何责任。从这个角度来看，供应链的集成运作并没有真正实现，尤其是当终端需求发生异动之后，VMI 模式面临着严重失效的可能性。

（3）VMI 模式并没有考虑零售商市场营销的影响。零售商的促销和供应商的库存补给并没有协调起来，往往会出现零售商加大清仓力度而供应商误以为市场需求旺盛的情况。需求预测缺乏沟通，造成零售商和供应商之间的业务流程并没有顺畅地衔接在一起。

（4）VMI 模式中供应商承担了大量库存压力，一旦供应或市场出现问题，留给供应商解决问题的时间是非常有限的。

上述 VMI 模式的缺陷促使零售商和供应商采用 CPFR 这一新的供应链管理模式。但从本质上来看，CPFR 其实反映了本章第一节中介绍的供应链需求预测的第三个特点——"综合预测通常比独立预测准确得多"。

📖 **阅读小贴士**

CPFR 的"前世今生"

1995 年，沃尔玛等五家企业共同出资组建了一个 CFAR 项目研究小组，目的是研究如何进一步改善零售商和供应商之间的合作伙伴关系，提高需求预测的准确度，降低供应链的运营成本和库存水平。随着研究的深入，协同规划的理念开始加入 CFAR，也就是在共同预测和补货的基础上，进一步推进供应链计划的共同制订，于是一种新型供应链合作模式——协同计划、预测和补货的 CPFR 模式由此产生，并且迅速在其他供应链中得到应用。美国商业部推算，如果在零售供应链中全面推广 CPFR，可以减少 15%~25% 的库存，约合 1500 亿~2500 亿美元。

1998 年美国召开零售系统大会，以沃尔玛、凯马特、宝洁、惠普等为代表的零售业和制造业巨头极力推荐 CPFR 这一供应链管理新的运作理念。会后，来自零售业、制造业、咨询业和软件业的 30 多家企业成立了 CPFR 协会，并与产业协同商务标准协会（Voluntary Interindustry Commerce Standards，VICS）一起致力于 CPFR 的研究、标准制定、软件开发和推广应用工作。

虽然 CPFR 的提出已接近 30 年，但企业对其仍然保持着巨大的热情，诸如京东、网易严选、宝洁、屈臣氏等众多供应链巨头仍然在努力践行并优化 CPFR。

二、CPFR 的概念和内容

（一）CPFR 的概念

CPFR 在国内外企业中已有 20 多年的实践经验，但至今尚无统一的定义。在参考国内外众多学者对 CPFR 的定义和解释后，本书将其定义为：

CPFR 是一种面向供应链的新型合作伙伴的策略和管理模式，它应用一系列处理和技术模型，提供覆盖整个供应链的合作过程，通过共同管理业务过程和共享信息来改善供需双方的关系，提高预测准确度，最终达到提高供应链效率、减少库存和提高消费者满意度、实现双赢目的的过程。

可以看出，CPFR 的实施主要是为了改善零售商和供应商的伙伴关系，通过供应链中的商业合作伙伴之间紧密合作，交换信息和风险，提高预测的准确度。值得注意的是，CPFR 要求合作伙伴的框架结构和运作过程以消费者为中心，合作伙伴之间必须共同参与协商、共享消费者需求预测系统，并共同承担在该过程中可能产生的风险，真正提高供应链效率，实现价值增值。

📖 阅读小贴士

其他学者关于 CPFR 的定义

1. 塞西尔·博扎思（Cecil C. Bozarth）将 CPFR 定义为：CPFR 是共同的商业目标和标准的成员，制订联合销售和运营计划，并在电子信息方面合作，以形成并不断更新销售预测以及补货计划的一系列以信息技术为支持的商业过程。

2. 美国生产与仓储控制联盟（APICS）给 CPFR 下的定义为：CPFR 是供应链中上下游商业伙伴之间，包括从原材料的运送到生产，再由生产到产成品运送给终端客户，在这一系列关键活动中进行协同行为的过程。

（二）CPFR 的内容

CPFR 是协同（Collaborative）、规划（Planning）、预测（Forecasting）和补货（Replenishment）四个英文单词首字母的缩写，这也是 CPFR 最主要的内容，以下对上述四方面的内容进行简要介绍。

1. 协同

供应链上下游企业只有确立共同的目标，才能使双方的绩效都能得到提升，取得综合性的效益，使总体作用大于个体作用，这就是协同效应。CPFR 的这一特点实质上就是零售商与供应商之间关系的问题，双方的关系是共同合作，以实现双赢为目的。应当注意的是，零供双方在确立这种协同性目标时，不仅要建立起双方的效益目标，更要确立协同的盈利驱动性目标，只有这样才能使协同性体现在流程控制和价值创造上。

2. 规划

CPFR 要求企业对产品从制造商到消费者手中的整个流程中涉及的各个方面都有一个规划，包括需要双方协同制订促销计划、库存政策变化计划、产品导入和中止计划以及仓储分类计划等，其实就是要求企业对整个供应链活动的各个方面都有一个计划，或者说要求企业为应对供应链各个环节可能出现的情况都有一个应对的措施。此外，通过 CPFR 达成的协同运作规划，可以尽量避免今后各企业间出现分歧时的权责不明现象。

3. 预测

预测是贯穿整个 CPFR 最重要的一个环节，供应链中任何一家企业都必须且能够做出预测。但 CPFR 强调的是买卖双方之间的协同预测，以期改善整个供应链体系原本存在的低效率、死库存问题，提高产品销售量，节约供应链资源。需要注意的是，CPFR 强调供应链各环节共同参与需求预测模型的建立和修正。

4. 补货

经过协同、规划和预测之后，补货的决策难度将大大降低。零售商和供应商只需要根据事先议定的协议框架，将在冻结期间已经冻结的预测结果生成订单，通常冻结期是根据供应商的制造和配送提前期来决定的。对于供应商而言，冻结期间的订单数量为已经确认的需求量，零售商实际订单传来之后，供应商只需及时减去此部分产能；另外，供应商也可以采取 VMI 模式来自动补充零售商的库存，并以冻结期的订单总量为补货规范。

限于篇幅，读者可参考第六章第二节麦德龙和宝洁的 CPFR 合作案例。

三、CPFR 的实施步骤

CPFR 的实施具体可划分为规划、预测和补给三个阶段，包含九个主要流程。第 1 个阶段为规划，包括第 1、2 步；第 2 个阶段为预测，包括第 3~8 步；第 3 个阶段为补给，主要是第 9 步。

第 1 步：制定框架协议。买卖双方就协作的目标、协同合作的范围、销售预测中的例外标准、财务标准、提高客户服务水平、降低库存水平、增加销售量等达成正式商业协议。

第 2 步：建立协商方案。销售商与制造商之间分享商业战略和项目发展计划。一般包括商品目录，适合商品销售的促销计划、仓储计划、促销活动以及特别规定的价格战略等。

第 3 步：编制销售预测报告。拟定预测时间的范围、单位等，根据有关历史数据分析产品在未来各时期的销售量，得到可供分享的预测结果。

第 4 步：辨别销售预测可能出现的异常情况。销售预测的异常表现包括现货零售的准确率低于 90%、销售预测的误差超过 15%、与上一年同期相比销售预测的误差超过 10%。对于销售预测异常情况要加以注意，以便调整策略。

第 5 步：协商处理异常情况。根据销售商、生产商的决策数据，合作双方通过协商，对预测异常情况进行处理并得到一个一致的预测。

第 6 步：编制订单预测报告。分析历史需要、安全库存、运输信息等数据，得出订单预测，生产人员根据订单预测进行原材料采购，制订生产计划。

第 7 步：辨别订单预测可能出现的异常情况。订单预测异常是指超出订单预测标准。类似于第 4 步的过程。

第 8 步：协商处理异常情况。销售商、生产商根据历史决策数据，分析订单预测异常的原因，并协商解决预测异常。类似于第 5 步的过程。

第 9 步：制订生产计划。根据预测的订单制订生产计划。

以上 CPFR 各步骤之间的相关流程如图 9-3 所示。

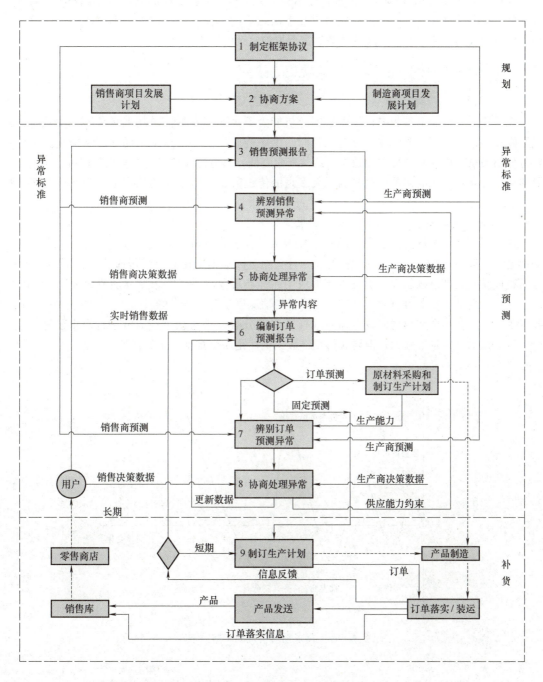

图 9-3　CPFR 实施九个步骤

（资料来源：威斯纳，陈加存，梁源强. 供应链管理：原书第 3 版 ［M］.

刘学元，译. 北京：机械工业出版社，2014.）

第四节　大数据时代下的供应链需求预测

2010 年，苹果公司 iPhone 的出现，标志着人类进入了移动互联的时代，"大数据"[⊖]时代正式开启。借助各种 APP，企业可以获得以往无法想象的海量数据，这些数据对改进供应链需求预测具有极大的价值，当然处理这些数据需要更加复杂的数学模型。

一、大数据时代下供应链需求预测的改变

（一）传统供应链需求预测的问题

在传统供应链需求预测中，由于数据分析能力不足而引发的需求扭曲现象不在少数，其关键原因在于：在运用传统的数据分析工具时，供应链成员往往只是基于局部的结构化数据信息进行分散决策，供应链成员间的数据信息共享程度低，只能通过少量的结构化数据进行预测，预测的结果常常有较大的偏差。这些偏差大多是由传统数据分析带来的数据不全面和信息扭曲造成的。

1. 数据不全面造成预测的"需求变异加速放大"

如果深入了解本章前两节讲到的需求预测数学模型，读者可以发现：供应链每个环节的预测都会存在误差。这些误差是内生性的，并且会随着需求预测在向上游传递的过程中不断积累，最后造成误差波动急剧放大，引发牛鞭效应中的经典现象——"需求变异加速放大"，如图 9-4 所示。缺乏足够、及时且有效的全链数据是引发预测误差急剧放大的原因之一。传统供应链数字技术手段无法获得全链数据，只能通过抽样读取部分数据来对整个供应链进行需求预测。虽然当前数字技术已经足够强大，但要获得全链数据仍然是一个难度不小的任务[⊖]。

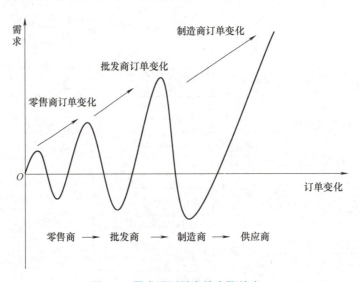

图 9-4　需求预测引发的牛鞭效应

⊖　Andrea（2016）从四个方面对"大数据"进行了界定：其一是大体量，是指大数据的规模和量极大。其二是迅速，是指大数据在数据产生、采集和处理等方面的速度非常快。其三是多样，是指大数据的种类、维度、形态等十分丰富。其四是价值，是指大数据的价值需要经过非常规的技术手段分析处理后才能被挖掘出来。资料来源：DE MAURO A，GRECO M，GRIMALDI M. A formal definition of Big Data based on its essential features［J］. Library review, 2016, 65（3）：122-135.

⊖　请见第四章第二节"数字和信息陷阱产生的原因"。

2. 分散预测行为造成预测的"局部而非全局最优"

现实中，大多数供应链成员之间的需求决策是分散的。单个企业总会以自身利益最优而非整条供应链全局最优的方式来设计需求计划。供应链成员为了自身利益最大化而进行分散决策。供应链成员并不会完全共享自身的信息，这使得供应链成员间并不知晓其他成员的经营状况，供应链成员之间缺乏数据共享，就很难做出有利于供应链整体收益最优的决策。这给供应链整体共赢带来了很大难题。因为当前竞争主要是供应链与供应链之间的竞争，供应链的某个成员仅考虑自身利益而忽略整体利益所产生的双重边际效应（Double Marginalization Effect）会大大降低供应链的整体竞争力。

> ### 📖 阅读小贴士
>
> #### 供应链中的双重边际效应
>
> "双重边际效应"是指供应链成员为了谋求各自利益最大化，在独立决策的过程中使得产品价格高于其生产边际成本的现象，最后使得整条产业链经历两次加价。这意味着供应链成员在决策时只考虑了各自的边际效应，而没有考虑其他成员的边际效益，导致每一方的获利都在减少。
>
> 举例来说：在一个二级供应链中，零售商会要求制造商提高配送频率，从而降低自身的库存维持成本。而制造商会根据库存成本和生产周期成本来决定其最优配送频率，并希望零售商能够降低售卖价格来扩大市场份额，从而使自己能够大批量生产以降低成本。

（二）大数据时代下需求预测的改变

大数据时代，外部的社交 APP、内部的供应链 ERP 系统让供应链管理者快速且精确地获得供应链全貌数据已经成为可能。这些数据类型多样，既有市场销售类数据（如销售量、促销优惠折扣等数据），也有库存类数据（如各类产成品、半成品和原材料库存等数据），还有计划类（生产排程、采购计划和调拨计划等数据）。这些全息数据的类型和规模都在呈爆发式增长。

如何获取、保存和传递这些数据，是大数据时代下供应链需求预测面临的第一个问题。为解决这个问题，首当其冲的是解决供应链成员之间的数据异构问题——如何统一数据定义、存储和传递规则，这需要架构一个分布式供应链体系。近 10 多年来，云计算和大数据平台飞速发展，让架构分布式供应链体系成为可能。在图 9-5 所示的架构体系下，大数据分析平台是连接各个节

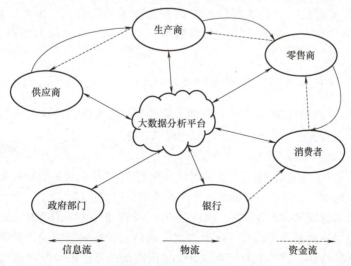

图 9-5　基于大数据的供应链体系结构

点的中介，物流、资金流和现金流都能通过处于中心位置的大数据分析平台快速地收集、处理及分析，供应链成员能够获得的信息不再局限于相邻成员企业，而是通过大数据分析平台整合供应链整体的信息资源，使得供应链成员能够实现共赢。要解决这个问题并不容易，因为许多企业试图将供应链数据占为己有，当然也有许多企业愿意通过分享数据加强供应链控制（例如阅读小贴士中沃尔玛的数据共享平台案例）。

📖 阅读小贴士

沃尔玛的数据共享平台

沃尔玛是利用大数据进行供应链管理的领军企业，它大量收集顾客的数据，并将其储存在数据库中，基于这一大规模数据库来进行顾客营销分析。实际上，不仅只有沃尔玛在利用这批数据，而且处于沃尔玛供应链上的所有成员都能够应用这些数据。比如，沃尔玛的营销人员能够通过数据确定顾客偏好，仓储人员能够分析具体销售数据、优化产品分类等。

沃尔玛的分析与数据对其分布在 80 个国家和地区的超过 17400 家供应商开放，使得每家供应商都可以通过大数据分析平台对产品进行追踪，让供应商了解不同产品的需求情况。此外，供应商还能通过对数据库信息进行查询，搜索销售、装运、订单、发票等相关信息，在销售数据和产品特性的基础上对模块化布局进行调整。沃尔玛的做法使得不同供应链成员之间实现了数据交换与分享，提高了数据透明度，从而在供应链成员之间实现了合作。

如何从海量的数据中挖掘和分析供应链运作和决策所需的内容，是摆在管理者面前的第二个重要命题。 传统的数据分析方法可能仍然有效，但大数据时代下的因素关联会超过传统数学模型能够计算的能力和范畴。在这些错综复杂的因素之间快速且正确地锁定关联，需要借助智能算法或边缘分析算法，而这些算法通常需要耗费极大的算力。

幸运的是，现在云计算平台提供了足够大的共享算力，并且租用价格并不昂贵。对于很多供应链而言，管理者只需要将其精力花费在"如何开展一个更好的大数据分析算法"上即可。当然，这些算法大多是企业的商业机密，因为它们给企业带来了丰厚的回报。然而，**开发适用的大数据算法模型并不容易。** 这不仅需要足够的数据源，而且需要优秀的算法人才支撑。就目前来看，只有少部分强大的企业能做到这两点。因此，就大多数情况而言，大数据是仅为少数大企业准备的，大多数中小企业几乎没有能力拥有或使用大数据去进行供应链需求预测。

二、大数据分析对供应链需求预测的价值

尽管不同企业的大数据基础建设和分析能力有差异，但大数据的价值依然不可小觑。在进行大数据分析之前，管理者需要做出三个重要的思维转变。

1. 从直觉决策转为数据挖掘

迈尔·舍恩伯格在其经典著作《大数据时代》中写道："依靠直觉与经验进行决策的优势急剧下降，在政治、商业、公共服务等领域，大数据决策的时代已经到来。"传统预测方法所依靠的数据量、影响因素的数量都是有限的。也许已有的预测模型在稳态环境中是有效的，但大数据时代下需求的特点之一就是非平稳性——顾客的需求信息日益复杂多变，呈现数据量大、时效性高且价值密度低等特征。通过个人经验或直觉做出决策的方法难以挖掘复杂多变的大数据中

蕴含的价值，尤其是边缘信息的价值。例如，沃尔玛的大数据模型显示，在飓风期间消费者更喜欢囤积果酱小饼。新冠疫情期间，土豆和洋葱的销售量比方便面更大……这些发现很难通过直觉判断获得，而大数据挖掘模型可以提供需求的蛛丝马迹。

2. 判断需求的变化趋势更重要

与计算出精确的需求预测值相比，判断需求变化的趋势更重要！这是因为后者决定供应链的生死问题，前者只是方向既定情景下的局部优化而已。当前消费者需求变化的速度远远超过供应链管理者的想象。消费者在社交媒体上的抱怨、追捧和点赞数据都会引发一个新的需求浪潮。对于这些细枝末节的边缘信息，传统的供应链需求预测是很难察觉到的。而固守供应链原有的需求判断方式可能会让供应链整体陷入崩溃。例如，在与苹果公司的竞争过程中，诺基亚一直秉持结实、耐用、低价的思维在做供应链需求预测，而对互联网上对"诺基亚的嘲讽"却视而不见。

尽管用定性的预测分析方法可以对传统的定量预测模型做出改进，但该方法因为没有足够的数据支持，说服力显得较小。大数据分析的典型特点之一就是，可以对海量的边缘信息进行分析和监控，这对管理者判断需求风向来说极为重要。当然，大数据分析并不排斥传统需求预测模型，事实上，这些模型都内生于绝大多数大数据分析算法之中。

📖 阅读小贴士

阿里巴巴的"赚金石"

阿里巴巴联合尼尔森发布了一款大数据产品——"赚金石"，该产品结合尼尔森庞大的线下零售监测网络、阿里巴巴的电子商务交易平台及消费者的网购数据习惯，融合了线上和线下的购物消费数据。阿里云总裁表示，这次合作意味着阿里云同时开放云计算和大数据两种能力。数据是企业的重要资产，通过云计算，数据资源可以互联互通，挖掘出更大的价值。

"赚金石"可以帮助阿里巴巴预测一系列商业指标：新品上市的需求预测；准确定位目标客户群体，发现消费者的潜在需求；挖掘产品升级换代的新趋势；品牌包装和促销定价方案的优化；消费者的群体特征和行为特征。例如，针对一款手持蒸汽清洁器，阿里巴巴向消费者展示两种不同的产品介绍，观测真实的点击数据，进一步分析消费者群体的需求偏好，如消费者是关心"轻便易用"还是更关心"去污效果"，从而判断市场需求趋势。

---

3. 从关注成本转而向细分市场要利润

需求预测的最大困难是如何预测细分市场的需求，即如何根据客户类型确定产品类型和定价。成本有地板，而客户需求没有天花板。没有任何一种产品或服务的市场是单一的，每个市场都能被分割成若干部分，各个部分的需求类型和价格弹性都不同。理论上，大数据技术可以将客户细分到个体这个最小单元，供应链需求和价格策略的最小颗粒度可以到达个体。但这既不必要也不能去做，因为大数据"杀熟"和"精准定价"存在隐私和伦理等负面影响。然而，将大数据的颗粒度放大一点，通过历史购买数据、商品点击量等数据，利用算法计算出最为有效的推广渠道来接触到这些细分客户，这仍然在商业伦理允许的范围之内。例如，美国服装零售商鹰牌户外服装公司利用大数据分析，将其750余家门店根据消费者最喜欢的商品组合进行了分类。公司发现，佛罗里达州消费者的商品选择与得克萨斯州和加利福尼亚州的消费者类似。通过对需求市场的划分，鹰牌户外服装公司根据需求分区和地域特点设计产品，实时将资源运送到相应的市场分区。

📖 **阅读小贴士**

小米运用大数据实现高效需求划分

为了准确把握消费者需求，小米建设了大数据平台，并打造了小米大数据整体架构，同时把所有数据汇总起来，避免产生数据孤岛。在对大数据进行处理时，小米采用差异化战略，将数据分为基础层、中间层和应用层。通过大数据平台对进店客户的信息及客流轨迹进行分析，了解各区域的人流密度、停留时长，为线上线下选品提供数据化的科学参考。小米团队的高层核心成员均拥有丰富的技术和管理经验，其强大的研发团队将小米平台收集的结构化和非结构化数据进行整理分析，深度挖掘大数据背后的商业信息，了解不同人群的商品追求方式、消费偏好，准确把握消费者需求和市场动向，帮助小米更好地研发下一代产品。小米对基于大数据平台收集的数据资源进行深度分析，运用扩大客户群、增加交互频次两种举措，把低频变高频，将店铺设在核心商业圈，并采取"爆品战略"快速实现客流量的爆发。

三、大数据时代下供应链需求预测的方法

大数据与智能算法是"天生的一对"。与第一节中的传统需求预测方法不同，大数据需求预测大量使用了神经网络等智能算法。这些算法不仅能够改善传统的需求预测精度，还能克服传统的预测模型在面对数据不确定、波动大的情况下无法迅速准确地预测相应市场需求的缺陷。以下介绍几种常用的基于大数据的供应链需求预测方法。

（一）梯度增强回归树

梯度增强回归树（Gradient Boosting Regression Tree，GBRT）是集成学习 Boosting 家族的成员，该算法将多个简单模型组合成一个复合模型来实现对复杂问题的预测。在 GBRT 中，每个模型都可称为一棵树（也称为学习器），通过连续的方法来构建回归树，每棵树都会完成对前一棵树的优化，因此整个模型会变得越来越强大。一般默认 GBRT 主要采用强预剪枝的方法来进行优化，而非采用随机化的方式。GBRT 一般使用深度较小的树，因此占用内存小并且进行预测速度更快。

GBRT 是一种迭代的回归树算法，其主要观点是合并简单模型，每棵树只能对部分数据进行预测，所有树预测的结论汇总起来就可以得到最后的预测结果。因此合并的树越多，就越能提高需求预测能力。

GBRT 的主要优点有以下几个方面。

（1）可以灵活处理各种类型的数据，包括连续值和离散值。

（2）在相对少的调参时间下，预测的准确率也比较高。

（3）使用一些健壮的损失函数，对异常值的鲁棒性比较高。

但 **GBRT 也存在缺点**，由于简单模型间存在依赖关系，难以并行训练数据，需要对参数做出比较仔细的调整。

GBRT 的具体步骤如下。

（1）模型通过对样本数据进行训练生成第一棵决策树。

（2）通过第一棵决策树来计算每个样本数据之间的误差。

（3）通过误差绝对值的大小，对每个样本数据的权重重新赋值，规则为：误差绝对值越大的样本数据其权重值也越大。

（4）通过对在复制的样本数据重新用生成第一棵决策树的方式训练，再次生成新的决策树。

（5）将前后生成的决策树通过线性组合的方式来进行样本数据的测试。

（6）利用生成的新的线性模型对样本数据重新预测，同样计算出误差值。

（7）再次根据误差绝对值的大小对样本数据的权重进行赋值，重复上述（1）～（6）的操作，不断进行迭代更新。

> ### 阅读小贴士
>
> #### GBRT 在电子商务网站品牌推荐中的应用
>
> 在电子商务网站推荐系统中，互联网信息过载会造成难以准确定位消费者需求的问题。为了解决上述问题，可以通过深入挖掘网站中的客户行为数据，抽取出能够辨别客户购买行为的多个特征，然后基于这些特征融入 GBRT 进行客户购买行为的需求预测研究，根据客户前三个月的行为数据，预测第四个月的购买行为。根据实践情况，GBRT 算法比其他传统算法能更有效地预测客户的需求变化，从而提升品牌推荐的精度。

（二）支持向量机回归模型

支持向量机（Support Vector Machine，SVM）是一种二元分类的监督学习方法，是由 Corinna Cortes 和 Vapnik 等人首先提出的。SVM 近似实现了结构风险的最小化，在统计学习理论的 VC 维理论和结构风险最小原理的基础上构建数学模型，通过有限的样本信息在模型的复杂性（即对特定训练样本的学习精度）和泛化能力（即无错误地识别任意样本的能力）之间寻求最佳平衡状态。SVM 在解决非线性问题以及高维模式识别上存在明显优势，同时还能兼容其他机器学习算法，这使得 SVM 可以在非常高维的空间中构造出分类规则，改善了分类算法的自适应性和精度。

> ### 阅读小贴士
>
> #### SVM 算法的核心思想
>
> SVM 算法的核心思想是通过已经定义好的非线性映射，将输入向量映射到一个能实现最优分类超平面构造的高维特征空间，使得二元分类的分离值界限达到最大。从定义方面看，支持向量是那些离最优分类超平面最近的数据点的集合，因此，支持向量决定了最优分类超平面的位置。如果有新的样本数据进来，首先通过非线性映射判断该数据属于正例样本还是反例样本，处在超平面的哪一侧，进而判断该数据的类别。
>
> 对数据进行分类和回归是目前 SVM 最为常见的应用。如果没有 SVM 的分类原理，那么 SVM 回归原理也就不复存在。也就是说，SVM 回归原理是在分类思想的基础上演变而来的。SVM 的基本模型是定义在特征空间上的间隔最大的线性分类器，简单模型是复杂模型的基础，也是复杂模型的特殊情况。当非线性的数据在进行训练时，SVM 可通过核函数建立非线性 SVM 的回归模型。

SVM 回归模型的数学表达如下：

$$\min \frac{1}{2}\|\boldsymbol{\omega}\|^2 + C\sum_{i=1}^{n}\left(\zeta_i + \zeta_i^*\right)$$

$$\text{s. t.} \begin{cases} y_i - (\boldsymbol{\omega}^{\mathrm{T}}\boldsymbol{x}_i + b) < \varepsilon + \zeta_i \\ (\boldsymbol{\omega}^{\mathrm{T}}\boldsymbol{x}_i + b) - y_i < \varepsilon + \zeta_i^* \\ \zeta_i, \zeta_i^* > 0 \end{cases}$$

式中，C 是 SVM 模型的正则化参数，用于平衡间隔的最大化和训练误差的最小化；权重向量 $\boldsymbol{\omega}$

用于表示超平面（决策边界）的法向量，决定了决策边界的方向；偏置项 b 衡量超平面与原点的距离，决定了决策边界的位置。ω 和 b 共同定义了 SVM 模型的决策函数。

通过上述公式可知，SVM 模型的主要思想是基于定义好的 ε，通过样本数据的训练，保证样本真实值与预测值之间的残差绝对值不超过 ε，一旦有预测残差绝对值大于 ε，则目标函数中需要引入惩罚项因子 C。

SVM 模型可以进一步分为 SVM 需求预测模型、基于遗传算法的 SVM 需求预测模型、多变量 SVM 需求预测模型、BP 神经网络算法等。这些模型在金融、物流、旅游等领域中被大量使用，Python 提供了丰富的工具包。如果读者对 SVM 感兴趣，请自行阅读相关的文献和著作。

（三）其他大数据需求预测模型

本部分仅简单介绍几种其他大数据需求预测方法及其适用场景，具体的算法实现请读者自行参阅相关的技术论文或专著。

1. 社交媒体数据分析法

社交媒体数据分析法通过收集社交媒体数据和其他在线平台上的数据，如消费者评论、评分、喜欢数等，基于这些数据进行情感分析、话题挖掘和消费者行为分析，识别潜在的需求变化和市场趋势，并将分析结果与供应链需求预测模型结合，提高预测精度。该方法适用于消费品行业，尤其是具有广泛社交媒体参与的产品。通过对消费者的言论和反馈进行分析，可以更好地理解市场需求和消费者偏好。

2. 网络搜索数据分析法

网络搜索数据分析法利用谷歌搜索、百度指数等大规模互联网搜索数据，分析消费者对某个产品或服务的兴趣和需求趋势，利用数据处理和挖掘技术生成相关的关键词、热点话题等，并将其与供应链需求预测模型相结合，提供实时的需求信号。该方法适用于需要及时了解市场需求变化的行业，例如时尚、电子产品行业等。通过实时监测搜索数据，可以捕捉到新兴趋势和市场需求的演变。

3. 物联网数据分析法

物联网络数据分析法主要通过物联网设备收集传感器数据和设备状态数据，如温度、湿度、库存水平等。利用大数据技术进行数据整合、清洗和分析，识别出与需求相关的关键指标，并将其与供应链需求预测模型结合，提供更准确的需求预测。该方法适用于需要捕捉实时环境变化和与供应链需求相关的数据的行业，如冷链物流、零售等。通过物联网设备收集的数据可以提供更准确的需求信号和指标，从而提升供应链需求预测的准确性。随着大数据分析技术的日趋成熟，其在供应链需求预测中的应用会更加广泛，并将发挥越来越重要的作用。

本 章 小 结

需求预测对供应链的运作来说具有非常重要的地位，因为对于供应链管理者而言，预先知道市场的真实需求是一件非常有意义的事情。首先，本章从需求预测的特点出发，详细介绍了需求预测的作用和特点，同时也介绍了需求预测的方法选择依据；其次，本章介绍了一些常用的需求预测方法，并介绍了它们各自的应用情境，当然管理者需要注意不能将所有希望寄托于预测模型，预测的本质在于缓解决策的盲目性而非代替人的决策；再次，本章详细介绍了供应链中的 CPFR 策略，该策略被许多供应链的实践证明能够有效改善需求预测的精度；最后，本章简单介绍了大数据分析模型在供应链需求预测中的应用。

思考与练习

1. 需求预测对供应链运作具有重要的作用，但预测通常会出错，2018 年阿迪达斯的预测失误曾造成了严重的业绩下滑。请思考需求预测的本质是什么？供应链管理者应该如何选择适合的预测模型？

2. 某汽车 4S 店 2013 年—2022 年的汽车年销售量数据如表 9-4 所示。请根据最近三年的销售情况，分别用简单移动平均法、加权移动平均法、指数平滑法和趋势调整后的指数平滑法预测 2023 年该 4S 店汽车销售量是多少？其中权重赋值 w 为 0.2、0.3、0.5，移动加权系数 $\alpha = 0.6$，趋势平滑系数 $\beta = 0.5$，同时请你尝试用不同的参数对该题进行分析。

表 9-4　某汽车 4S 店 2013 年—2022 年的汽车年销售量数据　　　　（单位：辆）

时间	需求	时间	需求
2013 年	300	2018 年	400
2014 年	360	2019 年	430
2015 年	420	2020 年	480
2016 年	490	2021 年	580
2017 年	510	2022 年	600

3. 根据历史销售数据（见表 9-5），冰激凌的销售量与气温有非常明显的相关系数，请用一元线性回归模型预测当气温为 35.5℃时的冰激凌销售量是多少？并请分析该预测模型的 MSE 预测误差是多少？

表 9-5　冰激凌销售量与气温之间的关系

气温 x/℃	冰激凌销售量 Y/盒
35	100
36	122
37	146
38	92
39	80

4. 根据历史销售数据（见表 9-6），冰激凌的销售量除了与温度有关，还与空气的湿度有很大的关系。请用二元线性回归模型预测气温为 35.5℃、湿度为 60%时的冰激凌销售量是多少？并请分析该预测模型的 MSE 预测误差是多少？并请分析该预测模型的 RSFE 预测误差是多少？

表 9-6　冰激凌销售量与气温湿度之间的关系

气温 x/℃	湿度（%）	冰激凌销售量 Y/盒
35	50%	100
36	62%	122
37	75%	146
38	60%	92
39	55%	80

5. 请寻找更多其他的 CPFR 实践案例，试分析这些案例成功和失败的原因。

6. 在大数据时代，企业应如何提高需求预测的准确性？请结合案例谈谈你对该问题的理解。

7. 运用大数据进行供应链需求预测的方法有哪些？这些方法适用于什么情境下的需求预测？

 本章案例

生鲜巨头 Moy Park 需求预测进化历程

一、背景介绍

在以食品为代表的终端消费者购买频次较高的行业中，因通胀而导致的需求萎缩往往会先于其他领域"浮出水面"，这就使得企业在进行需求预测时前瞻性不足，导致供应链扰动和不稳定，可能引发货物供应、库存管理的问题，进而影响企业的订单及交付能力。同时，这会增加采购成本、生产等待时间长和运输风险，降低供应链的效率和利润。成立于 1943 年的 Moy Park 是全球最大的家禽和红肉产品生产商之一，也是在高波动性与不确定性危机之中，通过改善需求计划实现自身业务健康增长的成功代表。

二、必须做好需求预测

需求计划是一件非常难做好，但非常有必要做好的事情。对于 Moy Park 而言，这不仅是市场愈发混沌下的行业共识，也是关乎企业自身能否实现健康的长期发展的核心问题之一。

成立 80 年来，Moy Park 从最初的一家位于北爱尔兰的小型禽类产品公司成长为拥有 1 万多名员工、12 个生产基地、单日生鸡产量近 90 万只的行业巨头。同时，Moy Park 建立了完整且规模庞大的鸡肉供应链，仅位于英格兰中部的三个分销中心每周的产品运输量就达 100 万箱以上。

作为一家以生鲜鸡肉、即食鸡肉和炸鸡产品为业务主体的公司，Moy Park 采用纵向整合模式，将包括蛋鸡饲养培育、鸡蛋孵化、肉鸡养殖、宰杀加工、物流运输等环节在内的整个流程牢牢掌握在自己手中。这令 Moy Park 在产品生产过程中能够有效降低成本，并相对容易地建立较为严格的质量控制体系，为业务规模和利润增长提供了源源不断的动力。

但纵向整合模式也对 Moy Park 所采用的 S&OP 流程提出了非常高的要求。在该模式下，企业如果不能在需求、供应、财务及其他利益相关方中间找到切实可行并被组织内广泛认可的计划流程，就难免会陷入运营风险增加、组织内协调复杂、供应链弹性表现下降之类的困境，影响业务发展。

此外，在庞大的业务体量与生鲜产品保质期短的共同影响下，Moy Park 给予了需求预测最高程度的重视，长期且持续地对产品进行日度预测的工作。而随着业务版图的不断扩张，需求预测给相关团队乃至整个企业带来的工作压力也在不断加码。

Moy Park 意识到，改进管理流程、引入更好的 S&OP 流程已经成为"必须"，只有这样才能在被烦琐且巨量的工作压垮前，找到需求预测这道难题的正确解法。同时，如果流程改进所带来的高效需求预测能够与销售数据结合起来，将为公司决策提供非常可靠的参考。

三、数据驱动下的需求计划变革

基于以上思考，Moy Park 决定与 FuturMaster 携手推进需求计划变革，实现以数据驱动理念为基础的标准化流程与高效协作方式，将更准确的需求计划同步到组织内各相关团队，使需求计划真正成为业务讨论的重要标尺。

2013 年 3 月，Moy Park 部署 FuturMaster 需求计划和高级促销管理模块，并启用 FuturMaster 需求计划解决方案覆盖其在英国、爱尔兰等地的生鲜鸡肉产品业务。

在 FuturMaster 系统中进行内外部数据的收集、整合并清洗，打通了供应链团队与研发、商业、财务等利益相关团队协作的信息路径，使计划员能够在产品层级上以覆盖整个 S&OP 流程的全局视野，做出得到不同于业务部门一致认可的需求预测。得益于 FuturMaster 系统突出的大数据、AI 等智能化技术能力，Moy Park 需求计划团队的工作效率显著提升——"在我的团队中，三名计划员使用 FuturMaster 系统就可以负责 70 个零售客户、共 1000 余种在售产品的需求预测工作。"Moy Park 需求计划主管 Stephen Baker 介绍道。

依托对企业业务及其供应链现状的深度分析，FuturMaster 支持根据企业实际需要灵活地调整方案和系统配置，这帮助 Moy Park 在合作期间多次通过敏捷应对，将气候异常、英国脱欧、新冠疫情等意外情况对业务的影响降至最低。

四、改善需求计划的收获与展望

目前，Moy Park 的需求计划工作已然获得了巨大改善，预测准确率从最初的 69% 提升到了 2019 年的 82%，并仍有进一步改善的趋势。此外，尽管家禽供应链的特殊性使得市场环境波动对 Moy Park 的冲击程度更大，但其预测偏差依然取得了从 6.2% 下降到 1.5% 的亮眼成绩。

谈及需求计划改善项目的收获时，Stephen Baker 表示："在与 FuturMaster 合作的 10 年中，Moy Park 对需求计划及供应链系统的认识和期望不断成熟，除了在流程、效率上有直观的改善，我们还将标准化流程、不断完善流程以适应现状，在协作中使用实时数据、积极利用合适的先进技术等理念确立为整个企业的共识。"

未来，Moy Park 计划将 FuturMaster 系统升级至新一代的 FuturMaster Bloom 版本，继续与 FuturMaster 携手打造最佳需求计划乃至供应链整体变革项目。

依托具备更强大的机器学习能力的 FuturMaster Bloom，一方面可以进一步减少数据清洗、识别异常值方面所需的时间，使计划团队能够将更多的精力投入到高附加值的工作任务上；另一方面可以通过产品细分和对 BEST FIT 模型的使用，更好地保障预测流程与企业当前情况及市场环境相契合，持续推动 Moy Park 业务良性增长。

（资料来源：见参考文献 [71]，经编者修改整理。）

案例思考：

1. 联系本案例，谈谈你对数据驱动需求预测的认识。

2. Moy Park 的需求预测准确率从 69% 提升到 82%，你认为最重要的环节是什么？请给出你的理由。

3. 通过对 Moy Park 的需求预测学习，你认为在大数据背景下企业如何才能提升需求预测的准确率？

第十章
供应链的库存管理模型

本章引言

　　库存是一个让供应链管理者头疼的东西。从 20 世纪 50 年代开始至今，生产运作管理领域对库存控制和优化进行了长达 70 多年的研究，但全球库存管理仍然存在很多问题。一项调研显示：我国中小企业平均

第十章配套课件视频

存货资金占流动资产总额约为 40%~50%，流动性枯竭造成的破产率高达 68%。2020 年暴发的新冠疫情更是对全球供应链库存管理造成了巨大的冲击，去库存和供应不足交替出现，经常出现在各类媒体报道中。库存管理不是一个简单的决策过程，需要对其建模和精密计算，因此掌握一些数学模型有助于改善库存管理绩效。除了数学模型之外，还需要深入了解一些常见的库存管理模式，这将有助于管理者深入思考、设计适合自身供应链的库存管理模式。

学习目标

- 理解库存的作用和危害性
- 理解实施库存管理要考虑的因素
- 掌握 EOQ 模型、报童模型及其变种模型
- 理解如何用安全库存应对不确定性
- 了解主要的库存管理模型

第一节　供应链库存管理理论

一、库存管理的基本知识

　　库存管理几乎贯穿企业经营管理的各个环节，从需求预测开始到采购、生产计划、产品销售和售后服务……**库存就像一把双刃剑**：库存过多会造成产品积压，轻则减少利润，重则造成资金周转困难；库存过少同样会产生麻烦，轻则无法及时满足客户需求、降低服务水平，重则影响企业的声誉、丧失市场份额。**库存是任何一个供应链管理者都必须重视的问题**。

（一）库存的定义

　　关于库存的定义有各种不同的观点。

　　狭义的库存仅指在仓库中处于暂时停滞状态的物资，如存在于仓库中的原材料、零部件和产成品。广义的库存概念则更为广泛，它是指表示用于将来目的、暂时处于闲置状态的资源，除了包括仓库中的原材料、零部件和产成品外，生产线上的半成品以及运输途中的物品均属于库存。

根据中华人民共和国国家标准，本书将**库存定义为：作为今后按预定的目的使用而处于闲置或非生产状态的物品。**

如果将思维发散，人们甚至可以认为货币是银行的库存、人力资源是咨询公司的库存……

> 📓 **阅读小贴士**
>
> **库存的不同解释**
>
> （1）库存是指企业在生产经营过程中为了现在和将来的耗用或者销售而储备的资源，包括原材料、材料、燃料、低值易耗品、在产品、半成品、产成品等。
>
> （2）库存是指企业用于今后生产、销售或使用的任何需要而持有的所有物料。
>
> （3）库存就是存货，即暂时处于闲置状态的、用于将来目的的资源。
>
> （4）库存不仅仅是可以存储在企业内部，在运输途中的也是库存。
>
> （5）库存还可以附着在信息上，库存和信息可以在空间和时间上进行互换。

（二）库存的分类

《生物进化论》的作者查尔斯·达尔文（Charles Darwin）认为，任何科学的起源都来自对事物的分类。对于库存也是如此，欲对其进行科学的管理，需要将库存按其在企业运营过程中所处状态、来源、库存物品所处状态、库存的目的、客户对库存的需求特性等不同的标准进行分类。本章主要根据库存的目的将其分为以下几大类。

1. 循环库存

循环库存也称经常库存或周期库存，是指企业为满足日常经营需要而建立的库存。

循环库存常见于终端销售和原材料采购环节。例如，终端销售为确保客户响应速度通常会备有库存（这种销售也称为备货销售），当库存量降到一定水平时就会启动订货。循环库存管理是一个周而复始的过程。

2. 安全库存

安全库存是指为了防止不确定因素而准备的缓冲库存。

供应链中的不确定性有很多，如临时性的大批量订货、因某些特殊原因的延迟交货等。安全库存的存在就是为了防范这些不确定性，降低不必要的损失。例如，可口可乐针对同一个区域内的多个经销商建立一个共享的安全库存池。这样做的好处是可口可乐对经销商的订货响应更加迅速。

3. 季节性库存

季节性库存是指为了满足在特定季节出现的特定需要而建立的库存。

例如，夏天是啤酒销售的旺期，但由于生产工艺的问题，啤酒生产商通常会在冬天就建立次年夏季销售的啤酒库存。时令服装的库存亦是季节性库存，经销商通常会备有一定量的当季服装以避免缺货。大米、棉花、水果等农产品上市具有强烈的季节性，冷库等专用设施就是用来收储当季产品并在错季中进行销售的。

4. 投机库存

投机库存是指为从物料价格波动（上涨或下跌）中获利而建立的库存。

例如，在低价时储备一定量的石油以平抑未来石油价格的猛涨；2020年新冠疫情暴发后，熔喷布（口罩生产原料）价格猛涨，不少企业采购了大量熔喷布进行价格投机，甚至仅有一张供货单。

5. 在途库存

在途库存是指正处于运输中以及停放在相邻两个工作地之间或相邻两个组织之间的库存。

这种库存是一种客观存在，而不是有意设置的。在途库存的大小取决于运输时间以及该期间内的平均需求。对于一些易逝品（如食品）和价值快速衰减的产品（如芯片处理器），库存在途时间越长，对供应链的经营绩效越不利。

6. 积压库存

积压库存是指因物品品质变差、没有有效利用的库存，或因没有市场销路而卖不出去的库存。例如，过时的汽车零部件通常会以呆滞品形式存在，当季无法销售出去的服装通常无法卖掉，变质的食品不会有人购买。

> **📒 阅读小贴士**
>
> **库存的一些其他分类**
>
> （1）按库存在企业物流过程中所处状态的不同，可分为原材料库存、在制品库存、维修/维护库存、产成品库存。
>
> （2）按来源可分为外购库存和自制库存。
>
> （3）按库存物品所处状态可分为静态库存和动态库存。
>
> （4）按客户对库存需求特性不同，可以把库存分为独立需求库存和非独立需求库存（也称相关需求库存）。

（三）库存的功能

本质上，库存产生的原因主要是供给和需求的不匹配。在现实的市场中，"供给等于需求"是完全的理想主义，供给和需求或多或少会在时间、空间上存在错配，库存实质上成为解决这种错配的一个"缓冲器"，在供给和需求之间起到调节平衡的作用，如图 10-1 所示。

根据企业持有和维持库存的原因，可以将其总结为"三个平衡"。

1. 平衡客户需求

不确定的客户需求是常态，尤其在面向终端消费者时需求波动更加剧烈。除非按订单生产满足需求，通常企业无法准确预测客户接下来的需求会发生怎样的变化。为降低销售机会流失带来的损失，保持一定水平的库存来调节供需之间的不平衡是必要的，这能保证企业及时响应客户需求，避免或减少由于库存缺货延迟带来的客户流失。

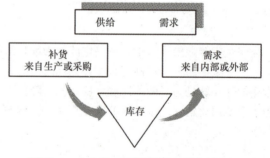

图 10-1　库存起到平衡供给和需求的作用

2. 平衡供应链资源

在许多情况下，供应商物料的质量、数量、成本和交货期都存在较大的不确定性，通过保持一定水平的库存可以降低物料供给不足带来的生产中断，降低频繁订货的成本费用，快速响应客户的订货需求。通过库存可以平衡不同生产速率的制造环节，例如汽车底盘组装速度要慢于车门组装速度，因此加大底盘在制品库存量可以平衡生产节拍。

3. 平衡收益与风险

任何一条供应链都无法做到零库存，因为零库存意味着紧绷而缺乏弹性的供应链一旦面对风险（如自然灾害、恐怖袭击、公共卫生事件等）就极容易断裂，而库存在防止供应链断裂方面可起到重要的缓冲作用。另外，库存并不仅仅产生成本，它还可以成为供应链收益的来源。例如，土地和房子是房地产商的库存，前些年房地产商囤地、囤房的行为能够带来巨大收益，但随着时代的变化，这些行为会带来资金链断裂的风险。

二、库存的两面性

许多管理者感叹："挣的钱全在仓库里！"广东中山沙溪的一家知名休闲服厂商 2020 年销售额超过 3 亿元，但库存也超过 3 亿元；2021 年国内手机生产量超过 16.6 亿部，销售量超过 12.3 亿部，库存积压超过 25%，以 500 元/部的生产成本计算，相当于积压了 2150 亿元资金；2022 年 7 月，国内轿车终端销售量为 175 万辆，但汽车经销商综合库存系数却高达 1.45⊖——说明整车库存有 254 万辆，经销商为此需花费 420 亿~630 亿元的库存管理成本。虽然这些都是负面案例，但任何硬币都有两面，库存也不例外，图 10-2 列示了库存的正反两方面作用。

（一）库存的正面作用

"零库存"几乎是所有企业共同的理想，但即便是沃尔玛这些库存管理非常成功的企业也做不到"零库存"。事实上，库存有其正面作用。

1. 缩短订货周期

企业通过持有一定的库存，可以在接到客户订单后最大限度地缩短响应时间，即缩短从接受订单到送达货物的时间，快速对客户的需求进行响应，从而提高客户服务水平。对于智能手机这类消费电子产品，缩短订货提前期意味着获得更多的市场份额和利润。华为手机的某区域经销商曾估算：如果

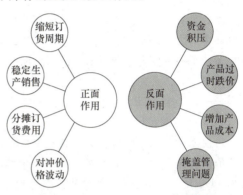

图 10-2　库存的正面作用和负面作用

当季热门机型到货晚一周，其销售利润就会下降 20%，如果晚到一个月，那么基本上就没有利润了。

2. 稳定生产销售

企业是按销售订单与销售预测安排生产计划，制订采购计划，并下达采购订单的。由于采购物品需要一定的提前期，会存在一定的风险，因此增加材料的库存量可以保证生产的计划性、平稳性以及消除或避免销售波动的影响。对于具有极强"生产节拍"的汽车工业而言，如果因原材料缺货造成生产线中断，一分钟的损失可能高达 10 万元。

持有一定数量的库存可以应对销售过程中出现的供应短缺，也可以应付各种剧烈变化，起到应急和缓冲的作用。例如，2018 年发生的一系列事件让华为预料到美国可能实施芯片制裁，华为立即启动了一级采购响应，对一些关键芯片进行了积极储备，确保产品制造和销售的连续性。

3. 分摊订货费用

如果企业每次只对需要的原材料进行采购，这种做法就不会产生库存，但是分摊到每种物料上的成本如运输费用、订货费用等会急剧上升；如果企业每次只采购一批货物，允许一定量库存的存在，那么分摊在每种货物上的成本就会低很多，使企业达到经济订货规模。例如，当商品发生短缺时，物美超市一般不会立即启动订货流程（除非特殊情况），它会先等其他商品的订货需求汇集后再统一向供应商订货，这使物美的运输成本下降了 16.8%。

⊖ 汽车经销商综合库存系数=期末整车库存/当期销售量。该系数越高，说明市场需求越低，库存压力越大，经营压力和风险越大。

4. 对冲价格波动

后疫情时代，石油、铁矿石、粮食等大宗原材料价格波动日益剧烈，这对国内外众多企业的生产成本造成了巨大的压力。通过金融工具实现库存的积累和减少能够有效平抑原材料市场价格波动对企业利润的影响。从这个角度来看，库存反而能够使企业达成"成本领先"的经营战略。例如，2021年新冠疫情造成原材料大幅波动，浙江省物产中大集团不但没有受到影响，反而因为良好的期货对冲获得了很好的收益。

（二）库存的负面作用

许多企业都遭受过库存管理不善带来的严重后果。研究表明，库存有可能在以下几个方面对企业产生巨大的杀伤力。

1. 资金积压

库存是暂时闲置的资源，大量库存意味着企业的巨额资金会被占用，这可能会造成企业资金周转率下降，甚至造成资金链断裂。2020年在全球新冠疫情背景下，我国出口势头强劲，但这也造成了我国家电企业对出口预判出现"偏差"，出现了大量库存积压的情况。佛山照明2021年财报显示，该公司经营现金流量净额为-2.77亿元，库存积压是"拖累"现金流的一个重要原因——2020年—2021年，佛山照明的存货金额从7.36亿元增长到了10.63亿元。

2. 产品过时跌价

价值易逝是时尚服装、消费电子和生鲜食品等产品最大的特点，一旦过了销售季，这些产品的价值将快速下跌。以华为Mate40 8GB+128GB手机为例，该手机于2020年12月21日上市，售价为4999元，一年之后该款手机价格降到了3289元。事实上，产品过时跌价的风险会带来诸多问题。销售商为快速收回成本，往往会对这类产品在发布初期进行高价销售（也称为撇脂定价），但定价过高会引发需求下降，销售商为提升销售量开始降价，消费者降价预期形成后又会进一步观望，迫使销售商进一步降价……这不仅会让销售商遭受损失，甚至会对品牌形象造成不可逆转的破坏。

3. 增加产品成本

持有库存并不是没有成本的，相反，企业为了维护库存需要支付一系列运作管理费用，如仓储费、人工费、水电费、资金利息成本等。如果库存是原材料成本，那么这些成本会以各种方式转移到最终产品之上。如果产品成本上涨并不是由新价值驱动的，那么会对供应链的利润和市场竞争力造成影响。例如，从第六章中列举的不同手机品牌商的成本和净利润中可以窥测为什么苹果公司拥有如此强大的竞争力：利润越高、创新越有保障，市场竞争力越强。

4. 掩盖管理问题

库存的"缓冲"作用很大程度上可以降低管理者对不良运作的敏感性。如计划不周、采购不力、生产不均衡、产品质量不稳定及市场销售不力等，当大量库存存在时，这些管理不到位的问题都会被掩盖。试想一下：如果客户拿着质量有问题的产品要求换货，而此时企业有大量的库存并允许换货，那么管理者可能就不会注意到是什么造成了产品的质量缺陷，也就不会花精力去改进质量管理。如果理解了这一点，就能理解JIT思想不仅可以降低库存，还可以通过精益的运作来不断暴露管理中的各种问题并加以解决。

三、实施库存管理要考虑的因素

降低库存水平确实可以降低运作成本，但会导致服务水平跟不上（无法及时响应客户需求）；反之，保证较高的服务水平却会增加库存成本。因此，平衡供应链成本和服务水平是库存管理的重要工作。

（一）成本

供给和需求经常会在时间和空间上产生矛盾。

需求总是不确定的，而生产和运输产品需要时间，所以供应链中的很多环节不可避免地需要保持一定数量的库存来为客户提供足够的服务。但库存的存在需要企业为之付出一些"代价"：企业必须有资金用于对这些暂时被搁置的资源的管理，包括库存本身的价值、管理库存的费用、保险费、仓库租金等。

根据美国供应链管理协会的调查：在库存上每1美元的投资通常会使持有库存的企业每年产生20~40美分的额外成本。供应链中库存驱动的成本主要包括持有成本、机会成本、贬值、过时、返工、价格保护等。如个人计算机和智能手机行业中的库存每周损失价值的1%~4%，这主要是由贬值而发生的库存成本。生鲜食品的库存跌价风险更高，一旦过了保质期，价值就基本归零了。

对于供应链管理者来说，在进行库存管理的时候需要时刻问自己：企业需要库存吗？能否承受持有库存带来的持有成本？可承受多少缺货成本？能否通过持有库存获得额外利益？只有管理者能够承受这一系列成本支出，才应考虑保持多少库存。至于如何优化库存成本，可以交给优化算法和计算机程序设计来解决。

（二）服务水平

服务水平是衡量客户需要时库存可获得性的指标，最简单的计算方式是计算由库存满足的客户需求的数量占所有总需求数量的比例。例如，当前库存量为100个单位，客户需求量为90个单位，则库存服务水平为90%；如果客户需求量为101个单位，则库存服务水平为100%[⊖]。

较差的服务水平会导致销售机会的丢失，来自宝洁的经验如下：当销售商发生产品缺货时，有29%的概率会失去该产品的销售机会。销售机会丧失可能引发严重的后果。例如，服务水平高低对汽车销售非常重要，如果低服务水平造成客户转向另一个汽车品牌，永久性失去这位客户的概率会高达70%。这是因为客户的驾驶习惯具有很强的品牌黏性，一旦适应某款品牌，后续更换汽车有较大概率再次选择该品牌。此外，低服务水平会造成供应链合作伙伴提出财务惩罚。例如，汽车生产线因为供应商物料停机，主机厂（汽车制造公司）会要求供应商支付罚款，而一分钟的罚款可能高达2万元或5000美元。

> ### 📓 阅读小贴士
>
> #### 服务水平与供应链绩效
>
> 惠普公司喷墨打印机的一次销售机会的丧失，会导致该打印机销售利润的损失、与该打印机有关的后续产品的销售利润的损失（例如墨盒和打印纸等），以及对惠普公司营造品牌忠诚度的能力的影响，而这种品牌忠诚度又会影响对产品未来的需求。
>
> 对于计算机、手机等消费电子产品而言，服务水平的降低意味着无法及时满足客户的订货需求，意味着可能被竞争对手快速淘汰。对于汽车销售而言，服务水平的降低不仅意味着失去汽车的销售机会，更意味着失去整个生命周期内的高价值备件的销售机会。以沃尔沃汽车为例，客户花费在4S店的保养维修成本大约为3000元/年，保险费用为3000元/年，通常一辆汽车的使用期限为15年（30万km）。如果服务水平过低导致客户离开，整个生命周期内的损失就高达9万元。

⊖　根据排队论模型，当服务水平接近100%时，库存的服务质量将急速恶化。

（三）成本和服务水平的有效前沿

企业只有持有一定量的库存才能满足消费者需求的不确定性，从而在合适的时间、合适的地点把合适的商品及时交给消费者，保证一定的服务水平。库存与服务水平之间的关系可以用"有效前沿"来表示。

减少库存会降低供应链运作成本，但同时会降低客户服务水平，由此带来"机会收益"的下降；而增加供应链库存会改进客户服务水平，但库存量增加到一定量后，对改善客户服务水平的作用开始降低，此时供应链成本却开始增加。因此，根据库存和服务水平这两个维度，可以画出一条等成本曲线，企业在这条曲线上选择库存和服务水平对应的运作成本是相同的，这条等成本曲线在经济学中也被称为"有效前沿曲线"，如图10-3所示。

供应链库存的目标一方面是通过减少库存，使一条供应链移动到有效前沿曲线之上，如图10-3所示；另一方面是通过更好的库存策略和供应链设计，将有效前沿曲线向外移动以获得更低的运作成本，同时在相同服务水平下得到更低的供应链库存水平。

来看看戴尔是如何做到在保持高服务水平的情况下减少库存的。首先，戴尔计算机采用直销模式，它从客户处直接获得订单，客户可以通过戴尔网页和技术顾问配置需求，一旦确定则按照客户需求生产，这意味着戴尔计算机采用了拉式供应链。客户订单不断涌入会加大戴尔生产线的

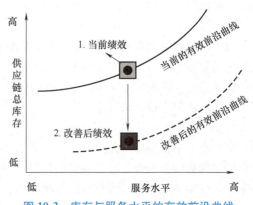

图 10-3　库存与服务水平的有效前沿曲线

波动。为解决该问题，戴尔生产车间调度算法每两个小时运行一次，并且将运行结果（包括预测和库存水平）告知供应商，供应商在戴尔工厂附近的仓库里保持平均5天的库存供应量。相比之下，戴尔的一些竞争者需要持有30天的库存量。

第二节　确定环境下的库存控制模型

一、一个简单的确定性库存控制模型

第一节中提到的循环库存适用于生产和销售都比较稳定的原材料或物品，例如螺钉、螺母等紧固件，可口可乐等需求波动较低的产品。循环库存的主要作用是使企业在不同阶段采购的产品数量适宜，使订购成本和库存持有成本最小化。在数学建模上，循环库存是一种确定性的库存控制模型。

循环库存可由图10-4来描述：库存以固定的速率消耗，当库存降低到订货点时，就需要订货数量 Q 来补充库存。订货通常需要时间（如生产、运输等），因此在相邻的两次订货之间，企业需持有一定的库存来避免缺货，因此该订货点（Re-Ordering Point，ROP）对应的库存量即为循环库存平均水平 I_c⊖。所以订货数量越大，通常订购周期就越长，循环库存量也越大。

循环库存模型是最简单的确定性库存控制模型，其主要目的是确定再订货点 ROP 以及循环

⊖　假设订货时间可以无限细分，那么 ROP=I_c。但是如果订货时间点是周期的（如算例1中的情况），那么 ROP≥I_c，以防止订货期间内出现缺货造成损失。

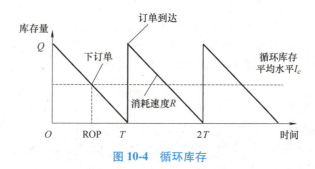

图 10-4　循环库存

库存平均水平。图 10-4 中，每次订购批量 Q 和库存消耗速度 R 均为常量，用以确定 ROP 和循环库存平均水平 I_c。

利用简单的微积分即可求出循环库存平均水平 I_c：

$$I_c T = \int_{t=0}^{T} Rt dt = \frac{1}{2} R T^2 = \frac{1}{2} Q T$$

$$I_c = \frac{Q}{2} \tag{10-1}$$

算例 1：某便利店可口可乐的需求量非常稳定，每天的平均销售量 $R = 200$ 瓶，每次订货的提前期为 3 天。假设便利店每次订货的批量 $Q = 1000$ 瓶，那么可口可乐的再订货点 ROP 和循环库存平均水平 I_c 分别是多少？

解：由式（10-1）可以求出 $I_c = \dfrac{Q}{2} = 500$ 瓶，订货周期 $T = \dfrac{Q}{R} = 5$ 天，可口可乐再订货点 ROP $= \dfrac{I_c}{R} = 2.5$ 天，考虑到订货提前提为 3 天，则实际情况中的订货点为 $\max\{2.5,\ 3\} = 3$ 天。因此修正 $I_c = 3 \times 200 = 600$ 瓶，对应循环库存的周转时间为（600/200）天 $= 3$ 天。

在每个销售周期内均多库存 600 瓶可口可乐，而这些可口可乐占用的销售时间为 3 天。由此可以看出：循环库存越大，订货和销售之间的时间间隔也越长，占用的流动资金也就越大。

这个循环库存模型最大的优势是简单：当消耗速率 R 是常数时，在订货点 ROP 等于最高库存水平的 1/2，即 $Q/2$。

然而这个简单的循环库存模型在实际中并不实用，它至少有以下三个缺陷。

（1）该模型假设每次订货批量 Q 是固定的，但 Q 会因采购价格变动而发生变化。例如，即便炼化厂每天消耗石油库存的速度是一定的，国际原油价格波动也会改变 Q 值，理由非常简单，如果原油价格很低，多囤一点对企业是有好处的。

（2）除非销售或生产计划很明确，否则消耗速度 R 通常并不是一个常数。如果 R 是时间 t 的函数，那么利用前述的积分求出的 I_c 值是不同的。例如，假设 $R(t) = Vt$，那么 $I_c = Q/3$。

（3）该模型没有考虑库存的维持成本，例如消费电子类产品和生鲜食品的折价通常很大，这会严重影响订货批量 Q，Q 又会影响订货成本。例如，如果每次订货批量 Q 很大，则运输效率会提升、相应的成本也会降低；反之，如果 Q 很小，运输成本会增加。

二、经济订货批量模型：EOQ 模型

为弥补循环库存模型的缺陷，本部分将介绍一种经典的库存控制模型：经济订货批量（Economic Order Quantity，EOQ）模型。

（一）简单的经济订货批量模型

EOQ 模型最早在 1915 年由哈里斯（F. W. Harris）提出，用于分析银行货币储备的库存费用。1934 年威尔逊（R. H. Wilson）将其引入库存控制模型。一个简单的经济订货批量模型如图 10-5 所示。

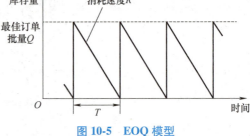

图 10-5　EOQ 模型

EOQ 模型为推导方便，做如下假设。

（1）库存的消耗速度是一个常量 R。

（2）订货的提前期为 0，也就是订单交付是立即完成的。

（3）不允许出现缺货，也就是所有的订单都能得到 100% 满足。

（4）只有一种库存物品，且库存物品之间不会相互影响。

（5）不考虑每次订货的可变成本，即有足够的现金支付每次的订单。

根据上述假设，可以推导当存在订货成本为 C 时，最佳订货批量 Q 是如何被确定的。

继续假设：企业每年消耗某货物的数量为 D，货物单价为 P，每单位货物的年库存持有费率为 h，则单位货物的每年库存持有成本 $H = Ph$。每次订货批量为 Q，每年订货次数为 D/Q；由图 10-5 可知，每年的平均库存量为 $Q/2$⊖；每次订货的费用为 C。

那么一年的订货成本为：

$$T_1 = \frac{D}{Q}C$$

一年的库存持有成本为：

$$T_2 = H\frac{Q}{2} = Ph\frac{Q}{2}$$

则一年的库存总成本为：

$$TC = T_1 + T_2 = \frac{DC}{Q} + H\frac{Q}{2}$$

模型的目标是求出最优的 Q^* 值使库存成本最小。根据微积分的求导法则，可以求得 TC 关于 Q 的一阶导数和二阶导数，即

$$\frac{\partial TC}{\partial Q} = -\frac{DC}{Q^2} + \frac{H}{2}$$

$$\frac{\partial^2 TC}{\partial Q^2} = \frac{2DC}{Q^3}$$

由于二阶导数为非负，则 TC 是 Q 的凸函数。根据凸规划定理：存在最优 Q^* 值使年库存总成本 TC 最小，并且 Q^* 值为一阶导数为零时的解，即

$$Q^* = \sqrt{\frac{2DC}{H}} = \sqrt{\frac{2DC}{Ph}} \tag{10-2}$$

由此，可以求得最优的订货时间间隔 T^*，即

$$T^* = \frac{D}{Q^*} = \sqrt{\frac{DH}{2C}}$$

⊖ 可参考算例 1 的求解方式。注意：如果库存消耗速率不是常数，每年的平均库存量并不等于 $Q/2$，需要利用算例 1 中的积分公式进行重新求解。

算例 2： 某公司每年对某产品的需求量 $D = 5000$ 个，每次的订货费用 $C = 20$ 元，每个单位的产品所产生的利息费用和存储成本费 $H = 5$ 元，试求经济订货批量、年订货次数、年订货费用以及年库存持有成本。

解： 套用式（10-2）可得：

$$Q^* = \sqrt{\frac{2DC}{H}} = \sqrt{\frac{2 \times 5000 \times 20}{5}} \text{个} = 200 \text{个}$$

年订货次数为：

$$N = \frac{D}{Q^*} = \frac{5000}{200} \text{次} = 25 \text{次}$$

相应地，年订货成本 $= CN = 500$ 元；年库存维持费用 $= Q^* H / 2 = 500$ 元。可以发现，订货成本 = 库存成本。由图 10-6 的库存成本曲线可知，当库存总成本曲线和订货成本曲线相交时库存总成本最小，订单批量 Q^* 为最优 EOQ。

（二）非即刻补货的 EOQ 模型

前面的 EOQ 模型假设订货是瞬间交付的，但实际情况是：供应商的生产需要时间，运输装卸也需要时间，这些会造成货物入库的延迟。

图 10-7 是一个典型的非即刻补货的 EOQ 模型，零售商单位时间消耗量为 P_2，供应商单位时间补货量为 P_1（$P_1 > P_2$）。在该模型中，库存不是立即到货而是逐渐补充的，其他假设条件与前面的 EOQ 模型相同。

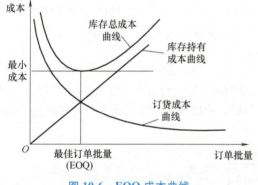

图 10-6　EOQ 成本曲线

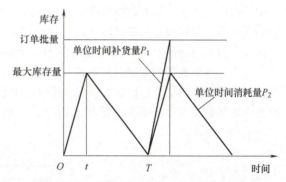

图 10-7　典型的非即刻补货的 EOQ 模型

假设在时间 t 内零售商的进货批量为 Q，C 表示储存单位货物在单位时间内所用的保管费，C_0 表示每次的订货成本。在一个订货周期 T 内：

$$P_1 t = Q = P_2 T \Rightarrow t = \frac{P_2 T}{P_1}$$

一个订货周期 T 内的存货量为：

$$\frac{1}{2}(P_1 - P_2) t T = \frac{(P_1 - P_2) P_2 T^2}{2 P_1}$$

单位时间内的总费用为：

$$TC(Q) = \frac{C(P_1 - P_2) P_2 T}{2 P_1} + \frac{C_0}{T} = \frac{C(P_1 - P_2) Q}{2 P_1} + \frac{C_0 P_2}{Q}$$

$TC(Q)$ 对 Q 的二阶导数非负，说明 $TC(Q)$ 为凸函数，最小值为 $TC(Q)$ 对 Q 的一阶导数等于零的解，即

$$Q^{*} = \sqrt{\frac{2C_0 P_1 P_2}{C(P_1-P_2)}} \tag{10-3}$$

算例3： 某手机销售商每月需要 500 部手机，而手机生产商的生产速度为每月 1000 部手机。销售商每次的订货费用为 160 元，每月每部手机所产生的存储成本为 2 元，试求零售商的最佳经济订货批量。

解： 由题意可知，每次的订货费用 $C_0 = 160$ 元，单位时间补货量 $P_1 = 1000$ 部/月，单位时间出货量 $P_2 = 500$ 部/月，单位时间内每部手机的存储费用 $C = 2$ 元，根据式（10-3），最佳经济订货批量为：

$$Q^{*} = \sqrt{\frac{2C_0 P_1 P_2}{C(P_1-P_2)}} = \sqrt{\frac{2 \times 160 \times 1000 \times 500}{2 \times (1000-500)}} \text{部} = 400 \text{ 部}$$

订货周期为：

$$T = \frac{Q^{*}}{P_2} = \frac{400}{500} \text{月} = 0.8 \text{ 月}$$

第三节　不确定环境下的库存控制模型

一、如何用安全库存应对不确定性

一方面，市场需求是不确定的，不仅存在日常波动，也存在突发事件引起的剧烈波动；另一方面，供应链内部充斥着各种不确定性，例如生产、运输、包装等环节发生的问题造成到货期的提前或延迟。尽管对于大多供应链而言，提前到货通常不会有太大麻烦（也许仅需支付一些库存保管费用），但到货延迟则会引起缺货这个大麻烦。

缺货对企业的影响主要表现在两个方面： 一是失去销售机会造成损失，没有赢得应有的利润；二是对商家的信誉造成潜在损失，随着缺货数量的增加，客户对商家的信任会逐渐降低，客户光顾的次数也会逐渐减少。图 10-8 给出了一个逻辑图，用以示意产品出现缺货时客户可能做出的两种选择。

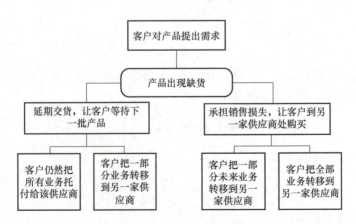

图 10-8　产品出现缺货时客户的两种选择

为了应对环境中的各种不确定，很多企业都设置了安全库存。

安全库存是指为了应付需求、生产周期或者供应周期等可能发生的意外情况而设置的一定

量库存，是由于不能准确预测客户的需求量而持有的库存。

安全库存与工作库存、再订货水平的关系如图 10-9 所示。

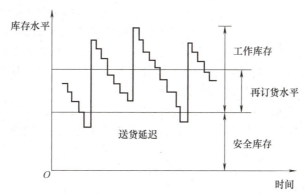

图 10-9　安全库存与其他库存之间的关系

设置安全库存通常有以下两种方法。

（1）比正常订货时间提前一段时间订货，或在交货期限前提前一段时间开始生产。

（2）每次的订货量大于在两次订货间期内客户的需求量，订货量多出的部分就是安全库存。

安全库存水平（即数量）不仅受需求与补货不确定性的影响，还受企业希望达到的客户服务水平的影响。例如，下游客户要求快速响应，那么安全库存就要设置更高的水平。因此，在设置安全库存时，企业需要注意各方面的平衡。

安全库存并不是只有好处，对企业的经营绩效也会造成负面影响。当今产品的多样性增加，产品生命周期不断缩短，今天的畅销产品明天可能就过时了。尽管过多的安全库存提高了企业的客户服务水平，但也可能成为损害企业财务绩效的"杀手"。前述库存灾难的案例大多是因为需求预测不准确引发了安全库存水平大幅上升，安全库存逐渐转为积压库存。因此，对于任何供应链而言，如何在避免缺货的情况下大幅降低安全库存水平是非常重要的内容。

📋 **阅读小贴士**

降低安全库存水平的重要性

受 2017 年制冷设备供不应求局面的刺激，许多空调企业进行了狂热的产能扩张，然而 2018 年的需求萎缩使得空调市场的供需矛盾急剧激化，不断堆高的巨量库存（高达 5000 万台）引发了空调价格战。

由于库存过多，G 公司只能通过双十一"百亿大让利"等活动减少库存，导致其净利润自 2015 年以来首次出现同比下降，直到 2022 年上半年才将库存清理完毕。但这并不是最终的结果，G 公司空调降价去库存的行为让竞争对手抓住了机会。M 公司针对 G 公司启动了"保鲜行动"，明确提出"空调要保鲜、拒绝老库存"，公开向客户承诺"不销售生产日期超过半年甚至一年"的空调产品，并呼吁更多的空调行业参与进来坚决抵制库存产品的销售。H 公司也提醒消费者，选购空调时要"认准生产日期，拒绝库存机"，宣传海报中更是暗示 G 公司是只为了淘汰 6~7 年的老产品。

二、经典的不确定性库存控制模型——报童模型

大量不确定环境下的库存控制都可以用报童模型来描述和进行数学建模。报童模型在供应

链实践和理论研究中占据的地位极为重要，读者需要对其提高重视。

（一）不考虑订货周期的报童模型

报童模型的原型用于进行如下决策：卖报的孩童每天应该向报社采购多少份报纸是合理的。在采购之前，报童面临着一个问题：他必须在每天的客户需求未知的情况下，判断需要从报社采购的报纸数量。一方面，如果报童买了太多报纸，那么在每天工作结束的时候，未售出的报纸会给他带来损失；另一方面，如果他购买的报纸数量太少，客户需求没有满足，不利于销售额的增加。因此，报童模型的实质是在损失和收益之间进行平衡。

假设报童决策采购报纸的数量为 Q，根据以往经验，客户每天对报纸的需求服从分布函数 $F(x)$，其对应的概率密度函数为 $f(x)$ [⊖]，每份报纸的零售价为 a，采购价为 b，退回报社的价格为 c，很显然 $a>b>c$。售出一份报纸赚 $s=a-b$，退回一份报纸赔 $h=b-c$（h 又称为库存持有成本）。假设真实的报纸需求为 D，那么对于报童而言：

（1）如果 $Q>D$，则将产生的库存持有成本，为 $h\max(0, Q-D)$。

（2）如果 $Q<D$，则会产生缺货成本，为 $s\max(0, D-Q)$。

因此，报童面临的总成本函数 $C(Q)$ 为：

$$C(Q) = h\max(0, Q-D) + s\max(0, D-Q)$$

相应的期望成本函数为：

$$E[C(Q)] = h\int_0^Q (Q-x)f(x)\,\mathrm{d}x + s\int_Q^\infty (x-Q)f(x)\,\mathrm{d}x$$

$E[C(Q)]$ 关于 Q 的一阶和二阶导数为：

$$\frac{\partial E}{\partial Q} = h\int_0^Q f(x)\,\mathrm{d}x - s\int_Q^\infty f(x)\,\mathrm{d}x = hF(Q) - s[1-F(Q)]$$

$$\frac{\partial^2 E}{\partial Q^2} = hf(Q) + sf(Q)$$

根据凸规划理论，可知期望成本函数 $E[C(Q)]$ 是关于 Q 的凸函数，因此存在最优 Q^* 使得报童的总成本最小。Q^* 值为一阶导数为零的解，同时这是一个最优解析解：

$$Q^* = F^{-1}\left(\frac{s}{h+s}\right) \tag{10-4}$$

式中，$F^{-1}(\cdot)$ 为需求分布函数的反函数。

假设报童的客户需求服从正态分布函数 [⊖]：

$$F(x) = \frac{1}{\sqrt{2\pi}\sigma}\exp\left[-\frac{(x-\mu)^2}{2\sigma^2}\right], \quad -\infty < x < +\infty$$

式中，μ 为均值；σ 为标准差；$F(x)$ 是关于 μ 对称的钟形曲线，如图 10-10 所示。

根据统计学中的显著性水平，$\left(1-\dfrac{s}{h+s}\right)$ 对应的就是报童在最优订货水平 Q^* 下的缺货概率。

如果定义库存的服务水平是库存满足需求的概率，那么 $F(Q^*)=\dfrac{s}{h+s}$ 就是最佳的库存服务水平，过高和过低的报纸采购量都会影响报童的盈利水平。

由图 10-10 可以看出，报童每日采购的报纸数量为：报纸日平均需求量+安全库存量。利用

⊖ 关于随机变量的概率密度函数和分布函数可以查阅概率与统计的相关书籍。例如，苏本堂，张军本. 概率论与数理统计［M］. 北京：人民邮电出版社，2017.

⊖ 统计学家研究发现，自然界中存在的很多现象都呈现正态分布的特性。当然，真实的客户需求可能会有其他分布，例如均匀分布、Pearson 分布、Gamma 分布、卡方分布、韦布尔分布等。

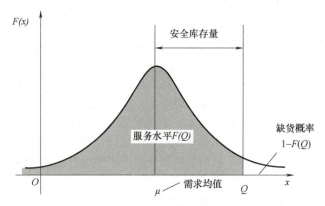

图 10-10 正态分布曲线与服务水平

正态逼近方法，报童每日的最优订货量可以表示为：

$$Q^* = \mu + z_\alpha \sigma \tag{10-5}$$

式中，z_α 为服务水平 α 下的服务水平系数；$SS = z_\alpha \sigma$ 为安全库存量。z_α 可以通过本书的附录 A 查表得到[注]。

算例 4： 假设报童每日面临的市场需求均值为 100 份，标准差为 10 份，每份报纸的进价为 0.3 元，售价为 0.7 元，退货价为 0.1 元，则 $h = (0.3 - 0.1)$ 元 = 0.2 元，$s = (0.7 - 0.3)$ 元 = 0.4 元，则 $s/(s+h) = 0.667$，通过查标准正态分布表可知 0.667 对应的 $z_\alpha = 0.43$，即可得到报童最优的报纸订购量为：

$$Q^* = \mu + z_\alpha \sigma = (100 + 0.43 \times 10) \text{ 份} \approx 104 \text{ 份}$$

同时可以求得报童在该订货量下可以满足 66.7% 的客户需求，缺货的概率为 33.3%，安全库存量为 4 份报纸。从本算例来看，上述报童的库存服务水平并不高，为提高服务水平，显然最直接的做法就是增加订货量 Q。但是单纯增加订货量并不是一件好事情，如果按照 95% 的服务水平去订货的话，安全库存量份会上升至 16.5 份（约 17 份）报纸，相比原先的 4 份报纸，安全库存量上涨了 3 倍多。该算例也表明：**如果企业单纯追求高服务水平，那么需要设置很高的安全库存水平，这可能引发高额的库存持有成本，甚至会产生库存过时和跌价风险。**

（二）考虑订货周期的报童模型

前述报童模型的前提假设是报童的订货周期为零，也就是说报社随时可以提供报纸。但实际情况中，企业下达的采购订单不能立即送达，通常需要经过一段时间，而这段时间通常受订货提前期和订货周期的影响，那么式（10-5）中的安全库存量就需要修正。

（1）假设订货提前期为 L，那么安全库存量为：

$$SS = z_\alpha \sigma \sqrt{L} \tag{10-6}$$

（2）假设订货提前期为 L，同时存在一个固定订货周期 T，那么安全库存量为：

$$SS = z_\alpha \sigma \sqrt{L+T} \tag{10-7}$$

（三）服务水平与库存之间的关系

服务水平和库存之间经常发生冲突。一方面，高的客户服务水平需要保有大量的库存，而大量的库存往往会增加供应链库存量；另一方面，为降低成本又要减少库存，这可能导致客户服务水平下降。

⊖ 有关服务水平系数，可以查找本书附录 A "标准正态分布表"。

从算例 4 可以看出，选择适当的客户服务水平在实践中是很重要的。在服务水平较低时，适当增加安全库存就可以显著提高服务水平（即边际效用递增）；而当服务水平到达到一定程度后，增加安全库存量所提高的服务水平有限（即边际效用递减）。从式（10-6）和式（10-7）可以看出：

（1）供应商订货提前期 L 越长，安全库存量就会越高。

（2）订货周期 T 越长，安全库存量就会越高。

上述两个数学结论对库存管理有非常重要的指导意义。例如，汽车主机厂要求配套零部件厂商设置在其生产线附近，要求供应商采用 JIT 供货，目的就是缩短零部件的订货提前期 L。沃尔玛等零售商和供应商之间实施 VMI 采购目的就是缩短零售商的订货周期 T，这也是盒马生鲜加大信息化投入，快速处理客户订单的原因。

至此，读者可以理解为何报童模型在库存管理中如此重要。JIT、VMI 等库存采购和管理模式都是报童模型在现实中的应用。

📖 阅读小贴士

盒马生鲜平衡安全库存与服务水平的方法

2017 年诞生的盒马鲜生是阿里巴巴在新零售模式赛道上的一支"探路军"，是一匹在生鲜零售领域横空出世的"黑马"。生鲜由于不易储存需要尽可能减少库存，但新零售模式对客户服务水平又有极高的要求。盒马鲜生采取互联网大数据、人工智能等一系列信息技术手段优化其供应链响应速度，将门店尽量开设在距离目标客户群体 3~5km 的范围内，其目的就是尽量缩短订货提前期和销售周期。与之带来的对比是：传统生鲜库存损耗高达 20%~30%，而盒马鲜生成功将库存损耗降到了 5% 以下，同时保证了 98.5% 的客户服务水平，在 30min 内实现了 3km 范围全覆盖的配送服务。

三、订货点的确定

在库存控制中，什么时候订货往往比确定订多少货更重要。为了能有效地做好库存控制工作，企业常常使用订货点法来确定订货时间点。订货点也称警戒点，是指订货点库存量。针对订货点的库存管理策略有很多，但常用的有以下四种。

1. (r, Q) 订货策略

该方法又称为固定订货点法。该订货策略预先确定一个订货点 r，对库存进行连续检查，一旦库存降到 r 时即发出订货请求，每次订货量 Q 保持不变，Q 一般取经济订货批量，在经历一个补货提前期后货物补充到位，如图 10-11 所示。一般情况下，订货点 $r=L\mu$，μ 为单位时间内的平均库存需求量，L 为补货提前期。

该方法简单明了，但是需要时刻盘点库存，判断库存水平是否降至 r⊖。此外该方法对应的订货模式过于机械，没有考虑需求不确定的情形，一旦需求发生大的波动将会造成缺货。因此，(r, Q) 订货策略适用于需求量很大、价格便宜、需求波动很大的物料库存。例如，制造企业一般用该策略管理紧固件等需求量大、价格单价较低的零部件和原材料，因为紧固件缺货造成生产线停机是一种低级错误。

2. (s, S, T) 库存控制策略

该策略又称为周期性盘点库存控制策略。该策略周期性地查看库存状态（检查周期为 T），若

⊖　当前数字化库存管理系统可以对库存进行实时盘点，大大节省了传统人工盘点耗时、耗力且不准确的情况。

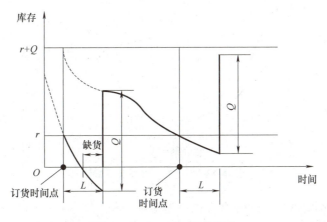

图 10-11　（r，Q）订货策略

当前库存量高于 s，则不补货；若当前库存量小于 s，则发出补货请求，并将库存量补充至 S，订货量为 $S-x$，如图 10-12 所示。一般情况下，s 可以根据经验确定（最小值可以为 0），$S=\mu T+z\sigma\sqrt{T}$ 为最大库存水平。该策略下，判断周期 T 越长、需求波动方差 σ 越大，S 值就越大。

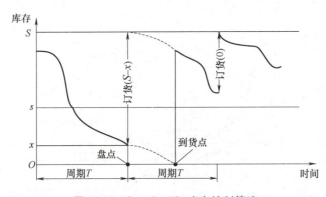

图 10-12　（s，S，T）库存控制策略

　　该策略中没有固定订货点，只有固定检查周期和最大库存量，适用于那些不太重要的或使用量不大的物资，实际上这些物资完全可以根据需求进行紧急订货。现在库存管理信息系统已经可以做到实时监控库存水平，因此该订货策略实际上很少被企业采用。但也有例外，前述物美超市通过周期订货汇集了多种商品的订单，然后向供应商集中下达采购订单，这样做减少了物美采购订单的处理频率，同时降低了供应商订单交付的运输成本。

3.（s，S）库存管理策略

该策略又称为连续性盘点的固定订货法。该策略需要随时检查库存状态，若当前库存量下降到 s 以下时开始订货，订货后应使库存保持最大水平 S。举例而言，若发出订单时库存量 $x<s$，则订货量为 $S-x$，否则订货量为 0，如图 10-13 所示。一般情况下，$s=z\sigma\sqrt{L}$ 为订货提前期内的安全库存，而 $S=\mu L+z\sigma\sqrt{L}$，相比于（s，S，T）策略而言，最大库存量下降了 $z\sigma(\sqrt{T}-\sqrt{L})$。

　　注意：如果运输途中有 I 个库存，则需要将在途库存计入当前库存 x_0 之中。因此（s，S）策略中的库存水平 $x=$ 当前库存水平 x_0+ 在途库存 I。这样做可以减少订货频次，但也会出现风险。

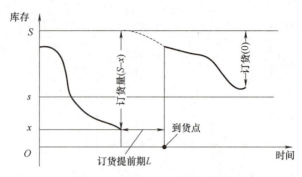

图 10-13　$(s，S)$ 库存管理策略

例如，当需求波动比较大时，有可能先前的在途库存还未到货，未来的库存量又降到了 s 以下，则应马上发出补货请求。也就是说。在某些时段，该策略有可能产生两个批次以上的在途库存。虽然交叉订货会将库存管理复杂化，但在现实中 $(s，S)$ 策略是一种常用的库存管理策略。

4. $(r，S，T)$ 库存管理策略

这种库存管理策略有固定的库存盘点周期 T、最大库存量 S、固定订货点 r。当经过一定的盘点周期 T，若库存低于订货点 r 就发出订货，否则就不订货。订货量的大小依最大库存量和盘点时的库存量之差而定。如此循环反复，实现周期性库存补充，如图 10-14 所示。

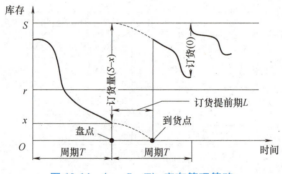

图 10-14　$(r，S，T)$ 库存管理策略

一般情况下，订货点 $r=\mu L+z\sigma\sqrt{L}$，L 为订货提前期，最大库存量 S 为 EOQ 订货量和 $(\mu T+z\sigma\sqrt{T})$ 的最小值，即 $S=\min(EOQ，\mu T+z\sigma\sqrt{T})$。

该策略是前述第 1 种和第 2 种策略的综合。相对于 $(s，S)$ 库存管理策略，由于引入了固定的订货周期 T，在途库存通常在新的订货周期开始时就已经到达，这就消除了第 3 种策略中的交叉订货情况。

Fisher 和 Hornstein 从数学上证明了 $(r，S，T)$ 库存管理策略实际上是最优的库存管理模式[⊖]。当前库存管理信息系统的普遍使用，使得实时监控库存变化水平已经成为现实，同时大大降低了盘点库存的费用。$(r，S，T)$ 库存管理策略具有非常良好的性能，它既能达到经济批量订货的成本最优，又可以最大限度满足给定的库存服务水平，因此现实中企业库存管理大多采用该策略。

⊖　FISHER J D M, HORNSTEIN A. (S, s) Inventory Policies in General Equilibrium [J]. The Review of Economic Studies, 2000, 67 (1): 117-145.

第四节 供应链环境下的库存管理模式

事实上，采购和库存管理是紧密相连的。准时制（JIT）采购、供应商管理库存（VMI）、协同计划预测与补货（CPFR）、寄售制库存采购（CMI）都是库存管理中常见的模式⊖。本部分将补充另外三种库存管理模式：ABC库存分类管理、联合库存管理和前置仓库存管理模式，将用两个真实的案例与其对应。

一、ABC库存分类管理

ABC库存分类管理法适用于管理物料/产品的库存种类特别多的供应链。ABC库存分类管理的思想来自"20/80法则"，即20%的因素带来了80%的结果。这个法则大量存在于自然界和人类社会，例如20%的产品创造了80%的利润，20%的客户贡献了80%的订单。"20/80"的比例不是绝对的，也可以是"30/70"，具体分割比例需要管理者根据实际情况具体分析。"20/80法则"要求管理者在资源有限的情况下，将精力集中于对最终结果起关键性作用的因素上，这就是ABC分析法（也称帕累托分析法）。

ABC库存分类管理原理简单、操作方便，因此在许多企业中被广泛使用，它的主要步骤如图10-15所示。为详细说明如何使用ABC库存分类管理法，本部分选取杭州国富4S店的备件管理作为应用案例。

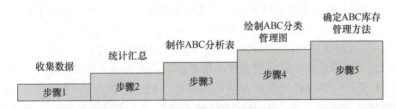

图10-15 ABC库存分类管理的实施步骤

先简单介绍一下该案例的背景资料⊜：

杭州国富4S店（简称国富）是振国汽车在杭州的五家4S店中规模最大的一家，备件年销售额为987万元。为了向消费者提供优良的备件服务，国富库存了近5000种备件，备件库存月均占用金额为224万元，备件库存月均占用金额/备件年销售额=22.7%。从数据和现场调研来看，国富的备件库存管理比较糟糕。

步骤1：收集数据

首先从国富的备件管理库存系统中导出备件目录清单，共计有5000多种备件。这个清单详细列举了国富每天备件的入库、出库、入库价格（即进价）和出库价格（即销售价）等数据。

步骤2：统计汇总

对原始数据进行整理，计算国富店内各类备件的月出库量、月出库金额、累计出库量、累计出库金额等。

步骤3：制作ABC分析表

这一步骤的主要目的是根据步骤2的预处理数据进行备件的库存结构分析。

⊖ 请参见本书第六章第二节。
⊜ 该案例改编自一个真实的汽车4S店备件管理咨询案例。其中所有的数据都做了隐匿处理。

按月均出库金额比例和月均出库量比例，由高到低分别对所有备件进行排序，并根据排序结果将备件划分为 ABC 种类。本案例按国富的月均出库量划分为 ABC 类（同时考虑月均出库金额），综合考虑后，建立备件 ABC 分类准则，如表 10-1 所示。可以看到：A 类常用件占备件总体种类比例不到 2%，而非常用件占据了 73% 以上的库存种类。非常用件显然是国富店库存积压严重的主要原因。

表 10-1　国富备件 ABC 分类准则

备件类别	月均出库量（件）比例	占总体种类比例	月均出库金额（万元）比例
A 类（常用件）	70%~80%	2% 以下	50% 左右
	4S 店月均出库 5 件以上		
B 类（次常用件）	20% 左右	25% 左右	30%~40%
	4S 店月均出库 1~4 件		
C 类（非常用件）	5% 以下	73% 以上	10% 以下
	长期无需求（极易形成呆滞件）		

注：A 类为常用件（每月销售量较大的备件），B 类为次常用件，C 类为非常用件（大多数呆滞件属于 C 类且价值昂贵，如发动机、曲轴等）。

步骤 4：绘制 ABC 分类管理图

当库存种类较少时（一般小于 50 种），可以根据表 10-1 给出的分类准则进行归属划分和制作图表。但对于国富的 5000 多种备件来说，表 10-1 给出的分类准则还不够细致，需要结合其他一些条件进一步分类。

对于本案例，"在给定客户服务水平的条件下，减少备件库存种类和数量，降低库存成本"是汽车备件分类的主要出发点。同一类备件的价格会有高低之分，在本案例中，根据国富的历史销售数据，以 300 元为分界线将同类库存进一步细分，细分结果如表 10-2 所示。通过对过去三年的备件销售情况进行测算，国富有超过 3500 种备件没有发生任何销售，而这些备件大多会成为呆滞品（即两年后报废）。

表 10-2　国富备件分类细分表——以 300 元价格划分

备件类别	类别细分	入库价格（元）	占本类月均出库量比例	占本类月均出库金额比例	占总体备件种类比例
A 类	A1	≥300	约 10%	约 30%	0.5% 左右
	A2	<300	约 90%	约 70%	1.5% 左右
B 类	B1	≥300	约 20%	约 50%	8% 以下
	B2	<300	约 80%	约 50%	15% 左右
C 类	—	—	—	—	73% 以上

步骤 5：确定 ABC 库存管理方法

当完成备件 ABC 分类之后，接下来最重要的是对不同类型的备件制定对应的库存管理策略，例如备件存放的种类和位置、安全库存的设置、订货点的确定和库存控制策略等。

A 类常用备件：应该保持较高的客户服务水平（90% 以上）。A1 类备件价值较高，店内不宜过多库存，可采用 (r, S, T) 库存管理策略。A2 类备件价值普遍较低，店内可以适当库存一些，在提高客户服务水平的同时不增加太多成本，可采用 (r, Q) 订货策略以节省订货费用。

B 类次常用备件：B1 类尽可能不占用库存（客户服务水平可低于 50%），B2 类价值低的可少量库存（保持客户服务水平大约为 80% 即可）。B 类备件均采用 (r, S, T) 库存管理策略。

C 类非常用件：可以不考虑客户服务水平，不建议库存。

ABC 三类备件的库存管理的具体原则如表 10-3 所示。通过测算，国富整体库存水平可降低至 6.8 万元（远低于现在的 224 万元，降幅可高达 95.7%），库存种类降低至 765 种（比现在少 3500 种）。

表 10-3 各类库存管理的具体原则

备件类别	A 类备件		B 类备件		C 类备件
	A1	A2	B1	B2	
存放位置	4S 店	4S 店	—	4S 店	—
库存量	低	高	尽量低	低	0 库存
客户服务水平	90% 以上	95% 以上	<50%	80%	—
订货策略	(r, S, T)	(r, Q)	(r, S, T)	(r, S, T)	按需采购
库存周转率	高	高	一般	低	低

二、联合库存管理

联合库存管理（Joint Managed Inventory，JMI）模型是一种基于协调中心的库存管理方法，是为了解决供应链体系中的"牛鞭效应"，提高供应链的同步化程度而提出的。JMI 模型通过将部分或全部库存集中到协调中心，并由协调中心统一配送，从而实现对资源的整合和分配。JMI 模型的本质是通过"联盟"来对冲可能发生的市场风险，因此 JMI 模型也被大量应用于连锁商业的库存管理。总的来说，**JMI 模型对供应链有以下几个好处**。

（1）使供应链有限的库存资源在不同节点之间进行收益共享、风险共担。

（2）通过协调中心来实现供应链上下游库存和信息的集成，部分消除供应链牛鞭效应，提高供应链运作的稳定性。

（3）使供应链库存层次更为简化，运输线路得到优化，在降低物流成本的同时提高供应链整体的运作效率。

（4）为实现快速反应、同步化、零库存和 JIT 的供应链管理创造条件。

但 **JMI 模型也存在诸多限制**，以下是管理者必须高度注意的。

（1）供应链上下游之间的协调成本比较高，尤其是采购权力的集中会遭到诸多抵制；前期分散库存点的信息收集比较困难。

（2）增加了小批量、多频次的配送请求，加大了区域内的配送成本。

（3）联合库存管理模型需要严格执行和监督，否则集中采购会引发集体腐败和采购质量下降等问题。

还是以汽车 4S 店为例：振国汽车在杭州拥有五家 4S 店（包括国富）。如果每家 4S 店都各自建设备件库存（即分散库存），那么每家店都得从主机厂（又称 PV 厂）各自订货，并且各自储备安全库存来应对需求波动，如图 10-16a 所示。

在杭州五家 4S 店之上设立了一家独立的区域配送中心（Regional Distribution Center，RDC）能够将备件库存的分散经营向集中控制转变：4S 店直接向 RDC 订货，RDC 则根据五家 4S 店的备件销售情况向 PV 厂订货；4S 店只需专注服务于客户的需求，而不需要过多考虑备件库存，RDC 则专注于制定企业整体库存策略，充当 4S 店备件库存的"缓冲池"，"熨平"4S 店的意外销售波动，如图 10-16b 所示。因此，这种库存管理模式被称为 JMI 模型（也称集中式库存管理）。

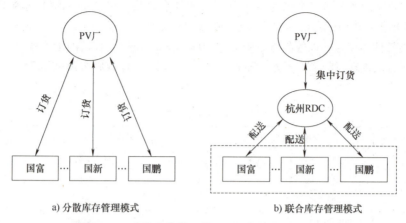

a) 分散库存管理模式　　　　　　　　b) 联合库存管理模式

图 10-16　分散库存管理模式和联合库存管理模式

但是，JMI 模型并不是把所有库存都放到 RDC，门店依然需要储备一些常用库存以应对需求波动，而一些价值高、周转率低的库存可以放置在 RDC，如果门店有需求，由 RDC 及时进行配送。以振国汽车在杭州的五家 4S 店为例，其备件联合库存管理模式如图 10-17 所示。

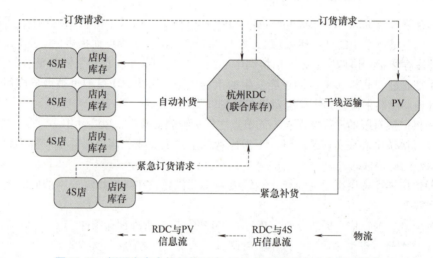

图 10-17　振国汽车在杭州的五家 4S 店的备件联合库存管理模式

（1）杭州区域 RDC 根据备件出库数据预测需求，向 PV 厂下达订货请求，PV 厂通过干线运输将备件送至 RDC。这样做的好处是，RDC 的订货请求频率和数量大大降低，干线运输成本也大幅降低。

（2）4S 店内根据表 10-3，只对 A1、A2、B1、B2 类备件进行库存，将其他备件全部放置于 RDC，由 RDC 根据各配件库存水平向 4S 店进行自动补货。结果各 4S 店的库存大幅下降，库存种类大幅减少，库存金额大幅减少；虽然 RDC 的库存种类和库存金额在增加，但仍然远远少于分散库存管理模式，如图 10-18 所示。

（3）4S 店内出现紧急订货请求，经过 RDC 向 PV 厂进行订货，PV 厂直接通过干线运输向 4S 店进行补货。紧急订货请求出现的频次很少，例如很少有客户需要更换发动机，通常 4S 店不会库存备用发动机，一旦出现这样的需求，只能临时向 PV 厂紧急订货。这样做的好处是，大幅度降低非常用备件库存成为呆滞件的情况，降低了呆滞件的库存成本。

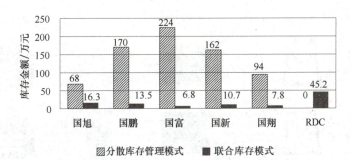

图 10-18　分散库存管理模式与联合库存模式下的 4S 店备件库存成本对比

注意：当时 RDC 是一个新规划项目，其库存成本初期假设为 0。

三、前置仓库存管理

近年来，前置仓在电商行业中频繁出现。区别于远离终端消费人群的传统仓库，前置仓将库存建立在消费者附近，通过在配送环节提高速度来保证对消费者需求的快速响应，从而提高客户满意度和复购率。

与传统仓库相比，前置仓有以下两个典型特点。

（1）前置仓的规模更小（基本上在 200m² 以内），大多位于城市商业中心或社区附近（距离大多为 3~5km 之内），仓储租金相对更高。

（2）终端消费需求呈现小批量、多频次的特点，终端配送成本、人力成本会显著增加，即便使用先进的信息技术也难以确保零错误率，人工操作频繁，难以确保始终维持高质量服务。

严格意义上来讲，前置仓不算是一种库存管理模式[注]，而是库存空间选址的一种方式，其首要目的是快速响应客户需求和确保客户服务水平，其次才是优化库存。虽然前置仓大量应用在生鲜电商行业，但很多其他行业也在使用这种管理模式，例如汽车制造厂要求供应商在附近设厂或设库存，这种就可以视为"前置仓"，只不过这种前置仓面向的是企业客户。接下来看看好孩子的前置仓库存管理模式。

好孩子是我国知名的儿童用品制造商，婴幼儿推车是其全球最知名的产品系列，近 10 年来好孩子开始向婴幼儿床、幼儿桌椅、儿童服饰和护理用品等全品类制造发展。2018 年，好孩子与某知名运动服饰公司合作，对其供应链库存管理模式进行了一次改变。

改变之前：好孩子在上海各大知名商圈拥有 53 家零售门店，这些门店的产品由一个区域仓库直接供应。该仓库位于上海市外，因此运输时间比较长，大约需要 24h。零售店下达订单之后并不会马上进行运输配送，而是需要根据区域仓库的配送计划来安排。区域仓库产品打包、运输和配送费力且耗时，严重降低了供应链流程时间，结果门店下达的订单差不多需要 72h（3 天）才能到达门店，如图 10-19 所示。更糟糕的是，区域仓库只能每周完成门店的一次补货请求。

这种供应链运作模式引发了两个问题。

（1）新产品的初始销售库存很大，在销售旺季，60% 的产品都要存储在门店的后仓，而这些后仓的面积通常是有限的，如果库存过多会占用前店销售区域，从而降低客户的体验感。

（2）如果门店在补货周期内缺货，店长就需要联系其他门店调货，然而调货成本是非常昂贵的：涉及运输成本、打包费和人工费等。根据公司内部计算，一年调货成本大约为 350 万元，几乎等于区域仓库到门店的同期运输费。

改变之后：好孩子在上海试点了代号为"520"的项目来改变现有供应链运作模式。"520"

⊖　为保持一致性，本部分仍然将前置仓视为一种库存管理模式。

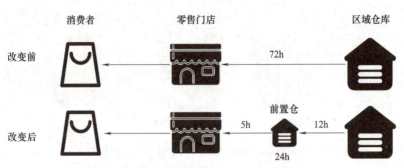

图 10-19　改变前后的好孩子的供应链库存管理模式

不仅是"我爱你"的谐音，也是新模式的任务要求：

"5"表示 5h 响应消费者需求，5h 门店快速补货。

"2"表示每天 2 次消费者配送服务，每天 2 次门店补货。

"0"表示 0 运营成本增加，0 门店间调拨。

该项目在上海虹口区设置了一个 150m² 的前置仓（主要考虑配送网络均衡）[⊖]作为区域仓库和门店之间的缓冲器；利用自动订货系统代替某些人工操作，对门店后仓库存进行实时监控，以便前置仓快速向门店补货。这样做有如下效果。

（1）门店补货的时间大幅缩短：区域仓库到前置仓的补货时间缩短至 24h 内，前置仓到门店的补货时间在 5h 内。

（2）后仓面积减少一半。前置仓储存了 700~800 个产品 SKU，大约占据 30% 的销售量。前置仓每天对 27 个门店可以配送 200 个产品。快速补货让门店不需要库存太多产品，后仓区域从 20% 的门店占比降到了 10%（20 家门店减少 20%~30%，4 家门店减少 30%），后仓租金减少 150 万元/年。前置仓面积增加 10.6%，预计每年增加销售额 1679 万元。

（3）配送费用降低 60%。前置仓和上海当地一家快递物流公司签订了配送协议，确保 4h 内完成前置仓到门店的配送任务。

（4）补货订单由信息系统自动完成。当门店内某产品库存水平下降到某个阈值，电子订单就会直接发送到前置仓，前置仓的工人立即开始分拣和打包，快递公司将打包好的产品配送到门店。

--- 本 章 小 结 ---

　　库存是供应链管理者应该时刻关注的焦点，包括爱立信、思科、长虹等大型企业都曾因库存管理不当而遭受巨大损失。本章首先从供应链库存管理的理论出发，详细介绍了库存管理的基本知识，如库存的定义、分类、功能和两面性等，虽然读者很容易将这些内容与现实进行联系，但深入理解和把握这些库存管理的基本知识却需要花费读者大量的精力。其次，本章详细介绍了一些库存管理中的数学模型，对于供应链管理者而言，不仅需要在定性上了解库存，还要对"需要多少库存，什么时候需要"等进行一些定量的库存计算，这是非常重要的内容，而掌握这些模型需要读者具备一定的数学功底。最后，本章通过两个实际案例介绍了三种库存管理模式。

⊖　读者可在国富 4S 店案例中找到如何对前置仓选址的计算方法。具体见：包兴，肖迪. 供应链管理：理论与实践
　　[M]. 北京：机械工业出版社，2011.

思考与练习

1. 库存是供应链管理者必须高度关注的焦点，许多企业因库存管理不善遭受了巨大的损失，请你用供应链库存管理中的知识分析其中的原因。

2. 季节性库存和投机性库存是库存管理中两个非常难以掌握的内容，请你就当前国际大宗原材料价格剧烈波动这一事实，分析应该如何优化库存管理。

3. 库存成本和客户服务水平通常是矛盾的，请结合供应链管理的知识分析如何降低"有效前沿曲线"？

4. A公司每年需要耗用10万个零件，为了应用经济合理的方法对该物资进行采购，A公司对各项成本进行了统计，现已知该物资的单价为8元，每次订货成本为10元，每件物资的年保管费率为25%，请计算：

（1）公司每次最优订货批量。

（2）年订货次数。

（3）年订货成本。

（4）年库存持有成本。

5. B汽车公司每月需要消耗10万个零件，该零件供应商的供应速度为每月20万个，B汽车公司每次订货费用为10000元，每月每辆汽车的库存成本为2000元，求B汽车公司的最佳经济订货批量。

6. 根据小卖店的统计，每日的蛋糕平均销售量为100个，标准差为10个，每个蛋糕的售价为5元，采购价格为3元，如果卖不掉蛋糕就需要打折处理，处理价格为每个1元。求小卖店每日最优的蛋糕订货量是多少？该订货量对应的客户服务水平是多少？如果要达到90%的客户服务水平，小卖店应该增加多少安全库存？

7. 基本数据如题目6中所述，但小卖店的蛋糕订单需要提前两天下达，蛋糕的保质期为三天，如果三天后卖不掉则按每个1元的价格处理，请问在这些条件约束下，小卖店每天采购蛋糕的最优数量是多少？需要建立的安全库存是多少？

 本章案例

后疫情时代我国钢铁企业的去库存化

2020年暴发的全球新冠疫情给我国钢铁行业带来了严峻的挑战。疫情造成了物流不畅，原材料供给不足且价格波动剧烈，外部需求快速萎缩，钢铁库存量节节攀升，再加上全球经济下行，2021年—2022年来，我国钢材市场差不多维持半休市状态：一边是钢企库存不断累积，突破同期历史高点；另一边是下游用钢行业开工、复工普遍延后，需求释放缓慢。供需两端同时催化导致钢厂、钢贸商普遍面临较大的库存压力和资金回笼问题。高库存叠加需求不振，已对钢价形成打压之势。2021年10月后钢价不断振荡下行，截至2022年6月27日已跌至4500点，下跌1608点，创8个月以来新低，如图10-20所示。不断下行的钢价造成钢铁全产业链利润收缩，钢企和钢贸商普遍亏损。

钢铁市场何以至此？

按照往年经验，每年的三四月份本应是钢材去库存化最好的时间点，但2022年受疫情的影响，钢厂出货节奏放缓，钢厂库存没有如期去化。社会库存因前期在途资源陆续到货，环比入库量明显回升；加上疫情对终端需求的影响，采购积极性有所下降，市场交易量环比回落，导致市场降库存节奏整体缓慢。我国钢铁工业协会调研数据显示：截至2022年6月，五大钢材品种降

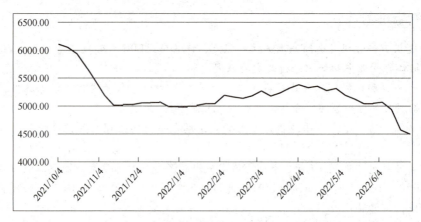

图 10-20　普钢平均价格指数走势（2021 年 10 月至 2022 年 6 月）

（资料来源：Mysteel. com。）

库节奏缓慢，钢厂库存加上社会仓库库存的合计库存量已经达到历史同期最高水平。这是由于下游需求差、成交弱的情况始终没有改变。

由于市场信心不足、库存居高不下、钢价承压，钢厂开始了第一轮去库存化——自发性减产。自 2022 年起，各大钢企纷纷开始用限产、停产来解决"库存"的问题：五大钢材品种产量 948.41 万 t，环比下降 1.67%，同比下降 10.51%；螺纹钢产量 269.86 万 t，环比下降 6.27%，同比下降 23.46%；累积减量近 55 万 t。但是，停产、限产导致整个钢铁供应链上下游企业都陷入了经营困境。国家统计局数据显示：黑色金属冶炼和压延加工业行业利润总额同比下降 64.2%。从 2022 年 3 月下旬开始，全国电弧炉钢厂逐步陷入亏损，5 月基本全部为负利润状态；6 月初高炉钢厂亏损率快速增加。整个钢铁行业盈利率出现断崖式下跌，据 2022 年各大钢铁企业半年财报显示，五成钢企营业收入同比下降，超过八成净利润下滑，柳钢股份、安阳钢铁、西宁特钢、八一钢铁等七家公司归母净利润亏损。其中，西宁特钢归母净利润同比下降 329.59%；安阳钢铁、柳钢股份、大业股份、八一钢铁以及酒钢宏兴的归母净利润同比下降超 100%。

在第一轮自发去库存行动后，钢铁行业将迎来第二次"去库存化"。2022 年 7 月开始，钢铁供需矛盾缓和、库存回落、形式初见好转。但在 8 月，受原料走强、高温限电等因素影响，电炉钢厂生产受到限制，触发了第二轮去库存化。钢材需求端——诸多工业企业因为 8 月高温天气和用电紧缺，发生了不同程度的停工停产现象，需求进一步萎缩传导到了钢材市场。9 月钢材市场表现如下：产量方面，部分高炉钢厂开始复产，并且随着限电影响的明显缓解，电炉钢厂产量逐步回升；需求方面，高温天气结束有利于终端用钢需求阶段性改善，基建用钢需求有望回升，但地产行业的持续下行仍会对用钢需求造成一定拖累，致使 9 月终端用钢需求恢复力度仍存在较大的不确定性。此外，美联储强势加息预期再起，金融及大宗商品市场或再次承压，对国内钢材价格带来一定的不利影响，钢铁行业的前景依旧不明。

随着新冠疫情的不断缓和，经济恢复将成为最重要的政策目标，基础设施建设投资可能成为稳增长的措施。合理安排生产、对库存进行妥善管理、"去库存化"是钢铁企业应对不稳定的需求、保证持续经营的重要举措，也是宏观调整的关键。从中长期看，基础设施建设将助推钢铁行业的"去库存化"进程，钢材下游需求在得到调控政策的支撑后，钢材价格尤其是建筑钢材价格有望保持稳定甚至上升趋势，而具体价格变动情况需持续关注经济政策调控力度和节奏。

（资料来源：见参考文献 [73]，经编者修改整理。）

案例思考：

1. 疫情危机给我国钢铁企业的发展带来了怎样的影响？你能找到更多数据对整条钢铁供应链的库存进行分析吗？

2. 从供给和需求两个方面，请分析第一次我国钢铁去库存化的原因是什么？第二次去库存化的推手是什么？请你走访当地的钢材企业或贸易商，做一份实地调研报告，就如何确保钢铁供应链的持续、稳定发展给出你的建议。

第六篇
供应链绩效评估篇

第十一章

供应链绩效评估

本章引言

正如医生"望闻问切"的步骤，绩效评估首先得"望"一下供应链整体的绩效表现，用一个逻辑体系去"闻"一下供应链各层级、各环节的问题，然后"问"一下这些问题产生的原因，最后"切"中影响供应链绩效的薄弱环节并整顿提高。供应链的绩效不仅体现在财务指标上，还体现在综合战略设定和竞争价值主张上。基于不同原则的供应链战略绩效评估可能有不同的结果，但落实到战术层面，供应链绩效评估的对象是客观的，指标是明确的。关键流程产出战术层供应链绩效评估的关注焦点，如何对这些关键流程中的活动进行分解，则需要一套标准、统一的规范。通过本章的学习，读者将了解如何从战略层面对供应链绩效进行评估，理解供应链绩效在战术层面的六个要点，以及如何利用 SCOR 模型对供应链绩效评估流程进行分解和量化。

学习目标

- 了解战略层面供应链绩效评估视角、三个基本原则和核心要素
- 了解战术层面如何对整条供应链绩效和供应链成员合作关系进行评估
- 了解 SCOR 模型的六个关键流程、层级结构和各级指标构成

第一节　战略层面的供应链绩效评估

战略层面的绩效评估涉及供应链的运作绩效、可持续发展和社会责任等诸多方面，是一条供应链全方位的立体呈现。当前学术界和工业界并没有一个统一的供应链战略层面的绩效评估方法，这是一个"花开几朵各表一枝"的过程，但仍可以通过一些知名榜单来了解战略层面供应链绩效评估的重要性、相关的评估原则和核心要素。

一、战略层面供应链绩效评估的重要性

2022 年，全球著名 IT 研究与顾问咨询公司——Gartner 公布了"2021 年度全球供应链 TOP25 榜单"。作为全球最权威的供应链排名榜单之一，无论什么样的企业都以被列入 Gartner 的榜单为荣。在制作该榜单时，Gartner 综合了自己的研究结果和供应链同行的意见，将公司最近三年的总资产报酬率，库存周转率，收入增长率，环境、社会和公司治理（Environment, Social and Governance, ESG）等四个补充指标对全球各核心企业的供应链绩效进行了计算和排序，如图 11-1 所示。

在这份榜单中，思科系统、施耐德电气、高露洁、强生和百事可乐进入了前五名，我国联想

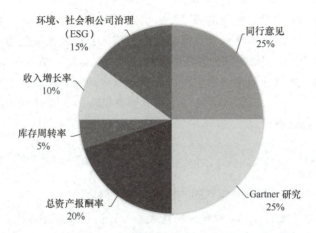

图 11-1　Gartner2022 年全球供应链评价指标和权重

（资料来源：科技达人. 2021 年度全球供应链 25 强公司排行榜［8］. 2021-10-08. 经编者修改整理。）

排名第 9，阿里巴巴排名第 25……这些企业卓越的供应链绩效和实战经验为学术界和工业界提供了宝贵的借鉴。通过 Gartner 的综合评估，可以清晰地看到全球顶级供应链战略目标的取向存在以下四个趋势。

（1）在不断扩大的生态系统中承担更多责任。

（2）能够在外部冲击后更快地稳定下来。

（3）提供可持续性绩效的可见性和透明度。

（4）优先考虑数字素养和灵活性。

（一）在不断扩大的生态系统中承担更多责任

早在 1996 年，美国密歇根州立大学的制造研究协会就提出：要基于对环境和生态系统的影响，从资源优化利用的角度考虑制造业的发展问题。但该问题一直被管理者们忽视，直到地球生态终于承受不了人类的破坏，人们才意识到供应链需要在不断扩大的生态系统中承担更多的责任。一些杰出的供应链开始采取各种措施，为环境保护和生态治理贡献力量，最直接的就是将生态因素纳入供应链战略。在这方面，连续三年在 Gartner 榜单中保持第一的思科就是一个榜样。

📋 **阅读小贴士**

思科的可持续供应链

思科的可持续性要求已嵌入其供应链业务流程，以帮助确保持续改进并推动影响力的变革。2016 年思科制定了到 2020 年温室气体（GHG）的减排目标，并提前一年实现目标。2022 年思科制定了到 2025 年的两个新目标。

（1）思科供应链的温室气体排放量减少 30%。

（2）思科 80% 的组件、制造和物流供应商将制定公共温室气体减排目标。

目前，思科将 ESG 理念很好地融入了产品和供应链设计、运营和消费等方面，在减少温室气体、减少原生资源的消耗、改进可持续包装以及 99.9% 的产品再利用或回收方面取得了进展。

（资料来源：科技达人. 2021 年度全球供应链 25 强公司排行榜［8］. 2021-10-08. 经编者修改整理。）

（二）能够在外部冲击后更快地稳定下来

2020 年暴发了全球新冠疫情，供应链战略专家们意识到供应链需要具备在外部冲击后快速稳定下来的能力和韧性，因此开始将"自我修复"能力纳入供应链的绩效指标。榜单中排名第二的能源管理与自动化公司施耐德电气凭借其供应链在"自我修复"方面的战略获得了 2022 年度专业技术创新供应链。通过施耐德的案例可以看到，**当今越来越多的企业都在强调技术——尤其是机器人的应用布局**。因为机器人的强替代性能够在供应链面临外部冲击时代替人类开展工作，并以最快的速度稳定运营。

> ### 📖 阅读小贴士
>
> #### 施耐德电气的"自我修复"供应链
>
> 施耐德电气通过量身定制、可持续和互联战略，为其供应链在外部冲击后能更快稳定下来提供了技术保障。施耐德的自我修复能力主要体现在机器人流程自动化（Robotic Process Automation，RPA）的战略布局上。
>
> 在新冠疫情期间，施耐德迅速搭建了一条新的供应链。该公司利用机器人为特定任务实现自动化并搭建一个通用邮箱后，能够将订单的处理时间从 4h 缩减到 2min，如果订单下达出现错误很快就会被发现。施耐德还认识到，在使用机器人实现任务自动化时，只要在预期的范围内就可以采取分步走的策略。比如，从单个流程开始（主要在法国试点），自动化接下来可以延伸到多个流程（在欧洲）；同理，订单的内容也可以从一个产品延伸到多个产品。
>
> 施耐德成功的关键是，上游企业需对流程进行标准化处理，并为下游提供标准化的支持；与此同时，上游企业还需要为下游提供 RPA 项目实施后的支持。这些不同的阶段组成了一套成熟的方法体系。

（三）提供可持续性绩效的可见性和透明度

麻省理工学院运输与物流中心的研究科学家、麻省理工学院可持续供应链主任亚历克西斯·贝特曼（Alexis Bateman）认为，**可持续性供应链绩效有以下两个要素**。

（1）可见性：准确地识别和收集来自供应链所有环节的数据。

（2）透明度：在内部和外部以所需或期望的详细级别沟通信息。

可见性是透明度的基础，它需要通过数据打破供应链的所有环节，利用智能信息化系统重新组织，从而做出更理性的决策和提供可持续绩效。美国食品杂货供应公司 C&S 在这个战略上有自己独到的实践。

C&S 创建了一个准确、完整和可视化的运营数字平台。通过该可视化平台，C&S 能够实时监控供应链绩效，还可以模拟世界各地的物流变化，帮助其提前进行战术部署和战略调整，从而具有更强的灵活性。通过该平台，C&S 跟踪了公司 8000 多家工厂的供应链绩效，使其能够在四个月内将与运输相关的客户服务电话减少 65%。

可视化平台能够使供应链更加迅速、灵活，方便了供应链管理者将绩效结果量化和可视化。实际上，**可视化平台对于可持续性绩效的帮助远不止于此**。在透明度提升上，可视化平台很好地解决了内部和外部的信息沟通；将一部分信息公开（透明），一方面可以提升客户的体验感，另一方面可以提升供应链的运作效率。在可视化方面，阿里巴巴旗下的菜鸟供应链有不错的表现。

📝 **阅读小贴士**

菜鸟裹裹的可视化平台

在菜鸟裹裹推出可视化平台之前，商家和平台无法追踪客户的退货，因为大多数情况下，客户退换货时通常将货物寄出后就不管了。如果客户不上传单号、寄回的商品没有明细清单，压根就不知道是谁退回来的、是否少寄漏寄等，商家消耗了大量的人力和时间打电话给快递公司确认。结果导致错误百出、麻烦不断。

菜鸟裹裹敏锐地捕捉到了这一痛点，开始布局整个流程数字化的改革，在将数据整合入智能信息平台后，打造一个可视化的数据平台——消费者下单后可以看到物流的具体位置、进度信息等，再也不用经历漫长而焦急的等待了，客户体验感得到了很大的提升。商家再也不用手动查单号追踪退换货，商家端的退换货全程可见，大幅减少了包裹停滞、少寄漏寄的纠纷与资金损失。通过 1h 上门、全链路跟踪等服务，每单退换货时间平均缩短了 8h，物流纠纷率下降了一半以上。

（四）优先考虑数字素养和灵活性

通过上面几个例子可以发现，**供应链战略布局和绩效目标达成都离不开智能信息系统的支持**。当前，为改进供应链各个环节的流程，企业花费了巨大代价去开发一个具有自稳定和生态拓展能力的数字供应链。Gartner 研究副总裁戴维·格鲁姆布里奇（David Groombridge）表示，"塑造数字业务未来"是企业在未来需要探索的 12 个重要战略科技之一。他说："CEO 和董事会需要努力通过与客户的直接数字联系来寻求增长，首席信息官（CIO）的优先事项必须反映相同的业务需求，这些需求贯穿这 12 个顶级战略技术趋势。"CIO 必须找到 IT 力量倍增器来实现增长和创新，并创建可扩展、有弹性的技术基础。耐克在这些方面拥有不错的实践。通过数字技术的投资，耐克构建了一条快速响应、有弹性和负责任的数字化供应链。

2020 年，随着消费者转向数字化参与，耐克开始改变其供应链以便更直接地为消费者服务，这是供应链自我稳定的一个很好的例子。无论是加快开设美国和欧洲配送中心，还是实施被称为耐克"Sole Train"的专用列车，创新都将是推动长期增长的关键。耐克收购了 Celect——一家世界领先的零售预测分析和需求感应公司，获得了广泛的消费者洞察数据，这些数据传递到耐克的需求预测系统之中，极大地提高了其供应链的响应能力和塑造需求的能力。

二、供应链绩效评估的三个原则

当前，虽然供应链战略层面的绩效评价趋势有了新的变化，但其基本原则仍然适用：综合平衡、客户导向和系统全局，如图 11-2 所示。重新审视和思考这些原则，对供应链管理者仍然裨益良多。

（一）综合平衡原则

平衡是一个哲学命题，具有强大且一致的自然和社会底层逻辑和架构。以我国为例，平衡是我国几千年来最重要的思考方式和行为源点。例如："和谐共生"是平衡的哲学体现，"整体关联"是平衡的思考逻辑。对于供应链，如何平衡成本和质量的"和谐共生"是供应链持续发展的一个重要命题。"整体关联"在供应链运作中也有体现。例如，为解决库存问题，供应链管理者不能仅从自己的企业出发，而应该协同上下游一起解决库存问题。

图 11-2　供应链绩效评估的三个原则

平衡不仅是空间上的，还是时间上的。 为平衡而平衡并不能够真的达成平衡。因为矛盾可能在妥协、拖延中被掩盖，在未来的某个时间点上可能会因为一些微小事件而集中爆发，供应链可能因此而断裂。**平衡不是守旧，而是在保持供应链有效的运作经验基础上的不断创新。** 关于这一点，第五章的物产中大就是一个不错的案例。物产中大在继承传统商贸供应链的优势资源基础上，通过服务导向、过程导向升级了供应链运作思路。

（二）客户导向原则

"从第一天开始帮助创造历史""成为地球上最以客户为中心的公司"是亚马逊在 1995 年创立伊始的宣言。为实现宣言，亚马逊的创始人杰夫·贝索斯认为，"善意无效，但机制有效"。在实践中，公司对客户的善意往往无法度量，但是将客户感知纳入供应链绩效评估体系和日常运作流程之中，设计一个"客户感知+客户体验+反馈迭代"系统，形成一个集成的供应链流程、机制和系统，就可以让企业倾听到客户的诉求，并改变供应链的运作方式。

客户感知是指对客户进行深度细分，发现客户痛点，并提出解决方案的过程，也是供应链差异化竞争的关键。

客户体验是指让客户参与到供应链的生产制造过程中，可以为客户提供样板产品，进行内部测试，让客户体验产品和服务，并给出意见和建议。

反馈迭代则是指在收集完客户意见后对关键问题进行整改。

来看看亚马逊是怎么做的，亚马逊通过（Andon Cord 按灯机制）给一线客服人员进行授权：一旦超过两名客户同时投诉同一产品的同一问题，无论该产品多么火爆，都应先将产品下架，直到缺陷解决才重新上架。亚马逊的这一做法其实是看板在大型电子商务平台中的应用，当然这个看板是"数字看板"，通过系统流程在供应链之间进行传输。

（三）系统全局原则

供应链集成是系统全局思维的体现，一体化运作流程的设计、优化和变革大多是由该思维推动的[⊖]。系统全局原则要求：从客观整体的利益出发，站在全局的角度看待问题，提出解决方案，最终做出决策。在供应链绩效评估时，系统全局思想显得尤为重要。在供应链合作中，经常会看到这样一种糟糕的现象：**核心企业利用自己的供应链主导优势，常常对上下游企业进行施压，迫使它们让利，甚至让其承受诸多库存风险。** 这样的合作方式是典型的"一切唯我独尊"——核心企业一枝独秀，而其他合作伙伴则苦不堪言。尽管供应链中的企业合作一开始就存在不平等（如供应链运作过程中的控制力存在不平等），但合作的结果应该是共赢，结果分享应该是平等的。

系统全局原则需要供应链管理者有所取舍。 例如在供应链伙伴关系构建上，并不是所有企业都能成为伙伴。对于如何定义供应链中的合作伙伴关系，法国汽车零部件供应商——佛吉亚的供应链伙伴关系评估矩阵值得借鉴，如图 11-3 所示。该图由一个横轴（风险）和两个纵轴（财务

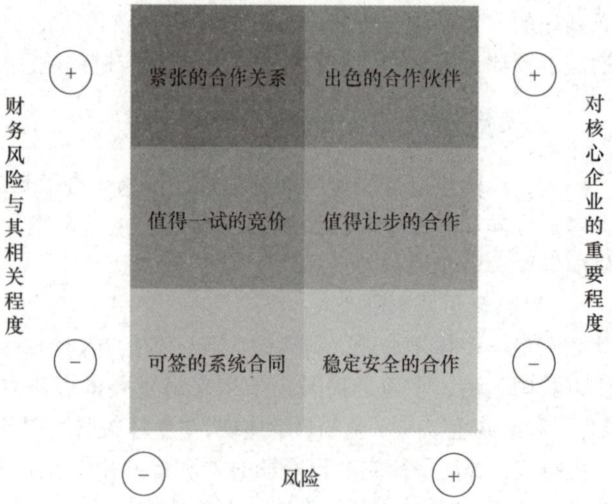

图 11-3　佛吉亚（核心企业）的供应链伙伴关系评估矩阵

⊖　集成供应链的知识请见第五章第三节。

风险与其相关程度和对核心企业的重要程度）构成，根据"＋""－"两个程度，将弗吉亚的供应链伙伴关系分为以下六类。

（1）紧张的合作关系。供应企业的风险较低，但对财务的影响较大，而且没有提供合适的竞价，总体来说是最不值得考虑的合作伙伴。

（2）值得一试的竞价。供应企业的风险较低，对财务的影响较一般，但提供了很有竞争力的竞价，是有待考虑的合作伙伴。

（3）可签的系统合同。供应企业风险较低，对供应链财务的影响也很低，供应的产品比较多样，是可以考虑签订一个或者多个供应合同的合作伙伴。

（4）出色的合作伙伴。供应企业对核心企业很重要，所供产品是独家供应，因此风险较高，但双方的合作深度且默契，是非常出色的合作方式。

（5）值得让步的合作。供应企业对核心企业的重要程度较高，风险相对较高，因此核心企业需要善待它们，在合作时可以做出一些让步。

（6）稳定安全的合作。供应企业对核心企业的重要程度较低，风险相对较高，尽管供应企业的话语权较弱，但其可靠性良好，与核心企业的合作相对稳定和安全。

一旦形成供应链合作伙伴，除了利益分享之外，核心企业还应该尽量"克制"。这些克制可能很难从制度和流程上明确，但核心企业必须做到。因为大多数情况下，"关系"是一种微妙的感觉，形成难、破坏易。核心企业可以采取一些相对人性化的做法，例如，尽量减少对上下游企业的苛求，可以对合作质量提出高要求，但在合作态度和诚意上应尽可能从宽。当然，如果遇到合作伙伴出现各种意外时，要加强对其整改和监督，拒不整改者将被移出合作行列。这样在绩效评估时，供应链整体的绩效才有可能达到一个"多方共赢"的状态。

三、供应链绩效评估的核心要素

效率并不是供应链绩效评估的唯一要素。如果深入了解那些全球最顶级的供应链，除了效率这个最重要的指标之外，供应链多样性和价值链竞争力也是供应链绩效评估的两个核心要素，如图 11-4 所示。

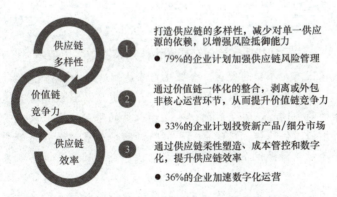

打造供应链的多样性，减少对单一供应源的依赖，以增强风险抵御能力
● 79%的企业计划加强供应链风险管理

通过价值链一体化的整合，剥离或外包非核心运营环节，从而提升价值链竞争力
● 33%的企业计划投资新产品／细分市场

通过供应链柔性塑造、成本管控和数字化，提升供应链效率
● 36%的企业加速数字化运营

图 11-4　供应链绩效评估的三个核心要素

（一）供应链多样性

要想知道为何供应链多样性如此重要，请读者阅读下面这个案例。

你或许不知道从货架上拿走一瓶清扬洗发水意味着什么，但对于联合利华来说，这瓶清扬洗发水的一只手牵着上游 1500 家供应商，另一只手则牵着下游沃尔玛、屈臣氏、麦德龙等300 个零售商与分布在全球的 8 万多个销售终端。一条供应链不可能只依赖单一产品，一旦链中某一环出现问题，那么整条链都会崩溃。联合利华的做法是"为自己的供应链加上多重保险"。

联合利华旗下 400 多个品牌产品的生产分布于全球六大洲的 270 个生产基地，所有涉及原料和包装材料的采购问题（包括采购地和供应商选择）以及采购规模及频次安排都采用全球统一调配，这样的操作有如下好处：一方面，多个供应商减少了供应中断的风险；另一方面，提供多样替代性产品，防止单一产品供给中断。此外，全球生产布局能够在面临危机时快速换线，防止产品制造中断。

（二）价值链竞争力

供应链的核心本质要求链中所有企业都贡献和创造价值。当供应链中某些合作企业已经无法或者跟不上价值创造时，最好的做法就是"做减法"。为此，建立一套全供应链通用且共同执行的标准，对于供应链价值提升至关重要。请读者再次来看联合利华的经验。

联合利华对供应商有一套全球共同的执行标准，与供应商逐步建立了长期可靠的战略合作伙伴关系，并基于采购供应商管理系统展开几个方面的建设内容，实现了原材料检验流程优化、供应商管控能力提升、供应商质量档案建设及供应商改进协同/交互，全面提高供应商的管理水平。

而对于技术、经验不足的企业，高效的供应商管理系统可以实现供应商的规范化管理：包括供应商基本信息、资质、编号、审批、分类、级别、区域、行业等，都能在一个界面详细查看。通过对供应商的信用、效率、价格、质量、利润、绩效等多维统计分析和综合评估，可以不断优化供应商准入资格，让供应商的选择更加科学合理。

（三）供应链效率

效率仍然是评价一条供应链绩效最重要的指标，其重要性远高于其他两个核心要素。Gartner 的 TOP25 供应链在提升效率方面不遗余力，有的布局智能决策系统，有的布局智能制造，但数字化是核心。很多供应链评级机构越来越将数字化纳入其评价体系。仍然以联合利华为例，它利用数字化技术提升在我国的仓储布局和运作效率。

📖 **阅读小贴士**

联合利华提升仓储布局和运作效率的数字化技术

联合利华在我国设有九个销售大区。合肥生产基地制造的成品将首先从总仓被发往上海、广州、北京、沈阳、成都等九个城市的区域分仓中，并建立 B2B 经销商渠道管理系统。借助互联网，联合利华的商务过程不再受时间、地点和人员的限制，企业实现了与经销商之间端到端的管理，有效缩短了供销链，确保企业能够随时随地开展销售，无限应对拓展和增长需求。同时联合利华为经销商提供互联网销售工具，让每个经销商都具备业务拓展能力，协助经销商提升销售额。

应用案例：我国春节是产品的销售旺季，而临近春节时往西方向的铁路线会很拥挤，公路运输也比较忙，很多路上还会出现临时突发的状况，导致原材料或者物品没法如期到达。对此，联合利华的分销资源计划部门可以通过 B2B 经销商渠道管理系统提供的管理渠道订单，实时洞察市场动态，掌握渠道库存，精准推行促销策略，和业务部门、生产部门、物流部门等沟通，规划在哪个方向提前建立库存。

（资料来源：数商云运营. 产业数字化转型升级案例：联合利华数字化供应链管理. https://blog.csdn.net/miaopuxilixi/article/details/115128864.）

第二节　战术层面的供应链绩效评估

如果说战略层面对供应链的绩效评估是一个"仁者见仁，智者见智"的过程，那么战术层面对供应链绩效的评估则相对客观。剥离供应链的行业属性后，供应链的绩效可以用可靠性、响应能力、运作效率、成本控制、柔性水平和风险控制六个方面来测量。供应链合作关系评估有财务、客户、内部业务流程、学习和发展四个可参考的维度。

一、面向整条供应链的绩效评估

任何一条供应链都会指向其终端客户，"客户满意"是整条供应链运作的基础内核，并主要体现在供应链的可靠性、响应能力、运作效率、成本控制、柔性水平和风险控制六个要素中，如图 11-5 所示。

（一）可靠性

可靠是每条供应链都必须具备的基本品质。一条可靠的供应链的服务和产品会有不错的"5R"表现[一]。产品/服务质量是供应链具备可靠性的前提，没有质量保证，可靠性无从谈起。在确保质量的前提下，供应链的可靠性还表现在准时交付率。因此，**一条供应链是否可靠只需看两个指标：交付质量和交付准时率**。先来看一个案例。

乳制品巨头荷兰皇家菲仕兰康柏尼公司推出一套产品信息溯源系统：消费者只要掏出手机，扫描奶粉罐底的二维码，便可获得这罐奶粉生产管控流程的全部信息，包括源头牧场位置，当地空气和土壤质量，运输流程，牛奶采集、生产、检测、出厂以及入关的准确日期等。这是该公司推动供应链数字化变革的一项重要内容——通过大数据、沉浸式体验等数字技术，提升供应

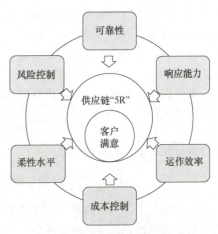

图 11-5　面向整条供应链绩效评估的六个要素

链的透明度和可靠性，满足消费者对产品质量可控性的需求。公司集团业务总监哈恩·坎普曼表示："实现'从牧场到餐桌全程管控'是我们提出的核心竞争理念。"

首先，这套信息溯源系统是一种营销技术或手段。通过向消费者公开乳制品的供应链全过程，有助于提高消费者对产品质量的信赖（尽管其他公司的乳制品质量并不低）。这种信赖会降低消费者对产品准时交付的苛求。其次，这套系统增强了供应链的透明度，变相要求供应商、制造商各个环节必须提供可靠的质量，形成一个"质量越好、交付准时率就越高"的良性循环[二]。

可靠性在供应链各个环节的表现方式是不同的： 在终端客户处表现为客户订单准时交付率，在零售商处表现为库存满足率和补货支付率，在制造商处是生产计划达成率，在供应商处是零部件准时交付率，在物流环节则是交付质量和准时率，如图 11-6 所示。

衡量供应链的可靠性可以用客户订单准时交付率这个指标：

$$客户订单准时交付率 = \frac{提前+准时交付的订单量}{客户下达的订单总量} \tag{11-1}$$

[一]　5R 请见第五章第二节的服务外包。
[二]　反面案例请见第四章第二节的阅读小贴士"双十一的库存之痛"。

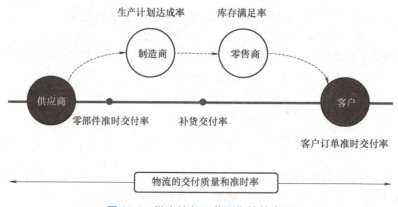

图 11-6　供应链各环节可靠性的表现

完全可靠的供应链应该有 100% 的质量和 100% 的准时交付，但这几乎是无法实现的理想。**供应链层次越多、结构越复杂，内外环境的不确定因素就会更多，供应链可靠性也会更低**。即便是上述乳制品公司的供应链也无法做到 100% 可靠。在很多实践案例中，供应链可靠性降低的原因大多数来自上游的供应和制造环节，仅少数由零售和物流环节引发⊖。

衡量供应商的可靠性可以用供应商准时交付率这个指标：

$$供应商准时交付率 = \frac{供应商提前+准时交付的订单量}{向供应商下达的采购总量} \tag{11-2}$$

衡量制造商的可靠性可以用生产计划达成率这个指标：

$$生产计划达成率 = \frac{提前+按时完成生产的订单量}{生产部门下达的生产计划总量} \tag{11-3}$$

很多情况下，制造商的可靠性受制于供应商的准时交付率。例如，制造商以供应商承诺的采购提前期为基准，再加以适当调整。例如，某零部件的采购提前期是 4 周，但出于某些原因，制造商给供应商 5 周的时间备货，这 5 周就是按时交货的基准。然而制造商发生了突发事件，需要供应商在 3 周内交货。一旦供应商同意，货物在 3 周内送到算按时交货，否则即使比 3 周多一天也是迟到。

如果说供应商的准时交付率的重要性排在第一位的话，生产计划达成率则排名第二。不过，这两个指标是相互制约、相互影响的，如果两个指标出现严重背离，通常都会产生问题。如果供应商准时交付率完成得很好，达到 98% 以上，但是生产计划达成率却低于 70%，那么制造商生产物料控制部门的可靠性就要打一个问号。当然，如果制造商发生突发事件，其生产计划达成率一定会受影响。**比较合理的情况是，供应商准时交付率和生产计划达成率之间的数值偏差不应该太大**。偏差过大，则要求生产物料控制部门提出可行的改善措施，甚至进行处罚。

（二）响应能力

供应链的响应能力主要体现在两个方面：①**对客户订单的响应速度**，即供应链响应时间；②**对客户需求的响应速度**，即供应链满足客户多样化需求的速度。供应链响应速度是一个可以明确计量的指标，它是指在一个周期内从接到客户订单到完成客户订单所需的平均响应时间。但在不同的供应链运作模式下，供应链响应时间的计算方式是不同的。

对于按单生产的供应链（Make to Order，MTO），供应链响应时间是指从客户下达订单开始，

⊖　新冠疫情引发的物流中断造成供应链可靠性下降，这样的情况是非常极端和少见的。通常供应链不会对这种极小概率的事件做准备。

到订单中最后一个产品（或步骤）完成的时间。除非是专用型的定制产品（如轮船制造），大多数采用在某个时间段（通常是一年内）对客户订单响应时间的平均值，即供应链平均响应时间：

$$供应链平均响应时间 = \frac{1}{N} \sum_{i=1}^{N} 第\ i\ 个订单的响应时间 \tag{11-4}$$

对于按库存生产的供应链（Make to Stock，MTS），则可以按照一年内供应链库存周转率来衡量：

$$库存周转率 = \frac{产品销售量}{库存平均量} \tag{11-5}$$

平均响应时间越短、库存周转率越高的供应链，其客户响应速度就越快，通常来说绩效也越好，整条供应链间资金流就越顺畅，供应链合作伙伴关系也就越好。请读者思考一下其中的逻辑关系是什么。

供应链响应能力不仅体现在速度上，而且还受客户需求多样性的影响，以及所需产品创新程度的影响。本章不再赘述，仅用表格列出这两者与供应链响应速度之间的关系，如表 11-1 所示。

表 11-1　客户需求和产品创新程度对供应链响应速度的影响

项目		供应链响应速度
客户需求	需求量增加	产能利用率达到一定程度后，响应速度会快速下降
	交付期缩短	订单响应提前期缩短，响应速度下降
	要求品类增多	订单多样化，响应速度下降
	替代品渠道增多	客户需求会分散，响应速度下降
	服务水平要求增高	会增加供应链负荷，响应速度下降
产品创新程度	纯功能性产品	供应链响应速度快
	组装型产品	供应链响应速度较快
	创新型产品	供应链响应速度会下降

为增强供应链响应能力，一些公司的供应链流程创新值得借鉴。例如，ZARA 在客户响应上做到了极致，从一个新时尚概念的提出到产品最终上市只需 15 天。ZARA 服装的基本款式由规模大、自动化程度高的内部供应商（生产部）完成，以降低单位成本；差异化部分（染色）则由外部小供应商完成，以增加灵活度。由于这些供应商与 ZARA 有长期合作关系，熟悉 ZARA 的要求，能够很快完成染色工作，保证了 ZARA 的低成本与高速度。

快速的供应链响应能力给供应链带来的意义远远不止实现客户价值、提高客户满意度，它已经成为国家工业水平的一个标志。《中国制造 2025》明确提到：截至 2025 年，制造业重点领域全面实现智能化，参与试点的企业需要实现"三个 50%"的目标，产品生产周期缩短 50% 就是其中一个目标[⊖]。

（三）运作效率

对于实物产品供应链，库存、生产和物流是三个重要的效率指标。

1. 库存效率

衡量库存效率已经有非常成熟的指标体系，如表 11-2 所示，这些指标既可以用于衡量整条供应链的库存效率，也可用于衡量某个供应链环节的库存效率。**注意：供应链单个环节库存效率**

⊖ "三个 50%"的目标：运营成本降低 50%，产品生产周期缩短 50%，不良品率降低 50%。

最优并不代表全链条的库存效率最优。很多供应链中强势企业为保持自身利益最优，经常利用"压货"等方式让弱势企业承担过多的库存。这种库存责任转移同时伴随着资金压力和风险的转移，不利于供应链伙伴关系的维系，一旦出现突发事件就容易造成资金链断裂。

表 11-2　衡量库存效率的指标

指标	定义	说明
库存满足率	运用库存使订单/需求准时满足的比例	越高越好
脱销时间比例	库存为零库存的时间比例（售罄时间）	越低越好
平均库存	持有库存的平均数量	越低越好
库存周转率	一年内库存周转次数	越高越好
平均补货批量	平均每次补充订货的数量	通常越高越好
平均安全库存	订货点到达时所持有的平均库存	视情况而定，通常越低越好
陈旧库存	库存时间超过规定的陈旧期的存货	越小越好

2. 生产效率

生产效率的衡量指标为设备的产能有效利用率。

$$产能有效利用率 = \frac{实际有效利用产能}{设计规划产能总量} \tag{11-6}$$

注意：该指标需要用供应链的实际有效利用产能来衡量。因为在供应链中通常会有一些无效的产能，例如质量缺陷带来的返工。通常来说，产能利用率越高，规模效应越明显，说明固定资产投资效能越高。例如，《科创板日报》2022 年 6 月 14 日报道：强劲的 AI 和 HPC 处理器订单将台积电的封装产能利用率提升至近 100%。但**产能利用率并非越高越好，根据运筹学排队论模型，当生产能力接近 100% 时，客户等待时间将无穷长**⊖。也就是说当产能 100% 利用时，生产环节的瓶颈问题就凸显。当然，类似台积电满负荷产能的案例是极为少见的，大多数供应链的产能利用是不足的，管理者需要使用各种技术手段提升产能利用率。例如前面说到的荷兰皇家菲仕兰康柏尼公司就在利用数字技术增强牧场主的生产效率。

该公司旗下有 1.2 万名牧场主，雅布·维斯特霍夫是其中的一员。作为该公司全球生产和供应链条上的起始环节，维斯特霍夫正在改变着祖辈的传统生产方式：为农场中的奶牛定制身份数码项圈，随时观察每头奶牛的健康、饮食和运动情况，并将相关数据汇总到管理系统中；与此同时，自动挤奶系统观察、记录着牛奶的品质，为检测提供依据。维斯特霍夫表示，新技术的应用大大提升了生产效率。

3. 物流效率

衡量物流效率的指标主要为表 11-3 中的七个指标。不同供应链对物流效率的侧重不同，可依据实际情况选择，本章不再赘述。

表 11-3　衡量物流效率的指标

指标	定义	说明
可靠性	物流服务流程稳定、服务质量可靠	越高越好
快速性	物流过程的迅速程度	可靠保证下越快越好

⊖　马风才. 运营管理［M］. 6 版. 北京：机械工业出版社，2021.

（续）

指标	定义	说明
便利性	使用物流手段的方便程度	服务的及时响应
直达性	从起点到终点之间一站式到达	多式联运
安全性	物流过程意外事件的比例	反向指标
舒适性	使用物流服务过程中的舒适程度，与服务相关	定性指标
灵活性	多种物流方式选择，临时应急措施完备	物流服务的柔性指标

（四）成本控制

供应链成本包括信息流、资金流、物流以及销售活动中所涉及的一切成本。信息流（IT 信息技术服务）与资金流（应收应付财务）的成本都是相对固定的，生产成本可以通过 MRP 精确计算得到。供应链中最大的浮动成本来源于两个方面：产品质量缺陷造成的质量成本；供应链各环节中的物流成本。

1. 质量成本

质量成本主要由以下四个部分构成[⊖]。

（1）内部缺陷成本：产品在支付前不能满足质量要求所造成的损失，主要包括报废损失费、返工或返修损失费、降级损失费、停工损失费、产品质量事故处理费、内外审等的纠正措施费、其他内部故障费用。

（2）外部缺陷成本：产品在支付后不能满足质量要求所造成的损失，主要包括投诉费、产品售后服务及保修费、产品责任费、其他外部损失费等。

（3）鉴定成本：为了评定质量而进行各种检测活动所产生的费用，包括检验设备、检测人员工资等费用。

（4）预防成本：为了预防故障而支付的费用，包括质量设计、质量策划、人员培训等费用。

外部缺陷成本是对供应链成本影响最大的一部分。因为这部分成本对企业而言不仅代表利润损失，而且会使供应链产生声誉缺陷并可能引发破产。外部缺陷成本理论上越低越好，但不同行业的产品外部缺陷成本占比不同：理论上外部缺陷成本应当占总质量成本的 20% 以下，并且越低越好。但是事实上，国内大多数企业的外部缺陷成本占总质量成本的 20%~40%，甚至有些企业的外部缺陷成本占总质量成本的 60% 以上。

我国一家行业龙头制造企业的质量负责人表示，该企业某年可统计的客户投诉赔偿损失年均 900 万元，而公司年利润不足 2000 万元，年投诉赔偿占净利润的 50%，但是这些投诉中有近一半是完全可避免的质量缺陷，也就是说，通过简单的质量控制手段可以将年投诉损失降低近 500 万元，公司净利润增加 500 万元，且几乎不需要任何新增投入。

2. 物流成本

物流成本涉及静态形式的仓储成本以及动态形式的运输成本。表 11-4 反映了主要项目成本占物流总成本的情况，其中运输费与仓储费占物流总成本的比例较高。如果按照"抓主要矛盾"原则，降低成本占比项目最大的运输费和仓储费是成本控制的核心。运输成本居高不下大多由运输的单向性导致。通俗来说就是一车货物满车去、空车回，加上运输过程中的一系列不确定风

⊖ 读者可参阅质量管理相关的书籍，如：宋华. 我在世界 500 强做供应商质量管理 [M]. 北京：中华工商联合出版社，2020.

险，导致运输费居高不下。在仓储方面，库存问题一直困扰着管理者们，库存在时间和空间上的不合理是仓储成本不断上升的深层原因。

表 11-4　供应链中物流各项目成本所占的比例

主要项目成本		具体费用	占比
直接费	运输费		40%～50%
	仓储费		20%～30%
	人工费		5.50%
管理人员工资			3.50%
固定资产折扣			2.50%

在很多情况下，运输成本与客户需求频次和数量相关。除非将工厂、仓储设置得更靠近需求点，否则运输成本很难下降。如果了解到这一点，就可以明白现在一些供应链正在迁移是因为需求地点发生了变化。当然，生产设施布局更改是一件耗费非常巨大的事情，大多数情况下，选址一旦确定就不会轻易改变。降低运输成本并一定要搬迁，通过需求预测将库存进行时间和空间上的合理布局也可以降低成本，例如第十章第三节的前置仓。

（五）柔性水平

供应链柔性是指供应链抵御外部不确定环境的能力，一般由缓冲、适应、创新三种能力构成。 缓冲能力泛指供应链抵御外部环境变化的能力；适应能力泛指适应环境变化的能力，供应链的基本特征并不发生大规模改变；创新能力则代表供应链根据外部环境变化做出内部调整的能力。从某种角度来看，柔性是供应链的一种隐性能力，它能够保证供应链在非常态下保持业务的可持续。比如，当突发事件发生之后，供应链各环节如何进行调整，确保客户交付不中断或者市场损失更少。

柔性要求的缓冲、适应和创新这三种能力大多用来应对非常态运营情况，如突发事件或产品策略变化。 供应链柔性能力是通过供应链中各环节采取的策略来达成的。这些策略有的涉及固定资产投入，有的仅仅是价格策略和物流方式的选择，还有的通过信息系统驱动供应链流程的调整。图 11-7 中给出了增强供应链柔性的一部分方式（请读者阅读本书的第二章和本章宝洁的案例，本部分将不再赘述）。

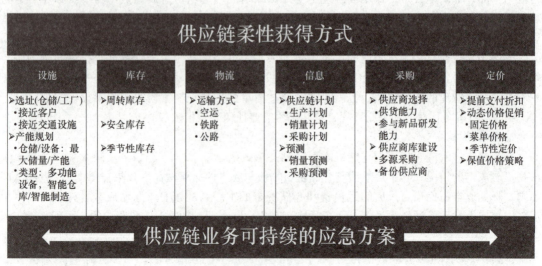

图 11-7　增强供应链柔性的一部分方式

阅读小贴士

宝洁的柔性供应链方案

从 2015 年起，宝洁以市场营销部门为切入点，引入数字化办公系统，帮助其统计客户需求，实现简单的销量预测和采购预测，此举大获成功。于是，宝洁从 2018 年全面铺开信息系统的布局。通过大数据建模，在综合考虑地域、人群、消费、零售环境等诸多复杂因素后，宝洁在全国新建了 15 个能够以最快时间、最低成本覆盖全国的前置仓，并根据消费动态进行大数据算法实时优化，不断采取最高效的产品供应方式。宝洁大中华区首席信息官表示："这基本重构了宝洁中国的供应链。用前置仓+主仓模式，加速宝洁对零售和电商的服务，这在全球范围内都是第一次。"从前端到后台，宝洁打造了一个名为"金色雷达"的系统，通过实时监测 1000 多家媒体的资讯报道，分析消费者正在讨论的需求、消费场景、产品配方等相关信息。基于这些大数据，宝洁进行更具针对性的新品开发并快速测试，以更好地做好消费者洞察，有条不紊地布局其生产计划、销售计划和采购计划。

2020 年，突如其来的新冠疫情使得宝洁旗下 17600 种产品受到影响，其供应链面临着巨大挑战。多亏了多年来信息化系统的全面部署，宝洁应对疫情游刃有余。宝洁靠着非典期间总结出的应急经验，供应链计划协同中心和供应链信息数字化部门迅速捕捉到了应急突破口——消杀类产品，信息系统快速分析各地情况，并统筹规划旗下消杀类产品的投放，再通过调度旗下的舒肤佳品牌已有的杀菌类产品"舒肤佳免洗洗手液"，联动国内外供应商加强配货，使得这些产品既可以驰援抗疫一线，又可以满足其他地区消费者的需求。此外，正是由于信息技术的支持，在大多数员工在家办公的情况下，宝洁也顺利完成了供应链应急统筹工作。在 2020 年这种不利的市场环境下，宝洁却找到了应急突破口，快速恢复供应链运作，在 2021 年为总公司贡献 10% 的销售额，同比增速高达 12%。

（资料来源：陶文刚. 营销数字化标杆案例之 6：数字化革命的"宝洁样本". 搜狐新闻. 经编者修改整理。）

（六）风险控制

风险是不确定性的负向表达。风险是客观存在的，人们无法阻止风险不发生，但是可以通过供应链风险管理（Supply Chain Risk Management，SCRM）来预防、控制和缓解风险带来的负面影响[一]。**供应链风险管理的定义是：系统化的识别、评估、量化潜在的供应链断裂风险，目的是控制风险的发生和降低风险的负面影响或损失。** 从风险管理的流程来看，企业可以从事前、事中和事后来控制和减少供应链的风险，如图 11-8 所示。

1. 事前：预防风险发生

减少风险事件的最好方法是预防。国际上大多数知名企业都会花费一定的代价去尽可能了解供应链战略、运作策略可能涉及的风险。在事前管理阶段，企业/供应链的主要工作是对潜在风险进行识别归类→分析→评估。

供应链风险类型可参考表 11-5 中所展示的内容。

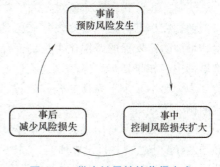

图 11-8 供应链柔性的获得方式

⊖ 关于供应链风险管理的实践，读者可参阅：柳荣，雷蕾. 供应链风险管理实战［M］. 北京：人民邮电出版社，2021.

表 11-5　供应链中风险的类型和来源

风险类型	风险来源
信息风险	信息不确定、信息不对称、牛鞭效应
道德风险	供应链中企业因为私利而从事的道德逆向选择行为
投机风险	为短期利益进行的投机行为
库存风险	暴涨暴跌风险，需求中断风险
知识产权风险	侵害知识产权、知识产权泄露、关键人才流失
文化冲突风险	全球化、不同区域的风俗习惯冲突
自然灾害风险	地震、海啸、雷电、火灾等人力不可抗拒的风险
经济危机风险	全球或所在国宏观经济形势恶化的风险
政治变动风险	国际关系变化，国内政治冲突、政变等风险

（资料来源：季建华，包兴，孙琦. 供应链突发事件扩散机理与损失评估方法研究［M］. 北京：科学出版社，2013.）

风险分析过程需要判断事件的风险等级，风险等级计算公式如下：

$$风险等级 = 发生概率 \times 损失程度 \times 可探测度 \tag{11-7}$$

其中，发生概率可用 100 分制度量（对应 0%～100%），损失程度和可探测度都采用 10 分制进行度量。因此，风险等级的范围为 1～10000。当数值小于等于 3300 时，为低风险；当数值为 3300～6600 时，为中风险；当数值大于等于≥6600 时，则为高风险。

注意：仅靠风险等级来进行供应链风险管理是不够的。例如，一些发生概率极低、可探测度也很低，但损失极高的事件可能会被评估为低风险事件。然而这类事件一旦发生，对供应链的杀伤力是巨大的。例如，2017 年，汽车零配件供应商舍弗勒的独家供应商界龙因断电无法生产，导致舍弗勒不得不停止向各大汽车厂商供应自动变速箱。由于新的供应商要经过技术认可和质量体系认证，这期间的供货缺口影响了 300 万辆汽车的生产，整车厂损失可能高达 3000 亿元。

在对风险评估时，根据定义的风险等级，**企业需要评估该风险等级下的风险成本是否可以接受**。风险成本可以被量化为：

$$风险成本 = 发生后预计的损失 \times 可能发生的概率 \tag{11-8}$$

使用上述公式，能大概对比一下防范风险的费用和实际发生后造成的损失的大小。**企业只能两害相权取其轻，选择成本较低的那种方法**。例如，在便利店风险事件中，风险评估发现，增加防窃安保的费用比丢失的商品价值更高，那就应该接受这个风险。而在舍弗勒的风险事件中，如果整车厂停产，这不仅会造成销售上的损失，还会影响企业的声誉：客户可能会认为舍弗勒是个不靠谱的合作伙伴，没有能力来管理好自己的供应链，管理体系存在巨大的漏洞，等等。

图 11-9 给出了一个供应链风险等级和风险损失的九宫格。对于高损失的风险事件，供应链必须做好严密监视并且设置预案，同时平时还应该做一些压力测试的应急演练。对于损失不大的区域，建议利用日常流程去管控风险。当然，实际中具体如何做还需要供应链管理者根据具体情况进行分析，图 11-9 中的划分仅仅是一个参考。

2. 事中：控制风险损失扩大

到了事中阶段，一般风险事件已经 100% 发生，此时要做的是控制风险进一步弥散和扩大，

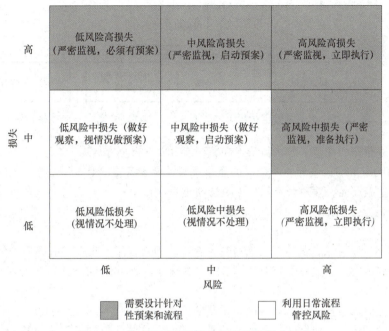

图 11-9 供应链风险等级和风险损失的九宫格

尽可能减少风险损失。**控制风险的手段有预防、遏制两种。**

预防是指在风险损失进一步扩大之前采取行动，预防或降低次生风险带来的额外损失。例如，当出现严重的消费维权事件时，需要管理者立即采取行动，将维权事件尽可能控制在企业内部，譬如无条件更换货、立即赔偿消费者全部损失、做好客户关怀。

遏制通常用于风险等级较高的事件。例如，当风险事件外溢并形成舆论事件时，需要更高层的管理者介入，通过危机公关来消弭风险对企业的长期绩效产生负面影响。

3. 事后：减少风险损失

在事后阶段，要总结产生风险的原因，复盘处理风险的全过程，考虑如何修复、减少风险带来的损失，采取行动彻底消除问题的源头，确保同类风险事件不会再次发生。企业/供应链可以把风险事件发生的整个过程进行经验总结，并在企业内部和外部传递经验。例如，2021 年 7 月 13 日晚，B 站出现了严重的技术漏洞，网站和 APP 几乎全面瘫痪，在经过内部技术人员的紧急修复后，终于在隔天恢复正常使用；一年后，B 站将当晚发生的风险事件整理成文档向社会各界公布，期望可以防止此类风险事件的发生。经验的积累有助于完善风险管理体系，预防其他潜在的风险发生。企业可以考虑制作一份风险管理手册，明确如何预防风险，制定应急措施，如何落实责任到人等，最后还需定期回顾，确保这套风险评估体系的有效性。

二、供应链各成员间的合作关系评估

供应链成员之间的合作关系是各项要素平衡的结果，而这正是平衡计分卡的核心思想。借鉴该思想，可以从财务、客户、内部业务流程、学习和发展四个维度（一级指标）去评估供应链各成员之间的合作关系，如图 11-10 所示。

供应链合作并不是一个空泛和虚化的概念，上下游企业之间的合作绩效至少应该在以下四个方面得到体现。

（1）加强企业的核心竞争力：通过供应链管理，优化供应链中的合作关系，发挥各企业的

图 11-10　平衡计分卡视角下供应链合作关系的四个维度（一级指标）

核心优势；通过合作，在新工艺、新技术和新产能方面进行全方位提升。

（2）快速响应市场：整合各个企业的竞争优势，调动各方合作的积极性，快速反应市场需求，设计并制造新产品，缩短新产品打入市场的时间。

（3）客户满意度提高：关注产品和服务满意度，使产品从设计、生产到销售各个方面得到提升。

（4）消除不确定和精益供应链：通过链中企业的相互合作，减少供应链内外的不确定因素，提高风险管控的能力；通过各种合作共享，实现供应链各个环节的精益运作，提升供应链的财务绩效。

上述四个方面仍然很宏观，但供应链成员之间的合作绩效应该更为具象。上下游企业各自需要通过合作得到什么？合作又可以给双方带来什么？这些问题的答案是明确的。表 11-6 给出了一个示例，在该示例中，介绍了制造商（下游）和供应商（上游）之间的合作对绩效的作用结果，其他供应链上下游之间的合作关系也可参考此例进行分析。

表 11-6　供应链上下游之间的合作对绩效的作用结果

作用主体	作用效果
制造商	1. 有效缩减企业运作过程中的成本； 2. 使企业拥有具备竞争优势的产品价格； 3. 确保产品质量； 4. 产品库存合理、科学； 5. 压缩交货时长； 6. 交付流程更稳定
供应商	1. 确保下游需求得到持续满足； 2. 掌握更多客户需求信息； 3. 提升内部运作效率； 4. 确保产品质量； 5. 有效控制生产成本； 6. 与其他竞争对手相比，拥有更高收益
双方	1. 双方交流更加顺畅； 2. 促使双方能够向共同目标努力； 3. 共同面对风险及共享利益； 4. 在市场需求指引下，共同参与新产品研发，实现工艺与技术的集成； 5. 双方共同抵御各种冲击； 6. 摒弃以往投机观念，减少投机行为； 7. 提升双方解决问题的能力； 8. 生产方面做到订单化和规模化，尽量做到规模效应

（资料来源：张翼辰. 企业供应链合作伙伴绩效评估研究：以 S 公司为例 [D]. 北京：对外经济贸易大学，2017.）

（一）供应链合作关系——基于财务维度

任何企业的运作绩效最终都体现在财务指标上。只有链中所有成员企业的财务绩效得到保证，供应链间的合作关系才得以稳固和可持续发展。表 11-7 给出了七个指标。

表 11-7　从财务维度看待供应链合作关系

编号	指标	说明
X1	专用资产投入的满意程度	定性指标，越高说明双方紧密度越好
X2	总资产报酬率	越高说明资产收益越好
X3	销售增长率	越高说明供应链绩效越好
X4	经济效益附加值	越高说明供应链增值能力越强
X5	减少生产成本	越高说明生产规模效应越明显
X6	减少研发成本	越高说明新产品、新技术开发合作度越好
X7	缓解企业财务风险	定性指标，越高说明双方紧密度越好

1. 专用资产投入的满意程度（X1）

该指标考察供应链成员间是否存在专用资产/技术的交叉投入，以及双方对这种交叉投入的满意程度。供应链的合作关系并不简单局限于交易。事实上，很多供应链成员会以各种方式进行专用资产的联合投资。例如，苹果公司会购买最先进的生产设备送给其供应商，这样做的好处是减少供应商的固定资产投资，供应商的生产能力能更好地与苹果产品配套。但这样做并不必然带来满意，因为专用资产的投入意味着双方都存在被"套牢"的风险，一旦市场风向发生转移，则专用资产投入会产生巨大的价值灭失风险。但该指标在大多数情况下有助于改善供应链成员之间的关系。

2. 经营绩效（X2、X3、X4）

供应链合作伙伴的经营绩效——总资产报酬率、销售增长率、经济效益附加值是最重要的指标，对应的计算公式为

$$总资产报酬率 = \frac{利润总额 + 利息支出}{平均资产总额} \times 100\% \tag{11-9}$$

$$销售增长率 = \frac{本年销售额 - 上年销售额}{上年销售额} \tag{11-10}$$

$$经济效益附加值 = 税后营业净利润 - 资本总成本 \tag{11-11}$$

通常来说，上述三个指标值越高，说明供应链整体的经营绩效越好，合作伙伴关系越好。

3. 规模效益（X5、X6）

理想的供应链中，每个成员的产能都能得到充分利用，从而发挥最大的规模效益。供应链某成员生产成本的减少和研发成本的降低，不仅仅是单个企业自己努力的结果，还有来自核心企业管理经验的支持和赋能。例如，丰田汽车对其供应商派驻工程师和管理者，对提升其生产流程和研发流程进行管理支持。

4. 企业财务风险（X7）

供应链合作需要判断双方的财务风险，有必要在财务信息保密的情况下向对方透露更多的财务健康信息。否则，供应链关系形成后，一旦某方出现财务风险，那整条链都会断裂。例如，2021 年以来，我国房地产某些核心企业的财务风险造成其上下游建材供应商、建筑承包商受到了致命打击。

（二）供应链合作关系——基于客户维度

供应链的客户既可以是终端客户（如购买 iPhone 的消费者），也可以是供应链内的企业（如苹果公司是富士康的客户）。从供应链的整体角度来看，需要让终端客户满意；而从供应链内部来看，需要让所服务的客户满意。表 11-8 给出了五个可供参考的指标。X8 和 X9 这两个指标可参考前述定义，X10~X12 这三个指标可参考《数字时代下的客户关系管理》等相关书籍○。

表 11-8　从客户维度看待供应链合作关系

编号	指标	说明
X8	市场占有率	越高说明客户认可度越高
X9	准时交货率	通常与交付满意度关联
X10	客户对服务质量的满意指数	定性指标，售前、售中、售后对客户的响应速度
X11	客户对产品价格的满意指数	定性指标，并不是价格越低越好
X12	客户对产品质量的满意指数	定量指标，质量缺陷越少越好

（三）供应链合作关系——基于内部业务流程维度

供应链合作关系体现在供应链成员企业之间的流程配合度。一个配合良好的供应链，其内部流程不仅应是规范、标准和通畅的，更重要的是还应拥有进一步提升和优化的能力。业务流程是一个涉及多环节的概念，它包含研发、设计、生产和配送各个环节。良好的业务流程能够让供应链各成员企业以较低的成本来实现供应链的绩效。

表 11-9 给出了五个可供参考的指标。其中新产品研发能力（X13）和增强产品设计与创新的能力（X14）是两个定性指标，这两个指标虽然很难体现在财务上，但它们对提高新产品开发速度和缩短市场投入周期具有很大的贡献。剩余的三个指标（X15~X17）是传统的定量指标。

表 11-9　从业务内部流程维度看待供应链合作关系

编号	指标	说明
X13	新产品研发能力	上下游联合研发，紧密度越高越好
X14	增强产品设计与创新的能力	上下游联合研发，紧密度越高越好
X15	降低产品故障率	定量指标，越低越好
X16	精简产品生产耗费时间	定量指标，越低越好
X17	提升原料利用率	定量指标，越高越好

（四）供应链合作关系——基于学习和发展维度

学习与发展是构建供应链长久合作关系的一个非常重要的隐性指标。打个比方，一个能够不断自我学习和发展的供应链一定是有生命力的，这意味着更高的产品研发能力、更好的市场发展机会。表 11-10 给出了七个可供参考的指标，它们都是一些定性指标。

○　包兴，吴丽民，孔小磊. 数字时代下的客户关系管理［M］. 北京：经济管理出版社，2024.

表 11-10　从学习和发展维度看待供应链合作关系

编号	指标	说明
X18	员工素质技能的综合性	衡量供应链的学习能力
X19	企业管理水平的提升程度	
X20	供应链各成员企业间的信任度	衡量供应链合作伙伴的稳定性
X21	供应链不同企业的文化整合性	
X22	供应链中各企业战略目标的协调性	
X23	供应链中各企业冲突的管理与融合程度	
X24	供应链中各企业的沟通一致性	

1. 学习能力（X18、X19）

从根本上，企业的发展状况由员工决定，良好的人力资源能够使企业具备非常强的学习潜力，此时企业的发展与学习的潜力就得以凸显，可以更灵活地开展各项创新举措。如果企业能主动汲取其他企业先进的管理方法与生产工艺，那么其自身发展的潜力将更上一层楼。在这方面，可以参考员工素质技能的综合性（X18）、企业管理水平的提升程度（X19）两个重要指标，前者衡量的是员工的综合素质，后者衡量的是管理者的素质。尽管员工的学历结构、人才称号可以反映这两个指标，但最关键的还是员工面向未来的学习能力，即有发现问题、解决问题的能力和合作精神。

2. 稳定性（X20~X24）

合作关系的稳定性对任何一条供应链都是至关重要的，这涉及企业之间的"三观"问题，对降低沟通成本、提升供应链流程效率都有极大作用。

各成员企业间的信任度（X20）：成员间的信任度越高，合作关系越稳定。该指标可以通过成员之间合作时间的长短来衡量，因为能够达成重复交易的合作关系一般都不会差。

不同企业的文化整合性（X21）：该指标考察成员间的企业文化是否兼容，因为企业文化的差异会引发供应链中其他方面的问题。

各企业战略目标的协调性（X22）：该指标考察供应链双方能否为共同目标进行奋斗，并由此展开设计、研发、生产和交付上的各种协调。

各企业冲突的管理与融合程度（X23）：该指标考察成员间的管理冲突和融合是否能有效协调。这样的问题大量存在于不同文化差异情景下的跨国供应链中，当然本土供应链中也存在这些问题。

各企业的沟通一致性（X24）：该指标考察供应链是否拥有统一规范的行业术语、商业术语，是否能够通过信息系统加快沟通效率等。

第三节　基于 SCOR 模型的供应链流程诊断和分析

IBM 咨询团队对华为供应链进行全面优化和改进时使用的分析工具就是供应链运作参考模型（Supply-Chain Operations Reference-model，SCOR 模型）。本节将介绍如何使用 SCOR 模型对供应链进行诊断和分析。

一、SCOR 模型概述

SCOR 模型于 1996 年由美国供应链协会提出，目的是制定一个跨行业标准的供应链参考模型和供应链诊断工具，它的基本框架如图 11-11 所示。"跨行业标准"和"参考模型"意味着 **SCOR 模型可用于任何行业的供应链**。正是因为 SCOR 模型拥有强大的实践和兼容能力，全球数万家企业都用 SCOR 模型来管理其供应链。当前，SCOR 模型已经更新到了 12.0 版本⊖。

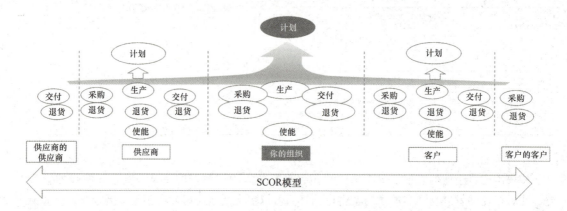

图 11-11　供应链运作参考模型——SCOR 模型
（资料来源：SCOR11.0，美国供应链管理协会。）

SCOR 模型的强大之处在于其跨行业的通用指导性。它覆盖了从供应商的供应商到客户的客户各环节中的所有流程，并将这些流程抽象为**计划、采购、生产、交付、退货和使能六个关键流程**。通过将这六个流程集成到特定的供应链中就可以分析运作中出现的问题，企业就可以利用对应的管理工具进行解决和优化。注意：这六个关键流程既可以是针对某个企业的流程（称为内部供应链），也可以拓展到供应链外部的合作伙伴。

（1）计划。计划流程描述了供应链运作开展的计划，包括需求汇总，可用资源的信息汇总，将需求和资源进行平衡后确定的计划产能或者资源缺口，以及弥补这些缺口的确定性行动。

（2）采购。采购流程描述了采购订单（或交付排期）、收到货物和服务相关的流程。该流程体现了采购订单、交付排期、验货、货物存储以及接收供应商的发票。但注意，除了按工程设计生产的产品或服务采购，该流程并没有体现供应商识别、资格验证和合同谈判流程。

（3）生产。生产流程与物料转化或服务内容构建所需的活动相关。使用"物料转化"的目的是体现所有生产类别的本质。生产包括组装类、化工流程类、维护类、维修类、大修类、循环类、翻新类、再制造类和其他类生产过程。

（4）交付。交付流程与完成客户订单的制造、维护和交割等活动相关。交付流程涉及所有订单的管理步骤：从客户询问、送货报价到选择送货方式等；仓储管理、装卸货物的接收和分拣如果需要按照要求在客户处接收和检验产品；给客户开具发票。

（5）退货。退货流程与产品的逆向流动相关，与退货和交付后的客户支持相关。包括将原材料返回供应商和客户的退货，返回的产品则包括次品、维修产品以及剩余产品。所有退回缺陷产品的步骤：从承诺退货到给出产品退货表，确定产品状态，传递产品，检验产品，以及产品处理等。退回剩余产品的检验步骤：识别过剩库存，计划运输，接收返回产品，授权批准，检验退回的产品，处理返回的过期产品等。

（6）使能。使能流程与供应链的管理相联系，包括商务规则管理、绩效管理、数据管理、资源管理、设施管理、合同管理、供应链网络管理、合规管理和风险管理。

⊖　读者可浏览 www.supply-chain.org 跟踪最新的版本。

二、SCOR 模型结构与核心

（一）SCOR 模型的层级结构

SCOR 模型本质上是一个层级流程模型，它建立在前述六个关键流程的基础上，如图 11-12 所示。该层级结构框架用来表述一条供应链／一个企业的运作流程，并且给出了详细的指标来度量、诊断和评估供应链运作绩效，同时为企业改善供应链运作流程提供了诸多可参考的实践。注意：SCOR 模型开发的初衷是为不同复杂程度、不同行业的供应链管理提供一个通用模板，但并不能专门解决某个特定组织如何执行它的业务的问题，因此 SCOR 模型更加强调提供的是"参考"。

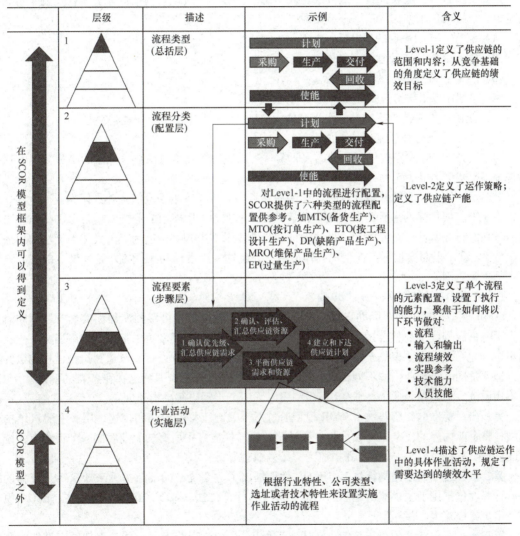

图 11-12 SCOR 模型的层级结构

（资料来源：SCOR11.0 版本，美国供应链管理协会。）

"以六大关键流程为核心的一体化集成"是 SCOR 模型的精髓。 当然，SCOR 模型不仅针对整条链上所有企业的流程，即便是单个企业的内部流程也可以通过 SCOR 模型进行诊断和分析。事实上，作为供应链中的核心企业，首先要做的是打通、优化和强化自身企业内部的供应链流程，然后才有资格和能力通过流程去整合外部企业。

接下来深入了解 SCOR 模型的层次结构。

第一层总括层：流程类型。这一层定义了供应链的范围和具体的内容，它从竞争基础的角度定义了供应链绩效的目标。供应链绩效的目标是六大流程绩效目标的集成，需要根据市场需求和供应链自身的资源能力来进行设计，这是一个上下层相互反馈的结果。

第二层配置层：流程分类。这一层定义了供应链的运作策略，设置了供应链流程的产能。SCOR 模型提供了六个标准供应链流程策略，如 MTS（备货生产）、MTO（按订单生产）、ETO（按工程设计生产）、DP（缺陷产品生产）、MRO（维保产品生产）、EP（过量生产）。通过这一层提供的流程模块，基本上可以配置供应链运作策略。

第三层步骤层：流程要素。这一层定义了每个关键流程应该具备的具体要素，设置了可执行的能力。本层聚焦于如何将以下环节做对。

（1）流程：详细流程的展开。

（2）输入和输出：流程涉及的资源。

（3）绩效：流程输出的绩效目标。

（4）实践：新出现的、最佳的和标准的实践案例。

（5）技术：供应链具备的技术水平和能力。

（6）人员：执行各项流程的人员素养。

第三层是 SCOR 模型层层细化的结果，第一、二层的绩效衡量来自这一层的集成，因此这一层是 SCOR 模型中最关键的一层。

第四层实施层：具体作业。这一层详细描述了供应链流程中涉及的各项具体作业。这些作业应该确保第三层目标的达成。但应注意：第四层并不在 SCOR 模型的范围内，因为这些作业与供应链所在的行业特性、企业类型、设施选址和特殊技术需求相关，因为太过具体而无法给出通用的参考⊖。这一层需要根据具体情况具体分析，并且这一层设计和执行的好坏是供应链绩效产生区别的主要原因。

（二）SCOR 模型的四个标准步骤

SCOR 模型提出了四个标准步骤，其不仅是为了提供可参考借鉴的流程和度量方式，同时也是为了解决流程优化和整合过程中的沟通问题。第一个目的，读者可以参考 SCOR 英文版本，本书不再赘述。本书主要聚焦于第二个目的，因为这在供应链流程设计、改造和执行过程中极为重要。即便是同一个企业内的不同部门，对于同一个流程的描述和理解也存在各自的偏好和解释，更不用说链上的其他企业了。SCOR 模型利用以下四个步骤来解决沟通问题。

第一步，标准的结构层次。SCOR 模型通过六个关键流程的定义和描述，用一个层次结构化模型，将企业内外的复杂流程标准化、科学化，这样供应链中所有的企业对同一个流程有了统一化的认识。SCOR 模型将这个步骤描述为"绩效属性"。

第二步，统一的度量指标体系。SCOR 模型提出了一套统一的度量指标来计量每个流程的绩效。这些度量提供了全供应链通用的术语、符号和计算方法，降低了细节沟通成本。SCOR 模型将这个步骤描述为"度量"。

第三步，可供参考的实践范例。SCOR 模型针对每个流程给出了一些新出现的、最佳的和标

⊖ SCOR 模型 12.0 版本的引言部分提到：SCOR 模型只是企业用于描述其在价值链中诸多关键组合要素的一部分。SCOR 与产品周期运作参考模型 PLCOR、消费链运作参考模型 CCR、设计链参考模型 DCOR 和供应链绩效管理 M4SC 一起构成了 APICS（先进生产、创新和竞争成功）。APICS 的英文全称是 Advancing Productivity, Innovation, and Competitive Success。APICS 是美国生产和库存控制协会推出的一项全球公认的供应链管理专业能力标准。企业成员拥有 APICS 的认证，代表其管理团队所拥有的专业能力已达到国际先进水平，非常有助于提升企业在市场上的竞争力。

准的实践案例，用于启发管理者对其负责的流程进行标杆学习。SCOR 模型将这个步骤描述为"实践"。

第四步，对应人才的技能说明。SCOR 模型专门列出了一章介绍供应链管理人才需要掌握的四个标准技能。

（1）每个流程/全部流程中需要人才具备的基线技能。

（2）一些特殊流程领域中的领导者应该具备的不同技能。

（3）对流程持续改进和评估的技能。

（4）胜任供应链更高层级工作所需要的技能认证和培训。

这四个标准技能中都包含人才的五个要素：技能、经验、资质、培训和胜任能力。

通过上述四个步骤，供应链中所有成员不仅对同一个流程有了统一的认识、理解和表述，而且还有了努力奋斗的标杆和方向，这大大节省了供应链流程之间的沟通成本。打个比方，上述四个步骤可以描述为"先统一思想认识，再配套标准战术，最后达成目标"。注意：达成上述四个步骤并不是一蹴而就的，它需要供应链全体成员付出学习成本，并经过一段时间的训练磨合才能实现。付出代价的好处是明显的：供应链的流程更加规范，运作协调更加同步，管理效能显著提升，运作效率大幅提升，所有成员都将受益。第五章中华为的 ISC 项目就是最好的例证。

三、SCOR 模型的绩效属性、度量指标和实践

除了六大流程，绩效属性、度量指标和实践是 SCOR 模型中的另外三个重要部分，其中绩效属性是重点，度量指标和实践都是围绕着它来起作用的。本部分将重点对这三个部分进行介绍。

（一）绩效属性

绩效属性是指为了表述一个特定策略而抽取的一组或一类度量指标。绩效属性本身是不能测量的，它的用途是设置策略方向。例如："LX 产品需要在可靠性方面占据领先优势"和"XY 市场需要我们成为最顶尖的 10 个敏捷制造商之一"。度量指标是指用来评估达成这些策略方向的能力。SCOR 模型给出了五个绩效属性。

（1）可靠性。该属性用来描述任务执行的能力，它聚焦于预测一个流程的产出能力。评估可靠性属性的典型度量指标有准时、正确的数量和正确的质量。在 Level-1 的度量中，SCOR 对此绩效的关键指标是订单完好履行。可靠性是一个聚焦于客户的属性。

（2）响应能力。该属性描述了任务执行的速度。响应能力强调商业活动的重复速度。通常用订单完成周期指标来度量响应能力。响应能力是一个聚焦于客户的属性。

（3）敏捷性。该属性描述了对外部影响的响应以及改变速度的能力。外部影响有无法预测的需求增加或减少，供应商或合作伙伴无法履行商业活动，自然灾害、恐怖主义或网络黑客，关键财务资源的可获得性，员工问题等。SCOR 度量敏捷性的指标主要有上游柔性、上游适应性、下游适应性和整体风险价值。敏捷性是一个聚焦于客户的属性。

（4）成本。该属性描述了运作一个流程的成本。典型的成本有劳动力成本、物料成本和运输成本。SCOR 度量成本用的关键指标是服务总成本。成本是一个聚焦于内部的属性。

（5）资产管理效率。该属性描述了资产的管理和使用效率。供应链中的资产管理策略有降低库存、内包或外包的策略选择。SCOR 度量是资产管理效率的关键绩效指标有资金周转期、固定资产回报率和劳动力资本回报。资产管理效率是一个聚焦于内部的属性。

（二）度量指标

度量指标是指用来测量一条供应链或一个流程绩效的标准指标。SCOR 度量指标是由一系列诊断指标构成的（类似于医院开展诊断的指标）。SCOR 模型的三层都有预先定义的度量指标。

第一层的度量指标（Level-1）用来诊断整条供应链的健康状况。这些指标通常被称为策略度量指标或关键绩效指标（Key Performance Indicator，KPI）。Level-1 的标杆指标能够帮助构建实际的目标，用以帮助完成既定的策略方向。

第二层的度量指标（Level-2）是 Level-1 度量指标的细化。Level-2 度量指标用来了解和识别 Level-1 中绩效缺口产生的深层原因。

第三层的度量指标（Level-3）用于诊断 Level-2 度量指标。

对于一条供应链来说，Level-1 约定的绩效属性是最关键的，只有锁定 Level-1 绩效属性，Level-2 和 Level-3 的指标体系才可以相关联。对于 Level-1，SCOR 模型给出了 10 个策略性的度量指标，如表 11-11 所示⊖。美国供应链管理协会（SCOR 模型发布方）建议：为平衡供应链决策和治理，Level-1 的每个绩效属性至少需要包含一套度量指标（由 Level-2 和 Level-3 给出）。

表 11-11　SCOR 模型 Level-1 的 10 个度量指标

绩效属性	Level-1 度量指标
可靠性	订单完好履行
响应能力	订单完成周期
敏捷性	上游柔性 上游适应性 下游适应性 整体风险价值
成本	服务总成本
资产管理效率	资金周转期 固定资产回报率 劳动力资本回报

（三）实践

SCOR 模型给出了四个类型的实践。根据行业的不同，实践的分类也不同。例如，对一些行业来说某个实践是标准的，而该实践对于其他行业来说会被认为是新出现的或最佳实践。SCOR 模型中给出的实践是广泛征求了工业界的实践者和专家的意见所形成的。这些实践可以启发管理者的思考，甚至可以直接将实践中的流程和指标体系套用到真实的供应链之中。

1. 新兴实践

该类实践介绍了新技术、新知识或者快速组织流程的不同做法。新兴实践在启发绩效变革方面也许具有积极的意义，但这类实践可能很难被采用，因为技术的专用性或者特殊知识可能会形成阻碍。此外，新兴实践没有在更多样的环境或行业中得到充分验证，因此借鉴该类实践会引发高风险，当然也可能产生高收益。

2. 最佳实践

该类实践已经证明会对供应链绩效产生积极影响，并且是当前的、结构化的、已经验证的和可重复的实践。

（1）当前是指不是新出现的，也不是过时的。

（2）结构化是指有明确的目标阐述、范围、流程和步骤。

（3）已经验证是指已经在某个环境中被验证的，并且有相关联的关键度量指标。

⊖　Level-2 和 Level-3 的度量指标体系可参考 SCOR11.0（英文版），总计超过 200 个指标。

（4）可重复是指在多个组织或行业中被验证了的。

SCOR 模型从不同的行业中选择了最佳实践。注意：并不是所有的最佳实践都能产生相同的结果，这与行业和供应链类型相关。

3. 标准实践

该类实践是很多企业历来默认的商业做法。这些实践确实能够很好地推进工作，但是和新兴实践、最佳实践相比，并没有明显的成本优势或竞争优势。

4. 下行实践

该类实践可能是广泛使用的商业做法，并且经关键度量指标测量后属于糟糕的供应链绩效。

SCOR 模型对这些实践进行了分类，用于帮助供应链管理者更快地找到它们，如表 11-12 所示。当然这只是一个总括性的表格，并不是每个流程都有最佳的实践案例可以参考，因此该表只列出了 SCOR11.0 版本中提供的部分流程实践，更新的实践可参考 SCOR 的最新版本。

表 11-12 SCOR 模型中提供的实践分类和流程

分类	实践所在的流程
商业流程分析/改进	计划和预测
客户支持	产品生命周期管理
配送管理	生产执行
信息/数据管理	采购
库存管理	逆向物流
物料处置	风险/安全管理
新产品引入	可持续供应链管理
按工程的订单管理（ETO）	运输管理
订单管理	仓储管理
人力资源管理（培训）	—

注：并不是所有流程都有对应的实践。

四、SCOR 模型的应用示例

这里以汽车制造供应链为例，了解如何通过 Level-1、Level-2 和 Level-3 将供应链目标层层分解。首先，先大致了解一下汽车制造商在汽车供应链中的位置，如图 11-13 所示。汽车制造商通常是供应链中的核心企业，它拥有自己的零件供应商和部件供应商，也有外部的部件供应商，总装（主机厂）是汽车制造商的核心部门，完成汽车制造之后交付给分销商和客户。

（一）Level-1 的绩效指标体系搭建

规划 Level-1 的供应链的绩效指标体系，可以将表 11-11 中的五个绩效属性对应到汽车制造商的内部（成本和资产管理效率）和外部（可靠性、响应能力、柔性——敏捷性的一部分）两个方面，如图 11-14 所示。

面向供应链内部：

（1）成本。采用的度量指标是供应链总成本。

（2）资产管理效率。采用的度量指标是资金周转期、固定资产回报率和流动资产回报率。

面向供应链外部：

（1）可靠性。采用订单完好履行来衡量。

（2）响应能力。采用订货满足周期来衡量。

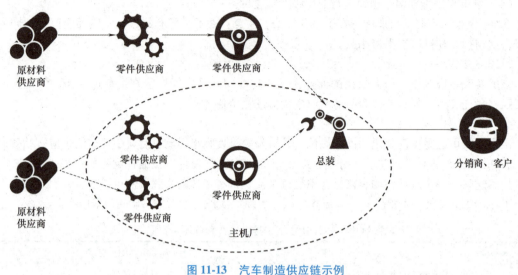

图 11-13　汽车制造供应链示例

（3）柔性。采用上游供应链柔性和适应性，以及下游供应链适应性来衡量。

注意：图 11-14 中所列的绩效属性只是示例，读者可根据自己的供应链目标从 SCOR 模型库中选择相应的属性指标。此外，"成本"等属性是在 SCOR 模型中抽象出来的术语，读者可根据实际情况对其进行命名，例如将"成本"属性命名为"成为汽车制造行业中的成本标杆"更能体现供应链策略目标。

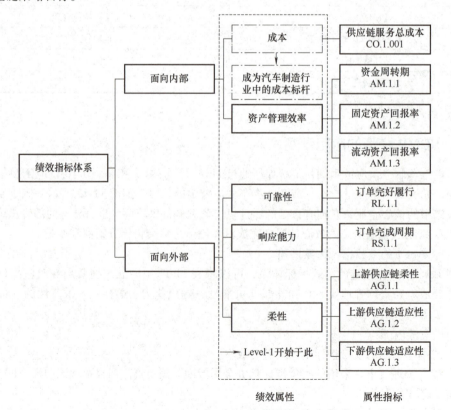

图 11-14　定义 Level-1 的绩效属性和属性指标

注：CO.1.001 等属性指标用于度量测量器指向的绩效。读者可在 SCOR 版本中找到对应属性指标的说明和定义。

（二）Level-2 的流程分类和目录配置

为 Level-1 的绩效属性配置 Level-2 中的流程分类和目录。在这个环节，计划等六个关键流程是配置的对象。配置时，建议采用 SCOR 模型中规范命名目录进行配置⊖，这样有助于跨组织交流。

注意：图 11-15 只是示例，读者可根据实际情况从 SCOR 流程目录库中选择需要的目录。Level-2 的主要目的是锁定需要的关键流程以及对应的流程目录。对于零售型供应链，生产这个流程可以忽略。

流程类型		SCOR模型					流程目录
		sP计划	sS采购	sM生产	sD配送	sR退货	
流程类型	计划	sP1	sP2	sP3	sP4	sP5	流程目录
	执行		sS1~sS3	sM1~sM3	sD1~sD4	sSR1~sSR3 sDR1~sDR3	
	使能	sE1,sE4,sE8	sE3,sE6	sE2,sE5	sE2,sE3	sE7	

图 11-15　定义 Level-2 的流程类型和目录

图 11-15 中，各符号的意义如下。

sP1 ~ sP5 分别为供应链计划、采购计划、生产计划、退货计划。

sS1 ~ sS3 分别为备库产品采购、按订单生产采购、按工程订单采购。

sM1 ~ sM3 分别为按库存生产、按订单生产、按工程生产。

sD1 ~ sD4 分别库存产品配送、按备库生产产品配送、按工程生产产品配送、零售产品配送。

sSR1 ~ sSR3 分别为采购缺陷产品退货、MRO 产品退货、过量产品退货。

sDR1 ~ sDR3 分别交付环节中的缺陷产品、MRO 产品和过量产品退货。

sE1 ~ sE9 分别为商业规则管理、管理绩效、数据和信息管理、人力资源管理、资产管理、合同管理、网络管理、合规管理、风险管理。

（三）Level-3 的流程要素和度量指标配置

Level-3 是 Level-2 的具体展开。在 Level-3 需要将具体的指标度量和流程进行一一对应。

例如，可以将 Level-2 中库存类产品采购流程（对应 sS1）展开。图 11-16 中，sS1 有 5 个子

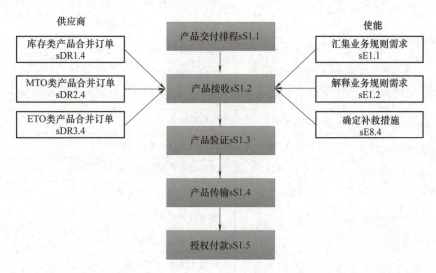

图 11-16　Level-3 的流程要素和度量指标

⊖　SCOR 将计划命名为 sPx，采购命名为 sSx，生产命名为 sMx，配送命名为 sDx，退货命名为 sRx，使能命名为 sEx。其中 x 表示对应的第 x 项目。例如 sP1 表示供应链计划。

流程：产品交付排程 sS1.1、产品接收 sS1.2、产品验证 sS1.3、产品传输 sS1.4、授权付款 sS1.5。其中，产品接收 sS1.2 这个子流程需要与供应商进行对接，供应商这边采用的流程为库存类产品合并订单 sDR1.4，MTO 类产品合并订单 sDR2.4，ETO 类产品合并订单 sDR3.4。产品接收 sS1.2 这个子流程还有一套使能流程，如汇集业务规则需求 sE1.1，解释业务规则需求 sE1.2，确定补救措施 sE8.4。

Level-3 中定义的流程要素都有一套完整的度量指标，这里仅列出了 sS1.1~sS1.5 会涉及的 20 个指标，如表 11-13 所示。

表 11-13 SCOR 模型中提供 sS1.1~sS1.5 涉及的 20 个度量指标

层级：Level-3（5 个子流程）	sS1.1	产品交付排程
	sS1.2	产品接收
	sS1.3	产品验证
	sS1.4	产品传输
	sS1.5	授权付款
度量指标（20 个指标）	RS.1.1	订单完成周期
	RS.2.1	采购周期
	AG.3.9	额外采购量（在 30 天内获得）
	AG.3.40	当前采购订单周期
	AG.3.42	当前采购量
	AG.3.46	需求采购-供应商约束
	CO.2.002	采购成本
	CO.3.005	采购劳动力成本
	CO.3.006	采购自动化成本
	CO.3.007	采购资产、工厂和设备成本
	CO.3.008	采购 GRC、库存和过期成本
	CO.2.003	物料落地成本
	CO.3.009	已采购物料成本
	CO.3.010	物料运输成本
	CO.3.011	物料进出口通关和关税成本
	CO.3.012	无聊风险和强制性成本
	AM.1.2	供应链固定资产回报率
	AM.1.3	劳动力资本回报
	AM.2.3	应付账款周转天数
	AM.3.16	供应-原材料库存天数

Level-3 的指标体系确定之后，一个完备的供应链流程体系就基本搭建成功了，剩下的工作则交给企业个性化定制 Level-4 中的各种作业活动， 这些作业活动的绩效都可以向上层层汇总和层层体现（当然，前提是数据流是通畅和正确的），管理者就可以对供应链的运作情况做到一目了然。

本 章 小 结

　　无法对供应链绩效进行评估，就无法做出管理改进。本章首先从对战略层面的供应链绩效评估出发，介绍了该层绩效评估的三个原则和核心要素，但是请读者注意：战略层面的绩效评估并没有统一的框架和方法。其次，本章介绍了战术层面的供应链绩效评估，特别介绍了供应链绩效六要素和平衡计分卡视角下的供应链合作关系评估。最后，本章介绍了享誉全球的 SCOR 模型，认真理解该模型，读者可以掌握如何对供应链的流程进行诊断和分析。

思考与练习

　　1. 针对供应链多样性、价值链竞争力和供应链效率这三个供应链战略核心要素，你能举出正反两个案例吗？

　　2. 本章平衡计分卡评估供应链合作关系有 23 个指标，你能否对其进行提炼和归纳，利用更少的指标来简化评估方法吗？

　　3. 请你结合某个实际的供应链，利用 SCOR 模型对其进行诊断，并尝试给出一个详细的分析报告。

本章案例

宜家的供应链绩效评估

一、背景介绍

　　全球家具零售领导者——宜家通过供应链绩效管理和创新取得了非常优秀的供应链绩效，成了家具零售行业业务流程的最佳实践。本案例展示如何通过 SCOR 模型去评估和分析宜家的供应链战略，以及为达成这个战略目标所采取的供应链运作策略。

　　安德鲁·考克斯认为，供应链管理是一系列内在联系业务流程的过程，这个过程是为了向终端消费者提供产品和服务的流程集合⊖。宜家的主要业务是聚焦家具和其他一些家庭日用品的分销零售环节。宜家的全球供应链计划流程如图 11-17 所示，它涉及第一、二、三产业，包括原材料采购、制造、分销和最终客户的零售等不同环节的业务流程。

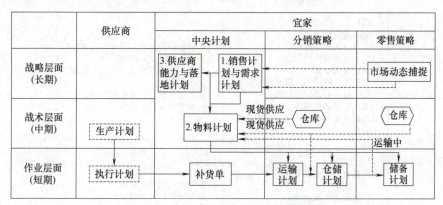

图 11-17 宜家的全球供应链计划流程

⊖ COX A. A research agenda for supply chain and business management thinking [J]. Supply Chain Management: An International Journal, 1999, 4 (4): 209-212.

二、一切以客户为导向

为确保客户满意度，宜家在整个客户购物体验过程中提供了巨大的说服力和价值。例如，提供满足客户要求的产品，帮助客户轻松识别、购买、运输和使用产品的服务。宜家门店为客户提供了琳琅满目的实物产品，旨在让客户轻松浏览和体验产品。宜家的必要工具说明和自组装扁平包装也是一大特色，客户购买产品后可非常轻松地完成包装。此外，宜家还建立了停车设施、美食广场、有人看管的儿童游乐区、迷你电影院等设施，为客户的购物活动提供高度便利，从而增加宜家品牌价值。

宜家通过与客户直接互动、客户关怀服务和网站获得的反馈不断提高客户满意度。宜家衡量客户满意度的指标有：投诉数量、退回产品和客户建议等。最重要的是，宜家通过监控不同价格水平的产品需求来确保以吸引更多客户的方式设定价格。

三、良好的合作关系

宜家需要与来自 50 多个国家和地区的供应商合作，充分的信任、尊重和透明度是不断发展伙伴关系的基础。在与合作伙伴打交道时，宜家将重点放在了高效生产和不断努力降低物流成本上。

宜家的供应链流程贯穿了整个价值链——从供应商到客户。采购、物流与宜家的业务高度融合，同时在供应链业务流程环节中更强调可负担性、可触达性、可持续性。此外，为确保原材料符合特定的质量标准，宜家的全球贸易服务办事处与合作伙伴不断确认对应的交易条款，商定后则严格执行。

四、影响供应链战略的重要变革力量

宜家的供应链并非完美无瑕。图 11-18 利用 SWTO 矩阵分析了宜家的优势、弱势、机会和威胁。SWTO 中的弱势指明了宜家的供应链战略变革的方向：保持适当质量标准、有效满足客户要求、最大限度地减少对环境的影响以及长期产生更高回报的能力是宜家供应链战略变革的主要方向。为此，宜家通过每年更新产品组合来适应客户不断变化的需求；专注于确保客户能够以最大的便利性获得和使用产品；与供应商和合作伙伴保持长期合作关系，以确保原材料符合质量标准和数量要求；拥有大量供应商，有助于增加供应商之间的竞争；供应商和合作伙伴被整合到公司确保环境可持续性的流程中。此外，对低成本的重视可以最大限度地减少浪费和错误，从而提高运营效率和客户吸引力。

优势	弱势
• 多样化产品组合 • 全球运营能力 • 全球公认的品牌形象 • 高水平的客户满意度 • 持续强调创新 • 低浪费、低成本、最小环境污染和有吸引力的定价策略 • 高度集成的供应链 • 与供应商和合作伙伴的长期合作关系	• 影响盈利能力的年度降价策略 • 不同市场质量标准的差异 • 由于产品的标准化，产品的定制化程度很低 • 从长远来看，低成本战略可能会影响产品质量
机会	威胁
• 在现有市场拓展业务 • 进入亚洲和南美洲等新兴市场 • 扩大线上市场的使用 • 增强在食品行业的影响力 • 进入新领域，并且能增强现有产品组合的竞争力	• 全球市场的高度竞争 • 竞争性替代品的增长 • 全球经济衰退 • 不同市场的监管壁垒增加

图 11-18　宜家供应链的 SWTO 分析

五、供应链业务流程的思考与订单履约

宜家供应链主要运作策略是成本领先和产品多样化，它侧重于通过以下措施最大限度地降低其生产成本。

（1）降低原材料采购成本[⊖]。

（2）最大限度地减少浪费。

（3）通过提高员工效率减少操作错误。

（4）利益相关者的整合和对质量的承诺[⊖]。

宜家还通过专注创新和每年推出大量新产品成功打入食品行业，这一举措反过来使其能够扩大业务，增加其产品种类和服务范围，同时也拓展了宜家新的财务发展途径。

订单履行流程相关的活动主要由宜家的 Range & Supply 部门执行，SCOR 模型的六个基本流程如下。

（1）计划：根据需求确定生产要求并确定相关成本和所需的物流。

（2）采购：从相关供应商处订购必要的原材料。

（3）生产：有效地为生产活动分配资源，然后按照数量和质量要求制造产品。

（4）交付：分销流程用于将产品交付给存储单元、销售网点和最终客户。

（5）退货：为客户购买的产品提供保修服务。如果产品有缺陷和/或不符合要求的标准，客户可以退回产品或获得更换。

（6）使能：通过使所有成员符合 IWAY 准则，将所有成员整合到供应链流程中，进行持续研究以识别和纠正任何缺陷，并让员工参与创新流程。

实践表明，宜家供应链为其最终客户提供了广泛的产品。通过对高质量标准和产品质量的绩效把控，宜家的供应链在全球取得了很高的市场地位。宜家也因其强大的品牌形象、国际影响力、高效的财务管理、以客户为中心的政策和创新，以及与供应商和合作伙伴的牢固关系，在供应链上下游之间的协作起到了巨大的积极作用。更重要的是，供应链管理流程中涉及的效率和审慎政策使宜家能够获得财务收益并增强其市场竞争能力。这反过来又确保了公司实现其组织目标，同时继续扩大其在市场中的地位。

资料来源：参见考文献［79，80］，经编者修改整理。

💡 **案例思考：**

1. 在宜家供应链战略实施过程中，为什么供应链流程视图非常关键？

2. 根据本案例（五）中的六个关键流程，请你为宜家设计一些度量指标。

3. 宜家在评估供应链绩效时，为什么要强调"员工参与创新流程"？

4. 宜家是一个典型的商业供应链，你能根据本章知识分析一条你所熟悉的商业供应链吗？

⊖ 见 Inter IKEA Systems，B. V.（2016b）. IKEA range & supply. http://www. inter. ikea. com/en/inter-ikea-group/ikea-range-and-supply/.

⊖ 通过坚持 IWAY（IKEA Way of Purchasing Home Furnishing Products），即宜家采购家居产品。

第七篇

供应链金融篇

第十二章
供应链金融

 本章引言

第十二章配套课件视频

在当前的经济形势下，充足的流动资金对企业越来越重要。供应链资金流存在天然的时空错配，此外核心企业利用供应链优势地位来优化其账期，这造成链内的中小企业无法获得充足的资金流，"融资难、融资贵"现象时有发生。"皮之不存，毛将焉附"——当中小企业因资金陷入困境时，核心企业精心构建的供应链也无法流畅、稳定且低成本地运作，甚至会面临解体的风险。如何提升供应链资金流效率？利用供应链整体信用为链中弱小企业增信，利用数字技术管控风险和成本，利用不同融资模式对应不同应用场景……供应链金融给出了诸多令人满意的答案。本章较为全面地介绍了供应链金融的发展历程及其典型模式，以及数字化对供应链金融创新的影响。通过本章浙商银行的案例，读者会发现：供应链金融是一个生机勃勃的领域。

 学习目标

- 掌握供应链金融的背景、核心理念和发展历程
- 掌握供应链金融的三种典型模式
- 熟悉数字化背景下的供应链金融创新实践

第一节　供应链金融产生的背景及核心理念

一、供应链金融产生的背景

全球化推动了产业在全球的分工和布局，我国逐渐成为全球供应链的汇集点。作为供应链管理的一个分支，供应链金融在我国同样得到了快速发展，在短短的十几年内从无到有、从简单到复杂，并根据我国企业经营的特色进行了诸多创新。我国供应链金融之所以发展如此迅速，主要是以下五个方面的原因。

1. 限制账期扩张的需求

账期是指卖方将货物或服务提供给买方，直至买方付完全部账款的期间。账期与账款紧密相关。一般来说，账款可以分为应收账款、应付账款、预收账款、预付账款四类。以应收账款为例，大部分企业都希望应收账款账期越短越好，最理想的状态是"一手交钱，一手交货"。但这个理想状态在大多数情况下是无法实现的，因为账期的存在有其合理性。核心企业会利用其优势地位（如大额订单）获得对自己有利的账期（如延长应付账款、减少预付账款等），以稳定其现金流。中小企业为获得核心企业的大额订单，也会接受看似不对等的账期。但若不对其加以限

制，供应链账期扩张将不可避免，中小企业资金链压力将进一步恶化。供应链金融的价值恰恰在于解决了供应链账期扩张问题。基于供应链中各类数据，供应链金融在确保核心企业拥有有利账期策略的同时，也能以较低的成本让中小企业获得融资，同时还能控制融资风险。

2. 核心企业的发展需求

供应链金融离不开供应链核心企业的参与，其在小微企业与金融机构之间架起了一座稳定的桥梁，使银行对供应链整体进行审核授信成为可能。身为供应链成员，核心企业的发展同样依赖于整条供应链的稳定与发展。核心企业通过参与供应链金融可以降低自身负债率，优化财务报表，还可以通过供应链降低采购成本，提高营业收入。此外，核心企业不仅能通过供应链金融解决上下游企业融资难、融资贵的问题，还能获得一定的收益，比如直接获得一定的利息收入。由于核心企业能够亲自参与真实的供应链交易过程，因而这部分收益的风险相对较低，而且期限较短，可以有效地提高核心企业的资金使用效率。

3. 解决中小企业融资难问题的需求

中小企业在我国社会经济占据重要地位，它们贡献了 50% 以上的税收、60% 以上的 GDP、70% 以上的就业率。但长期以来，我国中小企业一直面临着"融资难、融资贵"的问题。这既有中小企业自身的问题，也与融资渠道匮乏等外部因素有关。尽管从 2015 年开始，国家出台了各类政策鼓励银行等金融机构贷款向中小企业倾斜，但通常资产规模较小、管理水平和规范性较低、行业影响力低、经营风险大，难以满足银行的贷款和风控要求，中小企业的融资难问题依然无法得到有效解决。在难以获得利率较低的银行信贷的情况下，大多数中小企业只能选择利息较高的社会贷款，从而加剧了自身的经营压力。供应链金融为打破这种困境提供了一个新思路。

4. 银行等金融机构的业务发展需求

随着我国金融改革加速推进，银行业务发展和利润空间不断被压缩。在此背景下，银行有两个策略：一是针对大客户进行服务创新和升级；二是在开发手段、盈利模式和风险控制等方面进行创新，拓宽客户开发的半径。对于第二个策略，虽然国内有大量的中小企业，但由于缺乏合适的风险评估和控制手段，多数银行望而却步。对银行来说，中小企业贷款的管理成本要远远高于大型企业，由于商业银行追求利润最大化与风险最小化，自然会将业务重心放在大型企业上。然而，对大客户的争夺已经白热化，大多数银行陷入了价格竞争、人脉关系竞争的泥潭，资源浪费严重且收益不高。但是供应链金融通过抓住大型企业（通常也是核心企业）这个点，利用其信用背书和链内交易信息，将金融服务拓展到整个供应链网络，将上下游信用水平不高的中小企业纳入银行的授信服务之中，不仅增加了银行的业务量，同时也增加了银行的利润空间。

5. 第三方机构的业务拓展需求

银行并非供应链金融的唯一参与者。事实上，供应链活动过程中存在诸多风险，为规避和降低金融服务风险，银行通常会引入第三方机构对供应链的业务和流程风险进行监控和管理。比如，银行会引入第三方物流公司对供应链中的物流环节进行监控，降低该环节中存在的虚假交易、重复抵押等物的风险。又如，银行会引入第三方保险机构为供应链的金融风险进行保险，降低银行的资金风险。而银行的这些风险规避策略恰好为第三方机构拓展新的市场业务提供了可能。

二、供应链金融的核心理念和特点

供应链金融的核心理念在于：金融服务提供方以核心企业的信用为基础，从整条供应链的角度对其中所有成员进行整体资信评估，并根据其上下游交易信息实现资金封闭式和自偿式管理，借助新的风控模型、第三方监管和保险等征信机构来实现整体风险管控。

供应链金融的整体逻辑如图 12-1 所示。可以看出，供应链金融实际上是指资金提供方（如银行）寻找一个规模大、信用好的核心企业，将其信用注入供应链上下游规模不大、信用不高的中小企业中，通过引入第三方物流或保险公司，为链中的交易活动和金融服务中可能存在的风险进行监管和担保，以此向整条供应链提供成本更低、效率更高的金融服务。处在供应链上的企业一旦获得银行的支持，将资金这一"血液"注入供应链上下游中的所有配套企业，就能激活整个"链条"的运转。

供应链金融＝供应链＋金融。将金融服务引入供应链不仅解决了供应链的资金流梗阻问题，也促进了金融业务的创新，这种结合使得供应链金融呈现以下特点。

（1）风险可控。供应链金融的核心在于从供应链中找到一个有实力的核心企业，以核心企业的信用为依托，围绕供应链中的众多中小企业进行融资，为供应链提供金融支持。该过程把单个中小企业的不可控风险转变为供应链整体的可控风险，通过多维度立体化获取各类信息，将风险控制在可接受范围之内。

（2）还款来源的自偿性。在供应链金融中，企业以授信合同项下产品销售所形成的资金作为首选还款来源，银行通过一定的业务流程设计使销售收入直接回款至银行的指定账户，从而降低了信用风险。

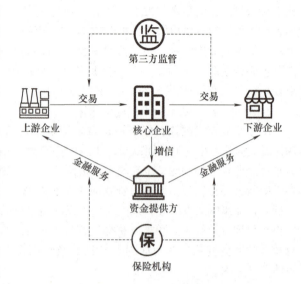

图 12-1 供应链金融的整体逻辑

以应收账款融资为例，客户把销售产生的应收款项转让给资金提供方，核心企业还款时直接转款到资金提供方指定的专门账户，作为客户的第一还款来源，从而体现了还款自偿性的特点。

（3）操作封闭、信息透明。供应链金融业务在运行过程中，银行等金融机构会参与其中，对抵押物进行动态监管，对贷款资金的发放和收回进行全流程跟踪，实施封闭式操作管理，以实现"三流"合一。这在一定程度上解决了传统信贷银企信息不对称的问题，提升了信息透明化程度。以预付账款模式为例，客户在向其上游企业提交订单的时候银行就已介入，并对订单的真实性进行审查，在货物发货后全程实施监控并将货物存放入指定仓库进行监管，经银行审核后客户赎货，整个流程封闭连续且在银行的监督范围之内。

（4）具有增信作用。供应链上下游中小企业的融资难很大程度上是由企业信用较低造成的，主要原因有企业规模较小，财务制度不规范，缺少可供抵押的资产及较低的信息透明程度等。供应链金融则通过引入核心企业进行担保给中小企业起了增信效用，从而另辟蹊径，较好地解决了中小企业融资难的问题。例如，核心企业在应收账款模式中承诺按时支付货款，在预付账款模式中对银行授信的对应货物承诺回购，均能为中小企业增信。

（5）参与主体多元化。供应链金融的参与主体除了链上企业和资金提供方之外，还包括第三方物流和保险公司等第三方机构。第三方物流企业则扮演"中介者""监管者""信息中心"的角色，不仅为链上企业提供专业与定制化的物流服务，还为银行提供仓储监管、质押价格评估和处置等中间服务，充分发挥其在物流管理上的优势，弥补了银行等金融机构在质押物监管等方面的技能缺失。第三方保险公司等征信机构可以帮助供应链金融参与者应对不同的风险和需求。例如，根据供应链金融中的不同环节、不同场景，保险公司可以设计适合的征信产品如信用保险、财产保险等，为供应链中的应收账款、存货、固定资产等提供担保或赔偿，保障供应链金融服务的顺利进行。

三、供应链金融的发展历程

从当前供应链金融的发展情况来看，我国供应链金融已经历了三个阶段，并逐渐进入到 4.0 阶段，如表 12-1 所示。

表 12-1　供应链金融的发展历程

阶段	关键词	商业模式	主体	技术
1.0 阶段	中心化	线下模式 以核心企业的信用为核心	银行	不动产质押 信用评级
2.0 阶段	线上化	线上模式 ERP 对接供应链上下游及各参与方	银行 供应链参与者	动产质押 互联网
3.0 阶段	平台化	利用互联网技术构建一个综合性的服务平台	银行 供应链参与者 平台构建者	三维数据风控建模 云技术
4.0 阶段	智能化	行业细分 去中心化、实时、定制、小额化 参与各个管理运营环节	银行 供应链参与者 互联网金融	数据质押 物联网、人工智能、大数据、区块链

（1）1.0 阶段——线下"1+N"模式。银行根据核心企业"1"的信用支撑，完成对上下游众多企业"N"的融资支持。主要以商业银行为主导，以核心企业为信用载体，以人工授信为主要形式。在 1.0 阶段，供应链金融的发展遇到两大问题：一是手续繁复，传统纸质资料审批效率低，客户须来回奔波；二是贸易背景不易核实，操作风险高，在业务办理过程中极易出现因执行标准不一、管理不到位而导致风险。

（2）2.0 阶段——线上"1+N"模式。线上"1+N"模式主要以核心企业为主导，多主体参与和运营线上化。通过将传统线下供应链金融线上化，让核心企业"1"的数据和银行完成对接，从而使银行能够随时获取核心企业和产业链上下游企业的物流、仓储及付款等各种真实的经营信息。有了互联网技术的支持，线上供应链金融能够高效地完成多方在线协同，提高了作业效率。该模式的不足之处在于，虽然已经能够获得核心数据，但这些数据大多只涉及关键的核心企业，上下游中小企业的控制力不足，尚不能收集真正借款的中小企业的实际数据。

（3）3.0 阶段——线上"N+N"模式。此阶段中，供应链金融逐渐向打造一个跨区域、跨部门、跨链条的供应链生态圈方向发展。通过搭建供应链融资服务平台，整合供应链环节的所有参与方，为其提供多维度的配套金融服务，对供应链各参与方的订单、运单、收单、融资和仓储物流等交易行为进行线上化处理。但是这个阶段产生的问题也很多。例如，有的核心企业在资质、规模、授信方面实力过硬，但缺乏供应链管理能力，没有专业的产融协同团队，核心企业的作用无法有效发挥；有的商业银行仍难摆脱传统的抵押担保式信贷的展业管理思维，跨部门协同与联动难，存在脱离场景、缺乏创新与开放性、封闭生态圈的经营思维，而这也是供应链金融由3.0 迈向 4.0 阶段需要"破题"的重要部分。

（4）4.0 阶段——多元融合。在未来，供应链金融到 4.0 阶段将具有更为明显的跨区域、跨部门、跨链条的生态化特点，金融与科技两大要素相互交织、互促并进，将进一步主导供应链金融的发展。就金融端而言，围绕企业供应链生态，金融机构将全面整合金融与非金融资源，拓展渠道、客户及服务能力。就科技端而言，数字科技企业在供应链金融科技的产品设计上将更加突出标准化、组件化、工具化，以便能够快速适应不同行业、不同客户的需求。"由链到网"将是4.0 阶段的供应链金融最为突出的特点。

第二节　供应链金融的典型模式

供应链金融作为一种金融服务，资金提供方必须从供应链运作的视角对其各环节活动中的企业痛点进行分析，由此设计对应的供应链金融服务模式，如图 12-2 所示。从核心企业与上游供应商的交易关系来看，供应商经常会面临两个难题：有订单却缺少备货资金，应收账款金额大且回款周期长。从核心企业与下游经销商的交易关系来看，经销商则会面对两个难题：采购预付资金缺口大，销售回款周期长。针对供应链上下游的资金难题，现实中的供应链金融模式有多种，本节仅对常见的订单融资、应收账款融资、存货质押融资和贸易信用融资四种模式进行介绍。

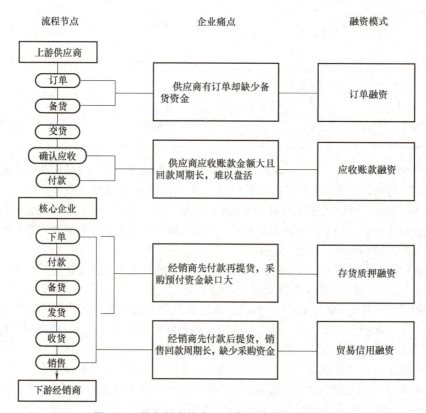

图 12-2　供应链中的企业痛点和供应链融资模式

一、订单融资

订单融资又称反向预付款融资服务，其模式如图 12-3 所示。在该模式中，核心企业通常是主导方，核心企业与上游供应商之间的真实交易信息是该融资模式得以开展的前提。资金提供方既可以是核心企业（如下属的财务公司），也可以是外部第三方企业（如第三方物流企业或者银行等金融机构）。

订单融资模式主要的应用场景如下：上游供应商与核心企业达成订单后，在对核心企业订单供货过程中很可能会由于资金约束（例如采购资金不足）而需要融资。首先，上游供应商基于与核心企业的订单及相关资质证明向核心企业申请融资授信，核心企业对上游供应商进行审核，根据审核情况提供一定担保增信，为供应商寻求资金提供方（如银行）。其次，资金提供方对核心企业所提供的信息进行审核，通过后放款给上游供应商。再次，上游供应商在申请到融资后进行订单项下原材料的采购、生产与装运，这个过程通常由第三方物流企业完成。核心企业则需对该过程中的资金流与物流进行监管。最后，当上游供应商完成订单后，核心企业向上游支付货款用于供应商还款。

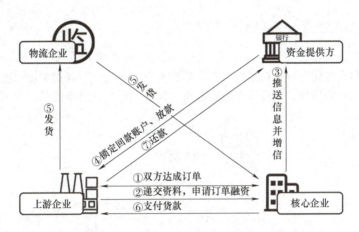

图 12-3　订单融资模式

订单融资模式对于供应链各方都有好处，主要体现在以下几个方面。

（1）对核心企业而言，该模式不占用自身的授信额度，不改变原有的结算模式，仅通过推送供应链交易信息就可以对上游供应商融资，提高了整条供应链的资金效率，有利于核心企业掌控整条供应链。

（2）对上游供应商而言，订单阶段即可获得低成本融资，提高了自身的运作效率和资金周转效率，同时也积累了自身的融资信用。

（3）对资金提供方而言，拓展了贷款客户的范围，同时提高了资金回报率。

（4）对物流企业而言，获得仓储、装卸、运输等物流费用的显性收益，强化与核心企业、融资企业的关系，从而带来未来合作可能的隐性收益。

📖 阅读小贴士

浙商银行"供货通"——南方电网的订单融资模式

南方电网是国有重点骨干央企，主要以经营南方五省（区）电网业务为主，物资采购量巨大，其上游供应商均为实体制造业企业，且不乏优质大中型企业。但在签订合同后，部分上游供应商不仅缺少备货资金，而且没有抵押担保，同时还需要尽快放款。

为解决上游供应商融资难、融资贵的难题，浙商银行为南方电网设计"供货通"解决方案。由南方电网作为核心企业向浙商银行推送其上游供应商订单数据，根据真实交易背景、浙商银行线上风控模型即可依订单数据核定融资额度，该业务模式具有以下优势。

（1）覆盖范围广：与南网合作满一定年限且历史履约记录良好、征信正常的全国供应商，只要有订单就能贷款。

（2）融资金额大：融资额度与融资比例比一般信用融资更高。

（3）审批效率高：一定额度内线上秒级审批，提款秒级放款。

（4）纯信用："供货通"无须抵押担保，浙商银行更在意企业过往与南网的交易信用。

供货通得到了众多供应商的热烈欢迎，目前浙商银行已经是南网订单融资市场合作规模最大的银行，累计投放超 12 亿元贷款。

（资料来源：由浙商银行供应链金融部门提供，经编者修改整理。）

二、应收账款融资

应收账款融资是供应链金融中最常见的融资模式，如图 12-4 所示。但凡有可能，银行等金融机构都不愿意拥有实物存货。这是因为存货质押率难以确定，市场出清也很困难；相反，应收账款作为一种标准化的债权，不仅业务操作规范、简便，而且其风险处理难度要远远低于存货。

图 12-4　应收账款融资模式

应收账款融资模式的主要应用场景如下：下游核心企业的延时付款会给上游供应商带来大量的应收账款，这对上游供应商的现金流会造成巨大压力，如果不能及时收回应收账款，就会影响其正常运作。为获得资金支持，上游供应商将应收账款出让或质押给资金提供方（如银行），后者提供应收账款融资、催收等综合服务。

在该融资模式中，首先上游供应商基于核心企业的应收账款凭证与资质证明向核心企业申请融资授信。核心企业对上游供应商进行审核，根据审核情况提供增信并为其寻求银行融资。其次，银行对核心企业所提供的信息进行审核，通过后放款给上游供应商。最后，核心企业在应收账款到期时付款给上游供应商，用于向银行还款。

应收账款融资的难易程度和融资成本的高低取决于核心企业的配合度：如果核心企业积极配合，愿意向银行提供商票、电子债权等应收账款强确权凭证，那么供应商应收账款融资的便利性会很好，融资成本较低；如果核心企业仅愿意提供增信，但不为应收账款确权，那么供应商融资的便利性较差，融资成本较高。

阅读小贴士

浙商银行"应收通"——中铁四局二公司的应收账款融资模式

中铁四局集团第二工程有限公司（简称"中铁四局二公司"）隶属于中铁股份集团，主要为业主提供大型公路、铁路、市政工程项目建设承包服务，公司经常遇到下游业主支付不及时的问题。作为中铁集团的子公司，中铁四局二公司本身没有独立的融资权限，却要承担对诸多上游供应商刚性兑付、协助确权、支持融资等社会责任，这就导致公司出现了较大的资金缺口。

为解决上述问题，浙商银行为中铁四局二公司设计了"应收通"解决方案。该方案通过核心企业签发承兑应收款链的方式，实现了应收账款的确权和回款账户的锁定，同时为核心企业提供了回款资金管控、供应商到期兑付等便利措施，核心企业仅需承担商业信用责任，即可赋能供应商应收账款融资。该方案还针对供应商小额、高频的融资需求，通过大数据风控模型，为小额信贷客户提供线上直通车额度审批服务，满足供应商融资时效性及便捷性需求。截至 2023 年 9 月月末，该项目累计投放超 5 亿元，服务客户近 100 户。

（资料来源：由浙商银行供应链金融部门提供，经编者修改整理。）

三、存货质押融资模式

供应链存货质押融资模式主要有仓单质押融资和存货融资两种模式。前者需要银行和物流公司相互协作，后者在前者基础上引入了核心企业。两者的融资模式和应用场景也有所不同。

（一）仓单质押融资

根据《中华人民共和国民法典》规定，仓单是提取仓储物的凭证。仓单是一种物权证券，以金融机构为寄存人，只要保证仓单的真实性和畅通的出清渠道，仓单持有人就可以获得银行的信贷支持。这意味着该融资模式不需要供应链上下游的协作，仅凭仓单就可以向银行融资。

该模式主要的应用场景：在生产经营过程中，企业为维持销售的稳定性而持有大量库存，这些库存在销售回款完成之前会占用大量资金，这对企业的流动性会产生不小的压力。企业既希望能盘活库存、加快企业资金周转，又希望能持有一定量的现货应对需求。此时，企业只要将第三方监管机构（如第三方物流企业）开具的仓单提交给银行审核，通过后进行质押并获得融资，如图 12-5 所示。

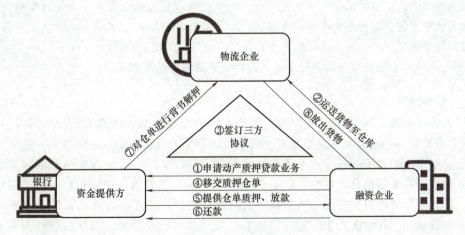

图 12-5　仓单质押模式

该融资模式的核心是必须确保仓单的真实性。这需要银行与融资企业签订信贷协议和《仓单质押协议》，协同第三方物流公司对仓单进行质押背书并对仓单背后的存货进行监管。

仓单质押融资主要有以下三个优势。

（1）质押给银行的仓单是一种标准证券，其市场出清能力较强，企业获得银行信贷相对容易。

（2）仓单对应的动产产权归属不会发生变化，仅仅在银行办了仓单质押手续，产权仍归企业，对企业的生产经营基本不会产生不利影响。

（3）货物提取方式便捷，企业可根据市场的需求情况，部分或全部提取仓单进行销售，合理安排融资规模。

仓单质押融资主要有以下两个劣势。

（1）仓单质押融资对存货类型有严格要求，通常用于大宗物资（如钢铁、煤炭或粮食等）以及一些标准通用零件，这些存货的价值不易灭失，且在市场上拥有较强的出清能力。

（2）仓单与存货发生了脱离，融资企业和物流企业可能存在串谋、重复虚假抵押等恶性融资行为，这会加大银行的信贷风险。

📖 阅读小贴士

浙商银行"仓单通"——南储集团的仓单质押模式

南储仓储管理集团有限公司（简称南储集团）作为专业的仓储物流企业，其下游客户主要为经营大宗商品的中小企业，而该类型企业除房产抵押等有限的担保方式外，想要高效率、低成本地从银行等金融机构获得融资较为困难。同时，仓储服务对象面临的融资难、融资贵等问题也会反向限制仓储物流企业的业务发展。

为解决上述问题，浙商银行为南储集团及其存货人设计了"仓单通"解决方案。该方案是存货人在授信额度范围内向浙商银行申请仓单质押融资，南储集团对存货人存放在其仓库内的货物进行仓单签发，存货人将仓单质押给浙商银行获取融资，后续存货人打款赎单，浙商银行再根据存货人打款情况解押仓单并通知南储集团释放货物。

该业务模式具有以下优势：一是盘活客户资产，将存货人囤积在仓库码头的货物以仓单质押形式融资变现，减轻存货人的资金压力；二是助力产业共赢，通过金融增值服务提升南储集团市场服务能力，吸引更多仓储客户。

（资料来源：由浙商银行供应链金融部门提供，经编者修改整理。）

（二）存货融资

存货融资模式的应用场景： 强势的上游核心企业经常会要求下游经销商"先付款后发货"，而下游的中小经销商通常缺乏足够的预付采购资金，反而影响了上游核心企业的市场销售。但是这些中小经销商的资信水平不高，银行在对其放贷的过程中存在强烈的风险规避意识，使其很难获得大额信贷。此时，核心企业如果能够提供控货、调剂销售、承诺回购等增信措施，那么银行就可以为中小经销商提供大额信贷支持。存货融资模式如图12-6所示。与仓单质押融资相比，存货融资模式中物流和资金流结合得比较紧密，恶性融资行为会大幅度降低。

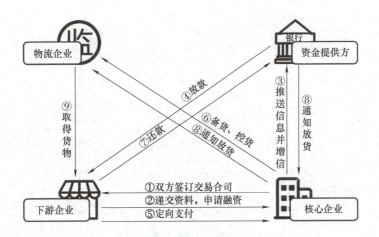

图 12-6　存货融资模式

📖 阅读小贴士

浙商银行"订单通"——吉利汽车的存货质押模式

作为吉利集团下游的分销网络渠道，经销商承担了产品销售压力和销售风险：经营初期，在销售回款能力不足、资产结构单一、资产实力有限的情况下，经销商急需资金去覆盖市场开拓、产品仓储、运输、经销采购的成本，以应对快速增长的终端市场需求。因此，经销商群体需要银行融资的支持来提高财务杠杆水平和流动性支持。但经销商通常采用轻资产经营模式，从而面临着一些经营痛点：首先，行业经营门槛低，公司资产实力弱；其次，公司成立时间短，经营收入规模小；最后，资产结构以存货车辆为主，质押融资手续相对复杂。这些因素严重限制了经销商的融资能力和银行负债水平，影响了经销商的发展和竞争力。

为解决上述问题，浙商银行为吉利控股集团设计了"订单通"解决方案。该方案是由浙商银行根据核心企业提供的下游经销商推荐名单为经销商核定专项的授信额度。经销商作为付款人，通过浙商银行供应链系统开立银行承兑汇票，向核心企业支付结算款。核心企业收款入账后发运对应车辆，车辆到店后通过浙商银行派驻的监管公司监管员办理入库手续，后期经销商按照流程打款赎证释放车辆，最终完成销售。

"订单通"业务有如下作用：一是满足了吉利控股集团加快回款和扩大销售的需求，帮助其更好地培育产业链合作伙伴；二是帮助经销商盘活库存，提高营运资金使用效率。截至2023年9月月末，浙商银行围绕吉利、领克、几何、商用车四个核心品牌，已成功落地投放供应链融资金额合计超过280亿元。下游合作经销商从原先不足10户现已发展至超240户。

（资料来源：由浙商银行供应链金融部门提供，经编者修改整理。）

四、贸易信用融资

贸易信用融资通常由核心企业驱动。资金提供方与核心企业协作，依托核心企业提供的供应链交易信息和增信措施，为其下游中小经销商提供专项用于向核心企业采购产品的小额、高频、纯信用融资支持。贸易信用融资模式如图12-7所示，其中资金提供方既可以是核心企业（如下属的财务公司），也可以是外部第三方企业（如第三方物流企业或者银行）。

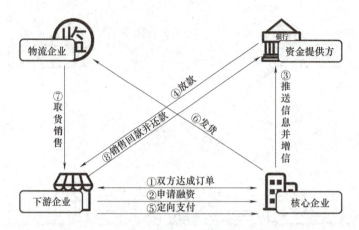

图 12-7　贸易信用融资模式

第三节　供应链金融的创新实践

数字平台、核心企业、金融公司和第三方服务企业都在借助数字技术深度参与供应链金融领域。当前，数字正在以前所未有的方式赋能我国以及全球的供应链金融，不断推动供应链金融模式的创新。

一、供应链金融中的数字技术

数字技术可有效解决传统供应链金融数据失真、信息不对称以及多方协调成本高等问题。在当前的供应链金融实践领域，常见的数字技术有物联网、大数据和区块链等，这些技术显著增强了商流、物流、信息流和资金流的真实性，在降低了供应链金融风险的同时提高了供应链的运作效率。

（一）物联网与供应链金融

物流金融是供应链金融的原型，其目的就是解决物流和资金流在时空上的错配和分离问题，大多数道德风险和操作风险都源自对物流监管的低效和错误。物联网（Internet of Things，IoT）的出现让供应链金融服务底层并提供技术支撑，同时也拓展了供应链金融的服务范围和空间。具体而言，物联网给供应链金融带来了以下好处。

（1）更好地防范信用风险。供应链金融的典型特点是针对交易中的"物"，即物流和商流进行融资服务。但是在供应链中，融资抵押物会随着商务活动的开展而不断发生变化，依靠人力盘查、审核和监管的传统供应链金融无法对每笔业务订单进行核对，这极易诱发供应链参与者的道德风险（如虚报、瞒报），导致供应链金融发生骗贷、骗保等违约行为。而物联网让供应链金融在底层物流监管上第一次拥有了全天候、全空间的实时、动态监管的数字技术，这大大降低了供应链中的信用风险。

（2）降低了控制成本。物联网技术的引入不仅可以代替人工对企业进行实时监管从而降低信息获取成本，也降低了处理某些业务时外派人员的必要人工成本。简而言之，物联网技术降低了物流信息获取和监管成本，提高了物流的监管效率，同时还降低了重复抵押等道德风险和人为操作风险。但获得这些好处的代价是需要支付较高的物联网设施和系统成本。

（3）拓展了供应链金融服务的网络空间。传统供应链金融主要围绕核心企业开展业务，这意味着金融服务商聚焦单链的上下游开展业务。这虽然提高了金融服务商的服务效率，但也意味着失去了更多业务的可能性。但在物联网技术的支持下，获得足够关键的"物"的数据对于金融服务商而言变得越来越容易，而这意味着其供应链金融服务有了更广的供应链网络。

📖 阅读小贴士

物联网技术的三层结构

广义上的物联网技术是指通过各种信息传感器、射频识别技术、全球定位系统、红外感应器、激光扫描器等各种装置与技术，实时采集任何需要监控、连接、互动的物体或过程等各种信息，形成人与物、物与物相连，实现信息化、远程管理控制和智能化的网络。

物联网的架构分为感知层、网络层、应用层三部分。感知层的主要功能是利用射频识别、红外感应、全球定位系统等传感技术，对物体进行定位跟踪，同时对所需要的信息进行收集；网络层主要依托互联网、广电网、云计算平台等现有的网络基础设施，其主要功能是对感知层收集的信息进行传递，是整个物联网架构的中枢系统；应用层是衔接客户的层面，它的主要功能是根据客户的需要提供相应的信息。

（二）大数据与供应链金融

如果说物联网提供了底层数字，那么大数据技术则融合了各类数据对供应链金融业务提供的数学模型和分析技术的支撑。数据本身并不能减少信用风险、提高运作效率，想要达到这些目的，其背后需要一系列统计模型、数学分析和智能算法对海量数据的处理和提炼。因此，大数据技术=海量数据+数学算法。供应链中的海量数据提供分析对象，数学算法提供挖掘分析和画像，两者结合用于指导供应链金融业务的开展。

当前，几乎所有银行等各类供应链金融服务商都将大数据技术视为关键战略技术，其主要的动力源有以下三个。

（1）为客户提供更多的个性化供应链金融服务。在大数据技术的支持下，供应链金融服务商能够更加精确地把握供应链中企业的需求，从传统企业寻找信息的模式转变为利用信息主动寻找企业，同时还能刻画融资企业的信用画像，这使设计个性化的供应链金融服务成为可能，金融服务商的市场空间得以扩张。

（2）提高了授信服务效率。通过大数据技术获得的融资企业画像不仅可以让金融机构获得自动的量化授信（如授信额度和利率），还大大提升了传统依靠人工授信流程的效率。

（3）提高了信用管控质量。大数据技术允许金融服务商获得动态、可持续的财务和业务交易数据，这些数据可以显著提高金融服务商的征信质量，同时还允许其通过数学模型实现实时监控、预警，精准把控信用风险。

（三）区块链与供应链金融

虽然供应链金融是一种金融，但依然无法避免金融内生的两大风险——道德风险和操作风险。尽管前述的物联网和大数据技术都可以缓解这两种风险，但这两种技术本身需要人的参与，数学模型的使用强烈依赖其前提假设的合理性，因此"人为伪造""无意过错"仍然会让这两种风险存在。但是区块链技术的出现使人类第一次拥有了利用技术解决这两种风险的可能。

区块链是一种去中心化的数据库系统，它将数据存储在多台计算机节点上并同步更新数据。从本质上讲，区块链就像一本不断增加的公共账本，它不是由中心机构控制的，而是由许多人共同管理，每当有新的交易发生，其交易信息就会被记录，并且这些数据具有"不可伪造""公开透明""全程留痕""可以追溯""集体维护"等特征。目前供应链金融仍具有存在信息孤岛、核心企业的信任无法有效传递、融资难、融资贵等诸多问题，而区块链技术的特性与供应链金融所存在问题具有天然的匹配性，在融资的便利性与融资成本方面具有创新突破的潜力。

区块链对供应链金融的作用主要体现在两个方面：一是数据上链后能够保证数据的安全性和不可篡改性，同时区块链平台会记录授信合同、授信额度等信息并时刻更新，确保信息的时效性；二是资产数字化，把仓单、合同以及可代表融资需求的区块链票据都变成数字资产，且具有唯一、不可篡改、不可复制等特点。因此，区块链技术将能有效地增强供应链金融资产的流动性，结合新型的融资工具和风控体系，有助于覆盖中小企业融资的长尾市场，建立完善的去中心化信用体系，创新供应链金融服务。

二、基于数字技术的供应链金融创新

正是因为数字技术的突飞猛进，供应链金融创新才能成为现实。毫不夸张地说：没有数字技术，供应链金融创新的想象力就无法实现。线上主动量化服务、资产穿透、数字风控都是技术带来的结果。

（一）基于物联网技术的动产质押监管的供应链金融创新

金融机构可以将物联网技术引入动产质押贷款业务，通过电子标签技术，实现对大宗商品的远程定位和智能库管，通过射频技术实现对质押品的远程监控和移动报警，同时搭建物联网动产质押监管系统，随时调阅质押品的位置、重量、轮廓及视频信息，实现监测复核和一键解押，保证质押物的安全，提高仓储的精细化管理水平，从而为供应链动产质押融资保驾护航。

物联网动产质押监管系统的核心是"感知仓单"管理。质押动产的客观物理状态是仓单管理的内容，"仓单管理平台"会将质押动产所涉及的监管要素、物理信息连同初始监管状态的照片打包封装，形成一张电子的"感知仓单"，与质押动产形成一种动态、实时的对应关系。仓单生成后即被锁定，对仓单货物进行任何未经许可的操作时，系统将自动产生预警和报警信息。这种管理模式替代了传统质押业务中的人工监管，依托物联网技术实现动产的全程监管，有效解决了质押动产的监管难题。在动产质押给银行后，监管报警服务激活，一旦系统感知到质押动产的位置、重量、轮廓这些足以改变货值或质押状态的关键信息在没得到放贷方许可的情况下发生变化，就会自动报警。此外，银行能在"感知仓单"管理平台上查询货物仓单是否处于质押状态，有效避免重复质押仓单等问题。

（二）基于大数据建立主体征信模型的供应链金融创新

1.0时代的"1+N"供应链金融线下模式存在两个弊端：一是供应链内贸易背景不易核实，信用和操作风险较高，在融资业务办理过程中极易出现执行标准不一、管理不到位等风险；二是运营效率低，所有的数据都需在线下通过人工确认和逐笔审批，融资流程长且容易出现人工错误；三是无法实现个性化授信，传统线下获取的数据缺失或不足，无法支撑多样化的授信额度和利率组合。

利用大数据建立主体征信模型的第一个理念是"让数据代替人工跑"，提高供应链金融业务的效率。例如，很多供应链金融服务机构在授信之前要求申请供应链融资的中小企业在特定的平台上进行注册，一旦注册完成，金融机构就可以获得授权向相关机构申请这些企业的征信数据、税务数据和司法数据等。拥有这些数据之后，加上供应链核心企业提供的交易数据，就可以利用数据挖掘和大数据分析技术建立一个客户信用风险评估模型，并进行线上自动审批。例如，微众税银联合税务局和银行共同打造了国内首个基于企业征信的在线企业融资产品全自动审批平台，通过涉税数据对企业实施整体信用评价，开发交易征信模型来评价供应链交易信用，利用交易信用评估结果筛选出合格的下游交易商，通过大数据分析来向金融机构输出建议，最后通过贷后数据分析支持金融机构的风险管理。

第二个理念则是"利用数字增强供应链金融业务的柔性"。当风险模型给出评估结果之后，供应链金融服务商就可以为不同信用水平的客户制定不同的授信策略和风控策略（如动态的授信额度、差异化的利率水平等）。这意味着金融服务商获得了一个业务收益风险组合矩阵，供应链金融业务覆盖的企业范围更广，收益范围更大。

> **📖 阅读小贴士**
>
> **浙商银行的大数据风控平台**
>
> 浙商银行大数据风控平台综合应用了"人工智能+大数据+知识图谱"技术，广泛引入外部相关数据、模型，填补了客户准入、关联关系、授信审批、贷后管理、预警管理、财务分析等系统支持能力的空白。浙商银行充分整合利用内外部数据，构建了10亿级企业画像知识图谱，结合自然语言处理、深度学习技术实现舆情分析预警自动化处理，根据大数据风控规则或模型形成预警信号或风控结论，进一步深化金融科技各项技术的综合运用，实现了全行风险管控的数据化、移动化、智能化。
>
> 浙商银行基于供应链交易数据、税务数据、银行征信数据、商品价格数据等数据集合，以大数据风控模型审批为主，以线下人工审批为辅，从传统依赖抵押担保转换为依托产业交易信用、盘活物的信用、释放数据信用等创新授信方式，打破传统授信对主体和抵押物的依赖，并借助区块链技术实现信用在产业链上的流转，精准服务于产业链上的所有企业。
>
> （资料来源：由浙商银行供应链金融部门提供，经编者修改整理。）

（三）基于区块链拓展多级供应链金融创新

拓展多级供应链金融创新的本质是将金融服务延伸到全链，为链中更多企业提供融资服务。核心企业信用背书在供应链中的辐射范围是有限的，出于风险考虑，大多数金融机构仅能为核心企业的一级供应商提供供应链金融服务，这大大制约了金融机构的业务范围。但随着区块链技术的发展，基于区块链技术拓展多级供应链金融体系可以保证价值转移和信用多层渗透，使供应链金融可以覆盖核心企业远端的中小企业。

当前区块链技术在供应链金融中的最大创新应用在于：**在供应链生态圈中，利用区块链技**

术打造一种**基于核心企业信用的应收账款电子债权凭证**，也就是将核心企业对供应商的应付账款变成可拆分流转的电子凭证，供应商通过凭证可以获得便捷优惠的资金，降低融资成本，保障回款安全。同时该电子凭证具备全流程可追溯、信息不可篡改以及自由拆分等功能，从而达到较高的流通性，实现跨链条支付，通过电子凭证将自身的信用穿透上游多级供应商，有效解决传统供应链难以拓展多级供应链的难题。

 阅读小贴士

浙商银行的"应收款链平台"

早在 2016 年，浙商银行就意识到，拥有信息共享可信、不可篡改、不可抵赖、追溯性等特征的区块链技术将是推动金融创新的春风，随后开始积极布局，与相关科技企业合作，探索区块链技术金融落地的可行性，并于 2017 年成功推出了"应收款链平台"，开了业内以区块链赋能核心业务的先河。

该平台可将实体企业基于真实交易产生的各类资产"上链"，完成区块链数字资产份额化登记，实现业务规则的智能化管理与自动履约，有效解决实操中的票据确权、抵质押物管理的难题。在平台上，企业可以办理应收款的签发、承兑、支付、转让、质押、兑付等业务，将应收款提前变现或在平台上实现无障碍流转，这大大提高了供应链金融服务的效率。

（资料来源：由浙商银行供应链金融部门提供，经编者修改整理。）

三、数字化平台赋能的供应链金融模式创新

最近 20 多年里，阿里、京东等诸多数字平台巨头和一些行业数字化平台快速崛起，正在或者已经重构了很多行业的供应链结构。这些数字化平台拥有包含客户行为、消费订单、物流和生产计划等海量数据，当它们进入供应链金融领域后，供应链金融的模式也发生了巨大的改变。

数字化平台在赋能供应链的深度和广度这两个维度上存在差异。赋能深度指的是平台数据对单条供应链精耕细作的程度，赋能广度指的是平台数据对更多类型供应链提供金融服务的能力。因此，根据这两个维度，可以将**数字化平台赋能下的供应链金融模式分为四类**，如图 12-8 所示。

1. 传统在线供应链金融模式

由数字平台赋能，借助互联网来实现在线优化，将银行与核心企业 ERP 系统相连通，增强金融借贷中的自动化程度，降低人为介入程度，这是线上化的"N+1+M"模式，即通过互联网实现依托核心企业"1"，为其众多的供应商"M"和众多的分销商或客户"N"提供综合金融服务。传统银行针对大型客户的供应链金融通常采用这种模式。但这种模式仅将线下的业务搬到线上，对金融行为以及供应链运作的实质性影响有限。

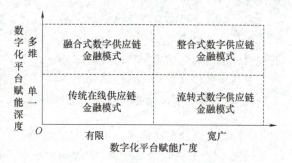

图 12-8 数字化平台供应链金融模式

2. 流转式数字供应链金融模式

该模式在目前较为流行，主要特征是将应收账款电子化、标准化，然后通过数字化平台帮助

产业供应链将核心企业的信用在多级供应商中拆分和流转，也可以将拆分之后的标准化票据作为依据，借助再保理的方式，让中小型企业实现良好的融资效果。这种模式大多为产业链或者单个巨型企业所采用，典型的如欧冶金服中的通宝、中企云链中的云信和 TCL 简单汇中的金单。

流转式数字供应链金融模式有以下三个关键特征。

（1）让主体信用实现凭证化，也就是借助标准化票据实现核心企业采购业务的确权。

（2）让数字凭证实现链上化，借助区块链技术，将所有债权以及债务关系都通过标准化、电子化票据形式进行管理。

（3）流转信息实现透明化，通过数字化平台可以对标准化票据流转状况进行实时追踪。要实现这一目标，需要电子化标准凭证与区块链技术相结合来实现对流转单证的管理。但是这类模式存在一定的局限性：主要是数字化平台赋能的维度单一，只是将应收账款做了票据化，但是无法保证实物资产与单证的对应，难以做到对票据资产的透明化和管理。

3. 融合式数字供应链金融模式

这种模式虽然并没有实现整条供应链的数字化，但是局部实现了数字化平台的深度赋能，即对局部供应链中物流、交易以及对应资产情况的全面把控。这类供应链金融模式通常需要具备以下四个特征。

（1）资产管理透明化——建立可信资金池，实现对供应链中资产的实时化、透明化管理。

（2）交易数据互联化——建立可信数据池，实现产业交易中各维度信息的相互映射。

（3）合作关系价值化——将特定交易主体的业务关系作为核心，使其关系价值得以清晰刻画和动态反映。

（4）让线上和线下互审化——让线上可信形式的资产池以及数据池和线下实际交易以及供应链中的资产实现一一对应。

融合式数字供应链金融模式的基础在于同时实现了线上信息与线下资产的融合管理，这需要运用区块链技术、人工智能技术以及物联网技术作为支撑，围绕产业核心企业及其上下游提供供应链预付款、仓单融资和动态库存融资服务。当然，这类模式存在一定的局限性：第一，建立可信资产和可信数据需要获取企业数据隐私和数据交互；第二，该模式仅对局部供应链赋能，因此如何从全周期、全流程上实现资产以及交易的融合管理是亟待解决的问题。

4. 整合式数字供应链金融模式

整合式数字供应链金融模式是未来供应链金融的发展方向。它不仅可以通过数字平台从广度上对各个交易主体以及交易环节实现覆盖，同时也能从深度上围绕供应链运营的各个维度进行交叉融合管理。整合式数字供应链金融模式基于大数据分析对外部数据和关键运营数据进行挖掘，建立主体征信风险模型，真正实现了综合性供应链征信。

整合式数字供应链金融模式具有以下四个关键特征。

（1）让伙伴管理实现生态化，也就是将供应链具体运营过程中的各个交易主体在网络中有机嵌入，以此来达到一种有序、良好的互动关系，实现共赢。

（2）让交易物流实现多级化，也就是将各阶段中的交易以及物流进行标准化和整合性的管理。

（3）让数字信息实现可溯化，也就是对公共数据和以供应链具体运营活动为中心的数据加以整合，使其达到透明化、可见性以及可追溯的效果。

（4）让运营规则实现共识化，也就是让所有的物流、交易以及资金等活动都形成明确的运营规则，并得到参与方的共同认可与执行。

尽管该类模式中数字化平台赋能供应链的广度和深度都足够，但其面临的最大挑战在于达成各方的技术共识和商务共识。技术共识是指需要解决跨供应链、跨网络技术的融合技术，因为供应链参与主体的数字化体系构建方式存在差异，如何将技术异构的供应链集成到数字化平台中是一个巨大的挑战。商务共识是指供应链运营的参与主体能否使供应链运作和金融活动达成标准化规则并采取一致行动，如果数字化平台的力量不够强大，让诸多供应链参与主体达成商务共识并不容易。

📖 阅读小贴士

浙商银行的供应链综合金融服务应用

浙商银行对供应链上下游生产经营活动进行分析、抽象、整合，创新采购、仓储、销售、分期还款、存量资产盘活等多个跨场景服务，打造"一点授信、链式流转、多处受益"的全新供应链金融新模式，推动产业数字化升级和高质量发展。

一是形成"四通"数字供应链金融整体解决方案，满足供应链各方的融资需求；二是创新授信审批方式，发挥数据、交易和物的信用价值；三是流程再造，打造全流程线上化服务，提升服务效率和客户体验；四是技术赋能，深化物联网、大数据、区块链等金融科技研究与应用，提升风控水平和风险管控能力；五是多方协作，共建供应链金融服务生态圈，统筹优化配置资源要素，为企业提供多个跨场景金融服务，推动实现生态共创。

浙商银行的供应链金融综合服务应用入选了2022年浙江省数字化改革"最佳应用"。目前，已在能源、汽车、钢铁、建工、通信等近30个行业形成差异化解决方案，累计服务产业链上下游客户超过30000户，融资余额突破1500亿元。

（资料来源：由浙商银行供应链金融部门提供，经编者修改整理。）

本 章 小 结

供应链金融横跨产业链和金融活动，是服务实体经济，解决小微企业融资难、融资贵问题的重要途径，在国家战略布局中的重要性日益凸显。本章首先从社会经济迅速发展产生的实际问题出发，分析了促使供应链金融从无到有、从简单到复杂的现实困境和企业需求，引出了供应链金融的核心理念与特点，并在此基础上对供应链金融的发展历程进行概括。其次，本章介绍了由银行推动的以及由核心企业推动的两种典型的供应链金融模式，重点分析了不同模式下各供应链金融服务的特点。最后，本章介绍了推动供应链金融服务创新的一些数字化技术，如物联网、大数据、区块链等，以及这些技术如何运用在供应链金融中以实现模式创新，并对数字化平台赋能的供应链金融模式进行剖析。大家相信，利用数字化技术能够更好地促进供应链金融的健康发展。

💡 思考与练习

1. 请分析银行参与供应链金融的动机，请你尝试比较供应链金融与传统融资的区别。

2. 供应链金融中的核心企业存在哪些风险问题？如何解决供应链金融中的"信息不对称"问题？

3. 请分析供应链金融中应收账款融资模式可能存在哪些风险？结合实际谈谈可实施的应对措施有哪些？

4. 请结合供应链金融实践现状及数字化技术的发展，谈谈你对未来供应链金融发展趋势的看法。

 **本章案例**

浙商银行供应链金融之"三全四通"

浙商银行成立于 2004 年 8 月，是一家以公司金融、零售金融、金融市场和金融科技为核心的股份制商业银行，是 12 家全国性股份制商业银行之一。"三全四通"是对浙商银行供应链金融综合解决方案特色的概括，浙商银行应用数字化技术，赋能供应链金融综合性服务，帮助供应链上中小企业缓解融资难题，支持链主企业提升整体竞争力，助力产业链稳链、固链、强链，助推银行转型服务实体经济并实现高质量发展。

一、浙商银行的"三全"

经过持续的"产品+科技"双向赋能以及对客户金融需求的不断深耕，浙商银行提供了"全链条、全场景、全产品"的数字化供应链金融服务解决方案，旨在解决链上中小企业的融资难题。浙商银行的"三全"是指全链条覆盖、全场景定制和全产品应用。

（1）全链条覆盖。浙商银行供应链金融服务对象涵盖整条产业链条从上游多级供应商到下游多级经销商所有环节的经营主体。

（2）全场景定制。浙商银行针对不同行业企业特定融资场景，定制个性化服务方案，已形成涵盖从上游订单融资场景到下游经销商分销融资场景，涉及能源、汽车、钢铁、建工、通信等近 30 个行业的定制化融资方案。

（3）全产品应用。浙商银行供应链金融的应用产品全面覆盖数字信用凭证、贷款、国内信用证、保函等，根据企业具体的融资需求进行精准匹配、灵活投放。

二、浙商银行的"四通"

浙商银行通过"数字化改革+场景化应用"，打造"行业化+嵌入式"的供应链金融服务模式，实现了覆盖产业链上下游的产品体系，形成覆盖主流场景的数字供应链金融整体解决方案。围绕上游供应商的订单缺少备货资金、供应商发货后有账期无回款、下游经销商或终端客户想扩大采购缺少预付款等市场典型需求，浙商银行为其定制各类适配产品。

1. 围绕链主企业上游供应商的数字化供应链金融服务方案

（1）供货通。基于链主企业采购订单数据（可通过与链主企业采购系统对接获取）为供应商提供融资模式，此类模式适用于供应商需要垫资生产的融资需求。

（2）应收通。与链主企业基于数据交互，为其上游供应商办理应收账款转让或质押类融资业务，包括为供应商办理区块链应收款保兑或转入等，重点解决上游供应商向链主企业交付货物后因赊销产生的提前盘活应收账款的需求。

2. 围绕链主企业下游经销商的数字化供应链金融服务方案

（1）订单通。为经销商办理定向用于向链主企业采购货物的融资后，由链主企业或第三方仓储监管机构利用物联网等技术为浙商银行管控货物，并通过 ERP 等系统对接，在经销商还款后进行提货的控货类经销商融资，重点解决经销商预付款大额采购的资金压力。

（2）分销通。依托链主企业与经销商历史交易数据、结算周期、结算方式等数据，为经销商办理定向用于向链主企业采购货物的融资后，经销商可先行提取货物并以货物销售现金流入偿还浙商银行融资的非控货类融资，重点解决经销商扩大采购带来的资金压力。

三、案例：浙商银行供应链金融赋能正泰安能

1. 融资企业简介

正泰安能数字能源（浙江）股份有限公司成立于 2015 年，注册资金为 24.38 亿元，属上市公司浙江正泰电器股份有限公司的控股子公司，是正泰集团户用光伏板块运营主体，在国家

"2060 碳中和"与"乡村振兴"两大战略的指引下，专注于为广大农村用户提供屋顶光伏系统的合作开发、销售、勘测设计、安装及售后运维的全解决方案，是我国行业协会颁发的首家"户用光伏优秀品牌"，是国内最大的户用光伏服务商之一。

2. 客户的融资需求

随着户用光伏行业的不断发展，行业迎来了爆发期，资金需求旺盛，整个业务在进展过程中急需快速回笼资金，主要表现为以下三个方面。

（1）对于正泰安能（核心企业）来说，光伏行业属于资金密集型行业，构建稳定的供应链体系和企业融资问题是目前的重要挑战。随着企业规模不断扩大，上下游企业间的有序分工合作形成了完整的供应链体系，但由于链条上的企业规模、实力不尽相同，获得融资的难易程度也不同，通过核心企业支持上下游企业融资决定了该行业未来的发展。

（2）对于正泰安能的供应商（上游企业）来说，由于自身整体规模较小，资金占用大，通过常规途径获得银行融资的难度较大，希望能依托核心企业，以信用方式获得融资，缓解资金压力。

（3）对于正泰安能的代理商（下游企业）来说，企业与农户签订安装服务合同、安装并网，安装需垫付劳务费用，期间核心企业与代理商之间有 2~3 个月账期，资金压力较大。

3. 浙商提供的供应链金融业务模式

针对正泰安能供应链的特点，浙商银行供应链为其量身定制了供应链金融服务。

（1）应收通——针对上游供应商。浙商银行根据正泰安能与上游供应商的相关贸易背景给予一定的平台管控额度，并切分至其负责采购原材料的翔泰、善泰或接受安装服务的泰集等，作为主办单位的子公司使用。主办单位向上游供应商进行采购形成应收账款；根据贸易背景签发、承兑的区块链应收款，核心企业正泰安能做企业保兑；供应商将收到的应收款在专项授信额度内转让给浙商银行或入池质押融资。

（2）分销通——针对下游代理商。正泰指定的主办单位根据企业内部对代理商的信用风险分类名单将其推荐给浙商银行；浙商银行根据代理商的信息审批专项授信额度（线上审批）；下游代理商向浙商银行申请分销通贷款。系统自动校验相关条件，若不满足，则贷款失败，若满足该条件，则审批通过；贷款发放后，受托支付至主办单位在浙商银行的签约账户；随即补充分销通订单。

（3）光伏贷——针对终端消费者。正泰安能与农户达成户用光伏电站合作意向，正泰安能生产并提供光伏电站，支付代理商上门安装的服务费用。待电站完成安装、发电、并网至国家电网，正泰安能与农户签署运维、电费归集和光伏贷还款等协议。浙商银行通过测算发电情况，向农户发放光伏贷款，定向支付至正泰安能。而国家电网将根据并网的实际情况定期支付电费至农户在浙商银行的相关账户，分期向浙商银行归还光伏贷款。

4. 双方的合作成效

（1）浙商银行为正泰安能支持的上游供应商解决短期流动性融资需求。浙商银行依托正泰安能给予其供应商信用方式授信，解决正泰安能与供应商的货款支付问题。截至 2023 年 9 月月末，该全链条供应链金融服务模式为近百户上下游企业提供的融资超过 16 亿元。

（2）浙商银行使正泰安能的下游农户实现了长期限融资。浙商银行围绕正泰安能供应链开发的"光伏贷"产品，为其终端农户发放光伏贷款，助力乡村户用光伏事业的发展，为国家双碳战略目标做出努力，积极实践绿色金融理念。截至目前，浙商银行通过农户光伏贷已成功发放贷款超过 10 亿元，惠及的农户超过 1 万户。

（3）实现了浙商银行农村光伏全产业链的金融服务。借助正泰安能的金融服务案例，浙商银行实现了对农村光伏产业链（包括原材料采购、电站建设、农户电费收入等）全环节提供了全面金融服务。整个业务投放过程实现了全线上化服务，包括线上开户、线上申请、线上放款，为农户提供了方便、快捷、灵活的金融服务。

（4）为浙商银行带来良好的社会声誉。浙商银行的数字化高效服务获得了客户的高度认可，正泰安能供应链项目也获得了浙商银行总行 2022 年度最佳创新奖。

（资料来源：由浙商银行供应链金融部门提供，经编者修改整理。）

案例思考：

1. 请尝试寻找一个银行供应链金融的综合解决方案，并将其与浙商银行的"三全四通"进行对比分析，并以此对比各自的优缺点。

2. 农村光伏是当前一个热点行业，诸多金融机构都在竞相进入这个产业。请尝试分析浙商银行为正泰安能提供的供应链金融服务中可能存在哪些风险？针对这些风险，你有什么对策和建议？

附 录

附录 A 标准正态分布表

$$\Phi(x) = \int_{-\infty}^{x} \frac{1}{\sqrt{2\pi}} e^{-\frac{t^2}{2}} dt$$

x	0.00	0.01	0.02	0.03	0.04	0.05	0.06	0.07	0.08	0.09
0.0	0.5000	0.5040	0.5080	0.5120	0.5160	0.5199	0.5239	0.5279	0.5319	0.5359
0.1	0.5398	0.5438	0.5478	0.5517	0.5557	0.5596	0.5636	0.5675	0.5714	0.5753
0.2	0.5793	0.5832	0.5871	0.5910	0.5948	0.5987	0.6026	0.6064	0.6103	0.6141
0.3	0.6179	0.6217	0.6255	0.6293	0.6331	0.6368	0.6404	0.6443	0.6480	0.6517
0.4	0.6554	0.6591	0.6628	0.6664	0.6700	0.6736	0.6772	0.6808	0.6844	0.6879
0.5	0.6915	0.6950	0.6985	0.7019	0.7054	0.7088	0.7123	0.7157	0.7190	0.7224
0.6	0.7257	0.7291	0.7324	0.7357	0.7389	0.7422	0.7454	0.7486	0.7517	0.7549
0.7	0.7580	0.7611	0.7642	0.7673	0.7703	0.7734	0.7764	0.7794	0.7823	0.7852
0.8	0.7881	0.7910	0.7939	0.7967	0.7995	0.8023	0.8051	0.8078	0.8106	0.8133
0.9	0.8159	0.8186	0.8212	0.8238	0.8264	0.8289	0.8355	0.8340	0.8365	0.8389
1.0	0.8413	0.8438	0.8461	0.8485	0.8508	0.8531	0.8554	0.8577	0.8599	0.8621
1.1	0.8643	0.8665	0.8686	0.8708	0.8729	0.8749	0.8770	0.8790	0.8810	0.8830
1.2	0.8849	0.8869	0.8888	0.8907	0.8925	0.8944	0.8962	0.8980	0.8997	0.9015
1.3	0.9032	0.9049	0.9066	0.9082	0.9099	0.9115	0.9131	0.9147	0.9162	0.9177
1.4	0.9192	0.9207	0.9222	0.9236	0.9251	0.9265	0.9279	0.9292	0.9306	0.9319
1.5	0.9332	0.9345	0.9357	0.9370	0.9382	0.9394	0.9406	0.9418	0.9430	0.9441
1.6	0.9452	0.9463	0.9474	0.9484	0.9495	0.9505	0.9515	0.9525	0.9535	0.9535
1.7	0.9554	0.9564	0.9573	0.9582	0.9591	0.9599	0.9608	0.9616	0.9625	0.9633
1.8	0.9641	0.9648	0.9656	0.9664	0.9672	0.9678	0.9686	0.9693	0.9700	0.9706
1.9	0.9713	0.9719	0.9726	0.9732	0.9738	0.9744	0.9750	0.9756	0.9762	0.9767
2.0	0.9772	0.9778	0.9783	0.9788	0.9793	0.9798	0.9803	0.9808	0.9812	0.9817
2.1	0.9821	0.9826	0.9830	0.9834	0.9838	0.9842	0.9846	0.9850	0.9854	0.9857
2.2	0.9861	0.9864	0.9868	0.9871	0.9874	0.9878	0.9881	0.9884	0.9887	0.9890
2.3	0.9893	0.9896	0.9898	0.9901	0.9904	0.9906	0.9909	0.9911	0.9913	0.9916
2.4	0.9918	0.9920	0.9922	0.9925	0.9927	0.9929	0.9931	0.9932	0.9934	0.9936
2.5	0.9938	0.9940	0.9941	0.9943	0.9945	0.9946	0.9948	0.9949	0.9951	0.9952
2.6	0.9953	0.9955	0.9956	0.9957	0.9959	0.9960	0.9961	0.9962	0.9963	0.9964
2.7	0.9965	0.9966	0.9967	0.9968	0.9969	0.9970	0.9971	0.9972	0.9973	0.9974
2.8	0.9974	0.9975	0.9976	0.9977	0.9977	0.9978	0.9979	0.9979	0.9980	0.9981
2.9	0.9981	0.9982	0.9982	0.9983	0.9984	0.9984	0.9985	0.9985	0.9986	0.9986
3.0	0.9987	0.9990	0.9993	0.9995	0.9997	0.9998	0.9998	0.9999	0.9999	1.0000

附录 B　啤酒游戏说明

啤酒游戏

啤酒游戏很好地模拟了供应链中的牛鞭效应。通过该游戏，读者可以了解供应链信息传递过程出现的问题：不对称的信息往往会扭曲供应链内部的需求信息，使信息失真，导致供应链失调。

在啤酒游戏中，由消费者、零售商、批发商、分销商和制造商组成一个简单的供应链，如图 B-1 所示，各环节之间存在两条流：物流（啤酒）和信息流（订单）。在游戏进程中，上下游企业之间不能交换任何商业资讯，只允许下游企业向上游企业传递订单，消费者只能向零售商下订单。

啤酒游戏有如下假设：①将供应链简化为单线产销、供销，只由零售商、批发商、分销商、制造商四个企业实体组成产供销系统；②有需求时，尽量满足需求发货，除非缺货；③发货后立即下达采购订单，各个企业实体只有一个决策，即采购数量的决策；④每个企业实体均可自由做出决策，其唯一目的是追求利润最大化，游戏的最后结果以整组总成本最低者为优胜。

图 B-1　啤酒游戏的供应链

$$总成本 = \sum_{i=1}^{N}(库存量_i \times 单位库存成本 + 累计缺货量_i \times 单位缺货成本), i = 1, \cdots, N$$

式中，i 表示第 i 轮次；N 为游戏的总轮次；库存量$_i$ 为第 i 期该企业持有的库存数量，如库存量$_i \geq 0$，则累计缺货量$_i = 0$；累计缺货量$_i = $ 上期未满足客户订单数+当期客户订单数−当期库存量−当期到货量，如累计缺货量$_i \geq 0$，则库存量$_i = 0$；单位库存成本通常大于缺货成本，前者可设为 1，后者可设为 2。

每个供应链由四个板块组成，分别是零售商板块、批发商板块、分销商板块和制造商板块，如图 B-2 所示。

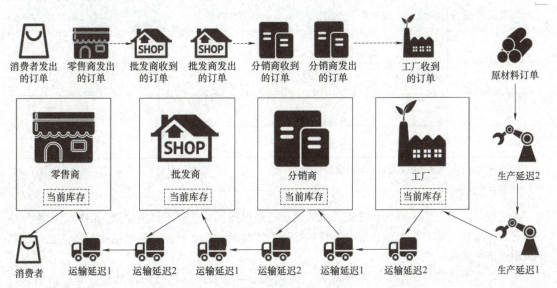

图 B-2　啤酒游戏操作界面

在四个板块中做如下初始设置：运输（生产）延迟 1、运输（生产）延迟 2 的库存都为 4，当前库存都为 4。设置后，开始运作这个游戏，每轮分为八个步骤，进行的次数可以由参与者自行决定。

表 B-1 给出了分销商的操作步骤。

表 B-1　分销商的操作步骤（每个角色务必同步）

步骤	内容	操作
1	收货	将运输延迟 1 中的货物移动到当前库存中
2	走货	将运输延迟 2 中的货物移动到运输延迟 1 中
3	接订单	分销商查看分销商收到的订单中的标签纸上的订单数量，并将该标签放在一边
4	发货	根据第 3 步中的订单数量发货至批发商的运输延迟 2
5	记录库存或缺货	在表格中记录库存量和累计缺货量
6	走订单	将分销商发出的订单移至工厂收到的订单中
7	写订单	在标签纸上写上订货数量（自己决策），贴在分销商发出的订单上
8	记录订货量	将第 7 步中的订单数量记录至表格中向上游发出的订货量

注：本期累计缺货量=上期累计缺货量+本期缺货量。

表 B-2 是啤酒游戏记录表格。

表 B-2　啤酒游戏记录表格

组号	角色		
轮次	库存量	累计缺货量	向上游发出的订货量
1			
2			
3			
⋮			

注：在啤酒游戏记录表格中库存量和累计缺货量在同一周内只记一个，即有库存量就没有累计缺货量，有累计缺货量就没有库存量。

在游戏过程中，读者可能会发现，虽然自己已经很谨慎地进行了订货决策，但仍不可避免地会出现大量缺货，或者在库存充足时销售量却下降的情况，总是不能及时地捕捉市场信息。这是什么原因造成的呢？

随着消费者消费量的增长，零售商为了保证满足需求会提高自己的订货量，即产生了缺货恐慌，而这种恐慌会通过订单依次传递给批发商、分销商和制造商。在传递过程中，恐慌几乎不可避免地被放大，需求的波动幅度自然也加剧了。同理，消费者需求的减少也会造成同样的结果，加剧了需求的变动，使供应链失调。

　　消费者的需求变动幅度虽小，但是由于供应链不同阶段的角色对需求的预测产生了截然不同的结果，通过整个系统的加乘作用将会产生很大的危机。啤酒效应扭曲了供应链的需求信息，导致供应链失调。

参 考 文 献

[1] ZHENG Z L, BAO X. The investment strategy and capacity portfolio optimization in the supply chain with spill-over effect based on artificial fish swarm algorithm [J]. Advances in Production Engineering & Management, 2019, 14 (2): 239-250.

[2] 西奥迪尼. 影响力 [M]. 闾佳, 译. 北京: 北京联合出版公司, 2021.

[3] 里夫金, 霍华德. 熵: 一种新的世界观 [M]. 上海: 上海译文出版社, 1987.

[4] 袁建东. 供应铁军: 华为供应链的变革、模式和方法 [M]. 北京: 机械工业出版社, 2020.

[5] 辛童. 华为供应链管理 [M]. 杭州: 浙江大学出版社, 2020.

[6] 斯莱克, 琼斯, 约翰斯顿. 运营管理 [M]. 北京: 清华大学出版社, 2016.

[7] 西蒙. 管理行为 [M]. 詹正茂, 译. 北京: 机械工业出版社, 2013.

[8] SWANN P, PREVEZER M. A comparison of the dynamics of industrial clustering in computing and biotechnology [J]. Research Policy, 1996, 25 (7): 1139-1157.

[9] 库博瑞. SKU 多、退货多成服饰业供应链难题, 京东物流一体化供应链助力效率提升 [N]. 中国网科技, 2022-09-29.

[10] 刘畅. 京东: 一场跨越 19 年的供应链持久战如何打? [N]. 新京报, 2022-08-10.

[11] 京东京造打造服装新势力, "小单快反" 供应链是关键 [EB/OL]. (2021-12-28). https://www.163.com/dy/article/GSB2FA550519B9ER.html.

[12] 特劳特, 里夫金. 重新定位 [M]. 谢伟山, 苑爱冬, 译. 北京: 机械工业出版社, 2011.

[13] 胡祖光. 东方管理学 [M]. 杭州: 浙江工商大学出版社, 2019.

[14] 克里斯坦森. 创新者的窘境 [M]. 胡建桥, 译. 北京: 中信出版社, 2014.

[15] 波士顿咨询公司. 2023 年中国未来消费者研究报告 [R/OL]. [2023-06-06]. https://www.doc88.com/p-28239262448579.html.

[16] BETTI F, BOER E D. Global lighthouse network: shaping the next chapter of the fourth industrial revolution [R/OL]. [2023-01-17]. https://www.doc88.com/p-66216187327245.html.

[17] PAPALAMBROS P Y, WILDE D J. Principles of optimal design: modeling and computation [M]. 3rd ed. Cambridge: Cambridge University Press, 2017.

[18] 马士华, 林勇, 等. 供应链管理 [M]. 6 版. 北京: 机械工业出版社, 2020.

[19] 唐隆基, 潘永刚. 数字化供应链: 转型升级路线与价值再造实践 [M]. 北京: 人民邮电出版社, 2021.

[20] 赵新阳, 邱伏生. 企业供应链数字化的挑战与应对 [J]. 物流技术与应用, 2023, 28 (2): 130-134.

[21] 王成军, 徐雅琴, 徐瑞贤, 等. 马斯克的创业叙事及其可能的创新管理启示 [J]. 演化与创新经济学评论, 2022 (1): 136-157.

[22] 李明, 王卫. 场景驱动、商业模式与创新生态系统演进: 基于特斯拉企业价值的逻辑起点 [J]. 科技进步与对策, 2021, 14: 1-11.

[23] 王雪. 特斯拉全新商业模式与企业价值: 特斯拉股价飞跃式上涨背景下的财务分析 [J]. 商业会计, 2021 (9): 106-108.

[24] 周盈盈. 数字经济时代下汽车制造业供应链转型策略研究: 以特斯拉为例 [J]. 营销界, 2023 (10): 5-7.

[25] 季建华, 包兴, 孙琦. 供应链突发事件扩散机理与损失评估方法研究 [M]. 北京: 科学出版社, 2013.

[26] 乔普拉, 迈因德尔. 供应链管理: 战略、计划和运作 [M]. 5 版. 北京: 清华大学出版社, 2014.

[27] 乔普瑞, 梅因德尔. 供应链管理: 战略、规划与运营 [M]. 李丽萍, 译. 2 版. 北京: 社会科学文献出版社, 2003.

[28] LEE H L, PADMANABHAN V, WHANG S. The bullwhip effect in supply chains [J]. Sloan Management Review, 1997: 93-101.

[29] METTERS R. Quantifying the bullwhip effect in supply chains [J]. Journal of Operations Management,

1997，15：89-100.

[30] 徐晓林，周立新. 数字治理在城市政府善治中的体系构建 [J]. 管理世界，2004（11）：140-141.

[31] 王国豫，梅宏. 构建数字化世界的伦理秩序 [J]. 中国科学院院刊，2021，36（11）：1278-1287.

[32] 赵艳丰. 当"供应链管理"遇上"物联网技术"：京东商城的案例分析 [J]. 信息与电脑，2014 （21）：57-60.

[33] PRAHALAD C K H G. The core competence of company [J]. Harvard Business Review，1990，5（16）： 2-15.

[34] 侯方淼. 供应链管理 [M]. 北京：对外经济贸易大学出版社，2004.

[35] 马风才. 运营管理 [M]. 6 版. 北京：机械工业出版社，2021.

[36] VARGO S L，LUSCH R F. Evolving to a new dominant logic for marketing [J]. Journal of Marketing，2004， 68：1-17.

[37] 郭士纳. 谁说大象不能跳舞 [M]. 张秀琴，音正权，译. 北京：中信出版集团股份有限公司，2015.

[38] 陈毅贤. 数字化转型应当聚集核心问题 [J]. 国企，2021（1）：25.

[39] BECKER M，ZIRPOLI F. Organizing new product development：knowledge hollowing-out and knowledge integration-the FIAT auto case [J]. International Journal of Operations and Production Management，2003，23 （9）：1033-1061.

[40] 刘宝红. 供应链管理：重资产到轻资产的解决方案 [M]. 北京：机械工业出版社，2021.

[41] 弗朗茨，柯克莫. 埃森哲顾问教你做流程管理 [M]. 谭静，叶硕，贾俊岩，译. 北京：机械工业出版 社，2016.

[42] 谢识予. 经济博弈论 [M]. 4 版. 上海：复旦大学出版社，2017.

[43] 周子禾. 物产中大打造中国智慧供应链集成服务引领者 [J]. 杭州，2021（13）：126-127.

[44] 林宏. 数字赋能，生态协同：物产中大集团打造中国智慧供应链集成服务引领者 [J]. 信息化建设， 2022（4）.

[45] 姜金好，向永胜，王怡雯. 供应链集成服务创新模式研究：以物产中大集团为例 [J]. 中国经贸导 刊，2021（5）：111-112.

[46] 王倩倩. 物产中大：千亿流通大亨供应链"谋变"[J]. 国资报告，2016（9）：41-43.

[47] 吴浩楠，向永胜，沈心童，等. 数字化转型下供应链集成服务创新路径分析：以物产中大集团为例 [J]. 中国经贸导刊，2021（8）：140-141.

[48] 包兴，肖迪. 供应链管理：理论与实践 [M]. 北京：机械工业出版社，2011.

[49] 吕英斌，储节旺. 网络营销案例评析 [M]. 北京：清华大学出版社，2004.

[50] 叶倪，刘臻. 供应商管理库存 VMI 在轨道交通行业中的应用：以无锡地铁为例 [J]. 物流技术与应 用，2022，27（1）：136-138.

[51] 顾丽娟. VMI 模式下的供应链双赢合作体系研究 [J]. 合作经济与科技，2012（2）：28-30.

[52] 王学良，张晓磊，劳海玲. 基于 CPFR 的汽车售后配件库存控制研究：以广州 SE 店为例 [J]. 物流科 技，2020，43（10）：27-30.

[53] 陈启申. MRPⅡ制造资源计划基础 [M]. 北京：企业管理出版社，1997.

[54] 鲁晓. 基于 MRPⅡ+JIT 视角的 A 公司生产管理分析与优化 [D]. 郑州：郑州大学，2022.

[55] 黎艇. 基于约束理论的 J 公司除草剂生产线产能提升研究 [D]. 杭州：浙江大学，2022.

[56] 可汗. 持续改善：TOC 生产管理指南 [M]. 中华高德拉特协会，译. 北京：电子工业出版社，2020.

[57] 施云. 智慧供应链架构：从商业到技术 [M]. 北京：机械工业出版社，2019.

[58] 文丹枫，周鹏辉. 智慧供应链：智能化时代的供应链管理与变革 [M]. 北京：电子工业出版社，2022.

[59] 孙超峰. JVS 公司生产计划优化方案研究 [D]. 苏州：苏州大学，2022.

[60] 托夫勒. 未来的冲击 [M]. 蔡伸章，译. 北京：中信出版社，2006.

[61] DAVIS S M. Future perfect [M]. Boston：Addison Wesley，1987.

[62] 派恩. 大规模定制：企业竞争的新前沿 [M]. 操云甫，译. 北京：中国人民大学出版社，2000.

［63］ BALDWIN C, CLARK K. Managing in an age of modularity ［J］. Harvard Business Review, 1997, 75：84-93.

［64］弗里德曼. 世界是平的：21 世纪简史 ［M］. 何帆, 肖莹莹, 郝正非, 译. 长沙：湖南科学技术出版社, 2006.

［65］沃麦克, 琼斯, 鲁斯. 改变世界的机器：精益生产之道 ［M］. 余锋, 张冬, 陶建刚, 译. 北京：机械工业出版社, 2021.

［66］ WOOLISCROFT B, TAMILA R, SHAPIRO S. A twenty-first century guide to aldersonian marketing thought ［M］. Boston：Springer, 2006.

［67］ BUCKLIN L P. Postponement, speculation and the structure of distribution channels ［J］. Journal of Marketing Research, 1965, 2：26-31.

［68］张涛, 孙林岩. 供应链不确定性管理：技术与策略 ［M］. 北京：清华大学出版社, 2005.

［69］ PAGH J D, COOPER M. Supply chain postponement and speculation strategies：how to choose the right strategy ［J］. Journal of Business Logistics, 1998, 19：13-33.

［70］李金昌. 统计学 ［M］. 北京：高等教育出版社, 2018.

［71］威斯纳, 陈加存, 梁源强. 供应链管理：原书第 3 版 ［M］. 刘学元, 译. 北京：机械工业出版社, 2014.

［72］FutureMaster 供应链计划. 预测准确率从 69% 到 82%：生鲜巨头的需求预测进化历程 ［EB/OL］. ［2023-07-17］. https：//zhuanlan. zhihu. com/p/644071766.

［73］ FISHER J D M, HORNSTEIN A. (S, s) inventory policies in general equilibrium ［J］. The Review of Economic Studies, 2000, 67 (1)：117-145.

［74］谭亚敏. 钢材保持现状还是蓄力待发 ［N］. 期货日报, 2022-06-24.

［75］宋华. 我在世界 500 强做供应商质量管理 ［M］. 北京：中华工商联合出版社, 2020.

［76］柳荣, 雷蕾. 供应链风险管理实战 ［M］. 北京：人民邮电出版社, 2021.

［77］张翼辰. 企业供应链合作伙伴绩效评估研究：以 S 公司为例 ［D］. 北京：对外经济贸易大学, 2017.

［78］包兴, 吴丽民, 孔小磊. 数字时代下的客户关系管理 ［M］. 北京：经济管理出版社, 2024.

［79］ COX A. A research agenda for supply chain and business management thinking ［J］. Supply Chain Management：An International Journal, 1999, 4 (4)：209-212.

［80］哈佛商业评论. 供应链风险来袭 ［M］. 杭州：浙江出版集团数字传媒有限公司, 2014.

［81］ SANDYBAYEV A. Strategic supply chain management implementation：case study of IKEA ［J］. Noble International Journal of Business and Management Research, 2017, 1：5-9.